dtv

Wohl kaum ein anderer deutscher Schriftsteller hat in der Literatur und Gesellschaft der Bundesrepublik eine solche Wirkung gehabt wie Heinrich Böll, wohl kaum ein anderer hat derart kontroverse Diskussionen in der literarischen und politischen Öffentlichkeit ausgelöst. Gleichwohl sind seine Erzählungen in der Schule längst Standardlektüre, wächst die wissenschaftliche Beschäftigung mit seinem Werk ständig. Bernd Balzer stellt mit seinem Buch ein Arbeitsinstrument bereit, das übersichtlich geordnete Informationen und Interpretationshilfen zu den literarischen Werken Bölls bietet. Zugleich ist es eine anschauliche Geschichte des literarischen Schaffens dieses außergewöhnlichen Schriftstellers, über den »noch niemand zu Ende gedacht« hat (Dieter Lattmann).

Bernd Balzer, geboren 1942 in Berlin, ist Professor für Neuere Deutsche Literatur an der Freien Universität Berlin. Er hat Studien zur Literatur des 16., 19. und 20. Jahrhunderts veröffentlicht und ist Herausgeber der Werkausgabe Heinrich Bölls von 1977.

Bernd Balzer

Das literarische Werk Heinrich Bölls

Einführung und Kommentare

Deutscher Taschenbuch Verlag

Originalausgabe
Dezember 1997

Umschlagkonzept: Balk & Brumshagen
Umschlagfoto: © Isolde Ohlbaum
Satz: Design-Typo-Print GmbH, Ismaning
Schrift: 10,2/13˙ Stempel Garamond
Druck und Bindung: C.H. Beck'sche Buchdruckerei,
Nördlingen
Gedruckt auf säurefreiem, chlorfrei gebleichtem Papier
Printed in Germany · ISBN 3-423-30650-5

Inhalt

Vorbemerkung

Ein Verlagsprogramm ist normalerweise nicht maßgeblich für die Abgrenzung eines literaturwissenschaftlichen Gegenstandes. Im vorliegenden Fall scheint es legitim, nicht nur, weil die Anregung für dieses Buch vom Deutschen Taschenbuch Verlag kam, sondern weil die bei dtv erschienenen literarischen Werke Bölls den insgesamt zuverlässigsten Text bieten und wenig fehlt. Von den zu Lebzeiten Bölls erschienenen Werken sind nur die Gedichte, das Schauspiel *Ein Schluck Erde* (1961) und einige Erzählungen[1] in dem vorliegenden Kommentar nicht enthalten sowie die jüngsten Veröffentlichungen aus dem Nachlaß: *Der Engel schwieg* (Roman, 1992) und *Der blasse Hund* (Erzählungen, 1995)[2].

Trotz einer nicht mehr überschaubaren Menge von Sekundärliteratur hat eine wirkliche Böll-Philologie gerade erst begonnen. Mit zwei Bibliographien[3] ist das publizierte Werk zum erstenmal komplett überschaubar, die Datierungen klarer, wenn auch nicht in jedem Fall gesichert. Der im Heinrich-Böll-Archiv aufbewahrte Nachlaß wird erschlossen. Es fehlen jedoch wirklich authentische Textausgaben. Bei einer Neuausgabe der Erzählungen hat sich eine gewisse »Verwitterung der literarischen Texte« Bölls[4] im Verlauf der verschiedenen Textausgaben herausgestellt. Sie wirklich zu beseitigen bleibt einer Kritischen Ausgabe vorbehalten. Die dtv-Ausgaben repräsentieren jeweils den Kenntnisstand ihrer Erscheinungsdaten – inzwischen erkannte Irrtümer werden in

1 *Die Kirche im Dorf* (1966), *Warum ich kurze Prosa wie Jakob Hermes und Heinrich Knecht schreibe* (1966), *Veränderungen in Staech* (1969), *Er kam als Bierfahrer* (1969), *Epilog zu Stifters »Nachsommer«* (1971), *Erwünschte Reportage* (1975), *Berichte zur Gesinnungslage der Nation* (1975), *Nostalgie oder Fettflecken* (1980), *In welcher Sprache heißt man Schneckenröder?* (1982), *Zündhölzer* (1982) und *Kain oder Kabel, oder: Sehnsucht nach dem Lieben Bruder* (1984).

2 Dazu kommt noch die Erzählung *Der General stand auf einem Hügel...*, die 1994 in dem Band Erz. veröffentlicht wurde.

3 Bellmann 1995 und V. Böll 1997.

4 Erz., S. 975.

den folgenden Kommentaren korrigiert. Auch hier ist die Textlage durch eine gewisse Umbruchsituation charakterisiert: 1996 und 1997 sind 10 der insgesamt 23 hier behandelten Textbände neu gesetzt worden. Das konnte noch berücksichtigt werden. Auch für die übrigen wird irgendwann ein Neusatz notwendig werden, was das Auffinden zitierter Textpassagen erschweren kann.

Dieses Buch will in einer »Einführung« das literarische Gesamtwerk Bölls mit seinen wichtigsten Themen und Strukturprinzipien charakterisieren, um dann die einzelnen Texte zu kommentieren. Die Chronologie der Veröffentlichung der einzelnen Werke bestimmt die Reihenfolge[5]. Die Kommentare folgen einem einheitlichen Gliederungsschema und enthalten:

- Informationen über die Publikationsgeschichte, eventuell unterschiedliche Fassungen, Dramatisierungen, Verfilmungen
- Angaben über Entstehungsgeschichte und -kontext
- kurzgefaßte Wort- und Sacherklärungen
- Inhaltsabriß[6]
- eine Analyse der wichtigsten thematischen und formalen Aspekte.

Eine tabellarische Biographie Bölls und eine Bibliographie schließen den Band ab.

Zur Zitierweise

Sekundärliteratur zu Heinrich Bölls Werk ist im »Literaturverzeichnis« (s. u. S. 412) zusammengestellt und wird im Text mit dem Nachnamen des Verfassers, dem Erscheinungsjahr, der zitierten Auflage und der Seitenzahl nachgewiesen.

[5] Bei den Hörspiel- und Erzählungsbänden, die jeweils Texte einer größeren Zeitspanne vereinigen, bezieht sich das natürlich nur auf Schwerpunkttexte des einzelnen Bandes.

[6] Nur bei den Romanen und längeren Erzählungen.

Weitere Literatur wird mit sämtlichen bibliographischen Angaben genannt.

Für den jeweils kommentierten Böll-Text werden Zitate nur mit der Seitenzahl des betreffenden dtv-Bandes nachgewiesen »(S. 123)«.

Die Werke Bölls werden im übrigen nach den dtv-Ausgaben mit folgenden Kurztiteln zitiert:

Adam	=	*Wo warst du, Adam? (dtv Nr. 856)*
Belagerung	=	*Fürsorgliche Belagerung (dtv Nr. 10001)*
Billard	=	*Billard um halb zehn (dtv Nr. 991)*
Brot	=	*Das Brot der frühen Jahre (dtv Nr. 1374)*
Clown	=	*Ansichten eines Clowns (dtv Nr. 400)*
Der Zug	=	*Der Zug war pünktlich (dtv Nr. 818)*
Dienstfahrt	=	*Ende einer Dienstfahrt (dtv Nr. 566)*
Dr. Borsig	=	*Zum Tee bei Dr. Borsig. Hörspiele (dtv Nr. 200)*
Ein Tag	=	*Ein Tag wie sonst. Hörspiele (dtv Nr. 1536)*
Entfernung	=	*Entfernung von der Truppe und andere Erzählungen (dtv Nr. 11593)*
Flußlandschaft	=	*Frauen vor Flußlandschaft (dtv Nr. 11196)*
Gäste	=	*Unberechenbare Gäste (dtv Nr. 11592)*
Gruppenbild	=	*Gruppenbild mit Dame (dtv Nr. 12248)*
Haus	=	*Haus ohne Hüter (dtv Nr. 1631)*
Hausfriedensbruch	=	*Hausfriedensbruch, Hörspiel. Aussatz, Schauspiel (dtv Nr. 1439)*
Heidelberg	=	*Du fährst zu oft nach Heidelberg und andere Erzählungen (dtv Nr. 1725)*
Katharina Blum	=	*Die verlorene Ehre der Katharina Blum (dtv Nr.1150)*
Tagebuch	=	*Irisches Tagebuch (dtv Nr. 1)*

Verwundung	=	*Die Verwundung und andere frühe Erzählungen (dtv Nr. 10472)*
Vermächtnis	=	*Das Vermächtnis (dtv Nr. 10326)*
Wanderer	=	*Wanderer, kommst du nach Spa... und andere Erzählungen (dtv Nr. 437)*
Weihnachtszeit	=	*Nicht nur zur Weihnachtszeit und andere Erzählungen (dtv Nr. 11591)*
Wort	=	*Und sagte kein einziges Wort (dtv Nr.1518)*

Weitere Texte Bölls werden mit folgenden Siglen zitiert:

SR-1	=	*Zur Verteidigung der Waschküchen. Schriften und Reden 1952 – 1959* (dtv Nr. 10601), München 1985
SR-2	=	*Briefe aus dem Rheinland. Schriften und Reden 1960 – 1963* (dtv Nr. 10602), München 1985
SR-3	=	*Heimat und keine. Schriften und Reden 1964 – 1968* (dtv Nr. 10603), München 1985
SR-4	=	*Ende der Bescheidenheit. Schriften und Reden 1969 – 1972* (dtv Nr. 10604), München 1985
SR-5	=	*Man muß immer weitergehen. Schriften und Reden 1973 – 1975* (dtv Nr. 10605), München 1985
SR-6	=	*Es kann einem bange werden. Schriften und Reden 1976-1977* (dtv Nr. 10606), München 1985
SR-7	=	*Die »Einfachheit« der »kleinen« Leute. Schriften und Reden 1978 – 1981* (dtv Nr. 10607), München 1985
SR-8	=	*Feindbild und Frieden. Schriften und Reden 1982 – 1983* (dtv Nr. 10608), München 1987
SR-9	=	*Die Fähigkeit zu trauern. Schriften und Reden 1984 – 1985* (dtv Nr. 10609), München 1988

I = Heinrich Böll Werke. Interviews, hg. v. B. Balzer, Köln 1978

T = Heinrich Böll Werke. Hörspiele, Theaterstücke, Drehbücher, Gedichte I, 1952 – 1978, hg. v. B. Balzer, Köln 1978

Erz. = Heinrich Böll, Erzählungen, hg. von Viktor Böll und Karl Heiner Busse. Köln 1994

Der Engel = *Der Engel schwieg.* Aus dem Nachlaß herausgegeben von Annemarie Böll u.a.

Hund = *Der blasse Hund. Erzählungen.* Aus dem Nachlaß herausgegeben von Annemarie Böll u.a., Köln 1995

Hoffnung = Die Hoffnung ist wie ein wildes Tier. Der Briefwechsel zwischen Heinrich Böll und Ernst-Adolf Kunz 1945 – 1953, hg. v. Herbert Hoven, Köln 1994

Querschnitte = Querschnitte. Aus Interviews, Aufsätzen und Reden von Heinrich Böll, zusammengestellt von Viktor Böll und Renate Matthaei, Köln 1977

Mein Dank gilt dem Deutschen Taschenbuch Verlag für die Geduld bis zur späten Fertigstellung des Manuskripts, Viktor Böll und dem Heinrich-Böll-Archiv für die stets bereitwillig gewährte Unterstützung, der Erbengemeinschaft Heinrich Böll für die Genehmigung des Abdrucks einiger Briefpassagen und Nicola von Stillfried für ihre Mitarbeit an den »Wort- und Sacherklärungen«.

Berlin, April 1997 Bernd Balzer

I. Einführung: Heinrich Bölls literarisches Konzept und seine Modernität

1. Schriftsteller und Citoyen

Es bedarf eigentlich nicht der »runden« Daten wie des 80. Geburtstags, um Heinrich Böll ins öffentliche Bewußtsein zu rücken; er ist dort in den über zehn Jahren nach seinem Tod am 16. Juli 1985 stets präsent gewesen: Die Berufung auf seine moralische Autorität und die Klage über einen fehlenden Nachfolger in dieser Rolle belegen das ebenso wie der häufige Verweis auf sein Vorbild und seine Sprache[1], oder die schlagwörtliche Verwendung seiner Buchtitel[2].

Damit dominiert freilich ein Aspekt des Phänomens Böll weiterhin die öffentliche Debatte, der den Autor schon zu Lebzeiten beschwerte und zu Beschwerden hinriß. Er wollte »kein Schreihals vom Dienst«[3] sein, wehrte sich gegen das Bild vom »guten Hein«, oder »guten Menschen aus Köln«, wie es von Zeitungsschlagzeilen in holpriger aber perfider Adaption des berühmten Brecht-Titels mitgeprägt wurde[4].

In zahlreichen Perioden besonderer politischer Aufgeregtheit in der alten Bundesrepublik schien der Schriftsteller Heinrich Böll fast völlig hinter dem prominenten Staatsbürger Böll zu verschwinden – obwohl die Prominenz des letzteren schließlich doch einmal dem Beruf, dem Schriftsteller also, geschuldet war. Weit mehr Menschen kannten Böll, als es Leser seiner Bücher gab[5] –

[1] Z.B. die Glosse »Einzelgänger«, in: Der Tagesspiegel (Berlin), 3. 5. 1994, S. 15.

[2] »Gruppenbild mit...«, die verlorene Ehre der/des..., bis hin zu Formulierungen wie »kauen noch am Brot der frühen Jahre«, Der Tagesspiegel, 17. 2. 1992, S. 19.

[3] Titel des Interviews mit Marcel Reich-Ranicki (1967), in: I, S. 60.

[4] Z. B. von Joachim Kaiser im ›Stern‹, Oktober 1972 anläßlich der Nobelpreisverleihung.

[5] Eine 1975 durchgeführte empirische Studie belegt dies, vgl. Böll in Reutlingen 1975.

die sich schließlich auch schon zu Millionen addierten[6]. Jene Bekanntheit jedoch war das Resultat einer Kette von »Fällen« mit zumeist kurzzeitiger Aktualität, die nach ihrem natürlichen Verschwinden in Vergessenheit nur das notwendig vage Image des »guten Menschen« zurückließen, das neue Aktualitäten wieder aktivierten. Eine schlechte Grundlage für den Nachruhm sogar für jenen Typus des Schriftstellers, »der mit hängender Zunge hinter dem Aktuellen herrennt«[7].

Der »gute Heinrich« gehörte in der Tat in den Katalog der Überschätzten, den Woody Allen in seinem Film ›Manhattan‹ ironisch zusammenstellte – ein Ausdruck für das Syndrom des unterschätzten Schriftstellers[8] Heinrich Böll, an dem dieser stets – und im Alter zunehmend – gelitten hat[9].

Ein Wandel in der Einschätzung zeichnet sich jedoch schon seit einiger Zeit ab, als etwa der Feuilleton-Chef der ›Zeit‹ selbst eine Art Damaskus-Erlebnis verkündete: »Auf einmal findet jene Gesinnungsästhetik [...] in Heinrich Böll keinen Kronzeugen mehr. [...] Auf einmal wird die schlichte Tatsache sichtbar, daß er ein Dichter war, daß er Romane und Erzählungen schrieb, die sich nicht in der politisch-moralischen Botschaft erschöpfen, die man seinerzeit ausschließlich herausgehört hat«[10]. In der Tat wird nun zunehmend auch der *Schriftsteller* zur Kenntnis genommen. Und eine auf den *literarischen* Charakter konzentrierte neue Lektüre von Bölls Werk dürfte mehr Überraschungen zutage fördern als das Warten auf Neuentdeckungen im Nachlaß.

Mit der Erinnerung an die verblassenden Skandalons verschwindet im übrigen der Bekanntheitsgrad von Beteiligten und Kommentatoren, und bei Jüngeren wird selbst mit den Worten

[6] 1977 betrug die Weltauflage bereits über 17 Mio., zehn Jahre später waren es mehr als doppelt so viel.

[7] *Der Zeitgenosse und die Wirklichkeit* (1953), in: SR-1, S. 70.

[8] Vgl. dazu Durzak 1995.

[9] »[...] und außerdem bilde ich mir ein, noch nicht ›erkannt‹ worden zu sein: immer unter-, auch gelegentlich überschätzt«. Brief an F. J. Raddatz v. 29. 12. 83, in: Lieber Fritz, Briefe an Fritz J. Raddatz 1959 – 1990, Hamburg 1991, S. 148.

[10] Ulrich Greiner, in: Die Zeit v. 28. 8. 1992.

»Freies Geleit für Ulrike Meinhof« nur selten ein Aha-Erlebnis ausgelöst.

Ausgaben der Schriften und Reden Bölls enthalten schon jetzt Realien-Kommentare, und sie werden mit dem Zeitabstand an Umfang wachsen – wachsen müssen, um sie für historisch Interessierte auch im Detail verstehbar zu erhalten. Auf solche Kommentare wird auch hier nicht verzichtet, auf ihnen liegt jedoch nicht der Schwerpunkt: »Das Aktuelle ist der Schlüssel zum Wirklichen«[11], und im Hinblick auf solche Schlüsselfunktion sind Zeitbezüge hin und wieder zu verdeutlichen. Für das literarische Werk Bölls gilt jedoch in besonderem Maße, was er als allgemeines Prinzip formulierte: »Aus dem Aktuellen das Wirkliche zu erkennen, dazu müssen wir unsere Vorstellungskraft in Bewegung setzen, eine Kraft, die uns befähigt, uns ein Bild zu machen«[12].

Böll hat das aktuelle politische Engagement nicht gescheut, hat sich als wahrhaftiger Citoyen immer wieder und überall »eingemischt«[13], hat dabei Reden gehalten, Artikel geschrieben, als PEN-Präsident auch Geheimdiplomatie getrieben zur Rettung verfolgter Kollegen, und er hat sich mit seiner Person – physisch sogar, bei den Blockaden vor der Raketenstation in Mutlangen – den politischen Auseinandersetzungen gestellt. Das machte ihn zur »Person der Zeitgeschichte«, über deren historischen Rang die Geschichte zu urteilen hat.

Böll hat diese Doppelrolle selbst reflektiert, sprach von einem »Konflikt zwischen Schreibtisch und Saal«[14]. Dennoch ist der Schriftsteller natürlich von der historischen Person nicht zu trennen, und die scheinbare Spaltung erweist sich als eigentümliche Dialektik – im Wechselspiel der Rollen, vor allem aber durch die besondere Form der Geschichtlichkeit, die einer Literatur seines Verständnisses eignet: »Die zeitgenössische Literatur eines Landes ist nicht nur die notwendige Ergänzung zu einem Bild«, das

[11] SR-1, S. 70.
[12] SR-1, S. 70.
[13] Vgl. *Einmischung erwünscht* (1973), in: SR-5, S. 18ff.
[14] Fernsehinterview (Titel, Thesen, Temperamente) am 20. 10. 1972.

sich aus »Diskussionen, Ministerreden, [...] Export- und Importziffern«[15] zusammensetzt; es ist ihre Aufgabe, »der statistisch so leicht nachweisbaren Wirklichkeit Hintergrund zu geben, was bedeutet: sie wirklich zu machen, denn ohne die Literatur ist ein Staat gar nicht vorhanden und eine Gesellschaft tot«[16]. Es ging Böll um mehr als um Zeitkolorit oder »Dekor«[17]; aber wenn es zutrifft, daß das Deutschland der Jahre 1945 bis 1954 »längst entschwunden« wäre, »hätte es nicht in der zeitgenössischen Literatur Ausdruck gefunden«[18], so ist auch in diesem Fall nicht etwa die Literatur in eine von den Historikern hinterlassene ›Lücke‹ gesprungen. Zwar können Literatur und Geschichtswissenschaft einander ergänzen, »indem sie sich von weit entfernten Standpunkten dem gleichen Gegenstand nähern«[19], doch sie tun dies mit völlig unterschiedlicher Zielsetzung und durch eine nicht vergleichbare »Optik«.

2. *Das Werk als »Fortschreibung«*

Als 1971 der Roman *Gruppenbild* erschien und weithin – auch von ihm selbst«[20] – als eine Art ›Summe‹ der vorausgegangenen Werke angesehen wurde, prägte Böll in einem Gespräch mit seinem Kollegen und damaligen Lektor Dieter Wellershoff selbst einen Begriff für den inneren Zusammenhang seines Œuvres: »Ich empfinde jedes Buch als eine Erweiterung des Instrumentariums, der Ausdrucksweise, der Komposition und auch einer gewissen Erfahrung, und insofern ist dieses Buch, wie alles, was ich ge-

[15] *Frankfurter Vorlesungen* (1964), in: SR-3, S. 86.
[16] *Frankfurter Vorlesungen* (1964), in: SR-3, S. 87.
[17] *Frankfurter Vorlesungen* (1964), in: SR-3, S. 87: »Ich halte es nicht für Zufall, schon gar nicht für beklagenswert, sondern für ein gutes Zeichen, daß Schriftsteller sich selten dazu hergeben, einer Gesellschaft Dekor zu verleihen, zu der sie nicht gehören.«
[18] *Frankfurter Vorlesungen* (1964), in: SR-3, S. 87.
[19] *Blick zurück mit Bitterkeit* (1973), in: SR-5, S. 28.
[20] Böll spricht im Interview mit Wellershoff von »Zusammenfassung und Weiterentwicklung«, I, S. 124.

schrieben habe [...], eine Fortschreibung. Der Prozeß des Schreibens ist eine dauernde Fortschreibung«[21].

Der Leser mehrerer Werke erkennt leicht die mehr oder weniger abwandelnde Wiederholung bestimmter Figuren, Situationen, Themen, bemerkt Vorlieben und Abneigungen. Die gründliche Analyse wird sich nicht damit zufriedengeben dürfen, solche Wiederholungen zu konstatieren (wie das ein Teil der Kritik mit Blick auf das Spätwerk immer wieder getan hat). Sie hat zu fragen nach den Konstanten, den Veränderungen, den »Erweiterungen des Instrumentariums« etc.

Dies ist zu verfolgen am literarischen Werk und zu überprüfen an den vielen Versuchen Bölls, sich der eigenen Absichten, Ziele, Schreibweisen reflektierend zu versichern. Böll war kein Literaturtheoretiker, aber er hat sich in Aufsätzen und Interviews seit 1952 kontinuierlich zu Problemen der Ästhetik geäußert. Die Einladung zu der traditionsreichen Poetik-Dozentur an die Universität Frankfurt bot 1964 Anlaß zu einer ersten systematischen Formulierung seines schriftstellerischen Selbstverständnisses, den *Frankfurter Vorlesungen*; die Verleihung des Nobelpreises und die damit verbundene Tradition einer Nobel-Vorlesung resultierte 1973 in seinem *Versuch über die Vernunft der Poesie*. Vor allem aus diesen Vorlesungen sowie den in Buchform erschienenen Gesprächen Bölls mit Christian Linder[22] und René Wintzen[23] lassen sich die wesentlichen Prämissen der Böllschen Ästhetik ableiten. Sie haben sich am literarischen Text zu bewähren, und so werde ich auch hier, wo immer möglich, Böll selbst zu Wort kommen lassen, weniger interpretieren, als vielmehr die Texte aufzuschließen suchen. Das Resultat ist dennoch eine natürlich subjektive Lesart, die in Konkurrenz steht zu anderen.

[21] I, S. 120.

[22] Heinrich Böll, Christian Linder: Drei Tage im März, Köln 1975, wird hier zitiert nach I, S. 318 – 326.

[23] Heinrich Böll, Une mémoire allemande, Paris 1978 (aufgenommen wurde das Interview bereits 1976), dt. Ausgabe: *Eine deutsche Erinnerung. Interview mit René Wintzen,* Köln 1979, hier zitiert nach I, S. 504 – 665.

3. Die Moral der Sprache und die »sogenannte Wirklichkeit«

Literatur schreibt nicht Geschichte, sie gibt ihr »Ausdruck«. »Ausdruck« ist eines der Schlüsselworte in den zahlreichen Versuchen Bölls, sein literarisches Konzept auf den Begriff zu bringen: »Ein Autor sucht Ausdruck, er sucht Stil«, er »nimmt nicht Wirklichkeit, er hat sie, er schafft sie«[24]. Die Suche nach Ausdruck ist auch immer wieder das, was er als Schreibmotivation ebenso benennt wie als »Einstieg« in konkrete literarische Werke: Dieser »ist gar nicht immer das sogenannte Engagement, sondern die Sprache, und mit der Sprache wird das Material, Staat, Gesellschaft geprüft«[25].

Für die Satire *Berichte zur Gesinnungslage der Nation* (1975) hat er diesen Weg vom Wort zum Werk, vom »Ausdruck« zum Engagement selbst beschrieben: Ausgangspunkt war ein Bild des Malers Rupprecht Geiger, das ihn dazu motivierte, im Grimmschen Wörterbuch nachzuschlagen, »was die Sprache zu ›rot‹ sagt«. Dabei entdeckte er »plötzlich ein Wort, das heißt: rotfaul. Und ich dachte, mein Gott, das ist eigentlich der richtige Ausdruck, den ein Spitzel gebrauchen würde, wenn er über Radikale spricht. […] Und habe dann […] fünf oder sechs, sieben oder zehn Wörter rausgeschrieben; Rotkopfwürger, Rotgimpel und Rotmolch und Rotfaul usw. […]. Damit war die Geschichte plaziert, und dann war das Schreiben fast nur noch ein Spiel«[26].

Nicht für jedes seiner literarischen Werke hat er diesen Zusammenhang von Wort und Werk selbst benannt, nicht überall ist er auch so eindeutig, manchmal auch gar nicht zu identifizieren. Die Suche nach solchem sprachlichen »Einstieg« oder Anlaß ist bei der Analyse seiner literarischen Texte dennoch immer eine der vordringlichen Aufgaben. Und sie dürfte mehr versprechen als

[24] *Frankfurter Vorlesungen* (1964), in: SR-3, S. 50, vgl. dort auch S. 62 u.a.
[25] *Eine deutsche Erinnerung* (1976), in: I, S. 507.
[26] *Eine deutsche Erinnerung* (1976), in: I, S. 658f.

die Suche nach dem Engagement, die ohnehin fast immer »in der falschen Ecke« stattfindet[27].

Das ist kein Rückgriff auf überholte literarische Konzepte: Es war Roland Barthes, der 1953 in seinem Buch ›Am Nullpunkt der Literatur‹ die These vertrat, »daß es keine Literatur gibt ohne eine bestimmte Moral der sprachlichen Ausdrucksweise«[28].

Noch einmal: Damit soll nicht ein Gegensatz von Sprache und Engagement beschworen werden oder der zwischen engagierter und nicht engagierter Literatur. Das widerspräche einer der fundamentalen Prämissen des Böllschen Literaturverständnisses[29]; es soll vielmehr den Fehler vermeiden helfen, den Böll für einen der gravierendsten beim Umgang mit Literatur ansah: »zuviel Inhaltsanalyse«[30]. »Der Inhalt einer Prosa ist doch ihre Voraussetzung, ist geschenkt; und dem geschenkten Gaul soll man nicht ins Maul schauen. Worte sammeln, Syntax studieren, analysieren, Rhythmen ergründen«. Böll selbst benannte damit die methodische Rezeptur beim Umgang mit seinem Werk: »die Potenz des sprachlichen Ausdrucks, des Konflikts, des Darstellens von Konflikten [ist] ganz unabhängig [...] von dem, was die Geschichte uns an Möglichkeiten liefert«[31].

Auch das zeigt ihn in einem Kontext, aus dem ihn die Literaturwissenschaft immer wieder ausgliedern wollte[32]: dem der Moderne. »Die Sprache ist ein Geschenk Gottes, eines der größten, [...] Sprache ist dem, der schreibt, wie eine Geliebte, die zahllose Gaben bereithält; Regen und Sonne, Rose und Dynamit, Waffe und Bruder« – so schrieb Böll 1960[33], und dies war ganz deutlich

[27] *Frankfurter Vorlesungen* (1964), in: SR-3, S. 39.

[28] Le degré zéro de l'écriture, Paris 1953, deutsche Erstausgabe Hamburg 1959, hier wird zitiert nach der Übersetzung von Helmut Scheffel, Frankfurt/M 1982, S. 12.

[29] Z.B. *Eine deutsche Erinnerung* (1976), in: I, S. 645:»Dieses ganze Gerede Form, Inhalt, Littérature engagée, nicht engagée oder pure, halte ich für kompletten Unsinn«.

[30] *Frankfurter Vorlesungen* (1964), in: SR-3, S. 34; vgl. auch I, S. 59 (Interview mit Alois Rummel, 1962).

[31] *Eine deutsche Erinnerung* (1976), in: I, S. 517.

[32] Am entschiedensten Blamberger 1985, dort vor allem S. 69 und S. 130.

[33] Vgl. auch das Feuilleton ›Rose und Dynamit‹ (1960), in: SR-2, S. 11. Ähnlich hatte er bereits im Jahr zuvor formuliert, vgl. *Die Sprache als Hort der Freiheit* und *Vorsicht! Bücher!;* in: SR-1, S. 1197ff und 302ff.

ein Echo auf einen Satz Victor Hugos aus den ›Contemplations‹: »[…] das Wort ist ein lebendiges Wesen, mächtiger als der, der es gebraucht; dem Dunkel entsprungen, schafft es den Sinn, den es will; es selber ist das – und mehr als das –, was Denken, Sehen, Fühlen draußen erwartet: ist Farbe, Nacht, Freude, Traum, Bitternis, Ozean, Unendlichkeit; es ist der Logos Gottes«[34]. Hugo Friedrich, der diesen Satz übersetzte, hat in der Sprachzentriertheit den Kern der modernen Lyrik zunächst, sodann der modernen Literatur überhaupt, gesehen. Es wäre ein durchaus lohnender Versuch, sein epochales Werk über die moderne Lyrik parallel zu lesen zu Bölls poetologischen Äußerungen: Von der Vorstellung des Dichters als »Operateur der Sprache«[35] über das Verständnis der poetischen »Arbeit« als »planmäßiges Errichten einer Architektur, Operieren mit den Impulsen einer Sprache« und der Verbindung von Dichtung und Mathematik[36], zu dem bei Novalis entdeckten Entwurf: »Dichtung entsteht aus dem Impuls der Sprache, die, ihrerseits dem vorsprachlichen ›Ton‹ gehorchend, den Weg weist, auf dem sich die Gehalte befinden«[37]. Immer wieder finden sich konzeptuelle Übereinstimmungen, die teilweise bis in die Details der Formulierung reichen, obwohl eine Lektüre des Friedrichschen Buches durch Böll nicht nachzuweisen ist[38]. Wenn Friedrich Baudelaire zitiert – »Die Phantasie zerlegt (décompose) die ganze Schöpfung; nach Gesetzen, die im tiefsten Seeleninnern entspringen, sammelt und gliedert sie die [dadurch entstandenen] Teile und erzeugt daraus eine neue Welt«[39] –, so formuliert Böll ganz ähnlich: »Daß selbst in den weniger subtilen Formen der Literatur, in allem Geschriebenen, in

[34] Zitiert nach Hugo Friedrich, Die Struktur der modernen Lyrik, 162. – 164. Tausend, Reinbek 1988, S. 32.
[35] Hugo Friedrich, S. 17.
[36] Hugo Friedrich, S. 39.
[37] Hugo Friedrich, S. 51.
[38] Jedenfalls findet sich das Buch nicht in Bölls Bibliothek, aber auch Reid 1991 hat auf Parallelen zu Baudelaire und Friedrich verwiesen (S. 14f.).
[39] Hugo Friedrich, S. 55f.

jeder Reportage Verwandlung stattfindet (Transposition), Zusammensetzung (Komposition), daß ausgewählt, weggelassen, lange ›Ausdruck‹ gesucht wird, diese Binsenwahrheit müßte allmählich bekannt sein«[40]. Im *Clown* faßt er dies ins Bild der künstlerischen Tätigkeit des Protagonisten: »Am besten gelingt mir die Darstellung alltäglicher Absurditäten: ich beobachte, addiere diese Beobachtungen, potenziere sie und ziehe aus ihnen die Wurzel, aber mit einem anderen Faktor als mit dem ich sie potenziert habe«[41].

Bölls wenige Gedichte und die Figur Rai Bachs in *Haus*[42] machen ihn nicht zum Lyriker; doch er hat in die erzählende wie in die dialogische Literatur das moderne, wortzentrierte, mathematisch-architektonische und zugleich rhythmisch-spielerische Prinzip übernommen, und er hat es schließlich sogar auf jedwede Form der Sprachverwendung übertragen: »Politik wird mit Worten gemacht, Wissenschaft drückt sich in Worten aus, Religion verkündet sich in Worten, von denen keines so platt und so gängig genommen werden kann, wie ein Groschen, der in den nächstbesten Schlitz paßt«[43].

Ein Plädoyer für den Formalismus? – Es könnte so aussehen; insistierte Böll doch darauf, daß im Bereich der Literatur »der Transport des Fortschritts […] immer auf höchster formaler Ebene erfolgt« sei[44]; leitete er doch aus dieser Position eine Art kategorischen Imperativ ab: »Wer glaubt, daß er ›was zu sagen hat‹, beuge sich der Form«[45]. Die Mehrzahl seiner literaturkritischen Zeitgenossen bezweifelte jedoch dessen Gültigkeit für Bölls Werk. Für einige wurde dieser Imperativ geradezu zum Totschlag-Instrument vor allem im Blick auf die späten Romane. Wie konnte einer, der geradezu leidenschaftlich beschwörend betont hatte »Wir haben kein Wort zu verschenken, keins zu verlie-

[40] *Frankfurter Vorlesungen* (1964), in: SR-3, S. 50.
[41] *Clown*, S. 109.
[42] Auch die vielen – erfundenen – Vorträge Schubrigels in *Haus*, die sich auf »moderne Lyrik« beziehen, deuten auf Bölls Hugo-Friedrich-Lektüre hin.
[43] *Frankfurter Vorlesungen* (1964), in: SR-3, S.42.
[44] *Eine deutsche Erinnerung* (1976), in: I, S. 649f.
[45] *Gesinnung gibt es immer gratis* (1964), in: SR-3, S. 20.

ren«[46], wie konnte der die Grammatik und Interpunktion seiner Frau[47], die Schlußredaktion den Lektoren und die ›sachliche Richtigkeit‹ seinem Herausgeber überlassen?

Fehler und Ungereimtheiten in Bölls Werk sind zahlreich – vor allem in *Katharina Blum, Belagerung, Flußlandschaft*. Manche wurden in späteren Auflagen korrigiert, andere waren irreparabel. Befriedigt die Begründung, die Böll dafür lieferte, daß er »manches bewußt« eingebaut habe, um dem »verbreiteten Kritikerklischee« von seiner »Schlampigkeit« »Futter zu geben«[48]?

Es wird da sicherlich im einzelnen zu differenzieren sein – nicht alles war »eingebaut«, vieles aber auch nicht nur »Schludrigkeit«. Auffällig jedoch ist schon, daß die »Fehler« und »Schlampereien« in der Regel vor allem Fakten, Realien, betrafen, nie den Rhythmus der Sprache: Die Kilometerberechnung in *Katharina Blum* enthielt einen Fehler, eine Bahnverbindung in *Gruppenbild* existiert nicht, eine Vierliterkanne in *Fürsorgliche Belagerung* wiegt zwei Kilo.

Die Debatten darüber (im Fall des *Clowns* oder bei *Belagerung*) wurden jedoch nicht als Fehlerdiskussion, sondern auf der grundsätzlichen Ebene von Kunstanspruch und Kitschvorwurf geführt, bestätigten also eher den Primat der Form.

Die Irritation, die Bölls Insistieren auf diesen Primat auslöst, speist sich auch weniger aus solch eher äußeren Faktoren. Sein Werk selbst scheint dagegen Widerstand zu leisten, indem es die Charakterisierung als »annähernde Einholung gefühlter gesellschaftlicher Realität«[49] doch immer wieder bestätigt. Und schließlich tat das auch der Theoretiker Böll:

»Die Wirklichkeit ist eine Botschaft, die angenommen sein will – sie ist dem Menschen aufgegeben, eine Aufgabe, die er zu lösen hat«[50], so schrieb er schon 1953, wandte sich noch davor aus-

[46] *Frankfurter Vorlesungen* (1964), in: SR-3, S. 34.
[47] Vgl. *Drei Tage im März* (1975), in: I, S. 355.
[48] Interview mit Dieter Zilligen, ARD, 23. 9. 79, in: Materialien 1981, S. 20.
[49] Heinrich Vormweg, in: Merkur 1, 1980, S. 86.
[50] *Der Zeitgenosse und die Wirklichkeit* (1953), in: SR-1, S. 67.

drücklich gegen »Blindekuh-Schriftsteller«[51]. Sah man daher nicht zu Recht seine Leistung darin, daß er mit »jeder seiner Erzählungen [...] uns ein Kapitel der Nach-Hitler-Zeit nach dem anderen aufgeschrieben« habe[52]?

Der scheinbare Zirkel läßt sich natürlich auflösen: Es existiert für Böll kein Gegensatz zwischen Form und Material, zwischen Wirklichkeit und Fiktion. Sie stehen für ihn in einem komplizierteren Verhältnis zueinander, als es die vereinseitigenden Kontrapositionen von »Realismus« hier und »Phantasie« dort zu erfassen vermögen[53]. »Dabei kann man ohne Phantasie die Wirklichkeit gar nicht erkennen«! Das ist der erste Versuch Bölls, dieses Verhältnis sprachlich zu fassen[54]. Dem folgten zahlreiche andere, und sie begleiten die gesamte Zeitspanne seines Werks. Von Anfang an zielt er dabei auf ein dialektisches Verhältnis von historiografischer Wirklichkeitserfassung und poetischer Phantasie, die in ihrer Synthese erst Erkenntnis ermöglichen. Darauf zielte die Äußerung zum Verhältnis von Dichtung und Geschichtswissenschaft ab, die in ihrem Kontext noch aufschlußreicher ist: »Dichtung ist nicht gleich Unwahrheit. Legende so wenig gleich Lüge wie Mythos. Dichtung ist auch kein Gegensatz zur Geschichtswissenschaft, beide können einander ergänzen, indem sie sich von weit entfernten Standpunkten dem gleichen Gegenstand nähern«[55].

Am Beispiel von Balzac oder Dostojewskij hat Böll gezeigt, daß Autoren zu eigenen Erkenntnisleistungen in der Lage sind. Sein Satz »Wirklichkeit *ist* Phantasie« hat aber weitergehende Konsequenzen, und er selbst hat sie gezogen, wenn er auch eine begrifflich präzisere Analyse erst 1973 mit seiner Nobelpreis-

51 *Bekenntnis zur Trümmerliteratur* (1952), in: SR-1, S. 30.
52 Ansage eines Fernsehinterviews (in Titel, Thesen, Temperamente) am 20. 7. 72.
53 Deswegen hat Böll sich auch immer gegen das ihm angeheftete Realismus-Etikett gewehrt: »[...] ich weiß bis heute nicht, was Realismus ist. Im Grunde ist alles realistisch; denn indem es da ist, ist es wirklich«, Gespräch mit H. L. Arnold (1971), in: I, S. 153.
54 *Der Zeitgenosse und die Wirklichkeit* (1953), in: SR-1, S. 69.
55 *Blick zurück mit Bitterkeit* (1973), in: SR-5, S. 28.

Vorlesung unternahm. Programmatisch ist schon der Titel *Versuch über die Vernunft der Poesie.* Er zweifelt »die Tradition der Vernunft« mit den Mitteln eben dieser Vernunft an[56]. Dieser Zweifel führt ihn zur Feststellung eines »Restes von Unberechenbarkeit«, sogar bei »etwas anscheinend so Rationalem, Berechenbaren« wie Brückenbauen oder Brötchenbacken[57]. »Diesen Rest Unberechenbarkeit [...] – wie sollen wir ihn nennen? Was verbirgt sich in diesem Zwischenraum? Ist es das, was wir Ironie zu nennen pflegen, ist es Poesie, Gott, Widerstand, oder, modischer ausgedrückt, Fiktion?« Aus diesem »Rest« legitimiert sich die besondere Erkenntnisfunktion von Literatur, die Böll gleichwohl nicht auf diese als eine Art Reservat beschränkt sehen will. Er plädiert statt dessen für eine »ungeteilte Literatur«, die die »falsche Alternative Information oder Poesie/Literatur« vermeidet: »Man kann nicht die Kraft der Mitteilung von der Kraft des Ausdrucks, den diese Mitteilung findet, trennen«. Auch das ist dialektisch gedacht und nicht antinomisch: Die »ungeteilte Literatur« ist die Synthese aus Information, also rationaler »Vernunft«, und (nicht etwa nur Form, sondern) der »Vernunft der Poesie«.

»Die Stärke der ungeteilten Literatur ist nicht die Neutralisierung der Richtungen, sondern die Internationalität des Widerstands, und zu diesem Widerstand gehört die Poesie, die Verkörperung, die Sinnlichkeit, die Vorstellungskraft und die Schönheit [...]. Kunst und Literatur [haben] immer wieder ihre Formen gewandelt, im Experiment neu entdeckt. Sie haben auch in diesen Formen etwas verkörpert, und es war fast nie die Bestätigung des Vorhandenen und Vorgefundenen; und wenn man sie ausmerzt, begibt man sich einer weiteren Möglichkeit: der List. Immer noch ist die Kunst ein gutes Versteck: nicht für Dynamit, sondern für geistigen Explosivstoff und gesellschaftliche Spätzünder«[58].

[56] *Versuch über die Vernunft der Poesie* (1973), in: SR-5, S. 45.
[57] *Versuch über die Vernunft der Poesie* (1973), in: SR-5, S.31.
[58] *Versuch über die Vernunft der Poesie* (1973), in: SR-5, S. 44f.

Das Setzen auf die »Vernunft der Poesie« ist Bölls literarisches Prinzip. Das allein organisiert jedoch nicht den Zusammenhang des Werkes als »Fortschreibung«. Die Formel »Gesellschaftskritik und Gemeinschaftsutopie«[59] enthält die Kategorien, die hervorragend geeignet sind, die höchst unterschiedlichen kritischen und Alternativen gestaltenden Momente in den Texten Bölls über einem gemeinsamen Nenner zu vereinigen, obwohl Böll selber dem Begriff »Gesellschaft« eher skeptisch-kritisch gegenüberstand. Das Wort sei »modisch, fast schon verschlissen, bevor man anfängt, es zu verstehen. Die Worte ›sozial‹, ›human‹ dagegen werden in unserer Gesellschaft vermieden, unterdrückt, lächerlich gemacht«[60]. Der Begriff ist also auch für Böll unvermeidbar. »Gesellschaftskritik« und »Gemeinschaftsutopie« werden hier weniger aus dem Blickwinkel eines marxistischen Begriffs literarischer »Widerspiegelung« betrachtet, dem sie entstammen. Vielmehr werden Aspekte des »Verstecks« und der »gesellschaftlichen Spätzünder« eine große Rolle spielen, Beobachtungen zu Bölls angeblichem »Realismus« dagegen eine untergeordnete. Und wenn hier überdies den zeitkritischen Momenten in Bölls Werk und ihren anarchischen Gegenkonzepten nicht die erste Aufmerksamkeit gewidmet wird, so ist das eine Konsequenz der neuen Lektüre unter veränderten Bedingungen. Vor 20 Jahren habe ich das Gesamtwerk primär unter gesellschaftskritischen Aspekten analysiert und mit den Kategorien »Anarchie und Zärtlichkeit« beschrieben[61]; das bleibt aus meiner Sicht gültig, dennoch ist es »Zeit für neue Ansichten«[62].

Böll selbst hatte sich früh angewöhnt, den Begriff »Wirklichkeit« durch ein »sogenannt« zu ergänzen. Das war keine Flucht vor der Realität sondern der Reflex der Einsicht, daß »Wirklichkeit« kom-

[59] Bernhard ^{2}1973.
[60] *Frankfurter Vorlesungen* (1964), in: SR-3, S. 31.
[61] Balzer 1987.
[62] Vgl. Balzer Wrocław 1995.

plex ist, daß zur Erkenntnis mehr gehört als Vernunft, daß Wirklichkeit eine »Aufgabe« bedeutet und daß dem »Auge des Schriftstellers« eine wichtige Rolle zukommt bei der Lösung dieser Aufgabe. »Mit der Sprache wird das Material, Staat, Gesellschaft geprüft«[63] – der Richtung dieser Perspektive hat auch die Textanalyse zu folgen.

5. Liebe, Religion, Abfall – die Elemente einer Ästhetik des Humanen

Wenn die »sogenannte Wirklichkeit«, wenn unmittelbares politisches Engagement nicht Schreibmotivation für Böll waren und von ihm generell als für die Literatur »sekundär« angesehen wurden, so stellt sich ein weiteres Mal die Frage nach dem Moment, das den »Fortschreibungsprozeß« seines Werkes organisierte. Eine Antwort gibt eine vielfach zitierte Interview-Äußerung aus dem Jahre 1967: »[...] im Grunde interessieren mich als Autor nur zwei Themen: die Liebe und die Religion«[64]. Das ist zu beachten, kann aber nicht so weit führen, Bölls gesamtes erzählerisches Œuvre auf ein »Ur-Böll-Werk« zurückführen zu wollen[65].

Liebe und Religion sind »Themen«, die durchgehend von der ersten veröffentlichten Kurzgeschichte Bölls bis zu *Flußlandschaft* zu finden sind. Doch »Thema« ist hier eher umgangssprachlich verwendet denn als Terminus. Liebe und Religion sind Stoffbereiche, es fehlt jeweils ein zusätzlicher Aspekt, eine weitere ›Koordinate‹, um daraus Themen zu machen. Böll spricht auch gelegentlich von »Stoff« statt von »Thema«[66], wird vor allem dann präziser, wenn es um einen konkreten Text geht: »Wie meistens wollte ich im Grunde auch nur eine Liebesgeschichte schreiben«, stellt er anläßlich von *Gruppenbild* fest und fährt fort: »Mir schien, daß es spannender, echter, exakter und auch der

[63] *Eine deutsche Erinnerung* (1976), in: I, S. 507.
[64] *Kein Schreihals vom Dienst sein* (1967), in: I, S. 68.
[65] Vgl. die Arbeiten A. Bernáths.
[66] *Werkstattgespräch mit Horst Bienek* (1961), in: I, S. 18.

Wirklichkeit entsprechender sei, wenn man eine Liebe zwischen Mann und Frau [...] in eine möglichst schwierige [...] Situation stellt«[67]. Liebe in schwierigen Situationen – das ist schon eher ein »Thema«, und es ist tatsächlich Bölls Thema von der »unsterblichen Geliebten«[68] bis zum Ehepaar Wubler im letzten Roman. Doch ist dies nicht sein einziges: Wie paßt sich das »zweite«, die Religion da ein, und wie geht man mit einem anderen Themenkatalog um, den er 1961 in einem Gespräch mit Horst Bienek zusammenstellte: »Es gibt nicht sehr viele Themen: Kindheit, Erinnerung, Liebe, Hunger, Tod, Haß, Sünde und Schuld, Gerechtigkeit und einige mehr«[69]. Kurz davor fügt er als »Elemente des menschlichen Lebens« noch hinzu »Glück und Armut, Gott und die Zeit«[70]. Ein anderer Gesprächspartner legte ihm einen vergleichbaren Katalog als ein »sehr eigenes Wertesystem« aus:

»Werte wie Wohnen, Essen, Schlafen, Trinken und so weiter, und dieses Wertsystem hat sich in dieser ganzen Zeit nicht verändert«[71], und Böll bestätigte dies als für ihn »elementare Dinge«, zu denen sein Verhältnis »keine Veränderung« erfahren habe. Diese Kataloge der »möglichen Themen« und der »elementaren Dinge« sind natürlich nicht aus der Spontaneität dieser beiden Gespräche entstanden, sie sind das Substrat von Bölls literarischer Erfahrung und zugleich das Resultat ästhetischer Überlegungen, in diesem Fall vor allem der *Frankfurter Vorlesungen* zur Poetik. Dort hatte er versucht, »Themen und Thesen einer Ästhetik des Humanen« zu formulieren und hatte genannt: »das Wohnen, die Nachbarschaft und die Heimat, das Geld und die Liebe, Religion und Mahlzeiten«[72]. Diese Elemente des Humanen sucht er auf in der deutschen Literatur von Stifter bis Grass und stellt fest, »daß es in der deutschen Nachkriegsliteratur kaum [...] ein Buch gibt, in dem Nachbarschaft, Heimat als vorausgesetzt gelten kön-

[67] Interview mit D. Wellershoff (1971) in: I, S. 126.
[68] Z.B. in *Der Zug*.
[69] *Werkstattgespräch mit Horst Bienek* (1961), in: I, S. 18.
[70] *Werkstattgespräch mit Horst Bienek* (1961), in: I, S. 15.
[71] *Drei Tage im März* (1975), in: I, S. 371.
[72] *Frankfurter Vorlesungen* (1964), in: SR-3, S. 30 .

nen«[73], daß das »Nicht-wohnen-Können« auch »keineswegs ein neues Thema« sei. Und: »es wird so wenig gegessen in der deutschen Literatur, wie wenig darin gewohnt wird, es wird kaum von Geld geredet [...] zwischen Wohnen und Essen, Liebe, Ehe, Familie bestehen offenbar Zusammenhänge«[74].

Die »Ästhetik des Humanen« sieht er in der deutschen Literaturgeschichte nicht verwirklicht. Er versucht dies daher mit dem eigenen literarischen Werk. Sie wird im folgenden anhand der einzelnen Texte zu konkretisieren sein, wobei die Elemente – von »Essen und Wohnen« bis »Liebe in möglichst schwierigen Umständen« – in je unterschiedlicher Verbindung und mit wechselnden Akzentsetzungen die Kategorien sein werden, an denen sich die Analyse der einzelnen Werke orientiert.

Bölls Konzentration auf das Elementare, das nicht ungeschichtlich ist, indem es ja tatsächlich jeden geschichtlichen Augenblick bestimmt, das aber deshalb eben gerade nicht an *bestimmte* historische Bedingungen geknüpft ist, macht sicherlich ein Moment der weltweiten Wirkung Bölls aus. Wie sonst ließe sich etwa der Erfolg eines so »rheinischen« Romans wie des *Clown* ausgerechnet in der Sowjetunion erklären!

Dazu kommt ein anderes: Abfall und Abfälligkeit – immer schon, nicht nur in der Wegwerf-Gesellschaft – negative Begriffe; Böll wertet sie um und erklärt sie zu bevorzugten Gegenständen der Literatur: »Die Literatur kann offenbar nur zum Gegenstand wählen, was von der Gesellschaft zum Abfall, als abfällig erklärt wird«[75]. Das bestimmt auf besondere Weise das Verhältnis von Gesellschaftskritik und Gemeinschaftsutopie im Werk, entzieht diese der politisch-parteilichen und ideologischen Vereinnahmung und konstituiert den »einen Geist«, von dem Böll immer wieder sprach, um z.B. zu begründen, warum er sowohl gegen die Verfolgung sowjetischer Dissidenten als auch gegen den Vietnamkrieg protestierte. Das ist die ganz andere Art der Parteilichkeit,

[73] *Frankfurter Vorlesungen* (1964), in: SR-3, S. 49.
[74] *Frankfurter Vorlesungen* (1964), in: SR-3, S. 75.
[75] *Frankfurter Vorlesungen* (1964), in: SR-3, S. 67.

die für den »Abfall«, für die für abfällig Erklärten; eine Parteilichkeit, die sich nicht mit dem Schaum des Fanatismus vorm Mund ständig selbst ins Unrecht setzt, sondern eine, die sich durch Humor artikuliert, »das von der Gesellschaft für Abfall Erklärte, für abfällig Gehaltene in seiner Erhabenheit zu bestimmen«, ist für Böll die »humane Möglichkeit des Humors«: »Humor – das macht ihn möglicherweise denen, die ihn nicht haben, so verdächtig – setzt einen gewissen minimalen Optimismus und gleichzeitig Trauer voraus: da das Wort *humores* Flüssigkeit, auch Säfte bedeutet und alle Körpersäfte, also Galle, Träne, Speichel, auch Urin meint, bindet es ans Stoffliche und gibt diesem gleichzeitig eine humane Qualität«[76].

Damit ist der Zusammenhang von Humor, in seinem humanen Verständnis, und den »elementaren« Dingen benannt und zugleich die Verbindung zum »Stofflichen«, d.h. zum Sinnlichen, in seiner ganzen Palette hergestellt. Literatur muß »versinnlichen« heißt es in Bölls Sprache[77], und sämtliche Sinne und Körperfunktionen gehören dazu. Aus diesem Blickwinkel verlieren z.B. die für manchen Leser so befremdlichen »skatologischen Elemente« in *Gruppenbild* ihre Absonderlichkeit, erklärt sich die Vorliebe für Synästhesien.

Darüber hinaus gewinnen die »Zusammenhänge« der elementaren Dinge des Humanen zumindest Konturen durch das Sinnliche wie Sprachliche: Von Werner Koch auf die 1958 in seiner Wuppertaler Rede gebrauchte Formulierung, er sei ein »leidenschaftlicher Liebhaber der Sprache« und ihre »erotische« Konnotation angesprochen, bestätigte er: »Erotisch ist wahrscheinlich auch das Verhältnis zur Form, […] Anlauf, Annäherung. Annäherung ist ja auch ein erotischer Terminus […]. Ich glaube, daß eine Form zu erobern mit Sprache das Ziel ist, und das ist ein erotischer Vorgang«[78].

76 *Frankfurter Vorlesungen* (1964), in: SR-3, S. 85.

77 In den Gesprächen mit Wellershoff (I, S. 126ff.) und Linder (I, S. 371ff.) hat er diese Formulierung immer wieder verwendet.

78 Lengning ^{2}1968, S. 105.

Diese Zusammenhänge werden, wenn auch nur bildhaft, deutlicher in einer weiteren Überlegung der Poetik-Vorlesungen, die dem Brot gelten. Böll fordert eine »Ästhetik des Brotes«, das für ihn »Zeichen der Brüderlichkeit ist, auch des Friedens, sogar der Freiheit, und wiederum noch mehr: das wirkungsvollste Aphrodisiakum, und weiterhin: Hostie, Oblate, Mazze [...]«[79].

Das Brot als das für Böll elementarste der »elementaren Dinge« hat natürlich zugleich sinnlich-konkrete Qualität und weitreichende Symbolfunktion; es ist in dieser Eigenschaft gleichermaßen gebunden an das »Abfällige«[80] und das Religiöse (»Hostie, Oblate, Mazze«). Das scheint zu münden in den Satz von den zwei Themen, Liebe und Religion, bedeutet aber, wie der Kontext zeigt, mehr, indem Böll hier Religion konkret anspricht und auch dabei die ästhetische Dimension im Blick behält: »Joyce wie Grass müssen unbegriffen bleiben, wenn einer nicht weiß, was das bedeutet, katholisch zu sein oder gewesen zu sein, welch eine ungeheure Spannung entsteht, welche Kräfte frei werden, ästhetische und dämonische«[81]. Böll sucht auch hier nach einer Ästhetik, die mit Theologie oder Moral »kongruent wäre«[82] – ein weiteres Bild; die begriffliche Auflösung hat Böll erst über zehn Jahre später gegeben.

6. Die durchgehende mythologisch-theologische Problematik

Umschreibungen wie »dämonisch«, »traumhaft«[83] qualifizieren das religiöse »Thema« in einer spezifischen Weise, die sich vom Lehrhaft-Theologischen ebenso entfernt wie von naiver Gläubigkeit (obwohl auch diese beiden Elemente in Bölls Werk wichtige Funktionen haben). Wenn er »Ehebruch, Sünde, Betrug« *theolo-*

[79] *Frankfurter Vorlesungen* (1964), in: SR-3, S. 79.
[80] *Frankfurter Vorlesungen* (1964), in: SR-3, S. 79: »Das Brot in eine Ästhetik einzuordnen [...] würde unweigerlich auf die Abfallhalde führen«.
[81] *Frankfurter Vorlesungen* (1964), in: SR-3, S. 80.
[82] *Frankfurter Vorlesungen* (1964), in: SR-3, S. 81.
[83] *Drei Tage im März* (1975), in: I, S. 371.

gisch zu bestimmen versucht, dies aber tut »durch drei Namen: Eva, Maria, Magdalena, die sich nie rein, nie getrennt zeigen in der weiblichen Natur«, dann ist das keine theologische Definition, sondern eine mythische. Seine Schlußfolgerung, »ich sehe keine bessere ästhetische Voraussetzung für die Beschreibung, den Ausdruck, den die Liebe finden kann, als die religiöse«[84], gesteht das implizit zu; denn sie hebt auf die ästhetische Voraussetzung und vor allem den »Ausdruck« als zentraler ästhetischer Kategorie ab. Eva, Maria, Magdalena sind als »Trinität des Weiblichen« keine theologisch definierten Gestalten, sie sind biblische Mythen, die »das Weibliche« konkretisieren, in bereits »versinnlichter« Form darbieten. René Wintzens Insistieren in seinem Gespräch mit Böll auf dem üblichen Klischee des engagierten Realisten veranlaßte ihn zu einer auch begrifflichen Klarstellung. »[...] stellen wir zunächst mal eine Hypothese: Es hätte keinen Krieg gegeben und keine Nazis gegeben. [...] ich hätte also, wie das so üblich ist, mit fünfundzwanzig meinen ersten Roman geschrieben, [...]. Ich glaube nicht, daß dieser Roman, bis auf ein paar zeitgeschichtliche Details, anders ausgefallen wäre. [...] Und mit dieser Überzeugung muß man, glaube ich, an Literatur herangehen. Alles das, was die Weltgeschichte an Klamotten einem vor die Füße wirft, Krieg, Frieden, Nazis, Kommunisten, Bürgerliche, ist eigentlich sekundär. Das, was zählt, ist eine durchgehende, ich möchte fast sagen, mythologisch-theologische Problematik, die immer präsent ist«[85].

Wintzen versuchte durch Einwände, Böll zur Rücknahme seiner These zu bewegen, er blieb jedoch dabei: Die Geschichte habe nur bestätigt, »was in der Formel schon da war«[86].

Dabei ist »Mythos« ein vieldeutiger und – nicht erst seit Alfred Rosenbergs ›Mythus des 20. Jahrhunderts‹ – auch häufig fragwürdiger Begriff. Bölls Verständnis läßt sich am ehesten ex negativo rekonstruieren: »mythologische Problematik« steht in Oppositi-

[84] *Frankfurter Vorlesungen* (1964), in: SR-3, S. 82.
[85] *Eine deutsche Erinnerung* (1976), in: I, S. 515f.
[86] *Eine deutsche Erinnerung* (1976), in: I, S. 519.

on zur »sogenannten Wirklichkeit«, ist damit Teil des »Restes von Unberechenbarkeit« und der besonderen »Vernunft der Poesie«. Irrelevant bleibt dabei offensichtlich die Kontroverse unterschiedlicher Mythos-Konzepte zwischen Mythos als menschlicher Urerfahrung und Mythos als »kollektivem Unbewußten«. Die sprachliche Verbindung von Mythos und Religion – »mythologisch-theologische Problematik« – weist dem unbestritten vorgeschichtlichen Charakter der Mythen die Perspektive des heilsgeschichtlichen, des Numinosen, zu – nicht überraschend, denn Böll hat zwar das Etikett »katholischer Schriftsteller« stets weit von sich gewiesen, aber er war religiös, verstand sich stets als katholischer Christ, auch wenn er der katholischen Kirche in ihrer Eigenschaft als Steuererhebungsinstitution in seinen letzten Lebensjahren den Rücken gekehrt hat.

Mythische Qualität in diesem Sinne haben die »elementaren Dinge« als sozusagen gottgegebene Grundbedingungen menschlichen Lebens. Sie sind vorgegeben, nicht erwerb- und erlernbar: »Solche Dinge etwa, die vielfach miteinander verflochten sind und im Grunde sehr kompliziert, da sie auch etwas mit Religion zu tun haben, kann man nicht lernen. Sie werden, wenn man sie lernt, nicht Kunst, sondern werden nur künstlich«[87]. Sie sind aber in gestalteter, häufig sogar künstlerisch gestalteter Form vorhanden in konkreten Mythen – und auch diese hat Böll genutzt: Biblische aber auch antike, germanische und keltische Mythen. Er hat sie genutzt, nicht wie z.B. Christa Wolf (›Kassandra‹) oder Christoph Hein (›Die Ritter der Tafelrunde‹) als sanktionierten Freiraum oder Versteck für das sonst aus politischen Gründen nicht Sagbare, sondern weil die Mythen aus Bölls Sicht unterschiedliche Möglichkeiten einer »existenziellen Komponente«[88] darstellen. Sie eröffnen, selbst als bloßes Zitat, einen bestimmten Kontext oder eine Wertung auf ökonomische Weise und sie enthalten präformiert »Struktur« und »Stimmung« und können da-

[87] *Werkstattgespräch mit Horst Bienek* (1961), in: I, S. 15.
[88] *Eine deutsche Erinnerung* (1976), in: I, S. 519.

mit die tragende Konzeption für einen literarischen Text werden. Das Spektrum des Weiblichen etwa ließe sich psychologisch, soziologisch – jedenfalls wissenschaftlich abstrakt – formulieren. Der Rückgriff auf die mythischen Gestalten Eva, Maria, Magdalena als »Trinität des Weiblichen« strukturiert in vielschichtiger Weise den literarischen Umgang mit der weiblichen Rolle. Das Nebeneinander von Leni, Rahel und Margret in *Gruppenbild* zum Beispiel ist eine der Realisierungsformen dieser Trinität. Die mythische Grundlage definiert ihr Verhältnis zueinander, schafft einen Hintergrund zur Handlung, die vorgängigen (biblischen und literarischen) Gestaltungsformen sind dem Romantext gleichsam als eine Art Subtext unterlegt, sie sind mitzudenken – und ein weiteres Moment ebenfalls: Das schöpferische Moment, das für Böll die Literatur auszeichnet, ihre besondere Erkenntnisfunktion, ist rational nicht beschreibbar – jedenfalls nicht »restlos«; im Symbol, vor allem aber im Mythos ist dieses nicht-rationale Moment sozusagen transportierbar: »Ich bin mir auch der Schwierigkeit bewußt, die durch [das] Mystische, das zweifellos enthalten ist in vielen meiner Bücher, entsteht, weil man ein mystisches Erlebnis nicht weitergeben kann«[89]. Mythos und »Mystik« hängen für Böll im Schreibvorgang zusammen.

Die literarische Ausgestaltung der vom Mythos vorgegebenen Struktur, – Böll sprach gern von »Placierung« – verwendet natürlich »Material [...] das mir durch die Geschichte sozusagen vor die Füße geworfen worden ist [...] insofern sehe ich etwa die Figuren von *Wo warst du, Adam?* verkleidet. Ich könnte sie mir in einem anderen Gewand vorstellen«[90].

Ist bei Christoph Hein der Artus-Mythos Versteck für die in der DDR nicht öffentlich zu äußernde Kritik an der SED-Führung gewesen, so verbirgt sich bei Böll gerade der Mythos – z.B. der Mythos vom Minotaurus im Labyrinth – als elementare Struktur hinter dem zeitgeschichtlichen »Gewand« des *Clowns*,

[89] *Eine deutsche Erinnerung* (1976), in: I, S. 561.
[90] *Eine deutsche Erinnerung* (1976), in: I, S. 526.

und die Oberfläche aktueller Kritik an der Herrschaft der Kirche verbirgt die grundsätzliche Diskussion um herrschaftsfreie Zwischenmenschlichkeit. Letzteres hat Bernhard als »Gemeinschaftsutopie« beschrieben, und natürlich besteht ein Zusammenhang zwischen mythischer Struktur und utopischer Zielvorstellung, so wie von beiden Verbindungen bestehen zur »Moral der Sprache« und zur »Vernunft der Poesie« und wie alles sich vereinigt im Konzept einer »Ästhetik des Humanen«. Aus Gründen der Praktikabilität wird der Analytiker in Kenntnis und Anerkennung dieses Zusammenhangs sich diesen Aspekten sukzessive widmen müssen. Entsprechend werden die folgenden Kommentare zu den einzelnen Werken aufgebaut sein. Im übrigen wird dabei natürlich auch eine Entwicklung im Werk Bölls sichtbar von einer sprachrhythmischen Schreibweise zu einer eher symbolischen mit dem Höhepunkt *Billard*, die mit dem *Clown* von einer mythologischen oder typologischen abgelöst wird, wobei auch Rückgriffe auf einmal bewährte Muster zu beobachten sind. Das Element des sprachlichen Rhythmus spielt dabei stets eine Rolle.

7. Die Lächerlichkeit des Mannes und die Zärtlichkeit der Frau

»Frauenhände sind schon fast keine Hände mehr: ob sie Butter aufs Brot oder Haare aus der Stirn streichen. Kein Theologe ist je auf die Idee gekommen, über Frauenhände im Evangelium zu predigen: Veronika, Magdalena, Marie und Martha – lauter Frauenhände im Evangelium, die Christus Zärtlichkeiten erwiesen«[91]. Über die Trinität der Weiblichkeit hinaus erweiterte Böll in dieser Passage aus dem *Clown* die mythische Grundlegung der Frauenrolle, und diese wird an gleicher Stelle der Männerrolle gegenübergestellt: »Männerhände sind Händedruckhände, Prügelhän-

[91] *Clown*, S. 219f.

de, natürlich Schießhände und Unterschriftenhände«. Gewalt steht gegen Zärtlichkeit. Das ist ein Aspekt, von dem aus sich die Beziehung der Geschlechter in Bölls Werk bestimmt. Gesellschaftliche Rollenerwartungen und -klischees und Bölls eigene Vorstellungen von den Geschlechterrollen gehören zu den »schwierigen Situationen«, in die er die Liebesbeziehungen seiner Protagonisten immer wieder stellt. Der »Mythos der Männlichkeit« bei Hemingway hatte ihn »traurig gemacht, weil es eben ein zwanghafter Mythos bei ihm ist, immer wieder Männlichkeit und Erfolg«[92], ein Grund für die so überdeutliche Präferenz gegenüber den Frauengestalten in seinem Werk. Die »Lächerlichkeit« und »Hilflosigkeit des Mannes im Krieg [...] möglicherweise bis zu meiner eigenen lächerlichen Männlichkeit« ist mit dafür verantwortlich.

Frauenfiguren dominieren das Werk: Seit *Gruppenbild* gibt es nur noch »weibliche Trägerin[nen] der Handlung«[93], und schon der erste veröffentlichte Roman thematisiert das Thema der Lächerlichkeit des Mannes.

Diese Parteinahme haben viele männliche Kritiker mit Ironie quittiert; die neue Frauenbewegung hat sie aber auch nicht goutiert, wohl sehend, daß Böll sich »für das Thema Emanzipation [...] im politisch-aktuellen Sinne nicht erwärmen« konnte[94]. Auch seine Präferenz für die Rolle der Frau hatte weniger »aktuelle« Grundlagen als elementar-humane: Wer der Frau »ein weniger intellektuelles Verhältnis zu sich selber, zu ihrem Körper und zur Natur« zuschreibt, und das Bereiten einer »Mahlzeit für eine Familie« zu »einer wunderbaren Sache« und einem »Befreiungsvorgang« erklärte, durfte sich über Kritik aus Reihen der Frauenbewegung nicht wundern. Die elementaren Dinge des Humanen – Essen, Wohnen, Liebe, Religion – sind ja zumindest topografisch in der Nähe der berüchtigten »drei K« (Kinder, Küche, Kirche) des konservativen Frauenbildes angesiedelt. Das »Genie der Sinn-

[92] *Eine deutsche Erinnerung* (1976), in: I, S. 542.
[93] Zitat aus *Gruppenbild*, das gilt trotz Tolm auch für *Belagerung*.
[94] *Eine deutsche Erinnerung* (1976), in: I, S. 543.

lichkeit«, das Böll der Frau zuschreibt und das »Sakramentale« ihrer häuslichen Tätigkeit (»mal wirklich sakramental zusammen sein, mit Brot, und Kaffee, Milch und Wein«[95]), wie auch die »Feierlichkeit« des »Alltags«[96], die die Frau verwaltet, sind Schlüsselmomente in Bölls Konzept von den Elementen der Humanität, dementsprechend auch zentrale Motive seiner Ästhetik des Humanen. Sie haben aber auch den Anschein des Konservativen, der in den einzelnen Texten immer wieder neu zu überprüfen sein wird.

[95] *Eine deutsche Erinnerung* (1976), in: I, S. 562.
[96] *Eine deutsche Erinnerung* (1976), in: I. S. 563.

II. Der Zug war pünktlich. Erzählung

1. Publikationsformen

Buchausgabe: Opladen 1949 (Dezember)
dtv (818): 1. Auflage 1972
Neusatz: 24. Auflage, 1997 – nach dieser Ausgabe wird zitiert.

2. Entstehung und Kontext

»1948 ist [...] das Jahr, in dem Böll sich verstärkt längeren Prosaarbeiten zuwendet. Im Januar konzipiert er zwei Romane [...]. Im April, Mai, Juni folgen zwei längere, in sich geschlossene Prosaarbeiten: Unter dem Arbeitstitel ›Zwischen Lemberg und Czernowitz‹ stellt Böll in kurzer Zeit ein Typoskript fertig, das anderthalb Jahre später zu seiner ersten Buchveröffentlichung führen wird. Das Buch hieß bei Erscheinen *Der Zug war pünktlich* und kam Ende 1949 beim Middelhauve Verlag, Opladen heraus.« So hat Karl Heiner Busse aus seiner Kenntnis des Nachlasses den Entstehungsprozeß dieser Erzählung beschrieben[1].

Entstehung und Veröffentlichung werden also durch die Zäsur der Währungsreform mit ihren einschneidenden Folgen für das Verlags- und Zeitungswesen und für die Bewußtseinslage in Westdeutschland bestimmt: Das Zeitungssterben nach dem Juli 1948 führte zum ›Austrocknen‹ des Marktes für Kurzgeschichten und erzwang damit geradezu den Trend zum buchfüllenden Prosatext. Zugleich fiel gegenwartskritische Literatur dem beginnenden Wirtschaftswunderoptimismus zum Opfer. Der *Zug* mit seiner Kriegsthematik wurde vom Verlag angenommen und zügig publiziert, mit den Kurzgeschichten und der zweiten längeren Erzählung gab es Schwierigkeiten.

[1] Busse 1992, S. 36.

3. Wort- und Sacherklärungen

5 *Przemysl*: Stadt in Galizien (Polen)
6 *kabbalistisch*: hier: magisch, geheimnisvoll (von Kabbala = jüdische Geheimlehre)
11 *Krakau*: polnische Stadt an der Weichsel – *Lemberg*: (poln. Lwów), *Czernowitz*: bis 1945 polnische Städte, seither ukrainisch – *Jassy*: rumänische Stadt – *Kischinew*: moldawische Stadt – *Nikopol*: ukrainische Stadt – sämtlich Stationen auf der Bahnlinie von Deutschland Richtung Stalingrad
18 *Perekop*: Stadt auf der Krim
19 *JU*: Junkers 52, das Transportflugzeug der deutschen Luftwaffe
20 *MG 42*: seit 1942 in der Wehrmacht verwendetes Maschinengewehr
25 *Odessa, Nikolajew, Kertsch*: ukrainische Städte
26 *Wolhynien*: polnisch-ukrainische Landschaft – *Pogrom*: (russ.) Hetze, Ausschreitung gegen religiöse oder ethnische Gruppen, vor allem gegen Juden
27 *Kolomea*: ukrainische Stadt
37 *Credo*: Glaubensbekenntnis – *de Profundis […]*: Aus der Tiefe, Herr, rufe ich zu dir (130. Psalm) – *War einst ein Glockengießer […]*: Gedicht von Wilhelm Müller – *Archibald Douglas*: Ballade Theodor Fontanes
45 *Peut-être une folle*: (frz.) vielleicht eine Verrückte
47 *Gare Montparnasse*: einer der Pariser Fernbahnhöfe
49 *3,7 PAK*: Panzerabwehrkanone vom Kaliber 3,7 cm
51 *San*: Nebenfluß der Weichsel
53 *Otschakow*: ukrainische Stadt – *Anapa:* kaukasische Stadt – *Kuban*: Fluß, der am Kaukasus entspringt und ins Schwarze Meer mündet
79 *k.u.k.*: kaiserlich und königlich, auf die österreich-ungarische Doppelmonarchie vor 1918 bezogen
83 *Le Tréport*: Hafenstadt in der Normandie
86 *Staffelgebet*: Gebet, das der Geistliche und die Ministranten beim Betreten der Altarstufen sprechen

93 *Fragonard*: Jean Honoré F. (1732 – 1806), frz. Maler

115 *Hoynhyms*: Die sittlich über den Menschen stehenden Pferde in Johnathan Swifts Satire ›Gullivers Reisen‹ (1726) – *Pervitin*: Aufputschmittel

134 *Kapo*: Verkürzung von frz. caporal, hier: Unteroffizier

137 *Introibo*: Eingangswort der Messe

4. Aspekte des Textes

Inhaltsabriß

Der 23jährige Soldat Andreas wird im September 1943 irgendwo im Rheinland von einem befreundeten Kaplan zum Fronturlauberzug von Paris nach Przemysl gebracht. Als der Zug abfährt wird ihm »mit einer blitzartigen Erleuchtung« klar, daß er »bald« sterben wird, »zwischen Lemberg und Czernowitz«. In Lemberg begegnet Andreas in einem Bordell der Polin Olina, einer Agentin polnischer Partisanen. Beide verlieben sich ineinander und versuchen, durch die Flucht aus ihrem Schicksal auszubrechen, der Gewißheit des »bald« zu entkommen. Doch der Fluchtwagen wird – zwischen Lemberg und Czernowitz – von Partisanen beschossen, und beide kommen um.

Die Moral der Sprache

Der erste Satz der Erzählung thematisiert Sprache: Es ist die »sonore Stimme im Lautsprecher«, die das Reiseziel angibt, und dieser Lauteindruck durchzieht nach einer Häufung zu Beginn geradezu leitmotivisch den gesamten Text »wie eine Wolke von Schleim« (S.5): »Alles Unglück kommt von diesen sonoren Stimmen; diese sonoren Stimmen haben den Krieg angefangen, und diese sonoren Stimmen regeln den schlimmsten Krieg, den Krieg auf den Bahnhöfen« (S.14). Aber ein anderes Wort durchkreuzt das erste: »bald«. Stehen die »sonoren Stimmen« für die geradezu geölte Effizienz des Apparats, der den Krieg in Gang hält, von dem auch die Nächte »voll Entsetzen heraufbeschworen«(S. 135) sind, so hat dieses »bald« magische, »kabbalistische« Gewalt, die »erschreckende und zugleich berauschende Gewalt alles Schicksalhaften« (S. 6), ist »wie ein Geschoß«. Natürlich hat das Wort eine Semantik, die seinen Schrecken ausmacht: »Dieses Bald drückt die Zukunft zusammen, es macht sie klein«, eine Wortbedeutung, die sich aber sogleich wieder auflöst: »es ist die absolute Unsicherheit. Bald ist nichts und Bald ist vieles. Bald ist alles. Bald ist der Tod [...]« (S. 9). Die »sonoren Stimmen« setzen die weiträumigen Zäsuren dieser Zugfahrt, schaffen einen besonderen Rhythmus, der sich im Sprachrhythmus ausdrückt: »sonore und unsonore Bahnhöfe« (S. 20). Es wird voll und wieder leer, wieder voll und wieder leer.

Der Rhythmus, den das »bald« bestimmt, ist rascher: »Das Blut floß aus seinem Herzen, floß zurück ins Herz, kreiste, kreiste, das Leben kreiste, und dieser Pulsschlag sagte nichts anderes mehr als: Bald!« (S. 8). Galizien ist die Region, in der Andreas sterben wird, zugleich ein »Wort [...] wie eine Schlange, die winzige Füße hat und die Gestalt eines Messers [...], ein dunkles, schönes und sehr schmerzensreiches Wort« (S. 42). Auch dieses Wort ist in der Erzählung rhythmusbildend, und etwa in der Mitte des Textes (S. 76f.) treffen diese rhythmischen Momente zusammen, als der Bewußtseinsstrom des Andreas vom »ich werde sterben [...] bald« ausgeht, in den Takt der Soldatenlieder fällt, um dann immer schneller, mit dem achtmal wiederholten Wort »Galizien« als Paukenschlag oder Generalbaß sich geographisch und zeitlich auf den Todespunkt zuzubewegen. Und der Schienenstoß gibt den Rhythmus ab für die sprachliche und thematische »Entspannung«: »Ich muß unbedingt noch für die Geschützbedienung da unten in den Ssiwasch-Sümpfen beten ... unbedingt ... unbedingt ... Tak-Tak-Tak-Bums ... unbedingt ... Tak-Tak-Tak Bums – unbedingt Geschützbedienung ... in den Ssiwasch-Sümpfen ... Tak-Tak-Tak-Bums ...« (S. 77).

Damit ist ein Einschnitt erreicht, der sich inhaltlich durch den Aufenthalt der drei Soldaten in Lemberg, durch Waschen, Rasur, Kleiderwechsel deutlich macht, der aber auch sprachlich kenntlich wird: »Das Bald, das er doch eingeengt zu haben glaubte« (S. 77), ist Andreas wieder entglitten und wird ersetzt durch ein anderes: »Stryj? Welch seltsamer Name, denkt Andreas ... ich muß noch für die Juden von Stryj beten. Hoffentlich sind noch Juden in Stryj ... Stryj ... das wird es also sein, er wird vor Stryj sterben« (S. 96). »Stryj ... dieses winzige, kleine, schreckliche, blutige Wort ist aufgestiegen und hat sich verbreitert zu einer düsteren Wolke, die nun alles überschattet« (S. 135). Auch dieses Wort, eine Silbe wie »bald«, bestimmt den Rhythmus der Sprache: »Wein und Kerzen und ein Cembalo! Achtundeinhalb Scheine ohne die Streichhölzer; Millionen in Nikopol! Nikopol! Nichts! ... Kischinew ... Nichts ... Czernowitz? Nichts! ... Kolomea? Nichts! ... Stanislau? Nichts! Stryj ... Stryj ... dieser schreckliche Name, der wie ein Strich ist, ein blutiger Strich an meinem Hals! In Stryj werde ich ermordet. Jeder Tod ist ein Mord, jeder Tod im Kriege ist ein Mord, für den irgendeiner verantwortlich ist. In Stryj!Ich tanze mit dir in den Himmel hinein, in den siebenten Himmel der Liebe!« (S. 104). Dabei weist der Ortsname zurück auf den Anfang – schwer erkennbar, da Böll »Stryj« offenbar falsch ausgesprochen hat, rheinisch statt polnisch, wie »Strich« also, sonst könnte dieser Name nicht »wie ein Strich« sein: Der Name scheint auf im »unsichtbaren Strich« (S. 40), der Andreas abtrennt von Deutschland: »Jede Grenze hat eine furchtbare Endgültigkeit. Das ist ein Strich und Schluß« (S. 42). Und dieser »schreckliche Name« kündigt denn auch den Schlußakkord an: »›Stryj!‹ sagt eine wesenlose Stimme. Und dann wird der Wagen zersägt« (S. 137).

Die musikalischen Metaphern drängen sich der Analyse geradezu auf; denn auch auf der Inhaltsebene des Textes dominiert die Musik – in dieser Passage durch Cembalo und Schlager, im ganzen ersten Teil des Textes durch die Soldatenlieder und die Reminiszenzen an das Studium, im zweiten durch die Begegnung mit der »Opernsängerin« Olina, durch Schubert und Chopin, Beethoven und Bach, den Olina »nie so richtig gekonnt« hat (S.98). Aber dann spielt sie doch Bach, »wie ein Turm, der sich von innen her aus sich selbst aufstapelt« (S. 127). Andreas weint, wie er »noch nie im Leben geweint hat«, sieht sich gleichsam im Jenseits – »vielleicht spielt sie gar nicht ... vielleicht spielen die Engel ... die Engel der Klarheit ... Licht, Licht, o Gott ... dieses Licht« (S.127). Und auch Olina will nur »Frieden, und es ist gut, daß sie einschläft«. Das ist die Vorwegnahme des Schlusses, wo »die gelbe Milde der Sonne« zwar noch fehlt, Andreas aber »nun wirklich zu weinen beginnt.«

Die Struktur dieses Textes wird auf geradezu musikalische Weise durch die Sprache bestimmt, durch Worte und Rhythmus – auch durch die Klangfarbe: Galizien und Wolhynien sind »dunkle, düstere Namen, die nach Pogrom riechen« (S. 26), Bukowina »klingt nach einem handfesten Pflaumenschnaps« (S. 33).

Mag das alles bereits Bölls erst Jahrzehnte später formulierte These illustrieren, wonach die scheinbar »natürliche Sprache« seiner Texte »das Ergebnis sehr komplizierter künstlerischer Vorgänge« sei[2], so wirft diese Bestätigung seiner Selbsteinschätzung doch die Frage nach den Konsequenzen auf. Gewiß ist die Musikalität dieser Sprache nicht bloßer »Zierat«[3]; ästhetisiert diese Sprache aber nicht die Wirklichkeit, bedeutet sie nicht eine Art Flucht aus ihr?

Der Text selbst diskutiert diese Frage und verneint sie in einer exemplarischen Szene: Olina spielt, »als mache sie unversehens aus diesem Bordellklavier ein Cembalo« (S. 104). Und Andreas erlebt die Gegenwart als Traum, sieht sich »im siebzehnten Jahrhundert geboren oder im achtzehnten« und im Salon seiner Geliebten dem Cembalo zuhören. Doch diese scheinbare Flucht aus der Gegenwart ist tatsächlich Distanzgewinnung, ein Akt der ›Verfremdung‹ in durchaus Brechtschem Sinne: »Neunzehnhun-

[2] *Eine deutsche Erinnerung* (1976), in: I, S. 648.
[3] Vgl. die Feststellung: »die Sprache ist etwas zu Gewaltiges, zu Kostbares, als daß sie zu bloßem Zierat dienen sollte«, in *Vorsicht! Bücher!* (1959), in: SR-1, S. 302.

dertdreiundvierzig. Schreckliches Jahrhundert [...] sie werden den Krieg verherrlichen und schmutzfarbene Kleider im Krieg tragen, wir, wir haben den Krieg nicht verherrlicht [...]« (S. 105).

Die sprachlich geschaffene Realität »überprüft« die »sogenannte Wirklichkeit«.

Die Realität als Material

Der Musikalität der Sprache und der »kabbalistischen«, geradezu mystischen Qualität der Worte »bald«[4] und »Stryj« steht die faßbare Konkretion der beschriebenen Wirklichkeit gegenüber. Orte (vom Rhein bis nach Galizien) und Zeit (September 1943) werden exakt benannt, Ereignisse und Schauplätze aus dem Frankreich- und dem Rußland-Feldzug sind genau zu identifizieren. Die Attribute des NS-Systems sind im Text so präsent wie in der Realität jener Jahre. Selbst der Rassismus, die Judenverfolgung, von den meisten Schriftstellern der unmittelbaren Nachkriegsjahre als Thema gemieden[5], ist im wiederholten Gebet des Andreas für »die Czernowitzer Juden und für die Lemberger Juden«(S. 37, 41, 75, 84) thematisiert. Bölls Image als »sanft-erbarmungsloser Abschilderer unserer Wirklichkeit«[6] und Zeitkritiker kommt nicht von ungefähr.

Freilich ist es die Perspektive von unten, die den Schrecken des Krieges nicht global, sondern im Detail abbildet, wobei sich die Auswahl der Details in für Böll charakteristischer Weise auf scheinbar Nebensächliches konzentriert. Das erzeugt Unmittel-

[4] Wie weitreichend diese Qualität aus seiner Sicht war, hob Böll in einem brieflichen Kommentar zu meinem Vorwort der Böll-Ausgabe von 1977 ausdrücklich hervor: »Etwas fast ›Mystisches‹ noch: das Wort ›bald‹ – spielt ja, wie ich jetzt in Ihrem Vorwort wieder entdeckte, in Der Zug war pünktlich eine grosse Rolle! Später, viel später entdeckte ich, daß es die sozusagen etymologische ›Ur-Silbe‹ meines Namens Böll ist, der – angeblich – mit Balduin, Baldur, etc. zu tun hat.«

[5] Es gibt zwischen 1945 und 1949 neben Böll und Hertha von Gebhardt (›Richard Voß und die Sterne‹) nur ganz wenige literarische Auseinandersetzungen mit diesem Thema.

[6] Fritz J. Raddatz in einer Rezension von *Belagerung*, in: Die Zeit, 3. 8. 1979.

barkeit, beinhaltet aber auch die Gefahr, Verantwortlichkeit zu verwischen: »Die sonoren Stimmen haben den Krieg angefangen« (S. 14), sie befehlen »Die nächsten zehntausend ins Schlachthaus« (S. 21). Aus der ›Froschperspektive‹ des Andreas ist der Krieg »eine furchtbare Krankheit« und Hitler »das göttliche Tier« (S. 14): Ein fragwürdiger Ansatz für eine ›Faschismustheorie‹ – wenn es hier darum ginge.

Und selbst den so genau erfaßten fürchterlichen Momenten des Kriegsalltags, den Details wie der Endsiegstratege, für den der Krieg »praktisch, praktisch schon gewonnen« ist (S. 50) oder der brüllende »nagelneue Leutnant« (S. 23), wird das kritische Potential wieder entzogen, wenn Andreas seine Verachtung dieser Menschen am Schluß bereut (S. 113). Diese Wirklichkeit ist nicht so sehr als objektive Realität von Bedeutung, sondern als das Bild von ihr im Bewußtsein des Protagonisten. Und für den kollidieren Erinnerung und »Wirklichkeit« nach seinem Frankreicherlebnis mit der »einzigen Geliebten«: »es ist alles wirklich«, als er an den Ort zurückkehrt, aber »Nichts, gar nichts« da (S. 44). Doch nicht die Erinnerung trügt aus seiner Sicht, sondern die Realität: »der Rumpf des Flugzeugs da ist ein Traum« (S. 45). Es kommt ihm »geradezu seltsam vor«, wenn sich in »Wirklichkeit« bestätigt, »daß das alles kein Traum ist, was Willi erzählt hat in der Nacht. Es ist Wahrheit« (S. 58). Die Wirklichkeit ist »unwirklich«:

»Laß mich nicht verrückt werden, betet Andreas, laß mich nicht verrückt werden an diesem grausamen Versuch, die Wirklichkeit zu begreifen« (S. 132). In beiden Fällen erlebt Andreas Wirklichkeit als Hindernis bei der Verwirklichung einer Liebesbeziehung.

Schon die erste umfangreichere Prosaarbeit Bölls ist ein Versuch, Liebe in »schwieriger Situation« zu gestalten. In seinem Gedankenexperiment im Gespräch mit René Wintzen ist Böll gerade auf diesen Aspekt im Hinblick auf diese Erzählung eingegangen. Auch ohne Krieg und Nazis hätte er seinen ersten Text geschrieben, »*Der Zug war pünktlich*, der im Grunde eine Liebesgeschichte ist«[7].

[7] *Eine deutsche Erinnerung* (1976), in: I, S. 516.

Gleich zu Beginn stellt der Text eine seltsame Verbindung her:

»Den Liebenden und den Soldaten, den Todgeweihten und denen, die von der kosmischen Gewalt des Lebens erfüllt sind, wird manchmal unversehens diese Kraft gegeben« (S. 6). Natürlich ist Andreas selbst hier das verbindende Element; er ist Soldat und Liebender, ist es, noch ehe er Olina begegnet: Schon im Zug sehnt er sich nach Polen, »so wild und innig, wie sich nur ein Liebender nach der Geliebten sehnen kann« (S. 24). Aber diese Liebessehnsucht ist Todessehnsucht! Andreas sehnt sich »schrecklich nach der Düsternis Polens und nach dieser unbekannten Strecke zwischen Lemberg und Czernowitz, wo ich sterben muß« (S. 25). Und auch die anderen Hinweise und Erinnerungen zum Thema Liebe akzentuieren diese Verbindung – »Es wäre schön, wenn irgendwo eine an mich dächte und mir nachweinte … ich würde sie hinter mir herziehen … ich würde sie an ihren Tränen hinter mir herschleppen, sie sollte nicht in alle Ewigkeit auf mich warten« (S. 34). Freilich sind es eigentümliche Liebesbeziehungen, die der Text im ersten Teil thematisiert: Die »einzig Geliebte« des Andreas war buchstäblich ein »Augenblick«, »unglückliche Augen, viel Tierisches darin und alles Menschliche« (S. 34), und er ist sich nicht einmal ihrer Realität sicher, sie war »vielleicht nur ein Spuk« (S. 36). Im Moment des Kampfes hatte er diese Augen gesehen, kurz darauf ist er verwundet worden – auch hier die Verbindung von Liebe und Tod.

Daneben steht die sprachlich ausgelöste Assoziation von den »schwermütigen Frauen« in Galizien, die »von Ehebrüchen träumen, weil ihre specknackigen Männer ihnen zuwider sind« (S. 26), die Ehebruchsgeschichte des Unrasierten (S. 30ff.), die Vorstellungen des Andreas vom Tageslauf seine Freundes, dem Kaplan, der »vielleicht« zu einem Mädchen geht, »das ein uneheliches Kind erwartet« (S. 17) und schließlich die Erzählungen des Blonden von der homosexuellen Verführung durch den Wachtmeister. Diese Liebesbeziehungen deuten voraus auf die Begegnung Andreas-Olina: Die Kriegssituation behindert und pervertiert die Liebe, macht sie tödlich. Auch der Blonde will »sterben … nichts als sterben« (S. 56), und der »Unrasierte« ist sich sicher: »ich liebe sie sehr, und ich werde sterben« (S. 48).

Das ist – man hat das mit Recht oft genug betont[8] – ein starkes Moment der Anklage gegen den Krieg; es ist aber vor allem ein Aspekt, der die Liebe kennzeichnet: Liebe und Tod sind nicht nur über die Kriegssituation miteinander verbunden; Liebe ist »kosmische Gewalt« (S. 6), ist schicksalhaft und irrational wie der Tod. Wie Andreas »weiß« auch Willi, »daß er sterben wird und auch der Blonde will sterben, ihr Leben ist aus, es ist ziemlich voll, das Stundenglas ist fast bis zum Rand gefüllt, und der Tod muß nur noch ein wenig […] dazuschütten« (S. 86).

Der Krieg ist die reale Situation, in die Liebe hier gestellt wird; aber, in der Tat, auch ohne Krieg wäre diese Geschichte »nicht anders geworden«[9]: Die »unsichtbare Riesenhand« (S. 137), die über das Auto fährt und als »ein furchtbares stilles Wehen« erlebt wird, ist nicht unbedingt ein »Tiefflieger«[10], sondern ebenso Metapher für die »kosmische Gewalt« des Todes wie »die wesenlose Stimme«, die im gleichen Augenblick »Nach Stryj« sagt. Man kann die ästhetische Qualität dieser Metapher mit Fug bezweifeln, ihre Funktion jedoch nicht[11]. Die zentrale »Liebesgeschichte« rangiert vor der »Anklage gegen den Krieg« (S. 1). Aber es bleibt eine seltsame Liebe: »Ich möchte dich verführen, du bist unschuldig, nicht wahr« (S. 99), sagt Olina, und er weiß wenig später, »daß er sie besiegen wird, weil es dunkel ist […], daß Olina nun ihm gehört, ihm ausgeliefert ist« (S. 101). »Verführung« ist im Kontext dieser Erzählung stigmatisiert durch die Geschichte des Blonden, »besiegen« gehört dem bramarbasierenden Landserjargon an, den Andreas im Zug so abstoßend findet, und das

[8] Gerber 1987, S. 27f., vgl. auch Textausgabe S. 1.
[9] I, S. 516.
[10] Gerber 1987, S.27 – der könnte wohl kaum ein Auto gleichzeitig »von vorne und […] von hinten« »zersägen«.
[11] Schon, daß »die Alte […] so geheimnisvoll« das Wort »Stryj« sagt, von dem sie gar nichts wissen konnte, bereitet darauf vor.

»ausgeliefert« sein erkennt er ein wenig später als den »entsetzlichen« Aspekt ihres Berufs (S. 102). Das Besitz reklamierende »gehören« steigert diese Signale falschen Liebesverständnisses.

Mit der Einsicht in die Situation beginnt die Veränderung: »Keine Frau habe ich so wenig begehrt wie diese. Ein Kind [...]«(S. 102f.), und er erinnert einen Akt der Mitmenschlichkeit und Zärtlichkeit: Er hatte einem Kind die verschmutzte Puppe gerettet und es lange gestreichelt und getröstet. Und das Erlebnis der Zärtlichkeit Olinas – »die sanften kleinen Hände« haben seine Tränen getrocknet – vollendet diese Wandlung: »Immer habe ich nur begehrt, ich habe einen unbekannten Leib begehrt, und diese Seele habe ich begehrt, aber hier begehre ich nichts« (S. 107).

Das ist jedoch nicht etwa der Rückfall in den Kitsch einer Seelenliebe; denn Andreas erkennt wenig später, auf das Erlebnis der »einzigen Geliebten« zurückblickend: »was ist eine Seele ohne Leib?« (S. 119). Aber auch das ist nichts weniger als eine ›Definition‹ der Liebe, zu der Andreas auch nicht gelangt: »ich müßte jetzt hinzufügen: ich liebe dich nämlich, und das wäre wahr und wäre nicht wahr. Wenn ich es sagte, dann müßte ich sie küssen, und das wäre gelogen, alles wäre gelogen, und doch könnte ich reinen Herzens sagen: ich liebe dich, aber ich müßte eine lange, lange Erklärung abgeben, eine Erklärung, die ich selbst noch nicht weiß« (S. 121).

Olina »versteht« die Beziehung zwischen dem ungleichen Paar, das Onkel und Tante in der Erzählung Andreas' sind; sie weiß, daß Liebe »doch immer bedingungslos« ist (S. 118). Doch zu einem wirklichen – nicht Begriff, sondern eher – Empfinden kommt auch sie nur plötzlich und unerklärbar in der Begegnung mit Andreas:

Als sie gerufen wurde, hat sie »gedacht: Du wirst schon etwas aus ihm rausholen, oder es ist einer, den du lieben kannst: Keiner von den Opfern, es gibt ja nur Opfer und Henker. Und als ich dich sah, ... deinen Rücken, deinen Nacken, deine gebeugte junge Gestalt ... da erst fiel mir ein, daß auch wir nur die Unschuldigen morden« (S. 110). Auch ihre »Liebe« kannte Bedingungen, die

Wahl zwischen »Opfer und Henker«, und den Primat der vaterländischen Aufgabe, dem »fürchterlichen Spiel« (S. 109) der Spionage für die polnischen Partisanen.

Deshalb ist Andreas »der erste und einzige« (S. 111), den sie liebt. Auch sie spricht zwar davon, daß er ihr »gehört«; aber das meint nicht Besitz (»er ist mein Bruder«), sondern Gemeinschaft: »er hat mich vergessen, das ist furchtbar, daß sie uns immer vergessen in den Augenblicken, wo sie ganz sie selbst sind« (S. 111). Sie verzweifelt an der Möglichkeit solcher Gemeinschaft, faßt erst dann »eine wahnwitzige Hoffnung« (S. 120), als auch er dieses Gefühl artikuliert – »Ich kann ohne Dich nicht mehr leben« (S. 120). Das rauschhafte Erlebnis von Olinas Klavierspiel besiegelt diese Gemeinschaft, die nicht auf gegenseitigem Besitz beruht, »ohne Begehren« bleibt: »Und er berührt ihre Lippen mit den seinen, und es ist nichts [...]. Es ist wie das Abprallen eines hilflosen Geschosses an einem Panzer, den sie selbst nicht kennen« (S. 129). Dieser »Panzer« entspricht der »Wand«, auf die beide stießen, als sie sich eine fernerliegende Zukunft vorzustellen versuchten, er korrespondiert auch mit dem »dunklen unsicheren Horizont«, über den sie »hinausstürzen müssen, um die Sicherheit zu finden« (S. 136), er ist das »Bald«, die Sicherheit, sterben zu müssen, die Grenze also zwischen Leben und Tod. Beider Liebe jedoch vermag diese Grenze aufzuheben: Andreas sieht »die Sicherheit« dahinter, und Olina verspricht und wiederholt dies Versprechen bei der Abfahrt: »Wohin ich dich auch führen werde, es wird das Leben sein« (S. 130).

Tränen, so hat Andreas bei Olinas Klavierspiel erfahren, »sind das Leben« (S. 126), und der Text endet nach den Schüssen auf das Auto mit den Worten »und er weiß nicht mehr, daß er selbst nun wirklich zu weinen beginnt [...]«. Damit verwischt sich die Grenze zwischen Tod und Leben, die für Andreas zuvor schon unkenntlich geworden war (S. 132: »vielleicht bin ich schon tot«), vollends und auch für den Leser, der die Wahl hat, Bölls religiös begründeter Sicherheit einer Transzendenz zu folgen, oder sich auf die formale Offenheit dieses Schlusses zurückzuziehen. In beiden Fällen bleibt die Beziehung von Andreas und Olina »Gemeinschaftsutopie«, die sich in der Wirklichkeit der Zeit nicht realisiert.

Die religiöse Thematik

»Zu den wenigen Aussagen in Bölls Kriegserzählungen, die ein Bekenntnis zum Christentum enthalten, gehören die Gebete des Soldaten Andreas«[12] . Tatsächlich ist das katholische Moment in dieser Erzählung von Beginn an präsent: Der Freund Paul, der Andreas zum Bahnhof bringt, ist Kaplan (S. 5). Er hat ihm die »Fliegerangriffsbutterbrote« eingepackt (S. 15), bei ihm hat er das Gewehr vergessen. Nur einige wenige Male gewinnt der Freund in der Rückerinnerung Konturen. Er scheint das zu sein, was Böll später, in *Billard* , einen »typischen Dreiminuspriester mit einer Neigung zu vier plus« nennt: Ein Priester, der sich um uneheliche Mütter kümmert und »zum Schwarzmarkt geht, sich ein paar Zigaretten zu kaufen« (S. 16).

Auffälliger ist der »Betzwang«[13], der Andreas treibt. »Beim Kartenspiel hat er versucht zu beten«(S. 21), »Ich muß mehr beten, denkt Andreas, ich habe seit der Abfahrt kaum noch gebetet« (S. 32), der »einzig Geliebten« hat er »versprochen, jeden Tag für sie zu beten«, und dann, nachdem er Brot gegessen hat, betet er, alle Gebete, die er auswendig weiß, »und noch einige dazu« (S. 37).

Oft sind es Fürbitten – »für die Augen [...] für den Unrasierten und den Blonden und für den, der gestern gesagt hat: Praktisch, praktisch haben wir den Krieg schon gewonnen« (S. 38) – und schließen »das Heil der ganzen Welt« mit ein[14]. Sie sind aber auch sprachlich-rhythmische Formeln, die austauschbar sind durch Gedichte wie ›War einst ein Glockengießer zu Breslau‹ oder ›Ar-

[12] Gerber S. 28.
[13] Gerber 1987, S. 28.
[14] Wirth 1967, S. 51.

chibald Douglas‹ (S. 38). Das Gebet ist aber auch einfach nur ein Habitus – er könnte keine Reise antreten, ohne sein Gebetbuch, hat es aber »nie gebraucht« (S. 64) – und es ist Reue. Für Andreas steigert sich das Gebet zur verzweifelten Bitte um Absolution in einer Art monologischer Lebensbeichte (S. 71ff.), die alle seine Sünden zu erinnern versucht, und den gleichen Gestus des Umfassens zeichnet die Fürbitte aus: »zwei Milliarden müßte man aufzählen. Man müßte einfach sagen: Alle. Aber das ist zu wenig, man muß schon anfangen aufzuzählen, die, für die er bitten muß« (S. 75f.).

Und danach ist es auch wieder Ausdruck intimster Verbindung: Vor der Mahlzeit mit den beiden Kameraden betet Andreas »leise und lange, die andern essen schon, und er betet immer noch, und es ist merkwürdig, daß sie nichts sagen« (S. 82). Selbst vor dem Essen im Bordell wird gebetet, »und sie blicken einige Minuten schweigend und fast errötend aneinander vorbei, weil es ihnen furchtbar beschämend ist, zu wissen, daß sie beten, beide beten, hier in diesem Bordell, auf dieser Couch« (S. 124).

Diese unterschiedlichen Formen und Funktionen des Gebetes lassen sich nicht auf die Definition eines Lexikons religiöser Begriffe reduzieren. Es gehört offenbar zu den »elementaren Dingen«, bei denen sich das Konkrete, vielleicht auch Banale, nicht vom Sakralen oder Sakramentalen trennen läßt. Vergleichbar ist es hier mit einem anderen Moment aus Bölls Katalog der »elementaren Dinge«, dem Brot. Auch in dieser Erzählung ist Brot Nahrungsmittel, das »sein Hunger [...] wohlgefällig« begrüßt (S. 37), und es ist mehr: »ein Mensch, der kein Brot ißt, der ist verloren« (S. 55). Die letzte Mahlzeit mit Olina gar macht Brot (in diesem Fall Keks) und Wein zum letzten Mahl, zum Abendmahl im christlichen Sinne.

Ein weiteres religiöses Motiv fällt nicht so unmittelbar in den Blick, ist aber womöglich noch prägender für diese Erzählung, markiert es doch einen Beginn für die »durchgehende mythologisch-theologische Problematik« im Prozeß der Fortschreibung. Auch hier stellt sich der Zusammenhang sprachlich-assoziativ her: »Es ist gut, denkt er, daß ich nicht allein bin. Kein Mensch könnte das allein ertragen [...]. Es ist nicht gut, daß der Mensch allein sei. Es wäre wahnsinnig schwer, mit den andern allein zu sein« (S. 33).

Durch Kontext, sprachliche Variation und assoziativen Anschluß wird der biblische Satz (1. Mos. 2, 18), obwohl wörtlich zitiert, dennoch geradezu verborgen. Alleinsein wird im umfassenderen Kontext von Einsamkeit, Gesellschaft, Gemeinschaft diskutiert; die Gesellschaft der Kameraden, die Vorstellung, oder der Traum von Gemeinschaft, sind aber doch nur Ersatz. Hoffnung richtet sich auf etwas anderes: »Diese Hoffnung ist immer noch dagewesen, denn das war doch ein Mensch, ein lebendiger Mensch, dem diese Augen gehörten, ein Mädchen oder eine Frau. Nichts mehr. Nur noch Augen, nie mehr Lippen, niemals Mund, niemals Herz, niemals ein lebendiges Herz unter einer sanften Haut schlagen hören an deiner Hand, niemals ... niemals ... niemals« (S. 42). Das Verlusterlebnis ist endlich konkret, die Sehnsucht nach Gemeinschaft galt dem »Gegenüber« im biblischen Verständnis: der »Entsprechung« oder »Gehilfin«, also der Frau.

Der Charakter der Böllschen Liebesgeschichten, ihre irrationale Qualität und elmentare Kraft geht auf den Schöpfungsmythos zurück, der das Paar zur wahren Gemeinschaft macht. Und dies begründet auch die heutzutage befremdlich wirkende Verurteilung der homosexuellen Gemeinschaft.

Die Möglichkeiten, diese biblisch gebotene Gemeinschaft in der Gesellschaft zu realisieren, bilden seit dieser Erzählung den ›Testfall‹, an dem sich die Humanität – oder Bestialität – einer Gesellschaft erweist.

III. Wanderer, kommst du nach Spa...
Erzählungen

1. Publikationsformen

Buchausgabe: Opladen 1950 (Ende Oktober)
dtv (437): 1. Auflage 1967
Neusatz: 36. Auflage 1997 – nach dieser Ausgabe wird zitiert.

2. Entstehung und Kontext

An den Zeitabständen zwischen Entstehungsjahr, Einzelpublikation und der Buchfassung lassen sich die Schwierigkeiten, die Böll als unbekannter Autor mit dem Literaturmarkt hatte, ebenso ablesen wie dessen Veränderung durch die Währungsreform. Abseits aller sich wieder bildenden literarischen Zentren fiel es Böll sehr schwer, sich als Autor zu etablieren. 1953 hat er die dabei erlebten Probleme in der Erzählung *Die unsterbliche Theodora* satirisch verarbeitet[1].

Nachdem er 1947 und 1948 zunehmend Kurzgeschichten bei Zeitungen und Zeitschriften unterbringen konnte, brachte die Währungsreform das große Zeitungssterben in Westdeutschland, und das »Wirtschaftswunder« zudem eine Veränderung der thematischen Vorlieben beim Lesepublikum. Eine Sammlung von Erzählungen war schon früher geplant und 1949 auf 43 Texte projektiert[2]. Die Reduktion auf 25 Geschichten reflektiert diese Wandlungen; die erkennbare Komposition der Zusammenstellung, die Kriegs- und Nachkriegsthemen miteinander verschränkt, ohne auf die Entstehungschronologie Rücksicht zu

[1] *Weihnachtszeit*, S. 106 ff.
[2] Busse 1992, S. 39.

nehmen, ist der Versuch, dem Publikumsinteresse entgegenzukommen, ohne die eigene thematische Präferenz aufzugeben.

3. Wort- und Sacherklärungen

1 *Königstadt* – wie die anderen Ortsnamen der Geschichte (*Gründerheim*, *Kahlenkatten*, *Bröderkotten* etc.) erfundener Name, jedoch den Ortsnamen der Region angeglichen (vgl. Königsdorf oder Vierkotten)

38 *Odessa* – ukrainische Stadt am Schwarzen Meer

45 *Wanderer, kommst du nach Spa...*: Schillers Übersetzung der von Herodot berichteten Grabinschrift für den Spartanischen König Leonidas am Paß von Thermopylae (»Wanderer, kommst du nach Sparta, so berichte dorten, du habest uns liegen gesehen, wie das Gesetz es befahl«). Hermann Göring stellte im Januar 1943 seine »Grabrede« auf die vernichtend geschlagene deutsche 6. Armee vor Stalingrad unter dieses Motto – *Medea von Feuerbach*: Bildnis der mythischen Prinzessin aus Kolchis, gemalt von Anselm Feuerbach (1829 – 1880) – *Dornauszieher*: berühmte röm. Bronzekopie einer griechischen Statue aus dem 5. Jh. v. Chr. – *Parthenonfries*: figürlicher Reliefschmuck am Hauptgebäude der Akropolis von Athen – *Hoplit:* altgriechischer Fußsoldat – Der *Große Kurfürst*: Friedrich Wilhelm von Brandenburg (1640 – 1688)

46 Der *Alte Fritz*: Friedrich II. von Preußen (1740 – 1786) – *Rassegesichter*: Porträts »rassischer Typen« zur Dokumentation der Rassenideologie – *Cäsar*: Gaius Julius C. (100 – 44 v. Chr.), röm. Staatsmann und Heerführer – *Cicero:* Marcus Tullius C. (106 – 43 v. Chr.), römischer Schriftsteller und Politiker – *Marc Aurel*: Marcus Aurelius Antonius (12 – 180), ab 161 römischer Kaiser – *Nietzsche*: Friedrich N. (1844 – 1900), deutscher Philosoph

49 *Hermes*: griechischer Gott und Götterbote

40 *Rundschrift, Antiqua, Römisch, Italienne*: Schrifttypen

52 *Der Anstreicher:* das meint natürlich zunächst den Maler, aber »der Anstreicher« ist auch einer der Spottnamen für Hitler

57 *Petöcki*: fiktiver Ortsname – *Absinth*: ein Anis-Schnaps

68 *Dieppe:* Stadt in der Normandie

69 *Abbéville*: Stadt in der Normandie

73 *Theodor Körner*: (1791 – 1814), Dichter der »Befreiungskriege« 1812/13–1815 (›Leier und Schwert‹, ›Lützows wilde, verwegene Jagd‹)

85 *Rubens*: Peter Paul R. (1577 – 1640), flämischer Maler – *Picasso*: Pablo P. (1881 – 1973), spanischer Maler

89 *Rembrandt:* R. Harmenszoon van Rijn (1606 – 1669), niederländischer Maler

95 *Pußta*: ungarische Grassteppe

102 *Großwardein* (rumänisch Oradea): Stadt im westlichen Rumänien – *Szegedin* (ungarisch Szeged): Stadt an der Theiß

112 *Verdun:* Stadt in Nordfrankreich, Ort der größten »Abnutzungsschlacht« im Ersten Weltkrieg

121 *Schabau*: (rheinisch) dunkler Schnaps (z.B. Weinbrand)

145 *cholerisch:* leicht erregbar

155 *Lohengrin:* Gestalt aus der Artusepik, Sohn des Parzival, Titelgestalt einer Oper Wagners

158 *Strophantin*: Herzmittel

164 *Anthrazit*: Steinkohle mit besonders hohem Brennwert

189 *Fluidum*: hier: Ausstrahlung

196 *Aeskulap*: griechischer Gott der Heilkunst mit dem Schlangenstab als Insignium

Die Suche nach Worten

»Schreiben wollte ich immer, versuchte es schon früh, fand aber die Worte erst später«[3] – so charakterisierte Böll 1959 rückblickend seine literarischen Anfänge.

Daß diese tatsächlich von der Suche nach den Worten und nicht in erster Linie nach den Inhalten bestimmt war, ist ihm in den vierziger Jahren nicht sofort, aber sehr bald selbst deutlich geworden.

Es verfolge ihn, wenn er »etwas Schönes oder auch etwas Hässliches [sähe], immer der stetige berufliche Schmerz, es nicht beschreiben zu können«[4], klagt er Ernst-Adolf Kunz. »Stilzweifel« nennt es der Freund zu Recht. Auch wenn Böll die Ursache davon zunächst im Inhaltlichen vermutet, fürchtet er bei anderen Stoffen vor allem »meine ganze Arbeit, meinen Stil und meine Linie« zu verlieren[5].

Der *Wanderer*-Band war die erste Zusammenstellung der frühen Kurzgeschichten Bölls. Bekanntlich hat Böll keineswegs eine »Entwicklung von der kleinen zur großen Form«[6], von der Kurzgeschichte zum Roman, genommen, doch die frühen Erzählungen dokumentieren einen anderen, den sprachlich-stilistischen Entwicklungs- oder besser: Reifungsprozeß, wie er in der eingangs zitierten Selbsteinschätzung zum Ausdruck kommt. Wenn schon der erste Sammelband tatsächlich den Ruf Bölls »als eines Autors geradezu klassisch zu nennender Kurzgeschichten mitbegründete«[7], so hat das auch mit dem Zeitabstand zwischen Entstehung und Veröffentlichung und den damit möglichen

[3] *Über mich selbst* (1959), in: SR-1, S. 281.
[4] Hoffnung, S. 109.
[5] Hoffnung, S. 127.
[6] *Werkstattgespräch mit Horst Bienek* (1961) in: I, S. 14.
[7] Erz., S. 980.

Überarbeitungen zu tun, bei denen die gute Zusammenarbeit mit dem ersten Lektor Bölls, Paul Schaaf, eine wichtige Rolle spielte: »[…] da wurde eben jedes Manuskript ganz genau Zeile für Zeile durchgesprochen […] dann aber auch Wucherungen oder, wenn man so pathetisch-geschwätzig wird […] mit Vorsicht rausgenommen«[8].

Moritz Hauptmann, Redakteur der Zeitschrift ›Karussell‹, thematisierte mit Hinweis auf eine Stellungnahme des Schriftstellers Ernst Glaeser ein anderes Problem des jungen Böll. Er zitiert: »Böll soll sich vor Lyrismen hüten. Sein verhaltener Realismus, der seine anderen Arbeiten auszeichnet und selbständig macht, leidet darunter« und fährt fort: »Diese Lyrismen, in denen Sie leicht ins Alltägliche abgleiten, sind es ja auch, die wir gleichsam wie die Heckenschneider aus Ihren Erzählungen entfernen, um den ›verhaltenen Realismus‹ klarer herauszustellen«[9].

Entsprechende »Operationen« haben die *Wanderer*-Erzählungen durchlaufen, ohne daß Böll sich dabei »in eine bestimmte Form […] einfach hineinzwängen« ließ[10]. Ausschlaggebend waren auch hierfür letztlich seine eigenen Überlegungen, die in einer Mitteilung an Ernst-Adolf Kunz über seine Pläne im Februar 1949 deutlich werden: »Einesteils die Weiterführung der satirischen Linie (mein teures Bein und ähnliches) und dann die klassische scharfe prägnante und gedrungene knappe Form«[11].

Eine gewisse Spannbreite zwischen »verhaltenem Realismus« und »Lyrismen«, aber auch zwischen nüchternem »Kahlschlag«-Stil und pathetischer bzw. sentimentaler Sprache, ist als Produkt eigenen formalen Experimentierens und des Dialogs mit den Lektoren erhalten geblieben, und ein drittes Moment kündigt sich bereits an: Ein spezifischer Humor! Obwohl Böll später selbst das Ergebnis intensiver Überlegungen zum Humor[12] veröffentlicht

[8] Interview Bölls mit Nicolas Born und Jürgen Manthey (1977), zit. nach Erz., S. 981.
[9] Hoffnung, S. 441 f.
[10] Hoffnung, S. 101f.
[11] Hoffnung, S. 101f.
[12] *Frankfurter Vorlesungen* (1964), in SR-3, S. 83ff.

hat, ist der Verweis auf Humor weiterhin – wie fast immer im Deutschen – eine problematische Angelegenheit. Auseinandersetzungen, die Böll zwischen 1948 und etwa 1952 mit Feuilletonredakteuren und Verlagslektoren um die Stoffe und den Stil seiner Geschichten führte, haben zum Beispiel den Herausgeber des Briefwechsels mit Ernst-Adolf Kunz dazu veranlaßt, grundsätzlich zwischen den »kritischen« und den »humorvollen Geschichten« zu unterscheiden und letztere als bloße Konzession an den Publikumsgeschmack herabzusetzen »nach dem Motto ›leicht, literarisch und humorvoll‹«[13]. Böll hat es in der Tat abgelehnt, »optimistischen Kram« zu »liefern«[14], doch ist das kein Plädoyer für den Pessimismus und schon gar keine Absage an den Humor: »Humor – das macht ihn möglicherweise denen, die ihn nicht haben, so verdächtig – setzt einen gewissen minimalen Optimismus und gleichzeitig Trauer voraus«[15]. So theoretisiert er zwar erst 1964[16], einige der *Wanderer*-Erzählungen machen aber deutlich, daß ihm dies schon in den vierziger Jahren Prinzip gewesen sein muß und daß ihm schon damals das gesamte Gestaltungsspektrum erzählerischen Humors zur Verfügung stand.

Die komische Wahrnehmung der Wirklichkeit durch den betrunkenen Soldaten in *Trunk in Petöcki* (S. 59), sein Lachen und sein »fast glücklicher« Zustand markieren zwar nur eine Art glücklicher Oase innerhalb der Welt des Krieges, doch diese »dunkle, schöne, menschliche Ecke« (S. 60) repräsentiert den »gewissen minimalen Optimismus«, der den Schrecken nicht aufhebt, der aber die Möglichkeit seiner Überwindung offenhält.

In der grauenvollen Szenerie von *In der Finsternis* setzt Humor den Kontrapunkt zum Entsetzen: Die Verwundung eines vom Urlaub an die Front Zurückgekehrten »beim Scheißen« (S. 138), dieses »Schwein« und »verdammte Glück«, bringt alle

[13] Hoffnung, S. 407 u. 409.
[14] Hoffnung, S. 127.
[15] *Frankfurter Vorlesungen* (1964), in: SR-3, S. 85.
[16] Das resümiert jedoch nur, was Böll schon 1952 in seinem *Bekenntnis zur Trümmerliteratur* (in: SR-1, S. 30f.) über den Humor ausgeführt hat.

zum Lachen und macht damit jede denkbare Legitimation für Krieg und Soldatentum lächerlich. Zugleich schafft dieses Motiv einen eigenen Bewertungshorizont für die spontane Hinrichtung des Leichenfledderers, der sich nicht nur außerhalb der Heeresdienstvorschriften bewegt hat, sondern außerhalb der Menschlichkeit[17]. Das schließt sogar den Rückzug in das zynische Lachen des Landserwitzes aus.

Die Erzählungen, die Nachkriegswirklichkeit thematisieren, nutzen weitere Spielarten des Humors, wobei die Kontrastfunktion nicht unbedingt verringert ist: In *So ein Rummel* sind »Bunker oder Totalgeschädigt« (S. 75), Bomben, Krieg und Flüchtlinge Themen der Kinderspiele, die während des Gesprächs zwischen dem Erzähler und der »Frau ohne Unterleib« ablaufen. Der komische Kontrast von Kinderfragen und trockenen Antworten der Mutter, die dabei den Gesprächsfaden nicht verliert, moderiert keinesfalls das Kriegsgrauen, sondern läßt es durch die Komik hindurch noch gesteigert erscheinen. Zugleich hält die scheinbar grotesk-verkehrte Welt des »Rummels« der beginnenden Wirtschaftswunderwelt den Spiegel vor: Der Schwarzhändler erhält die Kasse. Das ist ein satirisches Moment und behält doch den »minimalen Optimismus« des Humors; denn der Schwarzhändler, der sich als ein »Vertreter des Nichts« (S. 76) vorgestellt hatte, erhält in seiner Verzweiflung eine reale »Chance«. Ohne diesen Humor kann Satire destruktiver sein; sie ist es etwa in *Geschäft ist Geschäft*, wo dem Erzähler die »bleierne Masse des Nichts« (S. 173) zu tragen bleibt, während der »ehrlich« gewordene Schwarzhändler für eine unmenschlich gewordene Ordnung steht. Der sarkastische Standard-Lebenslauf der Nachkriegsgewinnler stellt eine überzeugend-realistische Attacke dar; die noch wirksamere Waffe der »mimischen Satire« beginnt Böll in diesen Erzählungen sich erst zu erschreiben: In den ersten »Berufs-Satiren« – der Passantenzähler in *An der Brücke*, der Handelsvertre-

[17] Darum liegt in der Reaktion dessen, »der aus der Erde gekommen war« (also ein Mensch war nach biblischer Schöpfungsvorstellung), »alles, was es an menschlichem Entsetzen geben konnte« (S. 143).

ter für Kerzen in *Kerzen für Maria*, aber auch der »Verrückte« in *An der Angel* etc. – entwickelt Böll das Verfahren, Wirklichkeit durch Übertreibung bis zur Kenntlichkeit zu verzerren. Das geschieht hier noch zu Lasten der positiven Erzählerfiguren; die jeweils glückliche Schlußwendung (die Geliebte bleibt ungezählt, der Handelsvertreter kann wieder beten, der »Verrückte« bekommt seine Traumgeliebte) sorgt jedoch dafür, daß es letztlich nicht auf ihre Kosten geht[18].

Die dargestellte Realität

»Mein eigentliches Gebiet ist ja offenbar der Krieg«, schrieb Böll im Oktober 1948 an Ernst-Adolf Kunz[19], und bis zu diesem Zeitpunkt dominiert die Kriegsthematik seine Veröffentlichungen eindeutig[20]. Wenn Böll später mehrfach bestritt, daß das Kriegserlebnis Auslöser für sein Schreiben gewesen sei[21], so ist das nur scheinbar ein Widerspruch: Bei der Suche nach »dem Wort« waren die Gegenstände nur »Material«, und dies umfaßte in der bewußt komponierten Zusammenstellung des *Wanderer*-Bandes mehr als nur die Kriegsrealität: Schwarzmarkt und Existenzkampf der Nachkriegsjahre, Elend und Arbeitslosigkeit, Geschäftemacherei und Vergessen – das »bißchen entnazifizieren« und »das wirklich alles in Ordnung« sein (S. 173).

Mit Nachkriegsthemen leitet Böll die Sammlung ein. In der zur Geschichte ausgestalteten Metapher der Brücke über den Ab-

[18] Manfred Durzaks Bemerkung, wonach sich »in der Frühphase von Bölls Kurzgeschichtenwerk kaum Satiren entdecken lassen« (Durzak 1983, S. 132) wäre doch wohl zu relativieren.

[19] Hoffnung, S. 143.

[20] Ein etwas anderes Bild ergibt sich, wenn man alle bis Oktober 1948 geschriebenen Geschichten betrachtet: Die früheste Kurzgeschichte, *Der General stand auf einem Hügel...*, aus dem Mai 1946, ist eine Kriegserzählung. Auf sie folgte mit *In guter Hut* (Januar 1947) bereits ein Thema aus der Nachkriegszeit. Insgesamt sind von den 24 vor Oktober 1948 geschriebenen Geschichten 10 Kriegsgeschichten, 14 beziehen sich auf die Nachkriegsjahre.

[21] Vor allem in den Interviews mit Wintzen und Linder, in: I, S. 348ff und S. 504ff.

grund einer »gräßlichen Leere« (S. 12), »rundet sich das Bild« von etwa »10 Jahren« (S. 7). Vorher und Nachher werden verbunden durch die Brücke und – durch die Veränderungslosigkeit. Existentiell bedrohlich ist die Fahrt über die Brücke, die wankt, »als wolle sie uns abwippen ins Nichts« (S. 12); aber bis auf die Benutzung von Güterwagen für die Personenbeförderung hat sich nichts wesentlich geändert: Die Dörfer, die Häuser, die regelmäßige Abfolge der Putztage sind sich gleich geblieben.

Erst die fünfte Geschichte, *Damals in Odessa*, thematisiert die Kriegszeit, weist diese aber durch das »damals« in eine ferne Vergangenheit – scheinbar; denn der offene Schluß unterstreicht die Verbindungsfunktion dieser Erzählung zur Titelgeschichte des Bandes, die selbst im Schlaglicht des Themas einen größeren Zusammenhang zusammenfaßt. Das Herodot-Zitat »Wanderer, kommst du nach Sparta…« verweist nicht nur auf die 1950 nur sieben Jahre zurückliegende Aktualität seines zynischen Mißbrauchs durch Hermann Göring, es ruft vielmehr die gesamte Geschichte humanistischer Bildungstradition vor die Augen – und das Tribunal! – der Leser, die dieses zudem zusammen mit »Cäsar, Cicero und Marc Aurel«, mit Friedrich II. und Nietzsche, mit Hermes und dem Dornauszieher etc. bereits wieder ebenso unkritisch restituiert sahen wie die Gewohnheit der Putztage rheinischer Dörfer. Die Umkehrung der klassischen Initiationsgeschichte (die Schule bereitet fürs Leben vor, hier jedoch für den Tod) radikalisiert den kritischen Impetus der Erzählung noch. Ihre Gegenwärtigkeit ist nicht durch ein »damals« beendet, ebensowenig wie die der drei folgenden Kriegserzählungen: »Das Vergangene ist nicht tot; es ist nicht einmal vergangen.« Den berühmten Anfang von Christa Wolfs Roman ›Kindheitsmuster‹ (1976) hat Böll in *Die Botschaft* gleichsam vorweggenommen, nicht nur in der Sache, sondern auch in Worten: »Da wußte ich, daß der Krieg niemals zu Ende sein würde, niemals, solange noch irgendwo eine Wunde blutete, die er geschlagen hat« (S. 90).

Den Kriegs- und Nachkriegserzählungen ist eine – *Mein trauriges Gesicht* – nicht zuzuordnen, sie hat ein negatives Utopia zum Hintergrund, ist jedenfalls zeitlich und geografisch nicht zu lokalisieren. Dennoch gehört auch diese Geschichte zur »Trümmerliteratur«, wie Böll sie 1952 definierte und verteidigte[22]. Auch diese Geschichte verrät »sehr gute Augen und Humor«, »ein Auge, gut genug, ihn auch Dinge sehen zu lassen, die in seinem optischen Bereich noch nicht aufgetaucht sind«[23].

Die »Wirklichkeit« der Realität ist hier verlassen, ersetzt durch eine offenkundig »geschaffene Wirklichkeit«. Auch hierbei reflektiert Böll erst später das, was er praktisch schon viel früher getan hat: Die Metapher vom »Röntgenauge« des Schriftstellers, im Blick auf Borcherts Kurzgeschichten 1956 geprägt[24], ist geeignet, auch die *Wanderer*-Erzählungen zu charakterisieren.

In *Die Essenholer* verwendet er bereits die Formulierung, die ihm später zur kategorialen Bestimmung seines Realitätsbegriffs dient: »Alle Gesetze der Schwere und des Maßes waren aufgehoben und hinausgeschoben in die Unendlichkeit, die *sogenannte Wirklichkeit* war aufgeblasen von den düsteren und schattenhaften Gesetzen einer anderen Wirklichkeit, die ihrer spottete« (S. 94, Hervorhebung von mir, B.B.).

Hier zielt die »andere Wirklichkeit« noch auf die Transzendenz, auf Gott, dessen »große und liebevolle Stimme« die Geschichte schließt; der »Wirklichkeit«, verstanden als Alltagsrealität, wird aber schon das Attribut »sogenannt« zugewiesen. Gegen ein Programm, das Wolfgang Weyrauch 1949 unter dem Etikett »Kahlschlag« als »Methode der Bestandsaufnahme. Die Intention der Wahrheit. Beides um den Preis der Poesie« beschrieb[25], setzt Böll von Anfang an den Versuch der literarischen Durchdringung, also gerade nicht den Verzicht auf »Poesie«. Mit dem Realismus-Prädikat[26] vermochte Böll schon von Anfang an nicht viel anzufangen – auch nicht mit der Kennzeichnung »ver-

22 *Bekenntnis zur Trümmerliteratur* (1952), in: SR-1, S. 27ff.
23 *Bekenntnis zur Trümmerliteratur* (1952), in: SR-1, S. 28f.
24 *Die Stimme Wolfgang Borcherts* (1956), in: SR-1, S. 159f.
25 Tausend Gramm, hg. von. Wolfgang Weyrauch, Hamburg 1949, jetzt: Hamburg 1989, S.181.
26 S.o. S. 25ff.

haltener Realismus«: »...ich hab gar keine Lust, ewig ›verhalten‹ zu bleiben; ich werde bald platzen, vielleicht bin ich schon geplatzt (daher ›sentimental‹)«[27]. Und so enthalten neben *Die Essenholer* noch weitere der *Wanderer*-Erzählungen nicht-»realistische« Passagen oder auch Figuren: Die auferstandenen Toten in *Steh auf, steh doch auf* oder *Wiedersehen mit Drüng* und – vergleichbar mit der Schlußvision der *Essenholer* – das »halluzinatorische Hoffnungsbild« des Ich-Erzählers von *Wiedersehen in der Allee* mit dem »metaphysischen Heiligenschein«[28] und so weiter.

Die Religion und die Liebe

Man hat gerade im Blick auf *Wiedersehen in der Allee* »die religiöse Situierung« Bölls im Spiel gesehen und »eine gewisse religiös-ideologische Fixiertheit von Bölls Denken«[29] konstatiert – in der Tat ist dies kein marginales, »hineinspielendes«, Phänomen, sondern das Zentrum der Böllschen Weltsicht, die sich in der Auseinandersetzung mit der zeitgenössischen »Nihilismus«-Debatte und der Faszination des Existentialismus für die deutsche Nachkriegsliteratur festigte: »Sartre sieht nur den Menschen, ausgesetzt ins Nichts, in dem er sich selbst begründen und bewähren soll. Ich sehe und erlebe den Menschen und auch seine Existenz in der Ableitung von und in der Hinwendung zu Gott, der für mich nur der christliche Gott ist«[30].

Mehrfach stellen sich die Erzählungen des Bandes gegen die »bleierne Masse des Nichts« (S. 173): Dem Schwarzhändler in *So ein Rummel*, diesem »Vertreter des Nichts« (S. 76) wird eine Chance gegeben; der Zug in *Über die Brücke*, der »ins Nichts« zu stürzen scheint (S. 12) fährt sicher weiter, *Der Mann mit den Mes-*

[27] Hoffnung, S. 102.
[28] Durzak 1983, S. 128.
[29] Durzak 1983, S. 128.
[30] Böll in einem Gespräch mit Paul Schallück 1953, zit. nach Beate Schnepp, Unbekannte Zeugnisse. Neues Licht auf Heinrich Bölls Schreibverständnis, in: Neue Zürcher Zeitung v. 3. 12. 1993.

sern kommt vom »Nichts« (S. 23) zu einem »richtigen Beruf«. Auch in den Beispielen ohne jeden »Heiligenschein« sind diese Schlußwendungen zum Positiven sämtlich durch einen metaphysischen Zug gekennzeichnet, sie sind nicht rational begründet, in den wenigsten Fällen rationalistisch erklärbar[31]. Sie haben den Charakter einer Epiphanie, so wie das Eingreifen des Göttlichen in die »sogenannte Wirklichkeit« in diesen Erzählungen stets epiphanische Züge hat. Die Erlösungswirkung des Kerzenopfers (*Kerzen für Maria*), das Leuchten des verloschenen Lichts (*Wiedersehen mit Drüng*), die Vision des *Besenbinders*, selbst noch das übertünchte Kreuz in der Schule (*Wanderer, kommst du nach Spa...*), das »sauber und schön« zu sehen bleibt (S. 54) als ein sinnlich-konkretes Exempel, sind Epiphanien. Und in der überwiegenden Zahl der Fälle sind sie gebunden an eine Frauenfigur, was nicht nur für die visionären Frauengestalten gilt (*Steh auf, steh doch auf*, *Wiedersehen in der Allee*, die russische Hilfsschwester Dina in *Wiedersehen mit Drüng*): Auch für andere Begegnungen – die Traumgeliebte in *An der Angel*, das ungarische Mädchen in *Aufenthalt in X*, die »ungezählte Geliebte« in *An der Brücke* – trifft dies zu.

Damit deutet sich aber auch schon der Zusammenhang von Religion und Liebe an, wie er für Bölls Werk charakteristisch werden sollte.

[31] Im Fall des Schwarzhändlers wäre das allenfalls noch möglich.

IV. Die Verwundung und andere frühe Erzählungen

1. Publikationsformen

Buchausgabe: Bornheim-Merten 1983
Veränderte Textfassung innerhalb der Ausgabe: Heinrich Böll, Erzählungen, hg. von Viktor Böll und Karl Heiner Busse. Köln 1994
dtv (10472): 1. Auflage 1983

Die Geschichten gehören zu der Sammlung von 43 frühen Erzählungen, auf deren Publikation Böll 1949 gehofft hatte, und von denen schließlich 25 in den *Wanderer*-Band (1950) aufgenommen wurden. Nur *Ein Hemd aus grüner Seide* und *Einsamkeit im Herbst* sind schon 1947 als Zeitungspublikationen erschienen.

Für die Chronologie gilt, daß auch jetzt noch nicht sämtliche Entstehungsdaten gesichert sind; nach neuester Erkenntnis[1] ist aber folgende Reihenfolge anzunehmen:

In guter Hut: 10. Januar 1947 (datiertes Manuskript)
Vive la France!: 5. Mai 1947 (datiertes Manuskript)
Im Käfig: 14. Mai 1947 (datiertes Manuskript)
Todesursache: Hakennase: 18. August 1947 (datiertes Manuskript)
Der Mord: Oktober 1947 (datiertes Manuskript)
Ein Hemd aus grüner Seide: Hessische Nachrichten, 15. November 1947
Einsamkeit im Herbst: Hessische Nachrichten, 23. September 1948
Siebzehn und vier: 8. Januar 1948 (datiertes Manuskript)
Die Verwundung: 8. Januar 1948 (datiertes Manuskript)
Am Ufer: 19. Februar 1948 (datiertes Manuskript)

[1] Vgl. Erz., S. 999ff.

Jak, der Schlepper: 11. April 1948 (Arbeitsnotizen)

An der Grenze: 13. August 1948 (Arbeitsnotizen)

In Friedenstadt: August 1948 (Arbeitsnotizen)

Der unbekannte Soldat: 7. Oktober 1948 (datiertes Manuskript)

Ich kann sie nicht vergessen: 10. Februar 1949 (Arbeitsnotizen)[2]

Eine optimistische Geschichte: zwischen dem 7. April und dem 25. Mai 1949 entstanden (Arbeitsnotizen)

Grün ist die Heide: (Einordnung nach dem Datum, an dem H.B. das Manuskript versandte)

Der Wellenreiter: 14. Juli 1949 (datiertes Manuskript)

Beziehungen: (Einordnung nach dem Papier des Manuskripts, Zählbogen der Volkszählung 1950, an der Böll zwischen Juni 1950 und April 1951 teilnahm)

Die Dachrinne: Episode aus dem 5. Kapitel des Romans *Der Engel schwieg*, an dem Böll seit 1949, vor allem aber 1950/51 arbeitete

Die Liebesnacht: Episode aus dem 14. Kapitel von *Der Engel schwieg*

Ich bin kein Kommunist: Datierung unsicher, der inhaltliche Bezug zu *Und sagte kein einziges Wort* und der Zustand des Papiers haben Böll/Busse zu dieser Einordnung bewogen

2. *Entstehung und Kontext*

Die Geschichten dieses Bandes entstammen der Zeit der *Wanderer*-Erzählungen; sie repräsentieren daher auch ein vergleichbares thematisches Spektrum von der Kriegs- bis zur Nachkriegs- und Restaurationszeit. Es ist aber bei einer Reihe von ihnen klar ersichtlich, warum es Böll damals nicht gelang, diese Geschichten zu veröffentlichen.

[2] Hierzu ist auch ein Manuskript vorhanden, das auf den 24. September 1948 datiert ist (vgl. Erz., S. 1001). Dieses Beipiel macht den Teil der Chronologie, die auf datierten Manuskripten fundiert, wieder fragwürdig.

Das Motiv des Widerstandes einzelner Soldaten – In den Kriegserzählungen *Der Mord* und *Vive la France* –, oder das Desertionsthema sind viel deutlicher, auch »härter« gestaltet als in *Wanderer. Todesursache Hakennase* thematisiert den Judenmord durch die Wehrmacht, bis in die Gegenwart ein Tabu, und auch das Geständnis, »Ich... bin für Augenblicke Kommunist« (in: *Ich bin kein Kommunist*, S.162) war 1950 oder 1951, auf dem ersten Höhepunkt des »Kalten Krieges«, selbst in einer satirischen Erzählung tabuisiert.

Ein anderes Hindernis stellt die Tatsache dar, daß Böll Anfang der fünfziger Jahre noch hoffte, seinen Roman *Der Engel schwieg* veröffentlichen zu können. Als sich diese Hoffnung zerschlug, »extrahierte der Autor sieben Kurzgeschichten (›Skizze‹, ›Der Geschmack des Brotes‹, ›Die Postkarte‹, ›Die Liebesnacht‹, ›Die Dachrinne‹, ›Besichtigung‹, ›Der Engel‹), die dann [...] in Zeitungen oder Zeitschriften«[3] in den folgenden Jahren veröffentlicht wurden, bis auf zwei, die liegenblieben und bis 1983 vergessen wurden.

Ein besonderes Problem stellte die Titelerzählung dar: Wie im Fall von *Wanderer* wählte man den umfangreichsten Text; es handelte sich aber dabei um ein nicht abgeschlossenes Romanprojekt, »was übrigens auch erklärt, weshalb seinerzeit kein Versuch zur Veröffentlichung unternommen wurde«[4]. Diese Texte sind nicht wie die *Wanderer*-Erzählungen unter Mitarbeit Bölls lektoriert worden, die Herausgeber der Erstausgabe versuchten jedoch, die Texte zu bearbeiten, allerdings nach inzwischen stark veränderten Maßstäben. Bei der Neuausgabe[5] ist man wieder zum Text der Handschriften zurückgekehrt, was angesichts der für das Gesamtwerk üblichen Praxis und Bölls Plädoyer für »freigelassene« Texte[6] nicht ganz unproblematisch ist. Einige exemplarische Textvarianten sind innerhalb der Wort- und Sacherklärungen angegeben.

[3] Erz., S. 1005.
[4] Bellmann 1994, S. 247
[5] Vgl. Erz.
[6] *Gesinnung gibt es immer gratis* (1964), in: SR-3, S.19

24 *Stukas*: Sturzkampfbomber

29 *Halsschmerzen*: Soldatenjargon für allzu offensichtliche Bemühungen, mit dem Ritterkreuz (das um den Hals getragen wurde) ausgezeichnet zu werden

33 *Pott*: die Einsätze beim Kartenspiel, die der Gewinner erhält – *Pengö*: bis 1946 ungarische Währungseinheit

45 *Vive la France:* es lebe Frankreich

60 *Tetanus:* Wundstarrkrampf; hier: Impfung dagegen

61 *Jassy*: rumänische Stadt am Pruth

63 Z. 24 – statt: »Rechts saß…« heißt es im Manuskript: »Und rechts saß 'ne Frau, die rauchte und lachte mich an. Sie rauchte ganz dämonische Kringel und lachte. Es war 'ne Jüdin. 'ne blonde Jüdin.«

65 *Lei*: rumänische Währung

68 *das goldene*: Verwundetenabzeichen (die höhere Stufe nach dem »silbernen«) – *Antonesku:* eigentlich Antonescu, rumänischer Marschall und seit September 1940 diktatorisch herrschender Regierungschef, zwang im gleichen Jahr König Carol II. zur Abdankung zugunsten von – *Kronprinz Michael*: (geb. 1921)

71 *8 Chevaux 40 hommes*: (frz.) 8 Pferde, 40 Personen

76 *Mussolini*: Benito M. (1883 – 1945), ab 1922 faschistischer Diktator Italiens

79 *Debrecen*: ungarische Stadt

80 *Kischinew:* damals sowjetische, jetzt moldawische Stadt

89 *Horthy:* Nikolaus v. H. (1868 – 1957), von 1920 bis 1944 ungarischer Reichsverweser

93 *Kronstadt*: rumänisch: Brasov

100 *Severinstraße*: in der südlichen Altstadt Kölns – *St. Georg, St. Johann, St. Severin*: Kölner Kirchen

103 Im Manuskript folgt auf »ausgelöscht…« der Nachsatz: »und ich fühlte mich wohl, ganz schrecklich wohl…«

108 *Dittersdorf*: Karl Ditters v. D. (1739 – 1799), österr. Komponist

110 *Grün ist die Heide*: vertontes Gedicht von Hermann Löns
139 *Kap Gris Nez*: zwischen Calais und Boulogne-sur-Mer an der französischen Kanalküste – *Krasnodar*: russische Stadt östlich der Krim
160 *Ferien vom Ich*: Roman von Paul Keller (1916)

4. Aspekte des Textes

Die »sogenannte Wirklichkeit«

Die Zusammenstellung dieser Geschichten läßt die Absicht erkennen, wie im *Wanderer*-Band einen thematischen Bogen zu schlagen, der die Titelerzählung gleichsam einrahmt. Rücksicht auf Zeitgeschmack und -empfindlichkeiten war (1983) nicht mehr notwendig, und so folgen die Geschichten einer Themenchronologie von der Kriegszeit (*Liebesnacht*, *Die Verwundung*) über Gefangenschaft (*Im Käfig)*, Kriegserinnerung (*Ich kann sie nicht vergessen*, *Grün ist die Heide*) und Nachkriegszeit bis in eine zeitlich nicht fixierbare Welt: *In Friedenstadt*. Aber nicht nur die Wirklichkeit dieses Ortes, in der der Ich-Erzähler versucht, »vom Leben« zu leben, ist rätselhaft, verkehrt und in dieser Verkehrtheit doch erst wirklich real; auch in den übrigen Erzählungen ist die Wirklichkeit fragwürdig – bis hin zum »sogenannt«. Noch deutlicher als in *Die Essenholer* werden hier die zwei »Wirklichkeiten« miteinander konfrontiert: Der Ich-Erzähler von *In guter Hut* zeigt sich von Beginn an durch sie vexiert: »Als ich wach wurde, wollte ich es zuerst gar nicht glauben, nein, das konnte nicht wahr sein« (S. 142). Sein Leben sieht er als »tollen [...] Film« (S. 144). Ein Bündel Sicherheitsnadeln ist »ein Tick« von ihm »[...] wenn Knöpfe abplatzen oder Risse entstehen« (S. 144). Die Sicherheitsnadel ist ein konkreter Gegenstand, aber auch Metapher für die Bindung an die Alltagswelt, die Verbindung der »Risse«. Aus dieser Perspektive wird das erträumte Mädchen zu einer »fernen unwirklichen Geliebten, dieser vielleicht nie geborenen oder in der grauenvollen Umarmung des Krieges gestorbenen, die ich manchmal hier mit bebendem Herzen erwartete« (S. 145). Aus der Sicht des Traums jedoch wird sie, die der Leser auch aus *An der Angel* kennt, zur »Einzigen«, zur »wahren Heimat«. Wenn der Erzähler »zur sogenannten Wirklichkeit« erwacht (S. 148), wird gerade diese ihm fragwürdig: »das ›wahre‹ Gesicht des Wartesaales kam auf mich zu«. Natürlich setzt sich die praktische Realität durch: Die reale Kälte führt zu einer handfesten Erkrankung. Die Ärzte holen ihn aus seinem Fiebertraum am Ende wieder »zur sogenannten Wirklichkeit« (S. 153) zurück. Ein geschenkter Hut soll neuer Krankheit vorbeugen; doch der Schlußsatz zieht auch diese Gewißheit wieder in Zweifel: »Mußte ich nicht glauben, daß ich wirklich in guter Hut bin? ... Verstehen Sie? ...« (S. 153).

In einem entstehungschronologisch zusammengestellten Band wäre diese Geschichte an den Anfang gerückt und hätte das spezifische Wirklichkeitserlebnis als prägend und programmatisch noch deutlicher werden lassen. Auch die Themen, die Böll in den Geschichten der folgenden Jahre gestalten sollte, sind zu einem wesentlichen Teil hier schon enthalten und das bereits in der spezifisch Böllschen Perspektive: Der »sogenannten« Vernunft der »älteren Leute« (S. 146) ist die Beschwörung des Kunstwerks – eines Gedichtes in diesem Fall – gegenübergestellt: »Irgendein formloses, inbrünstiges, leidenschaftliches Gebilde, so unvernünftig wie die Liebe« (S. 146).

Thematisiert sind der Gegensatz von »Geschäft« und »Freiheit«[7], der Hunger und die »duftenden Brote« (S. 150), der Wartesaal als Stein gewordenes Sinnbild des Wartens auf all das, »was es zwischen Nichts und Gott gibt« (S. 145), und alle diese Themen sind gestaltet in einer Sprache, die Balance hält zwischen Pathos und Humor – ohne innerhalb dieser Geschichte in Senti-

[7] S. 147: »man verkauft seine ganze Freiheit, wenn man anfängt, Geschäfte zu machen«; der »Frieden der Träume und der Freiheit« geht verloren.

mentalität abzugleiten[8]: Denn gerade davor bewahrt der Humor, der die Geschichte prägt, unterschwellig zunächst, doch sichtbar, in der »freundlichen Nässe« der Straße (S. 142), der »fröhlichen Stimme« der Schaffnerin (S. 143), selbst noch im Bild des Hungers, der »schweifwedelnd und freundlich bellend, wie ein junger Hund« auftaucht (S. 149). Auch hier entstehen durch den Humor nicht »Pralinen«: Es ist ein relativierender Humor, der noch den scheinbar optimistischen Schluß zurücknimmt und tatsächlich gar nichts »in guter Hut« sein läßt.

Es war daher plausibel, *Eine optimistische Geschichte* als eine Steigerung dieser humorvoll-ironischen Perspektive unmittelbar daneben zu stellen, obwohl sie über zwei Jahre später entstanden ist. Viele parallele Motive – Straßenbahnfahrt, Bahnhof und Wartesaal, etc. – legten dies nahe.

Verwundung und *Wanderer*-Erzählungen

In der Funktion des Humors, wie in Thematik, Stil, Wertungen etc. entsprechen die Geschichten dieses Bandes den *Wanderer*-Erzählungen – eine vergleichende Lektüre liegt daher nahe.

Auch der Erzähler in *Die Verwundung* wird – wie sein Pendant in *Wanderer* – in ein Klassenzimmer gebracht, ein rumänisches zwar, kein deutsches, aber auch hier hängen die üblichen Porträts an der Wand, und Kronprinz Michael hat sogar »ein blödes Hohenzollerngesicht« (S. 68). – Das Ambiente ist vergleichbar. Zahlreiche entsprechende Beobachtungen ergibt der vergleichende Blick auf die übrigen Geschichten: Auch in *Ich kann sie nicht vergessen* ist eine Schule Lazarett, in *Grün ist die Heide* geht es um eine Nachricht, die der *Botschaft* entspricht, *Einsamkeit im Herbst* und *Geschäft ist Geschäft* sind Variationen über ein Thema, und so weiter. Es sind jedoch weniger die thematischen und motivlichen Wiederholungen, die den Reiz dieser »Nachlese aus

[8] Abgesehen von einigen exzessiven »oh's« gilt das auch für die Manuskriptfassung.

den Anfängen« Bölls (S. 1) bei ihrer späten Veröffentlichung ausmachten, vielmehr ist es die Vervollständigung im Spektrum der Ansichten auf Themen und Motive im erzählerischen Frühwerk. Das ergibt nicht nur neue Facetten, sondern ist überdies geeignet, die im Falle Bölls häufig zu beobachtende Verwechslung von Autor und Erzählerrolle[9] schon für seinen Beginn unmöglich zu machen.

Die schreckliche Verwundung, die der Erzähler von *Wanderer* am Schluß an sich selbst wahrnimmt, ist beispielsweise Gegenstand distanzierter Beobachtung in *Die Verwundung*: »Von einem war überhaupt nicht mehr viel da. Der hatte beide Beine ab, und es sah schrecklich wenig aus, als sie die Bahre vorbeitrugen. Er war weiß wie Milch im Gesicht« (S. 75f.). Die »Verwundung« des Erzählers ist hier nicht Endpunkt, sondern Beginn einer Entwicklung. Ein vergleichbar reziprokes Verhältnis ergibt sich damit auch zu *Der Zug*, in dem hier die gleiche Eisenbahnstrecke in umgekehrter Richtung nicht mehr ins Verderben, sondern in eine mindestens vorläufige Sicherheit führt[10].

In *Grün ist die Heide* entzieht sich der Erzähler der Verpflichtung, einer Frau die »Botschaft« vom Tod ihres Mannes zu überbringen; das wirft ein anderes Licht auf den Erzähler, aber es läßt auch die Situation in ganz anderer Beleuchtung erscheinen.

In einem anderen Sinne erweitert ist auch das für Böll so zentrale Liebesthema: Als *Liebesnacht* stellt sich, scheinbar ironisch, ein Verhältnis dar, das der Erzähler durch eine kühle Erläuterung regelrecht zu denunzieren scheint: »Alles das hieß: Urlaub bis zum Wecken. Es hieß: schlaf noch mal bei einer, aber schlaf richtig bei ihr. Er hatte sogar eine Flasche Wein bekommen« (S. 7).

Auch in *Die Verwundung* sind alle Frauen (bis auf die Wirtin) Huren, die »sehr teuer« sind (S. 63, 77, 93). Aber nicht nur dort war mit der geplanten Fortsetzung des Textes zu einem Roman

[9] In *Nachwort 1985 zu »Ansichten eines Clowns«* (in: SR-9, S. 260) nennt er das »den dümmsten aller Fehler«.

[10] Auch ein Teil des Personals aus der *Zug* ist in *Die Verwundung* unschwer wiederzuerkennen.

nach dem Muster von Hemingways ›In einem anderen Land‹ eine Liebesgeschichte intendiert, sondern auch die Beziehung zur Hure war für Böll schon hier Teil seines umfassenden Liebesverständnisses, das natürlich das quasi religiöse Erlebnis einer Liebesepiphanie im Zentrum sah – von *Ich kann sie nicht vergessen* bis zur Liebe auf den ersten Blick in *Eine optimistische Geschichte* –, das aber darüber hinaus bis zur »unwirklichen« und damit höchst platonischen Geliebten (*In guter Hut*) einerseits und bis zur ganz und gar nicht platonischen Beziehung zu einer Prostituierten andererseits reicht. Wie in *Der Zug* ist auch in einem solchen Fall Nähe möglich, also tatsächlich Beziehung verwirklicht: »Er wußte, daß er ihr so nah war, wie er ihr näher nicht hätte sein können« (S. 7). Zugleich ist er freilich »unendlich weit entfernt«, und es fehlt das Gespräch, das Andreas' Verhältnis zu Olina prägt; nicht jedoch das Moment der Zärtlichkeit: »der Herzschlag an seiner Brust, von dem er nicht wußte, ob es ihrer oder seiner war«. Dieser Aspekt ist fortgeschrieben in *Jak der Schlepper* in der Figur der barmherzigen Hure. Sie trägt den »sprechenden« Namen Gottliese, und so, wie die Stimme Gottes in *Die Essenholer*[11] Erlösung ankündigt, ist es hier »das Gesicht einer verrückten Dirne, die sich verschenkt hatte für nichts und noch etwas dazugegeben hatte…« (S. 28).

Zur Erweiterung des Spektrums gehört auch die Zuspitzung einiger Themen wie Desertion und Widerstand und die Radikalisierung der Kritik am Krieg, an Verhalten und Mentalität in den beginnenden Wirtschaftswunderjahren und an den Siegern im Westen.

Sinnlosigkeit, Langeweile, Verschwendung sind die für Böll unmenschlichsten Aspekte des Krieges, Grausamkeit und Tod die dann nur noch logischen Folgen. Deshalb sind seine Kriegserzählungen nur ganz selten Kampferzählungen. Wird der Krieg als Schlacht oder Gefecht thematisiert, dann geschieht das in gleichsam verfremdeter Form. Das wird hier nun noch deutlicher als in

[11] *Wanderer* S. 123.

den *Wanderer*-Geschichten, wo Gefechtsmotive zum Beispiel zum göttlichen Zeichen überhöht werden (*Wir Besenbinder*), durch eine Technik des Herunterspielens: »Sie spielen hier fabelhaft Krieg, dachte er. Es ist alles wahnsinnig echt, hoffentlich ist das Schießen echt« (S. 13).

»Soldatenspielen« bleibt die Formel auch in *Jak der Schlepper* (S. 17), überboten nur durch den danach häufig gezogenen Vergleich der Soldaten mit einer Herde Schafe (S. 53).

In *Grün ist die Heide* richtet der Erzähler den Angehörigen Gärtners nicht aus, »daß da irgendwo ein Amerikaner herumläuft, der Ihren Willi kaputt geschossen hat« (S. 116): »Dieser kleine rothaarige Stevenson mit dem frechen Gesicht hat ihn mit der Maschinenpistole direkt in den Bauch geschossen, gleich vier Schüsse von unten nach oben« (S. 113). Das läßt sich als versteckte Kritik an den Amerikanern lesen. Deutlicher sichtbar ist das in *Am Ufer*, eine Geschichte, die vor allem als Experiment mit einer polyperspektivischen Erzählweise für die weitere Entwicklung Bölls von Bedeutung ist[12]. Diese Parallelgeschichte thematisiert den Selbstmord – als Überlegung des Amerikaners Jonnie angesichts eines banalen Liebeskummers und als ausgeführten Versuch eines deutschen Knaben aus existentieller Verzweiflung: Er hat die Lebensmittelkarten der Familie verloren. Es ging Böll dabei um die Relativität der Werte – »wegen so 'nem dünnen Weibergesicht [...] wegen so ein paar Fetzen Papier, die vielleicht nicht mal 'nen Dollar wert sind« (S.137) – und die Unfähigkeit, sich von außen in die Situation der Besiegten hineindenken zu können. Wolfgang Borchert hat entsprechendes mit der Kurzgeschichte ›Billbrook‹ versucht.

Schließlich verweist auch *Im Käfig* auf das Kriegsende im Westen. Hier schlägt ein autobiographisches Moment durch: »Die Gefangenschaft ist und bleibt das furchtbare Gespenst meines Lebens, gegen das alles andere verblaßt...«[13].

[12] Vor allem im Blick auf *Adam* und – noch entscheidender – *Wort*.
[13] Erz., S. 23.

Neben dem Krieg und dem Kriegsende wird die Besitzgier als Kennzeichen der deutschen Nachkriegsmentalität in schärferer Form kritisiert – mit Sicherheit ein weiterer Grund für die vergeblichen Publikationsbemühungen in den fünfziger Jahren: »Man verkauft seine ganze Freiheit, wenn man anfängt, Geschäfte zu machen« (S. 147). Das meint (1947) noch die Zeit des Schwarzmarktes vor der Währungsreform, richtet sich aber nicht gegen diesen, sondern gegen die »Psychologie des Hungers« (S. 149), die die Besitzenden ausspielen konnten gegen die Habenichtse. Das wird noch deutlicher in *Ein Hemd aus grüner Seide*, wo die Geschäftstüchtigkeit der Bauern dem »armen, verworfenen Gesicht der Stadt« gegenübergestellt wird, »unter dessen verzerrter Fratze [...] so oft die Menschlichkeit der Not« zu sehen war (S. 141). Die Steigerung und allgemeine Verbreitung dieser Mentalität war Anlaß für die Wendung Bölls zur Satire, die in den *Wanderer*-Geschichten sich andeutete. Ab 1952 hat er sich auch als Satiriker so weit durchgesetzt, daß er sogleich den Weg an die Öffentlichkeit findet. Die scheinbar vorbereitungslos erreichte Meisterschaft (*Nicht nur zur Weihnachtszeit*) bereitete sich mit den satirischen Erzählungen dieses Bandes vor: Berufssatiren (*An der Grenze, Der Wellenreiter*) wie Grotesken (*Beziehungen*) sind hier erprobt. Und Probecharakter hat ein Teil der Erzählungen noch in anderer Hinsicht: Zwei Geschichten sind regelrechte Studien für den Roman *Wort*: Die Geschichte *Ich bin kein Kommunist* skizziert die Grundsituation des Romans – die beengte Wohnungssituation, die Armut, die Aggression, die sich daraus speist und gegen die eigenen Kinder richtet; *Der Wellenreiter*, eine leicht satirische Detektivgeschichte, entwirft die für den Roman so wichtige Rahmensituation: eine Tagung des Drogistenverbandes. Der gibt auch hier scheinbar nur den situativen Rahmen ab; doch in dem »ich wollte, ich wäre Drogist« des Detektivs deutet sich die Kontrastfunktion an, die dieser Berufsstand im Roman gewinnen sollte.

V. Das Vermächtnis. Erzählung

1. Publikationsformen

Buchausgabe: a) München 1981, als Sonderdruck anläßlich des 20-jährigen Jubiläums des Deutschen Taschenbuch Verlages.
b) Bornheim-Merten 1982
dtv (10472): 1. Auflage 1985

2. Entstehung und Kontext

Böll schrieb die erste Fassung dieser Erzählung zwischen April und Juni 1948, im gleichen Zeitraum, als auch das Manuskript von *Der Zug* entstand. »In den folgenden Wochen und Monaten reist [...] das *Vermächtnis*-Manuskript zu den Verlagen Desch und Weismann, zum Abendland-Verlag (Innsbruck/München/Paris), um schließlich [...] beim Verlag Middelhauve vor Anker zu gehen. Außerdem versuchte Böll, den Text als ›Fortsetzungsroman‹ bei der Süddeutschen Allgemeinen Zeitung und beim Rheinischen Merkur zu placieren«[1].

Der Middelhauve-Verlag kündigte das Erscheinen für das Frühjahr 1951 an[2], nachdem 1949 eine 2. Fassung des Textes fertiggeworden war. Die Erzählung erschien dort jedoch nicht, sondern sie »verschwindet schließlich auf dreißig Jahre in der Ablage«[3].

[1] Busse 1992, S. 37.
[2] Hoffnung, S. 481, Anm. 119.
[3] Busse 1992, S. 38.

18 *Cézannesche Kartenspieler*: Gemälde des frz. impressionistischen Malers Paul Cézanne (1839 – 1906)
53 *Liquidation:* Auflösung
56 *ultima ratio*: das letzte Mittel
58 *Molluske*: Weichtier
63 *perdu*: (frz.) verloren
91 *Kierkegaard:* Sören K. (1813 – 1855), dänischer Philosoph
109 *Don Quichotterie*: Torheit aus weltfremdem Idealismus
112 *Laisse-moi, je ne t'aime pas*: laß mich, ich liebe dich nicht
122 *Ave, Caesar, morituri...*(te salutant): (lat.) Heil dir, Kaiser, die Totgeweihten (grüßen dich); Gruß der römischen Gladiatoren vor dem Kampf
124 *Abbéville*: Stadt an der Somme
128 *Pakkanone*: Pak = Panzerabwehr-Kanone

4. Aspekte des Textes

Inhaltsabriß

Wenk, ein ehemaliger Wehrmachtssoldat, ist Zeuge der privaten Doktorfeier Schneckers geworden, seines ehemaligen Hauptmanns. Die Begegnung veranlaßt ihn zu einem Brief an den Bruder seines ehemaligen Oberleutnants Schelling, um ihm mitzuteilen: »Schnecker ist der Mörder Ihres Bruders«. Der Brief ist die Erzählung. Wenk berichtet, wie er die beiden 1943 in der Normandie kennenlernte, Schnecker als trunksüchtigen und eitlen Schinder, den Oberleutnant als einmalige Erscheinung eines humanen Offiziers, dem das Wohl der Soldaten über alles geht, der sogar um ausreichende Verpflegung seiner Leute einen Kampf mit der Heeresverwaltung beginnt, was zu seiner Strafversetzung führt. Nach der Verlegung der Einheit nach Rußland kommt es dort zu einer Konfrontation Schellings mit dem betrunkenen Schnecker, der das ganze Bataillon nachts mit Alarmrufen weckt, um so an neuen Schnaps zu kommen. Während einer Rangelei wird Schelling von Schnecker erschossen. Ein überraschender russischer Angriff zerstreut Beteiligte und Zeugen. Und obwohl Wenk »nirgendwo mehr Schnecker begegnete, auch nie von ihm hörte, wußte (er), daß er herausgekommen war. Er kann nicht sterben«. Wenk schließt seinen Brief mit den Worten: »Ich übergebe Ihnen die Wahrheit, sie gehört Ihnen ...«.

Das Vermächtnis im Prozeß der »Fortschreibung«

Zu Recht wurde auf den besonderen Charakter dieser Erzählung innerhalb des Böllschen Frühwerkes hingewiesen: Sie »verschränkt die Zeitebenen von Krieg und Nachkrieg miteinander und thematisiert am Beispiel eines ungesühnten Verbrechens nicht nur die Bedeutung von Schuld und Sühne, sondern darüber hinaus das auch heute noch virulente Problem des gesellschaftlichen Umgangs mit einer als verbrecherisch erkannten Vergangenheit in einer sich davon ablösenden, anscheinend besseren Gesellschaft«[4].

Der erzählerische Kunstgriff solcher Zeitverschränkung ist die Rückblende aus der Rahmensituation einer Gegenwartshandlung. Das ist ein nachgerade klassisches Novellen-Element, und als novellistisch ist diese Erzählung zweifellos ebenso zu bezeichnen wie *Der Zug*.

Die Verbindungen zwischen beiden Texten sind zahlreich und eng: *Das Vermächtnis* konzentriert sich auf die Kriegsereignisse, die in der *Zug*-Novelle die Vorgeschichte bilden – Frankreich, das Mädchen mit den braunen Augen – »die Gewißheit, daß ich sie nie wiedersehen würde [...]. Nie mehr dieses blasse Gesicht sehen, nie mehr diese zwingenden Augen« (S. 57)[5].

[4] Busse 1992, S. 36.
[5] Vgl. *Der Zug* S. 47.

Freilich ist das Mädchen hier konkreter, nicht mehr nur fast eine Vision; es kommt zu einer Umarmung, einer vergeblichen, denn das Mädchen liebt nicht den Erzähler, sondern Schelling.

Die Zugfahrt ist fast die gleiche, die Beschreibung aber auf die Nennung der Regionen beschränkt, von den »Weinbergen des Rheinlandes« über »Mitteldeutschland, Sachsen, Schlesien, Polen« (S. 125), diesmal weiter bis in die Ukraine. *Der Zug* hatte einen Er-Erzähler, für *Das Vermächtnis* hatte Böll die subjektive Erzählform gewählt. Das läßt die Ereignisse noch unmittelbarer wirken als in der trotz innerer Monologe »objektiveren« Erzählung. Dort gibt es die Episode mit dem »Blonden«, der einem zu forschen Leutnant den Wind aus den Segeln nimmt, indem er in »tadelloser Haltung« den strammen Soldaten spielt[6]. Hier gibt es eine vergleichbare Auseinandersetzung, als der Hauptmann den Gruß Wenks ignoriert. Dieser eilt dem Vorgesetzten nach, vollführt »die berüchtigte ›Ehrenbezeigung durch stramme Haltung‹« und fordert ihn auf militärisch korrekte Weise auf, den Gruß zu erwidern, dabei erfüllt ihn der Haß »wie eine tiefe Lust«: »Der Kampf spielte sich zwischen unseren Augen allein ab. Er war rasend, hätte mich am liebsten zerfleischt, ich aber war von meinen kühl vibrierenden Haarspitzen bis in meine Zehen hinein angefüllt mit einem kristallenen Haß« (S. 15). Unmittelbar wird Emotion hier Sprache.

Das gleiche geschieht mit Langeweile und Stumpfsinn. Beide Begriffe sind seit den ersten Kurzgeschichten Bölls schärfste Attribute zu verurteilenden Beschreibungen des Krieges. Hier sind sie es auf unmittelbar-emotionale und doch zugleich analytisch-begründende Weise, die sie um so wirkungsvoller macht:

»An dieser Front der Atlantikküste, mein Herr, wurde eine ganz besondere Art von Krieg geführt, der Krieg gegen die Langeweile« (S. 39).

»Das lagerte wie Wolken von Stumpfsinn über den idyllischsten kleinen Buchten, trieb uns zum Saufen [...] selbst die, die es

[6] *Der Zug* S. 23f.

nur wenige Monate kannten, waren irgendwie verzweifelt. Die Verzweiflung ist die Hoffnung des Fleisches, mein Herr. Es gibt eine Art von Verzweiflung, die, selbst wenn sie sich nur im Geiste abspielt, ein wilder sinnlicher Genuß ist« (S. 41).

»Der Stumpfsinn ist die wirksamste Waffe des modernen Krieges« (S. 50).

Als Böll 1948 den Text von einigen Verlagen zurückerhielt, vermutete er selbst den Grund: »Die Brüder wollen nichts so scharf Antimilitaristisches«[7]. Antimilitaristisch waren bis dahin alle seine auf den Krieg bezogenen Texte; die besondere Schärfe von *Das Vermächtnis* war das Ergebnis dieser Schreibweise.

Die dargestellte Wirklichkeit

Das Vermächtnis ist einer der wenigen Texte Bölls, für die »Wirklichkeit« nicht von vornherein mit seinem Standard-Adjektiv »sogenannt« zu versehen ist. »Ich übergebe Ihnen die Wahrheit«, schließt der Erzähler; das ist das »Vermächtnis« an den Adressaten, den *fiktiven* Bruder des Leutnants Schelling. Der fiktionale Charakter von Literatur ist gewahrt, durch den Rahmen verbürgt, aber auf diesen beschränkt. In der erzählten Binnenhandlung dominiert der Gestus der Authentizität. Das gilt vor allem im Hinblick auf den Krieg, den »gegen die Langeweile«, aber auch den Schießkrieg. Die 13 Seiten Kampfschilderungen in Rußland stellen die ausführlichste Passage dar, die Böll je dem Schlachtgeschehen gewidmet hat. Die nächtliche LKW-Fahrt der »Neulinge«, die Furcht vor unbekannten Geräuschen, die intuitive Unterscheidung von »guten und schlechten Kerlen« (S. 131), der plötzliche Tod von Kameraden, der zurückgeschlagene Angriff – all das sind Elemente, die man so, vor allem aber in ähnlicher Sprache, aus Erich Maria Remarques ›Im Westen nichts Neues‹ (1928) kennt. Die Suche nach dem eigenen Stil, der gerade

[7] Hoffnung, S. 96.

1948 von Böll empfundene »berufliche Schmerz«, die Dinge »nicht beschreiben zu können«[8], wenigstens nicht in einer ihn letztlich befriedigenden Weise, hat hier Spuren hinterlassen.

Dies ist anders in dem »kurzen, aber aufklärenden Blick hinter die rosige Fassade des ›Wiederaufbaus‹ und der ›Wiedergutmachung‹« (S. 20). Die »sonnenbebrillten sorglosen Leute« (S. 6), die Wenk auf der Terrasse eines Cafés beobachtet, die »großen sanften, ein ganz klein wenig dummen Augen« des Mädchens, die sie »so senkrecht« zu Schnecker aufschlägt, daß man das Gefühl hat, »sie würde vor Glück zerschmelzen« (S. 6f.) verraten den gleichen zornigen Impetus wie die mit Leidenschaft formulierten Kampfszenen, aber der Zorn ist hier zur Satire sublimiert. Der »Strom schwitzender, dünnbekleideter Menschen«, die zum »Sommerschlußverkauf in die Stadt strömten« und in ihren Gesichtern »einen ähnlichen Krampf« zeigten, »wie man ihn vor einem Jahr noch in den Kartoffelzügen beobachten konnte«, ein Krampf aus »Angst, Müdigkeit und Gier«[9], ist nur *ein* Beispiel gelungener »Beschreibung«. Hier hat Böll deutlich seine Sprache gefunden. Das Vokabular zeigt freilich, daß zumindest diese Passagen aus der Überarbeitung im Jahr 1949 stammen[10].

Auch die Zeitebene des Krieges enthält thematische und motivliche Elemente, die den Fortschreibungsprozeß Bölls weiterhin kennzeichnen sollten: Da ist das Verständnis vom Geld, das allein »nichts« ist: »Es hat nur den Wert dessen, was man im Augenblick dafür bekommt: Wein, Weiber oder Tabak. Das Geld ist doch nur ein Mittel. Sparen oder Anhäufen ist doch nur ein Mittel« (S. 84).

Im *Clown* wird er das als Unterscheidung von konkretem und »abstraktem Geld« definieren und in nahezu allen Werken seit *Wort* thematisieren. Da ist der Affekt gegen den NS-Staat, der »mir sechs Jahre meiner Jugend gestohlen« hat[11], gegen dessen

[8] Hoffnung, S. 109.
[9] Sämtliche Zitate auf S. 7.
[10] Der Begriff »Wiedergutmachung« wurde erst 1949 geprägt. Auch einen »Sommerschlußverkauf« gab es erst im Jahr nach der Währungsreform.
[11] Sämtliche Zitate auf S. 110 u. 111.

Führer der Erzähler nur ein Mittel sieht, »man muß ihn ermorden« (S. 67). Er geht jedoch noch weiter: »[...] ich wüßte keinen sinnvolleren Kampf als den gegen die Verwaltung, es ist die Verwaltung, jede Verwaltung ist die Verwaltung des Stumpfsinns, die Verwaltung der Verwaltung, oh Gott. Ich möchte die Verwaltung des Lebens übernehmen. Ich möchte gegen diese Toten das Recht des Lebenden vertreten« (S. 109). Dies ist Schellings Aufschrei, aber der Autor steht sichtbar dahinter – wie er auch hinter der satirischen Redeweise der gleichen Figur zu entdecken ist: Schelling dreht das Führerbild in seinem Quartier gegen die Wand und vermag diese natürlich politische Tat dem eintretenden Schnecker gegenüber auf unangreifbare Weise zugleich zu rechtfertigen wie zu steigern, indem er sich auf »künstlerische« Prinzipien beruft, die es als Blasphemie erscheinen lassen, »das Bild unseres so schlichten, so einfachen, so ganz und gar soldatischen Führers [...] in einen solchen Protzrahmen zu stecken« (S. 95).

Die Moral der Sprache

Die Reaktion Schneckers auf diese satirische Provokation erscheint auf den ersten Blick rätselhaft; er sagt: »Du bist immer noch stark in Grammatik, wie es scheint« (S. 95). Grammatisches jedoch ist hier offensichtlich nicht im Spiel – eher Semantik im Hinblick auf das »Künstlertum Hitlers«; das Sprachrätsel löst sich jedoch wenig später und und erweist sich als Sprachspiel mit dem etymologischen Zusammenhang von Grammatik und Gramm, die sich beide vom griechischen Wort »grámma« (= Buchstabe) herleiten: In der Funktion als kleinste Einheit (der Sprache und der Gewichte) treffen sie zusammen. Es war der Kampf Schellings um jedes Gramm Verpflegung für seine Leute, die seine Strafversetzung zur Folge hatte.

Schelling würde sich darauf freuen, eine »Philosophie des Gramms« zu schreiben; es ist aber der Erzähler, der sie entwirft: »Es gibt keine Gerechtigkeit, dachte ich, es gibt gar kein Gramm.

Das Gramm ist eine Fiktion, ein Gramm ist nichts, und doch sagen sie: es ist ein Gramm! Und an diesem Nichts, an diesem Gramm werden sie alle reich. Alle werden nur reich am Gramm, also muß es doch etwas sein, das Gramm. Deshalb muß es so viele Arme und Betrogene geben, weil ein Gramm so wenig ist und weil so viele Gramm dazu gehören, einen Reichen reich zu machen« (S. 102). In der 1953 veröffentlichten Erzählung *Die Waage der Baleks* hat Böll die Allgemeinheit dieses Prinzips entfaltet[12] anhand der »fünfeinhalb Deka«, die »an der Gerechtigkeit« fehlen[13]. Verdichtet er dort die Problematik im symbolischen Bild der Waage, die für Gerechtigkeit stehen sollte, jedoch betrügerisch justiert ist, so bindet er in *Das Vermächtnis* Gerechtigkeit sprachspielerisch an die Zeichenfunktion des »Gramms«. Und das geschieht nicht zufällig, als gleichsam kalauernder Einfall; denn das Sprachspiel wird zuvor als eine Art grundsätzliches Prinzip von Kommunikation beschrieben, die durch Herrschaft bedroht ist: »Wir spielten mit der Sprache, wir waren wie Kinder, die sich Bälle zuwarfen, klatschten sie je nach Atem oder Laune vierzehnmal oder siebenmal gegen die Wand, und in dem Augenblick, wo wir spürten, daß unsere Kraft erlahmte, gaben wir sie dem Partner schnell zurück« (S. 65f.). Scheinbar verselbständigt sich hier die Metapher vom Spiel, soll doch nur ein Verfahren beschrieben werden, das unmittelbar davor im »Klartext« benannt wird – es ist ein verdecktes Sprechen, das Sanktionen vermeiden soll (S. 65). Das »Sprachspiel« aber ist mehr als Sprechen in Andeutungen, die Schellingsche »Grammatik« nicht nur ein Codewort für Genauigkeit beim Wiegen. Die mögliche »Schutzwirkung« verdeckten Sprechens über den Geisteszustand Hitlers und die Notwendigkeit eines Attentats (S. 66 f.) wäre wohl denkbar gering gewesen. Das Resümee, das Wenk am Ende dieser Gespräche zieht, hebt denn auch überhaupt nicht auf Schutz und Sicherheit ab, sondern auf ein inhaltliches Ergebnis: »Einige Tage

[12] In dieser »Philosophie des Gramms« liegt – ganz unübersehbar – die Keimzelle für die spätere Novelle.
[13] *Weihnachtszeit*, S. 95.

lang sprachen wir so über alle Einrichtungen dieses verfluchten Staates, wir führten sie auf ihren Nullpunkt zurück, bliesen sie auf wie Seifenblasen, ließen sie wieder zusammenfallen und fegten die Reste einer möglichen Substanz zusammen, um sie zu betrachten« (S. 67).Hier ist Erkenntnis zustande gekommen, die auf anderem Weg nicht zu erlangen war. 15 Jahre nach der ersten Fassung der Erzählung hat Böll diesen Modus der Erkenntnis im *Clown* in ein vergleichbares Bild gefaßt (s. u. S. 257).

Wenk stellt an den Beginn seines fiktiven Berichts die Bemerkung »Sie werden, wenn Sie meinen Bericht gelesen haben, verstehen, daß ich nicht kommen und Ihnen ›erzählen‹ konnte, wie man so schön sagt« (S. 5). Erzählen ist für ihn ein problematischer Begriff für einen komplizierten Vorgang; Böll verwendet Anführungszeichen, ein »Abtönungsverfahren« wie das »sogenannt«, mit dem er den Begriff »Wirklichkeit« relativiert. »Erzählen« und »Wirklichkeit« sind in der Tat für ihn untrennbar miteinander verbunden: Erst durch Literarisierung, durch »Grammatik«[14] wird die sogenannte Wirklichkeit tatsächlich darstellbar[15] (nicht mehr nur »›erzählbar‹ [...], wie man so schön sagt«), wird sie zur »Wahrheit« (S. 156).

Liebe und Religion

Der Wenk der Kriegsjahre ist Atheist. Er »glaubte damals noch an den sogenannten Zufall [...], an die blasse und blinde Zwecklosigkeit unseres Daseins« (S. 86). Das »damals« zeigt einen Wandel gegenüber der Erzählgegenwart an, in der er von »jenem geheimnisvollen Netz« spricht, »in dem für jeden von uns eine bestimmte Masche geschlungen ist«. Auch das sieht er noch nicht als Reli-

14 »littera« ist nur das lateinische Pendant von griechisch »grámma«.

15 Es ist bezeichnend, daß solch literarische Erfassung der Wirklichkeit für Wenk erst möglich ist, als er sich von der sogenannten Wirklichkeit weitgehend zurückgezogen hat: Er verbringt die meiste Zeit im Bett, und in seinem Zimmer sind die Jalousien so eingestellt, daß gerade genug Licht hereinfällt, um Zigaretten drehen zu können (S. 11).

gion, sondern als einen »sehr vagen und windigen Traum einer gewissen Schönheit und Ordnung« (S. 51). Der Atheismus Wenks im Krieg ist Ausdrück und Folge des Erlebnisses absoluter »Sinnlosigkeit«, die Gott ausschließt; sie ist zugleich ein Mittel der Konturierung Schellings, der im Unterschied zu Wenk »der Tröstungen seines Glaubens jederzeit gewiß war« (S. 42) und aus diesem auch die Kraft und Unerschütterlichkeit seiner moralischen Position zieht: Wenk sieht ihn als »ein Mensch, der so viel Kraft besaß, daß er sein Leben lang auf der Schneide eines Messers hätte einhergehen können, um endlich von der letzten Spitze dieser Schneide in ein ewiges Glück abzuspringen« (S. 42) – ein ästhetisch sicherlich mißglückter, weil überzogener Vergleich, der freilich die »Engelhaftigkeit« dieser Figur unterstreicht, von der schon Cadette zu Beginn der Erzählung spricht[16]. Wenks Wandel ist allerdings nicht näher motiviert – auch nicht ganz glaubwürdig in seinem »vagen« Zielpunkt, weil er schon als »Atheist« zu christlich, genauer: zu katholisch denkt und spricht. Das zwanghafte Besäufnis, um »das sanfte, rosige, wohlkonservierte Leichengesicht des Pfarrers zu ertränken« (S. 124) wäre anders nicht zu erklären, ebensowenig die Beschreibung des Weines, von dem er glaubt, »Gott habe ihn wachsen lassen, um die Erinnerung ans Paradies in dieser niederdrückenden Lasterhöhle, die sich menschliche Gesellschaft nennt, nicht aussterben zu lassen« (S. 124). Im übrigen hat für Wenk das Naturerlebnis quasi religiöse Funktion: Die »Schönheit des strömenden Sommerregens«, »die kosmische Gewalt, die jeder Flüssigkeit innewohnt«, hat »das Element des Lösenden«, sie bringt Wenk (»ich war tot«) wieder zum Leben[17]. Verbunden ist dieses »kosmische« Naturerlebnis mit dem Mädchen, dessen Bild die Erzählung mitbestimmt. Diese Verbindung scheint selbstverständlich für Böll, gestaltet sich hier aber anders als sonst: Es ist von seiten des Mannes wieder die plötzliche, unbegründbare und auch unerklärte Liebe

[16] S. 24: »der ist ein Engel«.
[17] Alle Zitate auf S. 115 f.

(S. 17). Bei der dritten Begegnung umarmt er sie ohne »ein Wort zu sagen«. Nach seinem Geständnis, »Mädchen, ich liebe dich«, fleht sie jedoch: »Laß mich, ich liebe dich nicht« (S. 112). Mitleid allerdings fühlt sie für seinen sichtbaren Schmerz: »[...] und als ich das begriff, da wußte ich erst, wie sehr ich sie liebte«. Es ist nicht das Paar Andreas und Olina (*Der Zug*), das sich hier findet; denn in solcher absoluten »Selbstverständlichkeit« gehört sie zu Schelling: »Dieses sanfte Paar, das kein Wort sprach, sich nur ein wenig anlächelte, gehörte einfach zusammen« (S. 117).

Und dennoch ist das Verhältnis Wenks zu ihr nicht einseitig: »Mitleid«, »etwas unsagbar Menschliches«, bleibt, und der Wein, »köstlich, kühl und herb« (S. 113), den sie ihm einschenkt, besiegelt dieses Verhältnis in einer quasi religiösen Zeremonie[18].

Viel später erst hat Böll dieses Frauenbild reflektiert und auf den Begriff der »Trinität des Weiblichen«[19] gebracht. In der Beziehung zu Wenk freilich wird nur die mütterlich-marienhafte Rolle wirksam – dies wiederholt sich so nicht im weiteren Œuvre Bölls.

[18] Es ist verblüffend, wie ähnlich Böll und Alfred Andersch hier ein existentielles Erlebnis versinnlichen: Bei Andersch sind es 1951 die »Kirschen der Freiheit«, die »frisch und herb« den Bericht schließen.

[19] S. o. S. 33 u. 35

VI. Wo Warst Du, Adam? Roman

1. Publikationsformen

Buchausgabe: Opladen 1951 (November)
dtv (856): 1. Auflage 1972
Vorabdrucke: Das 1. Kapitel wurde unter dem Titel *Durchbruch bei Roßapfel* in den ›Frankfurter Heften‹ (6. Jg., H. 8, August 1951) veröffentlicht. Böll hatte diesen Text – zu der Zeit noch als selbständige Erzählung mit dem Titel *Der General* konzipiert – bereits am 27. 8. 1950 bei der Tagung der »Gruppe junger Autoren« in Kassel vorgetragen.
Eine Lesung aus dem Roman gab es am 23. 10. 1951 im Südwestfunk in der Reihe ›Erzähler der Woche‹.
Hörspielversion: *Die Brücke von Berczaba.* Hessischer Rundfunk, 8. 6. 1952. Weitere Sendungen: 1. 7. 1952 und 22. 11. 1960. Erstdruck: ›Zauberei auf dem Sender und andere Hörspiele‹, hg. v. Ulrich Lauterbach, Frankfurt a. M. 1962.

2. Entstehung und Kontext

Bereits Anfang 1949 hatte Böll eine Erzählung mit dem Titel *Die Brücke von Berkowo* geschrieben, die dann nicht in den *Wanderer*-Band aufgenommen wurde[1]. Böll schrieb seinem Lektor darauf, er werde »wahrscheinlich das schöne Thema irgendwann einmal anders bearbeiten«[2]. Die Geschichte *Durchbruch bei Roßapfel*, beendet im Mai 1950, wurde zur zweiten – und folgenreicheren – »Keimzelle« des Romans, dem er sich nach Abschluß der Arbeiten an *Der Engel*[3] zuwandte. Das Jahr 1950 markiert

[1] Aus dem Nachlaß 1995 publiziert in *Hund.*
[2] Brief an Paul Schaaf v. 4. 12. 1949. Das Zitat und die übrigen Angaben zur Entstehungsgeschichte des Romans bei Bellmann 1994, S. 256f.

einerseits die beginnende »Etablierung« Bölls als Schriftsteller, ist andererseits jedoch gekennzeichnet durch gravierende Existenznöte: Mit zwei Buchveröffentlichungen (*Wanderer* und *Der Zug*) ist er bereits jenseits des literarischen Debütantenstatus, wird gar als »wirkliche Entdeckung« gefeiert[4], eine materielle Lebensgrundlage verspricht die Schriftstellerei jedoch keineswegs zu bieten: »Vom ›Zug‹ wurden im 1/2 Jahr 145 (!!!) Exemplare verkauft, ganze 58 DM plus für mich«, schreibt er am 28. 8. 1950 an Ernst-Adolf Kunz. Um die wachsende Familie (der dritte Sohn Vincent wird im März 1950 geboren) zu ernähren, sucht und findet er zahlreiche Aushilfsarbeiten, etwa beim Statistischen Amt der Stadt Köln. Der »Stumpfsinn der Büroarbeit« und die »statistische Impotenz und Sterilität« hält ihn jedoch von der »eigenen Arbeit«[5] ab. Eine Wendung zum Besseren bringt der Preis der »Gruppe 47«, den Böll Anfang Mai 1951 in Bad Dürkheim für *Die schwarzen Schafe* erhielt. Nicht nur »die 1000,- DM, die damit verbunden sind, sondern einen erfreulichen (teils unerfreulichen) Start, dessen Folgen sich schon bemerkbar zu machen beginnen«[6], registriert er. Und wie sehr dies die Arbeit beflügelt, zeigt ein Brief an Kunz vom 9. Juli, in dem er dem Freund anzeigt, daß der neue Roman »termingemäss am 30. Juli« an den Verlag gehen soll. Zugleich scheinen die wirtschaftlichen Probleme fürs erste vorbei, nachdem der Verlag Middelhauve sämtliche Schulden aus den Vorschüssen gestrichen hatte. Von dem Roman wurden dann freilich im ersten Jahr nur 3000 Exemplare verkauft[7].

[3] Im August 1950 gab Böll das Manuskript an den Verlag, reichte im April 1951 zwei Ergänzungen nach, vgl. *Der Engel*, S. 194.
[4] Bericht Gert Kalows in der ›Stuttgarter Zeitung‹ vom 1. 9. 1950 über die Tagung der »Gruppe junger Autoren«.
[5] Briefe an Ernst-Adolf Kunz vom 15. 1. und 12. 4. 1951, in Hoffnung, S. 267.
[6] Brief an Ernst-Adolf Kunz vom 10. 5. 51, in Hoffnung, S. 269.
[7] Angabe von Herbert Hoven, in: Hoffnung, S. 412.

19 *Marschall Antonescu*: rumänischer Marschall und seit September 1940 diktatorisch herrschender Regierungschef, zwang im gleichen Jahr König Carol II. zur Abdankung zugunsten von – *Kronprinz Michael*: (geb. 1921), der Antonescu 1944 entließ und Deutschland den Krieg erklärte

20 *DL*: Deutsche Landsmannschaft; farbentragende studentische Korporation mit den Prinzipien »Ehre, Treue, Vaterland«; ab 1945 Verbände deutscher Vertriebener aus den früheren Ostgebieten des Deutschen Reiches – *Stahlhelm*: Bund der Frontsoldaten, ab 1933 teilweise Eingliederung in die SA

23 *Sankra*: Sanitätskraftwagen – *Szokarhely*: ungarisches Dorf

25 *Bjeljogorsche*: russische Stadt

32 *Szolnok*: ungarische Stadt an der Theiß

33 *Nagyvarad*: ungarische Stadt (deutscher Name: Neuwardein)

82 *Walhall*: Sitz der germanischen Götter

85 *EK 1*: Eisernes Kreuz erster Klasse

94 *MGV*: Männergesangverein

95 *Tannhäuser*: Minnesänger, hier: die Oper Richard Wagners

102 *Allerheiligenlitanei*: Wechselgebet zwischen Vorbeter und Gemeinde bei Taufe und anderen Weihen – *Antiphon*: (lat.) Gegengesang, in der kath. Liturgie meist vor und nach dem Psalmgesang – *Fili Redemptor mundi, Deus*: (lat.) Gott Sohn, Erlöser der Welt, wie die beiden folgenden Zitate trad. Litaneiformel – *Spiritus Sancte, Deus*: (lat.) Gott Heiliger Geist – *Sancta Trinitas, unus Deus*: (lat.) Heilige Dreifaltigkeit, ein einiger Gott

104 *Szarny*: eigentlich Szany; ungarische Stadt westlich von Budapest

»System« und »Struktur« – der Primat der Form

Alfred Andersch charakterisierte Bölls Roman als ein »loses Bündel von stories«[8], und Hans Joachim Bernhard kann noch 1970 resümieren: »Die über Bölls Romane vorliegenden Arbeiten konstatieren einhellig die mangelnde künstlerische ›Geschlossenheit‹ von *Wo warst du, Adam?*«[9].

Böll selbst nannte den Roman »eines der Bücher, die mir am liebsten sind«[10], eine spontane Antwort auf eine »schwierige Frage«, die er auch sogleich relativierte[11]; er ist aber auch später immer wieder auf diesen Roman zurückgekommen – auf geradezu provokante Weise in seinem Gespräch mit René Wintzen 1976 (s.o. S. 33), in dem er die These vertrat, daß das »Material [...], das mir durch die Geschichte sozusagen vor die Füße geworfen worden ist« für den Roman nicht ausschlaggebend gewesen sei, und daß er sich ein entsprechendes Werk auch ohne Krieg und Nazizeit vorstellen könne: »Der Unterschied [...] ist der Tod im Krieg. Im Frieden funktioniert das System ohne die Unterwerfung unter den Tod. All das müßte man korrigieren, interpolieren, rausnehmen und sich die Struktur eines solchen Romans anschauen, dann käme man vielleicht auf ein vergleichbares Buch[12]«.

»System« und »Struktur« sind die Kernbegriffe dieses Gedankenexperiments, die Konstanten, die er gegenüber der »Verkleidung«, dem »Material«, hervorhebt. Das »System« beschreibt ein

[8] A. Andersch, »Christus gibt keinen Urlaub«, Rezension in: Frankfurter Hefte 6 (1951) H. 12, S. 940.
[9] Bernhard ^{2}1973, S. 43.
[10] *Werkstattgespräch mit Horst Bienek* (1961), in: I, S. 25.
[11] »Das wechselt ständig, ja? Ich habe so meine Lieblinge, die ein Jahr oder zwei Jahre Lieblinge sind, dann aufhören es zu sein, und dann kommen andere an die Reihe«, in: I, S. 25.
[12] I, S. 526 f.

gesellschaftliches Prinzip, »Struktur« das entscheidende Moment der Form, des Aufbaus, die mit Anderschs Diktum »loses Bündel von Stories« eher verdeckt als beschrieben wird. Die neueren Bemühungen um eine »Kritische Werkausgabe« haben mit Erkenntnissen zur Entstehungsgeschichte des Textes bessere Möglichkeiten zur Formanalyse geschaffen. Der Bericht über die Lesung von *Der General* in Kassel gibt die entscheidende Information: »Aus dieser *konzentrierten Studie* (Andersch) wird der Kriegsroman geradezu herausentwickelt, was auch Bölls briefliche Äußerung aus dem Mai 1951 signalisiert, er habe für seine *neuere größere Arbeit*, eben den Roman, *zunächst den Titel »Durchbruch bei Roßapfel«* vorgesehen (an Georg Zänker, 23. 5. 1951). Das ist die Überschrift, unter der die Geschichte im August 1951 in den ›Frankfurter Heften‹ erschien«[13].

Zwar wurde damals schon einer »der eindrucksvollsten Romananfänge unserer zeitgenössischen Literatur«[14] erkannt. Nun aber, da der »Keimzellen«charakter dieses Kapitels erkannt ist, wird der Blick besonders auf seine strukturbildende Funktion gelenkt[15]. Dabei fällt zuerst auf, wie die »Mittelpunktfigur« (Bernhard) des Romans, Feinhals, eingeführt wird: Er tritt auf als Ergebnis eines militärischen Verteilungsprozesses:

S. 7: »dreihundertdreiunddreißig mal drei Mann« – S. 8: »einhundertundelf mal drei Mann« – S. 9: »fünfunddreißig mal drei Mann« – S.10: »acht mal drei Mann« – S.11: »Von den tausend Mann war einer allein übriggeblieben.«

»Ersatz« wird hier aufgeteilt, wobei der Weg der hierarchischen Gliederung militärischer Verbände – Division, Bataillon, Kompanie, Zug – folgt, die an den kleiner werdenden »Kontingenten« und den militärischen Rängen der Befehlshaber – Gene-

[13] Bellmann 1994, S. 256.

[14] Schwab-Fehlisch ^{7}1980, S. 218.

[15] Daß Böll auch »formal-strukturell« das Montageprinzip der einzelnen Episodenkapitel aus dem ersten heraus entwickelt, hat kürzlich Beate Schnepp nachgewiesen: Sie zeigt, daß Böll die Offiziere des ersten Kapitels in der Reihenfolge ihres Auftretens zu Zentralfiguren der folgenden Kapitel macht (in: Bellmann 1995, S. 116ff.).

ral, Oberst, Hauptmann, Oberleutnant – sichtbar wird. Maßzahl ist dabei der Trupp, »drei Mann«; die Erzählperspektive ist die eines kollektiven »sie« – bereits im ersten Satz (»Zuerst ging ein großes, gelbes, tragisches Gesicht an ihnen vorüber.«). Der einzelne zählt nicht; es geht um »Menschenmaterial«, es hat »keinen Zweck, die Personalien aufzunehmen« (S. 11). Erst am Schluß der Verteilung, als einer »übrigbleibt«, ändert sich das »dreihundertdreiunddreißig mal drei Mann« zu »tausend Mann«, und die Erzählperspektive wechselt von »sie« und »ihnen« zu »ihm« und »er« (S. 11). Das ist aber kein Prozeß einer (positiv zu bewertenden) Individualisierung, sondern eher als Schock der Vereinzelung gestaltet; denn Feinhals blickt sich »hilflos um, weil niemand mehr neben, hinter und vor ihm stand«. Erst bei der Verteidigung ganz elementarer menschlicher Bedürfnisse, beim Kampf ums Trinkwasser, erlebt er Identität als Gewinn: Er kann in der »Vielzahl blecherner Öffnungen« sein Kochgeschirr nicht mehr identifizieren, fühlt dann aber, daß sein Gefäß schwer wird und weiß nicht, »was schöner war, zu trinken oder zu spüren, wie sein Kochgeschirr schwerer wurde« (S. 12). Die »Maschinerie« des hierarchischen »Systems« wird deutlich – noch ehe der »Tod im Krieg« überhaupt thematisiert wurde.

Aber noch ein ganz anderes Moment lenkt in diesem Anfangskapitel auf die Mittelpunktfigur hin und definiert zugleich ihre Rolle: Es ist das »Motiv des Ordens« und mehr zugleich, als nur ein Motiv[16] – hier kommt durchaus symbolische Qualität ins Spiel, die sich sprachlich – durch das »Wort« – realisiert. Das häufigste Substantiv auf der ersten Seite ist »Hals« – »sein Hals war leer«, der »gelbe Generalshals«, »der Hals eines Generals«, »Halsschmuck« –, das setzt sich fort mit dem »Hals des Obersten« und »Gemüse am Hals«, leicht variiert durch den »Kragen« des Obersten (S. 8), bis zum verbalen Kontrapunkt: »Sie heißen

[16] Bernhard ^{2}1973, S. 57. Er hebt hier zu Recht auf die »differenzierende Funktion« ab: »Das Ordens-Motiv gliedert jene Romanfiguren aus, für die der Krieg einen ›Sinn‹ hat«. Ebenso berechtigt ist sein Hinweis auf die vergleichbare Antithetik des »Lamm-Büffel-Symbols« in *Billard*.

Feinhals« (S. 11). Auf den Klang dieses Namens wurde hingewiesen, der positive Assoziationen im Leser hervorrufe[17], und mit »Filskeit« wurde auch gleich ein bereits klanglich identifizierbarer Gegenpart herausgehoben. Namen sind für Böll von besonderer Wichtigkeit[18] – auch im Sinne vom Wort als Klang[19] –; hier jedoch entwickelt Böll den Gegensatz semantisch. Der »magere gelbe Generalshals« kontrastiert mit dem Namen Feinhals, ebenso wie diese beiden Personen als Gegensätze aufeinander bezogen sind: Feinhals, der Architekt, der zum Bauen, zum Schaffen, ausgebildet ist und der General, der Schlachten gewinnen, zerstören soll; Feinhals, der außer dem Verwundetenabzeichen keine militärische Auszeichnung trägt; der General, der am Fehlen des Ordens sich mißt. Beide begegnen dem Leser in diesem ersten Kapitel als ermüdete, kraft- und hoffnungslose Menschen, die sich nur noch dahinschleppen können. Die Ursache dafür sind beim General »Halsschmerzen«, wie das Streben nach dem Ritterkreuz im zynischen Jargon der »Wehrmacht« hieß[20], bei Feinhals Durst, Hunger und Erschöpfung. Der General fährt »nach Westen, […] dorthin, […] wo keine Front war« (S. 9f.); Feinhals muß ins Gefecht und wird verwundet, was er als »glückliches« Ereignis registriert, während für den General nur die verlorene Schlacht zählt. Dieser Kontrast bestimmt den gesamten Roman: Das militärische Personal – und auch ein Teil der Zivilisten[21] – ist differenziert nach Besitz von und ihrem Verhältnis zu Orden. So ist der General, als er am Schluß »das Kreuz am Hals hat«, entspannt: »er sah

[17] »Both syllables of *Feinhals* evoke positive responses in the reader«, Reid 1974, S. 578.

[18] Zu Recht weist Reid auf Bölls Äußerung von 1967 im Gespräch mit Werner Koch hin: »Sie sind für mich sehr wichtig, die Namen, weil sie einfach eine ungeheure – nennen wir es pathetisch poetische Qualität für mich haben, die Namen, Vornamen und die Nachnamen sind sehr wichtig, und deshalb erfinde ich sie.« Ebda. Es sei auch an entsprechende Bemerkungen im Gespräch mit Wintzen erinnert (vgl. auch I, S. 507).

[19] S. a. den Kommentar zu *Der Zug*, S. 41f.

[20] Diesen Ausdruck vermeidet Böll hier bewußt, weil sein Zynismus Distanz dokumentiert, während der General völlig in der Begier nach dem Orden aufgeht.

[21] Etwa der Wirt, der »zuerst nach (Grecks) Orden sah« (S. 49), Grecks Angehörigen, die »alle auf seine Brust« sahen, wenn er nach Hause kam (S. 57).

auch nicht mehr müde aus, sein Gesicht war ebenmäßig, ruhig, gebildet und human« (S. 129).

Aber das ist bloßer Schein und Äußerlichkeit, wie das Blitzen »von Silber und Gold« auf der ordensgeschmückten Brust (S. 7); denn mörderische Durchhalteparolen und der Tod seiner Leute sind allein dazu bestimmt, »ein Ritterkreuz einzubringen« (S. 84).

»Das Orden-Motiv gliedert jene Romanfiguren aus, für die der Krieg einen ›Sinn‹, den von der faschistischen Ideologie unterlegten Sinn hat. Für sie bekräftigen die Orden das Richtige ihres Handelns«[22] – aber diese Kraft zur erzählerischen Organisation erwächst aus der Symbolfunktion von »Feinhals« und »leerem Hals«: Feinhals ist gleichsam ein vorweggenommenes Gegenstück zu Mahlke in der Novelle ›Katz und Maus‹ (1961) von Günter Grass; der feine Hals statt des abnormen Kehlkopfes.

Ein Roman war für Böll auch »ein Versteck, in dem man zwei, drei Worte verstecken kann, von denen man hofft, daß der Leser sie findet«[23]. Neben dem symbolischen Namen gehört das Codewort dazu, das durch den ursprünglich geplanten Titel stärker hervorgehoben worden war: »Roßapfel«. Auch im endgültigen Text wird dieses Wort durch vierfache Wiederholung herausgestellt und durch Verfremdung zusätzlich akzentuiert: Feinhals »hörte nur leise eine Stimme sagen: ›Roßapfel‹«, statt seinen eigenen Ruf, »ich bin verwundet« (S. 14). Erst die Worte »Mist, Durchbruch bei Roßapfel drei, Freischütz vier« klären den Sachverhalt auf und lassen die seltsame Codebezeichnung als Teil der auf Böll so infantil wirkenden Verschlüsselungstechnik erscheinen, die er Jahrzehnte später in der Satire *Berichte zur Gesinnungslage der Nation* verspotten sollte. Doch es heißt hier nicht von ungefähr »Roßapfel«: Das ist die offizierssprachliche »Veredlung« des soldatischen Fäkalvokabulars. »Mist« und »Roßapfel« stehen zu Recht nebeneinander, wie kurz danach »Sekt« und »Schiffe« im »Dialog« zwischen dem simulierenden Hauptmann

[22] Bernhard ^{2}1973, S. 57.
[23] *Werkstattgespräch mit Horst Bienek*, in: I, S. 16.

Bressen und dem »Glatzkopf« (S. 16). Zweimal sterben in diesem Roman Soldaten neben einer Jauchegrube: Der Feldwebel Schneider tritt auf einen Blindgänger, der neben einer solchen Grube liegt, und Oberleutnant Greck wird beim mühselig-schmerzvollen Versuch, seinen Darm zu entleeren, mit Jauche überschüttet und stirbt bei einem zweiten Einschlag mit dem Geschmack »von Stroh, Jauche, Schmutz und Heu« auf den Lippen (S. 87). Das nimmt die sprachliche Verfeinerung durch »Roßapfel« endgültig zurück, und die Soldaten von Grecks Kompanie wenden diesen individuellen Befund ebenso ins Allgemeine – »Parole Scheiße« (S. 83) – wie der Leutnant und ausgebildete Nachtjäger, der seinen Einsatz bei der Infanterie als »Scheiße« charakterisiert. Der Hinweis ist wohl nötig, daß dies inzwischen zum Allerwelts- und Jedermannsfluch gewordene Wort in den fünfziger Jahren alles andere als literaturfähig war. Aber nicht der Tabubruch ist hier wesentlich; denn mit dem Begriff wird nicht denunziert, sondern er wird beim Wort genommen und konkret: In diesem Wort verbinden sich »Struktur« und »System«: Die Soldaten stecken buchstäblich »in der Scheiße«. Das ist – wie der Krieg überhaupt und nicht nur aus der Sicht von Frau Susan im achten Kapitel – »widerwärtig und lächerlich« (S. 109). Und es ist für Böll gerade in der Konkretion zutiefst menschlich.

Nur lächerlich und ganz und gar nicht menschlich findet Feinhals jedoch das »wilde Knallen« des Krieges, und lächerlich ist der Major Krenz, der Orden »verteilt« und das EK 1 für Oberleutnant Greck nicht loswird (S. 85), weil der neben der Jauchegrube in den Krämpfen einer Darmkolik liegt. Die quälend genaue Darstellung dieses Vorgangs (S. 86f.) weitet das Urteil über die Kriegssituation hinaus aus auf den gesellschaftlichen Kontext: In der Qual denkt Greck »an nichts mehr, was mit diesem Krieg zu tun hatte«, vielmehr erinnert er sich an seine Krankheit und ihre Ursache, »anhaltenden Nahrungsmangel«. Die aufgenötigte Disziplin, das Sich-hoch-Hungern, der Geiz als Statussymbol – diese Eigenschaften machen die Familie aus dem mittleren Bürgertum zum Modell einer Gesellschaft, die im Gesamtwerk Bölls zum Anlaß sozialkritischer »Attacke«[24] wird, wie die Frankes (*Wort*), die Schniers (*Clown*), die »Hoyser-Sippe« (*Gruppenbild*).

Der Krieg – Krankheit oder Alibi?

Zweifellos hat Böll eigenes Erleben in diesem Roman »verarbeitet«; die Schauplätze seiner Soldatenzeit, seine Front- und Lazaretterlebnisse finden sich hier wieder. Feinhals ist in vielen Einzelheiten bis hin zum Zivilberuf[25] eine Art alter ego Bölls. Das »Material« »verarbeitet« er in der Weise, wie er stets mit dieser »Handvoll Staub«[26] umzugehen pflegte. Einem autobiographischen Mißverstehen beugt schon das Vermeiden der für die Kurzgeschichten so charakteristischen Ich-Perspektive vor. Motivation und Handlungsweisen seiner literarischen Figuren unterscheiden sich weitgehend von der Rolle, die Böll selbst im Krieg zu spielen wußte – zu »spielen« in wortwörtlichem Sinne, indem er nämlich »mit diesem ganzen bürokratischen Apparat, auch dem der Wehrmacht, gespielt« hat[27]: »Wenn ich mir nun vorstelle, wie ich Situationen während des Krieges verändert habe, indem ich einfach nicht dahin, sondern dorthin gefahren bin [...] Da kommt schon eine romanhaft-spielerische Komponente in die eigene Biographie hinein. Das sind auch Versetzungen [...] ich habe mich wirklich andauernd versetzt, sogar im verwaltungstechnischen Sinne« [28].

Feinhals hingegen – und seine Kameraden – werden zu Beispielen für »die Lächerlichkeit, auch Hilflosigkeit des Mannes im Krieg, dieses Hin- und Herbewegtwerden wie eine Herde, und immer mitmachen, laufen«[29]. Frau Susan in der zentralen Berczaba-Episode formuliert diese Sicht: »Wahrscheinlich bestand der

[24] *Eine deutsche Erinnerung* (1976), in: I, S. 507.
[25] Auch Böll hat Architektur studiert.
[26] *Drei Tage im März* (1975), in: I, S. 376.
[27] *Drei Tage im März* (1975), in: I, S. 370.
[28] *Drei Tage im März* (1975), in: I, S. 370.
[29] *Eine deutsche Erinnerung* (1976), in: I, S. 542.

Krieg daraus, daß die Männer nichts taten und zu diesem Zweck in andere Länder fuhren, damit niemand es sah [...] widerwärtig war es ihr und lächerlich« (S. 109).

Für Feinhals und die anderen Soldaten gilt die Innenperspektive, die als eine zweifache angekündigt wird durch die zwei Mottos, die durchaus gegeneinanderstehen: Saint-Exupérys Wort vom »Krieg als Krankheit« hat ein Moment der Rechtfertigung, weil es Schicksal beschwört statt Verantwortung. Dem steht Haeckers Ausspruch entgegen: »Eine Weltkatastrophe kann zu manchem dienen. Auch dazu, ein Alibi zu finden vor Gott. Wo warst du, Adam? Ich war im Weltkrieg«. Das wendet sich gerade gegen die Unterwerfung unter das Schicksal, und der Titel des Romans unterstreicht den Rang dieses Diktums. »Der Krieg darf nicht zum ›Alibi‹ für gewissenloses Handeln werden«[30] – das ist das *eine* Element der Kritik Bölls in seinem Roman; er darf aber auch nicht zum Alibi genommen werden für widerstandsloses Sich-Ergeben. Hier schlägt sich Bölls Erfahrung mit den Möglichkeiten der Verweigerung, des »Versetzens« nieder, ohne daß er dies etwa zum Modell allgemeinen Handelns aufwertet. Es bleibt eine unentschiedene Spannung zwischen den beiden Leitgedanken. Das zeigt sich vor allem im Verhalten der beiden Zentralfiguren: Feinhals verkörpert die Hilflosigkeit des in den sinnlosen Kriegsmechanismus eingespannten Mannes. Selbst in dem für ihn entscheidenden Moment der Begegnung mit Ilona bleibt er weitgehend passiv, vergißt sogar, sich bei der Trennung ihre Adresse geben zu lassen (S. 72). Er sieht – wie Andreas in *Der Zug* – nicht einmal in der Liebe eine Gegenmacht zum verwalteten Tod. Sein Sterben auf der Schwelle des Elternhauses in den letzten Kriegstagen, in etwas stark aufgetragener Symbolik von der weißen Fahne der Kapitulation bedeckt, entspricht der Selbstaufgabe, aus der seine Passivität folgte. Aber auch Ilona stirbt unter den Schüssen des KZ-Kommandanten Filskeit. Selbst ihr im Unterschied zu Feinhals so ausgeprägter Lebenswille – »sie war nicht Nonne gewor-

[30] Bernhard ²1973, S. 61.

den, der Wunsch zu heiraten und Kinder zu haben war so stark in ihr, daß er auch nach einem Jahr nicht überwunden war« (S. 100) – bleibt dem Mörder gegenüber machtlos. Sie erkennt ihr eigenes Handeln als »sinnlos [...] vollkommen sinnlos« (S. 99). Aber sie stirbt handelnd, ihre Persönlichkeit bewahrend, und selbst ihr Mörder muß sich das und damit seine eigene Niederlage eingestehen: »[...] sein Leben [...] hatte sich, wenn er allein war, oft vor dem Spiegel abgespielt, in dem er vergebens Schönheit und Größe und rassische Vollendung suchte – hier war es: Schönheit und Größe und rassische Vollendung, verbunden mit etwas, das ihn vollkommen lähmte: Glauben« (S. 102).

Die Spannung, welche die in einem gewissen Widerspruch zueinander stehenden Leitsätze ankündigen, wird durch die Gestaltung der beiden Hauptpersonen aufrechterhalten und nicht nach einer Seite hin entschieden: Der Krieg, Krankheit oder Alibi – Krankheit und Alibi? Die Antwort bleibt dem Leser überlassen.

Liebe, Religion und Kunst

Dem »verwalteten Tod« des Krieges wie der verwalteten Welt der Gesellschaft steht der Versuch gegenüber, Gemeinschaft in individuellen Beziehungen, im Liebesverhältnis, zu realisieren. Im Konzept auch dieses Textes muß das freilich die nicht zu verwirklichende Alternative bleiben; denn, so erkennt auch Feinhals, zum »Leben konnte man keinen zwingen, auch nicht zur Liebe« (S. 70). Es bleiben ihm »Augenblicke, in denen er glaubte, daß es noch nicht entschieden sei« (S. 71), so wie auch Ilona »Angst vor der Liebe« hatte, weil »es sie nicht gibt – nur für Augenblicke« (S. 69). In diesen Momenten hat Liebe die für Böll charakteristischen Elemente: die plötzliche, unerklärbare epiphanische Erkenntnis – »[...] eher hätte sie es Überraschung nennen mögen« (S. 100f.) – sowie die unlösbare Verbindung von körperlicher und geistig-seelischer Beziehung: »[...] er liebte sie so sehr, so daß er mit ihr schlafen und auch mit ihr würde sprechen können« (S. 71).

Dabei sind beide Elemente so gleichrangig, daß Ilona nicht einmal den Vergewaltigungsversuch im Transportwagen als Entwürdigung empfindet: »[Es] hatte ihr Körper wohl in dem Mann, auf den sie fiel, diese tolle Begierde erweckt, die sie erschreckte, aber nicht kränkte – fast im Gegenteil, sie spürte etwas, wie wenn sie teil an ihm hätte, an diesem Unbekannten« (S. 100). Das ist einerseits konsequent, denn auch Feinhals hatte zunächst nur nach einer Gelegenheit gesucht, sie »plötzlich umarmen und küssen« zu können [31], auf der anderen Seite ist dies schon eine Zumutung für das Rollenverständnis der Frau, in deren »strenger Zärtlichkeit« (S. 60) der »Wunsch nach Zärtlichkeit« (S. 100) eingeschlossen ist, für die auch die sexuelle Beziehung in erster Linie eine Form der Kommunikation ist. Und so befremdlich das sein mag: Gerade in dieser Sicht wird das religiöse Moment solcher Liebesvorstellung evident. Ilona formuliert es: »Man muß beten, um Gott zu trösten« (S. 113). Auf dieses eigentümliche Gebetsverständnis ist mehrfach in der Literatur – auch von Theologen – eingegangen worden. Man hat auf Dietrich Bonhoeffers Gedicht ›Christen und Heiden‹ verwiesen[32] mit der Strophe:

»Menschen gehen zu Gott in Seiner Not, finden ihn arm, geschmäht, ohne Obdach und Brot, sehn ihn verschlungen von Sünde, Schwachheit und Tod. Christen stehen bei Gott in Seinem Leiden«.

Mitleid gegenüber dem Leid Gottes ist sicherlich ein Moment, das in Ilonas Formulierung mitschwingt, doch der »Trost Gottes« ist mehr als solch mitleidige Liebe: Es kommt das durchaus erotische Moment der Zärtlichkeit hier schon hinzu, das Böll im *Clown* hervorhebt mit seinem Hinweis auf die Frauen im Evangelium, »die Christus Zärtlichkeiten erwiesen« [33].

Ilona, die Jüdin, schmückt das Muttergottesbild, während der Katholik Feinhals nicht in die Kirche gehen kann, »weil die Ge-

[31] S. 62, so wie auch der Feldwebel Schneider das Mädchen Szarka plötzlich umarmt und küßt (S. 37 f.), und auch sie, die ihn zunächst mit der Peitsche abwehrt, duldet dies.
[32] Moling 1974, S. 67.
[33] *Clown*, S. 219.

sichter und die Predigten der meisten Priester unerträglich« (S. 113) für ihn sind, und der ebenso katholisch aufgewachsene Filskeit gar »Widerwille gegen die Liturgie« entwickelt.

Der liturgische Gesang Ilonas ist es dann auch, der Filskeit zum Mord treibt.

Ein weiteres Mal nach *Der Zug* wird Musik zum Gegenstand, und wieder ist es eine zentrale Passage. Aber während sie dort zur Verbindung von Andreas und Olina führt, kommt es hier zur Katastrophe, zum Mord an Ilona mit anschließendem Massenmord an den Juden des Lagers.

Schon die gegrölten Soldatenlieder – »Heidemarie«, »Ich bin ein armer Wildbretschütz«, vor allem das entsetzliche »Es zittern die morschen Knochen«[34] in *Der Zug* hatten gezeigt, daß Böll den falschen Optimismus des »Wo man singt, da laß dich ruhig nieder«, nicht teilte. Hier wird der Soldatengesang in gleichem Sinne noch verstärkt als Motiv eingesetzt, wenn die Fahrer des KZ-Transporters »mit inniger Anteilnahme« (S. 90) »Heidemarie« oder »Graue Kolonnen« singen, um das »Summen« im überladenen Möbelwagen zu übertönen. Anders aber als in *Der Zug* stehen sich hier das Gegröle und der humanisierende Kunstgenuß klassischer Musik nicht als eindeutiger Wertgegensatz mit entsprechender symbolischer Funktion gegenüber: Obersturmführer Filskeit war »leidenschaftlicher Liebhaber der Musik, jedoch »ohne jene Spur von Nüchternheit aufzubringen, die dem Professional nicht fehlen darf« (S. 93). In der Tat zeigt Böll hier, »bis zu welchem Grade die Tonkunst und ihre Fähigkeit, humanistisches Gedankengut, menschliches Empfinden auszudrücken, pervertiert werden kann«[35]; er zeigt aber noch mehr: Mit dem Extremfall Filskeit beginnt die Reihe negativ akzentuierter Kunstliebhaber im Werk Bölls, die sich über Gäseler (*Haus*), Bur-Malottke (*Murke*), Sommerwild (*Clown*), etc. bis zu den Bankiers in *Flußlandschaft* fortsetzen sollte. Und mit dieser Figur beginnt zu-

[34] Von diesem zitiert Böll nur die beiden Schlußzeilen: »Und heute (ge)hört uns Deutschland/ und morgen die ganze Welt«.

[35] Bernhard ^{2}1973, S. 64.

gleich Bölls Auseinandersetzung um Wesen, Funktion und Rolle der Kunst, die sich durch das gesamte literarische und essayistische Werk zieht. Auch unter diesem Gesichtspunkt kommt der Konfrontation Ilonas mit Filskeit besonderes Gewicht zu: »Hier an diesem Höhepunkt des Romans« stellt Böll »die Unterschiede im Verhältnis seiner Gestalten« extrem gegenüber. Er koppelt »nicht zufällig Ilonas Verhältnis zur Musik« mit dem Motiv des »Lächelns«[36]. Ilona lächelt »trotz der Angst, die langsam höher stieg« (S. 102). Und dieses Lächeln, das dem Lächeln »schmerzlicher Liebe« (S. 94) des Pfarrers gleicht, löst den Mordreflex bei Filskeit aus. Er begreift es als Verbindung von »Schönheit und Größe und rassische[r] Vollendung« – das sind die tragenden Elemente nationalsozialistischer Ästhetik, wie sie sich etwa in Arnold Brekers Monumentalplastiken realisierte. Verbunden sieht er sie in Ilona mit etwas, »das ihn vollkommen lähmte: Glauben« – verstanden im religiösen Sinne, der von Ilona im Gespräch mit Feinhals (»Glauben, Hoffnung und Liebe«, S. 113) unmißverständlich bestätigt wird. Religion steht gegen Rassismus, Liturgie, gegen die Filskeit »Widerwille« erfaßt (S. 94), steht in Opposition zu Befehlsstruktur. Auch Liturgie bedeutet Ordnung, doch es ist eine andere als die »Ordnung«, auf die Filskeit in seinem Lager »sah« (S. 93): »Aus der Küchenbaracke stieg jetzt dünner blauer Rauch auf, und aus dem Krematorium kam dicker schwarzer Qualm, der zum Glück südlich abzog; das Krematorium qualmte schon lange in dichten heftigen Schwaden. – Filskeit überblickte alles, nickte und ging in seinen Dienstraum, der neben der Küche lag. Er warf seine Mütze auf den Tisch und nickte befriedigt: alles war in Ordnung« (S. 93).

Diese »Ordnung« und auf der anderen Seite die von Ilonas Kinderchor, (»eine freie innere Freude war es, aus der heraus die Kinder sangen«, S. 100) oder der »Planmäßigkeit« ihres Lebens (S. 98), markieren die Grenzlinien des Spektrums, innerhalb derer Böll das Verhältnis von Freiheit und Ordnung der Kunst – und

[36] Bernhard ^{2}1973, S. 64.

einer menschlichen Gesellschaft – zu verorten sucht. Als »frei, geordnet und untröstlich« charakterisierte er 1966 die Kunst[37] in seiner berühmten *Dritten Wuppertaler Rede*. Diese scheinbare Paradoxie bestimmt auch den Kunstbegriff in seinem ersten Roman. Und er diskutiert ihn gleichsam auf mehreren Ebenen: Die Phantasien von Feinhals, der »ein mittelmäßiger Architekt geworden« ist und seine Einsicht, »Es kam nur darauf an, sich selbst nicht allzu ernst zu nehmen« (S. 137) sind ebenfalls Teil dieser Diskussion.

Wer erzählt? – Erzählperspektiven

»Die epische Qualität von *Wo warst du, Adam?* wird durch die Erzählweise unterstrichen. Wir finden durchgängig den Vergangenes wiedergebenden Erzähler«[38]. In der Tat ist das traditionelle erzählende Präteritum strikt durchgehalten – aber wer erzählt in diesem Gestus? Schon im ersten Kapitel wechselt die Erzählperspektive vom »sie« der im Karree aufgestellten Soldaten zum »er«, der Perspektive von Feinhals – personales Erzählen also, und die Pespektive bleibt danach keineswegs konstant (oder auch nur überwiegend) die der Mittelpunktsfigur. Sie wechselt im 2. Kapitel zu Bressen, im 3. abwechselnd zu Schmitz und Schneider, im 4. zu Greck, im 5. zu Feinhals; zu Finck im 6., zu den Fahrern und dann zu Filskeit im 7. Kapitel, um im 8. zunächst auf Frau Susan, dann wieder auf Feinhals überzugehen. Multiperspektivisch ist dieses Erzählen, eine Technik, die von Kritikern Bölls zum erstenmal im Blick auf *Belagerung* bemerkt (und beklagt) wurde, mit der er hier schon experimentiert. Es ist hier nicht durchgehaltenes Prinzip, wird immer wieder von Passagen auktorialen Erzählens abgelöst, vor allem am Beginn vieler Kapitel (am Anfang des 3., 5., 6. usw.). Doch auch hier wird das Erzählen im-

[37] *Die Freiheit der Kunst* (1966) in: SR-3, S. 227.
[38] Bernhard ^{2}1973, S. 47.

mer wieder durch Dialogpartien unterbrochen. Natürlich ist das *auch* ein stilistisches Mittel, um der Monotonie des Hemingwayschen »sagte sie … sagte er« zu entgehen; zugleich jedoch deutet sich damit die grundsätzliche Präferenz für die Unmittelbarkeit des Dialogs an, die auf die Tatsache verweist, daß Böll von Beginn an neben seinen erzählerischen Arbeiten Dramen schrieb[39]. Im Fall von *Adam* folgte dem Roman dann auch die dialogisierte Fassung des 8. Kapitels, das Hörspiel *Die Brücke von Berczaba.*

[39] Vgl. Brief an Ernst-Adolf Kunz v. 29. 10. 47: »In vier Wochen werde ich Dir meinen ersten dramatischen Versuch vorlegen …zunächst interessiert mich einmal zu erproben, wie ich mit den sprachlichen, technischen und bühnenhaften Momenten fertig werde«, in: Hoffnung, S. 41. Zwei Dramentexte aus den Jahren 1948 und 1949 sind im Nachlaß erhalten (vgl. Bellmann 1995, S. 20).

VII. Nicht nur zur Weihnachtszeit. Erzählungen

1. Publikationsformen

Diese um Chronologie bemühte Zusammenstellung von Erzählungen aus den Jahren 1950 bis 1953 (einige Texte sind jetzt freilich später zu datieren) existiert nur in der dtv-Ausgabe (11591) seit Oktober 1992, wobei Text und Aufbau der Gesamtausgabe von 1977 (2. Aufl. 1987) maßgeblich waren. Dieser Ausgabe gingen voraus die Bände dtv 339, *Als der Krieg ausbrach* (1. Aufl. 1965), der neben einigen der hier abgedruckten nicht-satirischen Erzählungen Texte enthielt, die seit 1992 in dem Band *Entfernung von der Truppe* (dtv 11593) zusammengefaßt sind und dtv 350, *Nicht nur zur Weihnachtszeit. Satiren* (1. Aufl. 1966), der ausschließlich satirische Erzählungen (bis einschließlich 1962) enthielt. Die hier zusammengefaßten Erzählungen sind einzeln und in unterschiedlichsten Zusammenstellungen immer wieder in Sammelbänden veröffentlicht worden.
Erstpublikationen:

Abenteuer eines Brotbeutels: Frankfurter Allgemeine Zeitung, 7. 3. 1953 (unter dem Titel *Der Brotbeutel des Gemeinen Stobski*)

Das Abenteuer: Frankfurter Hefte, März 1951. Für einen Nachdruck in der Frankfurter Allgemeinen Zeitung am 13. 9. 1953 (unter dem Titel *Die Beichte*) wurde der Text leicht gekürzt in der seither gültigen Fassung abgedruckt

Die schwarzen Schafe: Lesung auf der Tagung der »Gruppe 47« vom 4. bis 6. 5. 1951 in Bad Dürkheim. Rundfunklesung im Südwestfunk: 12. 6. 1951, Druck: Das literarische Deutschland, 20. 6. 1951

Der Zwerg und die Puppe: Mit offenen Augen. Ein Reisebuch deutscher Dichter, hg. v. Ernst Glaeser in Verbindung mit dem literarischen Studio ›Die Fundgrube‹, Stuttgart 1951

Mein Onkel Fred: Frankfurter Allgemeine Zeitung, 12. 4. 1952

Nicht nur zur Weihnachtszeit: Lesung auf der Tagung der »Gruppe 47« vom 31. 10. bis 2. 11. 1952 auf Burg Berlepsch. Druck: Frankfurt (Dezember) 1952, Sendung im NDR: 30. 12. 1952. Verfilmung: ZDF 30. 12. 1970 (Regie: Vojtech Jasny)

Krippenfeier: Frankfurter Hefte, Januar 1952

Der Engel: ›Die Literatur‹, 15. 5. 1952. Überarbeitetes Schlußkapitel von *Der Engel schwieg*

Der Lacher: Sonntagsblatt (Hamburg), 30. 1. 1955

Die Waage der Baleks: Rundfunksendung SDR, 17. 5. 1953 (unter dem Titel *Die Waage der Baleks von Bilgan*), Druck: Frankfurter Allgemeine Zeitung, 13. 6. 1953

Schicksal einer henkellosen Tasse: Sonntagsblatt (Hamburg), 24. 12. 1954 (unter dem Titel: *Weihnachtliche Gedanken einer henkellosen Tasse*)

Die unsterbliche Theodora: Rundfunksendung Rias Berlin, 30. 1. 1953 (unter dem Titel *Bodo Bengelmann*), Druck: Neue Zeitung (Frankfurt a. M.), 18. 3. 1953

Die Postkarte: Documents (Straßburg), 5. 5. 1952 (unter dem Titel *La carte postale*), Rundfunksendung NWDR Hamburg, 22. 7. 1952, deutscher Erstdruck: Frankfurter Hefte, 1. 1. 1953. Überarbeitete Episode aus *Der Engel schwieg*. Verfilmung: *Der Postbote*. NDR, 1. 9. 1964 (Regie: Rolf Hädrich)

Bekenntnis eines Hundefängers: Rundfunksendung NWDR Köln, 26. 3. 1953 (unter dem Titel *Der fiskalische Hundefänger*), Druck: Frankfurter Allgemeine Zeitung, 17. 4. 1953 (unter dem Titel: *Hundefreund im Dilemma*)

Erinnerungen eines jungen Königs: Rundfunksendung: Rias Berlin, 30. 1. 1953 (unter dem Titel: *Pig Gi II*), Druck: Süddeutsche Zeitung, 30./31. 5. 1953

Der Tod der Elsa Baskoleit: Süddeutsche Zeitung, 26. 3. 1953 (unter dem Titel: *Spitzentanz im Hinterhof*)

Ein Pfirsichbaum in seinem Garten stand: Die Neue Zeitung (Frankfurt a.M.), 27. 10. 1952 (unter dem Titel *Ich bin Ribbeckianer*)

Die blasse Anna: Frankfurter Allgemeine Zeitung, 3. 10. 1953
Im Lande der Rujuks: Neue Zeitung (Berlin), 25. 9. 1953
Hier ist Tibten: Welt der Arbeit, 3. 9. 1954

2. *Entstehung und Kontext*

Sämtliche Erzählungen sind zwischen September 1949 (*Die Postkarte*) und Ende 1954 (*Der Lacher*) entstanden, sie bilden gleichsam einen Querschnitt durch den Fortschreibungsprozeß von der Kriegs- und Heimkehrerthematik aus dem Umkreis des Romans *Der Engel*[1] bis in die Blütezeit der Satiren über die Wirtschaftswundergesellschaft der fünfziger Jahre.
Die der lange Zeit ungeklärten Datierung einzelner Texte geschuldete, zum Teil eher zufällige Zusammenstellung reflektiert dennoch insgesamt die thematische Orientierung und die formalen Präferenzen Bölls in diesen Jahren. Auffällig sind dabei neben dem thematischen Schwerpunkt das weitere Hervortreten humoristischer und satirischer Schreibweisen und die Wendung zum Literaturbetrieb und zur Sprache als Gegenstand.

3. *Wort- und Sacherklärungen*

7 *Bromberg*: polnische Stadt – *Tucheler Heide*: Gebiet in der ehemaligen Provinz Westpreußen, heute Polen
8 *tandem*: (lat.) endlich, noch
11 *Kalfaktor*: »Mädchen für alles«
15 *Muttergottes von Czenstochau*: Ikone, poln. Nationalheiligtum
42 *pyknisch*: von untersetzter Figur
43 *Gustav Freytag*: (1816 – 1895), dt. Schriftsteller

[1] Bei *Die Postkarte* und *Der Engel* handelt es sich um Episoden aus diesem Roman.

48 *existentialistisch*: eigentlich: der Philosophie des Existentialismus verbunden, als Modeerscheinung der ersten Nachkriegsjahre gab es aber auch »Existentialistenkeller«, -»frisuren«, -»tänze«, etc.

54 *Mariä Lichtmeß*: Kath. Kirchenfest am 2. Februar, das an die in Luk. 2,22–38 berichteten Ereignisse erinnert (Marias Tempelbesuch, Begegnung mit Simeon und Hanna)

55 *Luminal*: Beruhigungsmittel – *Exorzismus*: Teufelsaustreibung – *Czardasfürstinnen*: ›Die Czardasfürstin‹, Operette von E. Kalman (1882 – 1953)

57 *Traumata*: Mehrz. v. »Trauma« = Schock

60 *Sakrilegien*: Mehrz. v. »Sakrileg« = Gotteslästerung

69 *Bonvivant*: Lebenskünstler

77 *Gloria in excelsis Deo*: (lat). Ehre sei Gott in der Höhe

86 *Claqueur*: Jemand, der auf Bestellung Beifall klatscht

90 *Tarock*: österr. Kartenspiel – *Bezirkshauptmann*: österr. Landesministerpräsident

94 *Deka*: österr. Maßeinheit (= 10 Gramm)

101 *Winckelmann*: Johann Joachim W. (1717 – 1768), dt. Archäologe

113 *Korridor*: der »polnische Korridor«, nach dem Ersten Weltkrieg geschaffene Verbindung Polens zur Ostsee, trennte Ostpreußen vom übrigen Deutschen Reich

121 *Du sollst dem Ochsen...*: 5. Mos. 25,4

134 *Herr von Ribbeck...*: Ballade Theodor Fontanes (1819 – 1898)

138 *Kalinowka*: ukrainische Stadt südwestlich von Kiew

145 *Rita Hayworth*: amerik. Filmschauspielerin (1918 – 1987)

147 *Zarah Leander*: schwed., im Deutschland der dreißiger und vierziger Jahre populäre Schauspielerin (1907 – 1981)

150 *Werther*: Titelfigur von Goethes Roman ›Die Leiden des jungen Werthers‹ (1774/1787)

Der thematische Schwerpunkt

In drei Texten steht Weihnachten im Mittelpunkt. Als religiöses Fest des Heilsversprechens durch Christi Geburt und als *das* Familienfest zumindest in der deutschen Tradition bot sich Böll Weihnachten als Ereignis geradezu an, um Anspruch und Wirklichkeit der Verhältnisse wie in einem Brennglas fokussiert zu untersuchen.

Der früheste dieser Texte, *Krippenfeier*, zieht die ganze Problematik des Weihnachtsfestes aus der Sicht Bölls in einen Satz: »Aber auch die Kirche war schon wieder aufgebaut« (S. 79). Er bildet den Schlußpunkt einer ganzen Kette weihnachtlicher Enttäuschungen des Protagonisten Benz: Der Weihnachtsbaum »tropfte vor Nässe«, Kerzen hingen schief, die Weihnachtsbotschaft stand auf »Spruchbändern« über »starren Engellocken«, Beethovens Neunte wurde »durch den Lautsprecher gequetscht«. Dagegen scheint hinter den Vorhängen eines Stundenhotels[2] die Musik als geradezu »sanft«. Benz sucht gegen Lärm und kommerzialisierten Festbetrieb nach einer Kirche, die »irgendwo in der Nähe [...] gewesen« war, »vielleicht stand sie noch da«. Das »Aber« des folgenden Satzes scheint syntaktisch unberechtigt, ja unlogisch; doch die Aussage »auch die Kirche war schon wieder aufgebaut« referiert nicht auf Wiederherstellung des gesuchten Objekts, sondern auf die »Wiederaufbau-Mentalität« der fünfziger Jahre. Das Wiederhergestellte ist denn auch nicht das Erhoffte: Die Kirche ist geschlossen und Benz erkennt durchs Schlüsselloch die gleichen elektrischen Kerzensurrogate wie auf dem Bahnhof und in den Geschäften, und diese »verdunkelten das Ewige Licht«. Auch nach seiner Rückkehr zum Bahnhof begegnet er nur Attributen eines verfälschten Weihnachtsfestes: Unter dem Schild »Frohes

[2] Es wird nicht so bezeichnet, aber die »rötliche« Beleuchtung und die »schweren Vorhänge« machen den Sachverhalt klar.

Fest« wartet ein »gähnender Kellner« und die Krippendarstellung in einem Glaskasten war für »256,- DM – auch einzeln käuflich« zu erwerben. Sakrales und Kommerz sind gleichermaßen bloßer Schein. Erst die Leere des endenden Abends und die Dunkelheit nach dem Verlöschen der Reklame läßt eine Illusion von Weihnacht entstehen: »der Tannenbaum sah im Dunkeln fast schön aus [...] und es fiel etwas wie Frieden über den Bahnhof« (S. 80).

Schicksal einer henkellosen Tasse gestaltet einen vergleichbaren Gegensatz: »Weiß Julius denn nicht mehr, daß eine henkellose Tasse wichtiger und wertvoller sein kann als eine nagelneue Eisenbahn?« (S. 103). Das kommerzielle Element wird hier noch zugespitzt – etwa durch den Konflikt der Tasse mit der »Hurz« –, die Schärfe aber auch wieder vermindert durch den Kunstgriff einer humoristischen »Gegenstandsgeschichte«[3] und die hoffnungsvolle Schlußwendung: »Es sieht so aus, als habe er etwas begriffen« (S. 105). Das Motiv gestörter Weihnacht als Abbild zerstörter Gemeinschaft bleibt aber erhalten.

Mit der Titelgeschichte *Nicht nur zur Weihnachtszeit* verkehrt Böll den Gegenstand vollends ins Gegenteil der üblichen Erwartung. Diese ›verkehrte Welt‹ immerwährender Weihnacht, die keine Störung zuläßt, steigert die widerständlichen Schreibweisen des jungen Böll zur aggressiven der Satire – mehr noch: Es entsteht auf Anhieb »ein satirisches Glanzstück«[4], mit dem man vor dem Hintergrund der deutschen Satiregeschichte freilich entschiedene Schwierigkeiten gehabt hat. Fehlgeleitet durch Schillers Definition, wonach in »der Satire [...] die Wirklichkeit als Mangel dem Ideal als der höchsten Realität gegenübergestellt« wird[5], griff die Suche nach dem Ideal hier ins Leere: Tante Milla als personale und symbolische Verdichtung der attackierten »Mängel« ist zwar in eben dieser Funktion unmittelbar einleuchtend. Die möglichen Gegenfiguren jedoch – von der neurotischen Kusine über den boxenden Vetter Franz bis hin zur scheinbar neutral beobachtenden

[3] Durzak [2]1983, S. 132.
[4] Friedrichsmeyer 1981, S. 83.
[5] ›Über naive und sentimentalische Dichtung‹.

Erzählerfigur – sind allesamt ebenfalls Teil des in Tante Milla kritisierten gesellschaftlichen Syndroms: Das in Deutschland so dringlich erfragte »Positive«[6] will sich dem Leser nicht erschließen, und der Vorwurf, Böll gäbe »nur Steine statt Brot«[7], ist ein Reflex der solcherart enttäuschten deutschen Suche. Ein Amerikaner war es dann auch[8], der nachweisen konnte, wie sehr Böll mit seinen Satiren in der englischen Tradition steht, und er hat daher mit Gewinn die Satiretheorie Northrop Fryes auf diesen wie die anderen satirischen Texte Bölls bezogen. Dessen so ganz unidealistischer und von Schiller weit entfernter Satz, wonach das Kennzeichen der Satire das Empfinden sei, »daß Heldentum und Tatkraft nicht vorhanden [...] sind, und daß vielmehr Verwirrung und Anarchie in der Welt vorherrschen«[9], ist Teil eines übergreifenden Schemas der literarischen Gattungen, die Frye auf vier Mythen zurückführt, wobei die Satire an den »Wintermythos« gebunden ist, der sie auf einen »archetypischen Plot« des scheiternden Helden und des »realisierten Schreckbildes« festlegt, wie es etwa in dem von Böll gern zitierten letzten Buch von Swifts ›Gullivers Reisen‹, »Reise in das Land der Houyhnhnms« gestaltet ist. *Nicht nur zur Weihnachtszeit* entspricht diesem Satirebegriff, obwohl Böll kaum Frye gelesen haben dürfte – wohl aber die Meisterwerke angelsächsischer Satire, aus denen Frye sein Konzept gewonnen hat. Auch Bölls Geschichte gestaltet ein in sich ausweglos Schreckbild, bezieht sich sogar auf die Fryeschen Mythen mit dem Gegensatz von winterlichem Sujet – Weihnacht – und den natürlich weitergehenden Jahreszeiten. Sogar noch in dem fast versteckten Familiennamen »Lenz«[10] ist dieser Gegensatz enthalten.

[6] Von Erich Kästner in seinem Gedicht ›Und wo bleibt das Positive, Herr Kästner?‹ ein für allemal und dennoch vergeblich beantwortet (»Ja, weiß der Teufel, wo das bleibt«).

[7] Der Leiter der kirchlichen Rundfunkzentrale, v. Meyenn, kritisierte in einem ›Offenen Brief‹, daß die Geschichte »jedes wirklich helfenden Hinweises entbehrte« – vgl. SR-1, S. 323 und S. 324.

[8] Der in Cincinnati lehrende Germanist Erhard Friedrichsmeyer.

[9] Friedrichsmeyer 1981, S. 21.

[10] Nur an einer Stelle wird dieser zweimal genannt: »Letzter Kampf unseres Altmeisters Lenz gegen Lecoq. Lenz hängt die Boxhandschuhe an den Nagel« (S. 72).

Mit dem ehemals boxenden – also kämpfenden – Vetter Franz, der als Laienbruder ins Kloster flüchtet, sind am Ende auch alle anderen möglichen Antagonisten des Schreckensregiments von Tante Milla geschlagen: Karl und Luci emigriert, Onkel Franz »lebensmüde« (S. 75). Nicht einmal das ›Gegenschreckbild‹ jener Jahre, der Kommunismus, kommt gegen das Weinachtsregiment an: Johannes ist zwar »fanatisch« geworden, schreibt »wütende Artikel« (S. 72), am Ende ist aber auch er »aus unserer Stadt weggezogen« (S. 74). Als »mit dem Leben bestraft«, wie Vetter Franz es am Schluß ausdrückt, erscheinen sie alle. Aber wer hier straft, ist nicht »das Leben«, sondern die leblos versteinerte Restauration, gegen die sich die Familienmitglieder nicht gewehrt haben. Die ›Kräfteverhältnisse‹ am Schluß sind eindeutig: »Die einzig Zuverlässigen sind meine Tante und der Prälat. Sie plaudern miteinander über die gute alte Zeit [...]. Jedenfalls: Die Feier wird fortgesetzt« (S. 75).

Die Technik der Satire

Natürlich beruht die Wirkung des blendenden satirischen Einfalls einer ewigen Weihnacht auf der satiretypischen Übertreibungstechnik. Sie wird in diesem Text jedoch auf eine weit subtilere Weise eingesetzt als hierzulande üblich. Auch Böll verwendet häufig das gewohnte Verfahren der ›Verzerrung bis zur Kenntlichkeit‹. Ansätze dazu finden sich bereits in *Die schwarzen Schafe*, und *Die Suche nach dem Leser*[11], und später zeigt er sich – etwa in *Der Wegwerfer* und *Es wird etwas geschehen*[12] – als Virtuose dieses Verfahrens. Hier verfährt er anders: Scheinbar wird das gesellschaftliche Erstarrungs- und Verdrängungssyndrom der ersten Wirtschaftswunderjahre in der skurrilen Familiengeschichte verniedlicht, und die Beschwichtigungssprache des Erzählers – »eine reizende und liebens-

[11] S. *Gäste*, S. 25ff.
[12] In: *Gäste*.

würdige Frau« (S. 51), »ein herzensguter Mensch« (S. 52) – trägt ebenso scheinbar dazu bei. Bei der Sendung durch den NWDR glaubte sich deshalb wohl die Redaktion zu dem Hinweis verpflichtet, daß diese Geschichte »den Falschmünzcharakter einer restaurativen Epoche« anprangern wolle[13]. Das Fehlen einer Identifikationsfigur als Gegenkraft, mehr noch: Die falsche Fährte, die durch die Figur des Erzählers als vorgespiegeltes Identifikationsangebot gelegt wird, ist jedoch das auch ohne diesen Hinweis wirkungsvollste Moment: Die Entschuldigungsformeln des Erzählers sind da vor allem zu nennen – z.B.: »[...] auf die Gefahr hin, mich sehr unbeliebt zu machen, muß ich hier kurz erwähnen, daß die Zahl der Luftangriffe auf unsere Stadt tatsächlich erheblich war, von ihrer Heftigkeit ganz zu schweigen. Jedenfalls wurde der Weihnachtsbaum meiner Tante ein Opfer – von anderen Opfern zu sprechen verbietet mir der rote Faden – der modernen Kriegsführung, fremdländische Ballistiker löschten seine Existenz vorübergehend aus« (S. 51). Das ist eben nicht, wie die Rundfunkredaktion versicherte, »zum Brüllen gut geschrieben«[14], sondern ein etwaiges Brüllen bleibt dem Hörer/Leser in dem Augenblick im Halse stecken, wo ihm bewußt wird, daß hier Unsägliches nicht nur im Gestus ›normaler‹ Konversation vorgetragen wird, sondern daß solche Unsäglichkeiten tatsächlich die Normalität dieser Jahre auszeichnete. »Gut geschrieben« ist dieser Text freilich allemal. Es war wiederum ein angelsächsischer Literaturwissenschaftler, der darauf hinwies, wie sehr gerade diese Schreibweise geeignet ist, die Verteidigungsmechanismen einer Gesellschaft zu umgehen, der gegenüber grobe Übertreibung verlorene Liebesmüh wäre: »The impact on the reader stems from the realisation that the distance between satire und existing circumstance is minimal, the real and fictional world are shockingly similar«[15]. Böll war in den fünfziger Jahren

13 SR-1, S. 322.
14 SR-1, S. 322.
15 John Klapper, in: Butler 1994, S. 72 (»Der Eindruck auf den Leser wird von dessen Einsicht hervorgerufen, daß die Distanz zwischen Satire und tatsächlichen Verhältnissen minimal ist, wirkliche und fiktionale Welt sind erschreckend ähnlich«).

noch nicht zu dieser Einsicht gelangt, die er Anfang der sechziger erst theoretisch zu reflektieren begann; intuitiv hat er aber seine beiden besten Satiren – *Weihnachtszeit* und *Dr. Murke* – unter dieser Prämisse geschrieben.

Mit den Kurzgeschichten *Die schwarzen Schafe*, *Der Lacher*, *Die unsterbliche Theodora*, *Bekenntnisse eines Hundefängers*, *Erinnerungen eines jungen Königs*, *Im Lande der Rujuks*, *Hier ist Tibten* ist ein Teil jener Texte in diesem Band enthalten, die man gemeinhin »Berufssatiren« nennt[16]. Da Böll 1954 vier Hörspiele nach Erzählungen G. K. Chestertons unter dem Reihentitel *Klub seltsamer Berufe*[17] veröffentlichte, lag die verbreitete Einschätzung nahe, er habe nach diesem Muster »Bloßstellungen bestimmter Tätigkeiten und ihrer gesellschaftlichen Hintergründe«[18] betreiben wollen. Statt dessen führt er »nicht etwa ein Spektrum sozialer Schichten in den verschiedenen Berufen auf, sondern er bemüht sich immer wieder um ein und dieselbe Kategorie, den Beruf des Satirikers, den er in chiffrierter Prägung anhand einer Reihe außergewöhnlicher Formen des Broterwerbs beleuchtet. Böll schreibt jetzt pro domo«[19].

Die Seltsamkeit der Berufe wenigstens ist Chesterton geschuldet; das eigentliche Thema jedoch ist das eigene Tun. Leuchtet das mit der Figur des Schriftstellers Bodo Bengelmann (*Die unsterbliche Theodora*) oder dem *Lacher* unmittelbar ein, so wird das auch bei den übrigen Texten evident, wenn man sich auf die Spezifik der Böllschen Satire besinnt: Dem Leser wird das Exempel der Norm vorenthalten, von der aus er die Wirklichkeit kritisiert, und so ist der Satiriker im Text auch nicht der ›Held‹, sondern Teil, wenn nicht gar Protagonist, der korrumpierten Welt: Als professioneller Lacher, als Spezialist einer nicht mehr vorhandenen Sprache, als Hundefänger oder gar als »junger König«. Daß sich Bölls erster – auch im eigentlichen Sinn ›zählbarer‹ – Erfolg mit

[16] Sowinski 1993, S. 43.
[17] S. *Ein Tag*, S. 86 ff.
[18] Sowinski 1993, S. 43.
[19] Friedrichsmeyer 1981, S. 84.

Die schwarzen Schafe einstellte, die ihm den Preis der »Gruppe 47« einbrachten, hat für ihn das Dilemma vor Augen gestellt, das er in seinen Berufssatiren gestaltet: Als Satiriker die Rolle des unterhaltenden Hofnarren, des von der Gesellschaft bezahlten Gesellschaftskritikers, neu zu beleben. In den *schwarzen Schafen* fängt der so überdeutlich konstruierte Kunstgriff des zweimaligen Lotteriegewinns diese Problematik noch ab; in den späteren Berufssatiren stellt die groteske Übertreibung gerade des ›Narren‹ diesen und mit ihm die Gesellschaft in Frage.

Ein Sonderfall: *Die Waage der Baleks*

Unter den nicht-satirischen Erzählungen dieses Bandes kommt dieser einzigen historisch-sozialkritischen Erzählung Bölls besondere Bedeutung zu. Sie ist »die bekannteste und am häufigsten interpretierte Kurzgeschichte Bölls«[20], nicht zuletzt deswegen, weil der »arme H.B. […] unter die Literaturpädagogen gefallen ist«[21]: Denn in den Handreichungen für den Schulunterricht ist sie häufig genug gerade in ihrer gesellschaftskritischen Aussage verharmlost worden[22]. Ob man ihr allerdings gerechter wird, wenn man sie »nicht primär formal literaturkundlich«, sondern als »Aufklärung über den Charakter von Lohnarbeit im Kapitalismus«[23] liest, steht freilich ebenfalls dahin: Auch hier ist nämlich die Gesinnung »gratis«, heißt es, »sich der Form anzubequemen«. Der erzählerische Gestus der Kalendergeschichte, der Märchenton eines Berichts aus weit zurückliegender Zeit und die mythisch-symbolische Darstellungsweise wollen durchaus berücksichtigt werden – nicht als Gegensatz zu einem sozialkritischen Gehalt, sondern als Teil, wenn nicht gar als Bedingung desselben.

[20] Sowinski 1993, S. 42.
[21] Vogt ^{2}1980, S.129ff.
[22] Kreter ^{2}1975, S. 59: »Abwegig wäre es, da dem Gehalt der Dichtung nicht gemäß, auf soziale Probleme einzugehen« .
[23] Vogt ^{2}1980, S. 139 u. 140.

Den Hunger nach Gerechtigkeit in dieser Erzählung dürfe man »nicht als metaphysisches Bedürfnis« verstehen, sondern als »Forderung der unterdrückten Klasse nach Aufhebung der gesetzlichen Ungerechtigkeit« – völlig richtig, und diese Forderung gewinnt durch ihr Scheitern in der Geschichte ihren nachdrücklichen Aufforderungscharakter. Die Geschichte jedoch, auf die Böll zurückgeht, hat keine »pseudofeudalistische Färbung«[24], sondern sie ist der Versuch, die Frage zu beantworten, wie die Welt so geworden ist, wie sie ist. Und dafür sind die Verhältnisse in einer entlegenen Provinz der K.u.K.-Monarchie um 1900 nur eine Zwischenstation – und als solche gekennzeichnet: »Seit fünf Generationen« (S. 88) arbeiteten die Menschen in den Flachsbrechen, und schon »die Großeltern [des] Großvaters« hatten vor der altertümlichen Waage gestanden. Und es geht noch weiter zurück: Die Baleks werden geadelt, zu »Balek von Bilgan, [...] weil der Sage nach Bilgan, der Riese, dort ein großes Schloß gehabt haben soll, wo die Gebäude der Baleks stehen« (S. 91). Bilgan hatte »den Hort der Balderer bewacht«, und zu Recht erhalten die Baleks diesen Adelsnamen: Es geht ums Geld in dieser Geschichte, in seiner konkreten wie in seiner mythischen Qualität. Die Menschen sind arm, rechnen mit Pfennigen und die Schuld der Baleks definiert der junge Protagonist der Geschichte durch die ursprüngliche, von der Gegenwartssprache noch in dem kaufmännischen Terminus »Soll«[25] aufbewahrten Bedeutung: »Baleks schulden mir achtzehn Mark und zweiunddreißig Pfennig« (S. 94). Natürlich geht es zugleich um Recht und Macht, um den Mißbrauch des Rechts durch die Macht; denn die Baleks schützen durch das gesetzliche Waagenverbot ihren Betrug an den Bauern. Doch dies ist nicht, wie immer wieder behauptet[26], das Zentrum der Geschichte: Schließlich gibt es auch im Dorf Menschen, »die das Gesetz mißachteten, Wilderer, die begehrten, in einer Nacht mehr zu verdienen, als sie in einem ganzen Monat

[24] Vogt ^{2}1980, S. 145.

[25] Schuld, althochdeutsch »scult« = Verpflichtung zu einer Leistung, Zahlung, also Geldschuld, von der germ. Wurzel *skal = sollen.

in der Flachsfabrik verdienen konnten« (S. 90). Gegen Gesetzesmißbrauch steht der Gesetzbruch. An der Waage der Baleks vergeht sich jedoch keiner, und die vom Großvater des Erzählers angezettelte Revolte führt zu nichts. Natürlich ist die Waage ein »Dingsymbol«[27] – aber was symbolisiert es? »Gerechtigkeit« und »*soziales Gleichgewicht*«[28]? »Gerechtigkeit der Erden, o Herr hat Dich getötet«, singen die Bauern im Protest, nachdem der Anspruch, Gerechtigkeit zu üben, als Betrug entlarvt ist. Aber es will nicht recht einleuchten, warum sie sich über die falsche Waage so erregen: »Die Ungerechtigkeit ist größer als jene zehn Prozent ausmachen, die die Waage falsch wiegt: Beim Ankauf von ›Heublumen‹ und Pilzen erzielen die Baleks eine Gewinnspanne von mehreren hundert Prozent«[29].

Tatsächlich scheint Kritik hier nur einen Auswuchs und nicht das Wesen des Kapitalismus zu treffen, und das obwohl der Erzähler das Prinzip der Gewinnmaximierung ebenso exakt beschreibt, wie es die Wilderer verstanden haben und praktizieren.

Ein hartnäckig wiederholter Rechenfehler und die Sprachwahl Bölls könnten helfen, den Ort der »dünnen Linie der Gerechtigkeit« genauer zu bestimmen: »Fünfeinhalb Deka, genau« (S. 94) fehlen am »Halbkilostein«, 55 Gramm auf 500, das sind elf Prozent, nicht zehn. »So viel, fünfeinhalb Deka fehlen auf ein halbes Kilo Ihrer Gerechtigkeit« (S. 95) weiß Franz Brücher genau und beherrscht doch scheinbar die Bruchrechnung ebensowenig wie die Männer des Dorfes, die »ein Zehntel von allem, was gekauft worden« (S. 95) ausrechnen, um die Schuld(en) der Baleks zu berechnen. Es ist ein falsches Zehntel, nicht weil Böll nicht rechnen konnte, sondern die falsche Zahl verweist nur auf den falschen Anspruch: Der biblische »Zehnte« ist der Anteil Gottes in Gestalt der Kirche. In den Baleks maßt sich das Geld göttliche Rechte an. Unter dem Eindruck der Währungsreform hatte Böll einen kur-

[26] Z.B. Vogt ^{2}1980, S. 143ff.
[27] Geerth 1969, S. 30 f.
[28] Thiemermann ^{12}1980, S. 99.
[29] Helmers ^{2}1972, S. 112.

zen Text verfaßt, der erst 1992 vom ›Spiegel‹ aus dem Nachlaß veröffentlicht wurde. Er gibt eine Lesehilfe auch für *Die Waage der Baleks*: »Die Nibelungen haben ihren Hort auf den Markt geworfen. Sie sind brave, untadelige Kaufleute, ausgezeichnete Fabrikanten, sie sind witzig und aalglatt und freuen sich der Kauflust der Bevölkerung, die ihr ›Kopfgeld‹ (wer dächte dabei nicht an Kopfjäger!) in brauchbare Dinge umsetzt. Das brave, biedere, starke und unbesiegbare Geschlecht der Nibelungen lebt noch, aber sie haben ihren Hort auf den Markt geworfen. Es sind tüchtige, brave, unbesiegbare deutsche Kaufleute geworden.[...] Die Spielregeln bleiben immer dieselben, und deshalb haben die Nibelungen nun ihren blutigen Hort geöffnet«[30].

Hier ist der Hort auf den Mythos bezogen, aus dem er stammt. In *Die Waage der Baleks* sind es »die Balderer«, deren Hort von einem Riesen statt der zwerghaften Nibelungen bewacht wird – Verfremdungen mit einer ironischen Spitze; denn Balder (Baldur) ist in der germanischen Mythologie gerade der Gott der Güte. Und so sind es Balderer wie Christen, die durch ihr Verhalten den eigenen Gott der Güte dementieren.

Im Hort, dem »mythischen Geld«, wird das Kapital, das »abstrakte Geld«, dem konkreten Geld gegenübergestellt. Karl Brüchers Forderung ist dafür kennzeichnend: »Weil Sie mir noch so viel Geld schulden, wie fünf Kilo Kaffee kosten« (S. 95).

Die Baleks scheinen in marxistischer Lesart »den Kapitalismus, den sie vertreten, nicht begriffen zu haben, und sie sollten von Rechts wegen nach diesem Fehltritt mit der Waage aus dem Industriellenverband ausgeschlossen werden«[31]. Es fragt sich, ob eine solche Lektüre das eigentliche Potential des literarischen Textes nicht verfehlt, und ob nicht der Text gerade in seinen religiösen und mythischen Momenten »subversive Potentiale«[32] bereitstellt, die einem antikapitalistischen Pamphlet ebensowenig zur Verfü-

[30] Der Spiegel, 3. 8. 1992.
[31] Cases ^{7}1980, S. 175.
[32] Vogt ^{2}1980, S. 145.

gung stehen wie »autonomen Artikulationsformen proletarischer Öffentlichkeit«[33].

Daß auch hier das mythische Moment gerade nicht »Überzeitlichkeit« und raunende Wirklichkeitsferne herstellt, dürfte der im ›Spiegel‹ publizierte Nibelungentext engültig klargemacht haben.

[33] Vogt ^{2}1980, S. 145.

VIII. Und sagte kein einziges Wort. Roman

1. Publikationsformen

Buchausgabe: Köln 1953 (Ende März)
dtv (1518): 1. Auflage 1980
Hörspielversion des Schlußkapitels: *Ich begegne meiner Frau.* NWDR Hamburg, 8. 4. 1953, unter dem Titel *Ein Tag wie sonst*, Hessischer Rundfunk 20. 4. 1953. Weitere Sendungen: 28. 5. 1961, Süddeutscher Rundfunk, Wiederholung am 5.8. 1962. Erstdruck (gekürzt): Rundfunk und Fernsehen, hg. v. Hans Bredow-Institut, Hamburg, H. 3, 1953, S. 95 – 111.

2. Entstehung und Kontext

Anders als im Fall von *Adam*, dessen achtes Kapitel Böll zu einem Hörspiel umarbeitete, steht eine Hörspielversion am Beginn der Arbeit zu seinem zweiten veröffentlichten Roman. Die vorher nicht völlig geklärte Chronologie steht nach Auswertung des Nachlasses fest: »Tatsächlich hat Böll dem Hessischen Rundfunk schon Anfang August 1952 das Hörspiel-Exposé mit dem Arbeitstitel *Unverhofftes Rendezvous* eingereicht und die erste ausgeführte Fassung im September abgeschlossen, zu einem Zeitpunkt, als er mit der Niederschrift des Romans erst beginnt. Die Hörspielfabel wird zur Leitidee für die Strukturierung […] in mehrfacher Hinsicht heterogener Materialien, die zuvor, unabhängig von diesem Romanprojekt, entstanden sind und auf die Böll nun zurückgreift«[1].

Mit *Wort* wechselte Böll 1952 vom Middelhauve Verlag zu Kie-

[1] Bellmann 1995, S. 29.

penheuer und Witsch. Es begann damit sein buchhändlerischer Erfolg: Der ersten Auflage mit 3000 Exemplaren folgt im Juli eine zweite mit 6000, im Oktober die dritte mit 3000 und im November die vierte mit 5000 Exemplaren[2].

3. Wort- und Sacherklärungen

5 *Tuckhoffplatz*: sämtliche topographischen Namen (Straßen, Kirchen, Ortsteile) im Roman sind fiktiv – teils, wie dieser, verfremdet (aus Appellhofplatz), teils erfunden, Übereinstimmungen mit Straßennamen, die es in Köln tatsächlich gibt (Mozartstraße), sind zufällig

15 *dunkelgrüne Scheine*: 20-DM-Schein von 1948 – *blaue, bedruckt mit den Köpfen*: 50-DM-Schein von 1948 – *vollbusige Frauen*: 20-DM-Schein – *ein Mann, der ein Rad*: 10-DM-Schein

20 *Renoir*: Auguste R. (1841 – 1919), frz. Maler

41 *Stechschritt*: Paradeschritt der Preußischen Armeen und der Deutschen Wehrmacht – die englische Bezeichnung »goosestep« (Gänseschritt) beschreibt den Bewegungsablauf

42 *Weltpriester:* Laienpriester (Pfarrer, Kaplane), die keinem Orden angehören

48 *Odessa*: Stadt an der ukrainischen Schwarzmeerküste – *Sebastopol*: Stadt auf der Krim

51 *Papilloten*: Lockenwickler

54 *Mona Lisa*: Gemälde von Leonardo da Vinci (1452 – 1519)

75 *Nana*: Bildnis der Nymphe Nana, Tochter des Königs bzw. Flusses Sangarius

88 *Nofretete*: Büste der ägyptischen Pharaonin – *Isenheimer Altar*: von Matthias Grünewald zw. 1512 u. 1516 für das Antoniterkloster in Isenheim geschaffener Altar – *Van Goghs Sonnenblumen*: Gemälde des niederl. Malers (1853 – 1890) –

[2] Angaben in Hoffnung, S. 545.

Beuroner Madonna: Kunstwerk der 1868 von Desiderius Lenz gegründeten Kunstschule im Kloster Beuron
92 *Dante*: D. Alighieri (1265 – 1321), ital. Dichter
97 *Diözesan*: Angehöriger einer Diözese (Amtsgebiet eines Bischofs)
99 *Rilke:* Rainer Maria R. (1875 – 1926), dt. Schriftsteller
122 *Prälat*: Ehrentitel der röm. Kurie; geistliches Mitglied landeskirchlicher Verwaltungsorgane – *SE:* Seine Eminenz (der Kardinal)
123 *Hieronymus-Prozession:* wird am 30. September von der kath. Kirche zugunsten des heiligen Kirchenvaters abgehalten

4. Aspekte des Textes

Inhaltsabriß

Fred Bogner hat das Einzimmerquartier, in der seine Frau mit drei Kindern haust, verlassen, weil er Lärm und Enge nicht mehr ertragen konnte und Aussicht auf Besserung nicht bestand: Die bigotte Hauptmieterin, Frau Franke, widmet sich offiziellen Fürsorgeinstitutionen, nicht jedoch der konkreten Nächstenliebe. Freds Weggehen ist zugleich der Versuch, dem »tödlichen Kreislauf« eines in Routine erstarrten Lebens zu entgehen. Das Geld, das er als Telefonist in der kirchlichen Verwaltung verdient, liefert er bei seiner Frau ab; von geliehenen Beträgen bezahlt er die Fluchten ins Vergessen durch Trinken und das Spiel an Automaten sowie das gelegentliche Zusammensein mit seiner Frau Käte in billigen Hotels. Der unverhoffte Anblick Kätes läßt ihn diese zunächst als fremd erleben und ermöglicht ihm die Rückkehr nach Hause.

Die Hörspielfabel von *Ein Tag wie sonst* ist nicht nur »Leitidee« des Romans (Bellmann), das Hörspiel strukturierte auch die Form, was in diesem Fall um so näher lag, als schon das Hörspiel erzählerische Elemente aufweist: »Ich will dich sehen, dir was erzählen ... ich muß mit dir sprechen«[3], sagt Herr Schneider am Schluß, und die zahlreichen Monologe sind Erzählpassagen, die sich mit nur unwesentlichen Veränderungen im Text des Romans wiederfinden[4].

Andererseits ist das hörspielspezifische dialogische Prinzip des Sprecherwechsels auch eine der augenfälligen Bauformen des Romans: Hier arrangiert kein Erzähler innere Monologe[5], sondern hier wird konsequent und gleichgewichtig[6] ein Weltausschnitt aus zweifacher Sicht gegeben.

Ein weiteres Strukturierungsmoment kommt ebenfalls aus dem Hörspiel: Die Gestaltung der Zeit nicht durch die Semantik einer adverbialen Bestimmung, sondern durch sprachliche Ryhthmik:

»*(In das Folgende zwischen jede Zeile ein Geräusch einblenden, das den Ablauf der Zeit markiert – die Worte: ›eine Wochenkarte‹ immer schneller werdend)*
VERKÄUFERIN: Bitte, Sie wünschen?
HERR SCHNEIDER : Eine Wochenkarte.
VERKÄUFERIN: Sie wünschen – bitte?
HERR SCHNEIDER : Eine Wochenkarte.
VERKÄUFERIN: Herr Schneider?
HERR SCHNEIDER : Eine Wochenkarte.
VERKÄUFERIN: Und Ihnen, Herr Schneider?
HERR SCHNEIDER : Eine Wochenkarte.

[3] *Ein Tag*, S. 59.

[4] Der Eingangsmonolog (S. 40f.) als Beginn des 4. Kapitels; der Bericht der Begegnung Schneiders mit seiner Frau (S. 54f.) im 13. Kapitel etc.

[5] So sieht das Sowinski 1993, S. 56.

[6] Ursprünglich galt das sogar quantitativ, denn in einem früheren Stadium des Manuskripts hatte der Roman 14 Kapitel, also auch 7 aus der Sicht Kätes.

VERKÄUFERIN: Was darf ich Ihnen geben?

HERR SCHNEIDER: Eine Wochenkarte. – eine Wochenkarte – eine Wochenkarte – eine Wochenkarte [...]«[7].

Wiederholung erzeugt hier Monotonie und Zeitraffung. Dem entgegen wird sie aber auch kontrapunktisch eingesetzt – zur Verknüpfung verschiedener Zeitebenen, vor allem zwischen der Gegenwart und den unterschiedlichen Zeitschichten der Vergangenheit. Der Arzneimittel-Werbespruch »Sei schlau – mach nicht blau, wenn du Kater hast; wenn du Kater hast, nimm Doulorin«[8], erfüllt neben anderen ähnlichen Ansagen diese Funktion im Hörspiel. Im Roman baut sich die gleiche Zeile aus der pulsierenden Neonschrift einer Leuchtreklame auf, ergänzt um den Slogan: »VERTRAU DICH DEINEM DROGISTEN AN« (S. 104). Als parodistische Veränderung der katholischen Beichtaufforderung hat dieser Satz natürlich auch eine wichtige inhaltliche Funktion. Er fällt aber vor allem als Unterbrechung im Erzählfluß, also als Gliederungselement, ins Auge – durch die typografische Hervorhebung, dann durch die scheinbar unmotivierte Häufigkeit der Erwähnung[9] im elften und zwölften Kapitel. Auch die Verwendung akustischer Mittel, der Lautsprecherstimmen, der Stimmen im Telefon, aus der Nachbarwohnung, weist zum einen auf die Keimzelle des Hörspiels zurück, schafft aber zusammen mit den optischen Signalen vor allem einen eigenen Rhythmus im Erzähltext. Und hierin berühren sich Handlung und Form: Es ist die Illusion, »den Rhythmus zu erkennen«, die Fred Bogner zu den Spielautomaten zieht: »Seitdem gehe ich nur noch in Kneipen, wo ein solcher Automat steht, ich lausche dem faszinierenden Rhythmus der Scheiben« (S. 57).

Unregelmäßig ist dieser Rhythmus – es knackt »in verschiedenen Abständen« –, im Gegensatz zum Gleichmaß im »tödlichen Kreislauf« (S. 9) seines in Routine erstarrten Lebens. Und so verbindet schon der anschließende Absatz den Rhythmus aus der

[7] *Ein Tag*, S. 53

[8] *Ein Tag*, S. 51, 52, 53 (2x), 54, 59.

[9] S. 104, 105, 106, 111, 112, 113.

Zufallsmechanik des Spielautomaten mit der gewollten Unregelmäßigkeit in der Beziehung von Käte und Fred: »Unsere Rendezvous sind einem Rhythmus unterworfen, den wir nicht erschlossen haben. Plötzlichkeit beherrscht das Tempo«.

Das Erzählen wird rhythmisiert und gleichzeitig wird Rhythmus zum Thema: Dreimal erscheint das *Wort* »Rhythmus« auf dieser einen Seite; es taucht auch davor und danach immer wieder auf: Der Rhythmus des Tanzens (S. 83 u. 101), des Karussells (S. 94), des Gesangs (S. 99), von liturgischen Gesängen (S. 114) oder der Schritte Kätes (S. 129) – dort hat es zumeist die konventionelle Bedeutung der Regelmäßigkeit[10]. Daneben steht der andere Aspekt: »[er] stieß hin und wieder Laute aus, abgerissene Sprachfetzen, [...], ein wilder, geheimer Rhythmus erfüllte dieses zischende Lallen...« (S. 29). Es ist »der Blöde«, das Kind in der Imbißstube, autistisch seit dem Bombentreffer, der seine Mutter zerriß; ein Wesen, an dem »alles« vorbei»rinnt« (S. 70) bis auf »die Orgeln in der Kirche, das schrille Knirschen der Straßenbahn und das Chorgebet der Mönche« (S. 70). Der Versuch des invaliden Vaters, seine Laute nachzuahmen, ist vergeblich. Sein »Lallen war nicht erfüllt von diesem wilden faszinierenden Rhythmus« (S. 30), und er weiß es selbst: »wir machen es nach, unfähig und hart [...] Wir sind unfähig« (S. 68) – »wir«, und nicht der »Blöde«, der »kein einziges Wort« sprechen kann. Das scheint auf den Titel des Romans zu verweisen, der freilich erst nach Beendigung des Manuskripts gefunden[11] wurde, und dann war es auch nicht diese Passage, sondern der Schluß des vierten Kapitels mit dem »heiseren Sang« eines Negers, »...and he never said a mumbling word [...]« (S. 36), einem Spiritual über den ans Kreuz geschlagenen Jesus. Dieser Gesang durchdringt »zwei wässrige Predigten«, überstrahlt »den Widerhall dreier Gottesdienste, zweier Unterhaltungskonzerte, eines Vortrags« . Und er ist es, der »als einziges [Kätes] Herz berührte«.

[10] Das »unrhythmische Holpern des Bettes in der Nachbarwohnung« (S. 52) bestätigt dieses Wortverständnis ex negativo.

[11] Vgl. Brief vom 23. 12. 52: »Jedenfalls hat Witsch den Roman angenommen, nur der Titel muss noch bebrütet werden«, in: Hoffnung, S. 310.

Auch diese Formulierung wird wiederholt: Von Fred, der dem Mädchen aus der Imbißbude nachging, »weil sie [sein] Herz berührte«, mehrfach, obwohl er es »nicht gern« sagt, aber er »weiß kein anderes Wort« (S. 109f.) Hier – wie im Fall von »Rhythmus« – wird dem Aussagespektrum von Worten nachgespürt: »Sanft berührt, müßte ich sagen«, überlegt Fred – so wie Käte den Gesang des Negers als »sanft und heiser« (S. 36) erlebte. Und Käte schreitet das Wortfeld weiter aus: »Berührerin«, »Berührungsgeschichten« (S. 110), und »sanft«, »Sanftmut«, »Zärtlichkeit« – Begriffe, die im Text gleichsam auf ihre Tauglichkeit »überprüft« werden.

Schon das Hörspiel thematisiert Sprache und Worte:

Der »Wortschatz der Offiziere«, den »Paul«, wie Fred hier noch heißt, als Telefonist kennt, geradezu erleidet, ist »so gering: vielleicht hundertzwanzig, vielleicht auch hundertfünfzig Worte – das ist ein bißchen wenig für fünf Jahre«[12]. Und im Roman sind es dann noch weniger[13].
Dieser sprachliche Schwerpunkt verstärkt sich. In der Romanfassung macht Fred mit dem Wortschatz der Kleriker die gleiche Erfahrung, der auch »einhundertfünfzig Worte kaum übersteigt« (S. 122). Für Freds Einschätzung des Bischofs – »Ich habe [...] mich immer bei seinen Predigten gelangweilt« (S. 53) – ist gleichfalls Sprachliches, das »Vokabularium seiner Predigten«, entscheidend, und sein Urteil konzentriert sich in einem »einfache[n] Adjektiv«, dem »Wort [...] dumm« (S. 53f.).

Aus der Sprache entwickeln sich Thema und Konflikt, also die »Wirklichkeit« des Textes.

[12] *Ein Tag*, S. 51f.

[13] S. 98: »einhundertzwanzig bis -vierzig Worte. Das ist zu wenig für sechs Jahre Krieg.«

Der untrennbare Zusammenhang von Sprachform und Inhalt zeigt sich schon im Hörspiel, verdeutlicht sich sodann in den Veränderungen der Romanfassung: »Ich denke an die Abende, die wir so oft schweigend miteinander verbringen, obwohl es eine Zeit gab, alles zu erzählen, über alles zu sprechen über das wir sprechen wollten«[14]. So kennzeichnet Frau Schneider die Situation ihrer Ehe. Der Schluß des Hörspiels zeigt die Veränderung dieser Situation, indem gegen das Schweigen nun das Sprechen gestellt wird. Dabei dokumentiert nichts diese Veränderung deutlicher als die Wiederholung der Schlüsselwörter der Anfangspassage:

»HERR SCHNEIDER: […] ich will dich sehen, dir was erzählen, ich muß mit dir sprechen…
FRAU SCHNEIDER: Sprechen? Um diese Zeit?
HERR SCHNEIDER: Ja, um diese Zeit … sofort …«[15].

Sprechen und Schweigen *bezeichnen* die Pole einer Beziehung zwischen Glück und Krise, oder gar lebendig sein und tot[16]. Die Erinnerung an das Leben gerinnt für Schneider zu den »vielen, vielen Abenden«, die er »schweigend« neben seiner Frau gesessen hat[17], und die durch die Ununterscheidbarkeit der Tage[18] – zu einem zähen Strom der Langeweile zusammenflossen: Alles war »wie sonst«, Routine, Monotonie, Langeweile[19].

Diese Langeweile lag wie Mehltau über der Ehe von Paul und Maria, und die sexuelle Beziehung vermochte nicht, sie wirklich am Leben zu erhalten. Erst dieser Tag, der eben nicht ist »wie sonst«, ändert alles, verdrängt die Langeweile und bringt Paul vom Schweigen zum Reden.

[14] *Ein Tag*, S. 40.
[15] *Ein Tag*, S. 60.
[16] *Ein Tag*, S. 50: »Ich habe das Gefühl, immer tot gewesen zu sein, jetzt zum Leben zu erwachen.«
[17] *Ein Tag*, S. 53.
[18] Vgl. *Ein Tag*, S. 41.
[19] *Ein Tag*, S. 51f.

Der Titel der ersten Sendung des Hörspiels war glücklicher gewählt als der seit der zweiten Sendung gebräuchliche: *Ich begegne meiner Frau*. Es ist dieses Erlebnis, das die Wendung bringt, und es ist in der Tat ein Erlebnis, was durch das Wort »begegnen« angedeutet wird: Man ›trifft‹ die eigene Frau, ›begegnen‹ würde man höchstens der Geschiedenen. Das entscheidende Moment dieser Begegnung, die Fremdheit, die die Gewohnheit beendet, ist schon in »begegnen« enthalten. Aber es bedarf des Titels nicht, um die Bedeutung der Begegnung zu erkennen: Nach der ausführlichen Schilderung der Szene vor dem Schaufenster – »[...] eine Frau, deren Anblick Erregung in mir hervorrief [...], bis ich plötzlich wußte, daß es meine Frau war«[20] – wiederholt sich dieses Déjà-vu mehrmals, und jedesmal stellt sich die Verbindung von Vertrautem und Fremdem in veränderter sprachlicher Fassung dar:

- »Sie war es, aber sie war anders, ganz anders als ich immer geglaubt hatte, sie im Gedächtnis zu haben«
- »[...] diese Frau, die mir fremd und sehr bekannt war«
- »[...] nun war sie mir wieder fremder, fremder als die Frau, die in meiner Erinnerung die meine war [...] begriff ich nicht, daß es meine Frau war, der ich in solcher Erregung folgte«
- »[...] meine Frau, die ich unzählige Male umarmt habe, ohne sie zu erkennen«[21].

Höhepunkt ist die Einsicht, daß die Nähe der zehnjährigen Ehe ihn nicht dazu gebracht hat, seine Frau zu »erkennen«. Dabei ist die Wortwahl entscheidend, die Differenz zu »kennen« und zu »bekannt«! Hörspiel und Roman sind im gleichen Jahr entstanden wie Bölls zweiter literaturtheoretischer Aufsatz, *Der Zeitgenosse und die Wirklichkeit*. Um »das Wirkliche zu erkennen, dazu müssen wir unsere Vorstellungskraft in Bewegung setzen«[22], schrieb er dort und verknüpfte Erkenntnis mit Aktivität, die unabhängig von Fremdheit oder Nähe zu entwickeln sei[23]. Dies ist

[20] *Ein Tag*, S. 41.
[21] Zitate in *Ein Tag*, S. 45, 48, 54f., 56f.
[22] SR-1, S. 70.
[23] SR-1, S. 67: »die fremden Wirklichkeiten sind nur scheinbar fremd, und die fernen sind nur scheinbar fern.«

mitzudenken zum Verständnis dieser Passage und noch ein anderes: »Erkennen« ist ein biblischer Begriff – »Und Adam erkannte sein Weib Eva, und sie ward schwanger« (1. Mos. 4,1) – die Formulierung findet sich gehäuft im Alten, aber auch im Neuen Testament[24]. Nur scheinbar ist das ein Ausweichen vor der Benennung des Zeugungsaktes; denn die Sprache der Bibel kennt da in der Lutherschen Übersetzung keine Prüderie – vom vielfachen »zeugen« bis zum ebenso häufigen »bei ihr schlafen«. »Erkennen« erschöpft sich nicht in der sexuellen Bedeutung, obwohl diese überwiegt. Nicht von ungefähr geht für Adam dem »Erkennen« Evas der Biß in den Apfel vom Baum der Erkenntnis unmittelbar voraus.

Nur in diesem Kontext gewinnt der befremdliche Satz – »meine Frau, die ich unzählige Male umarmt habe, ohne sie zu erkennen« – seinen Sinn: Schon in diesem Roman kann und will Böll Liebe nicht aufspalten in »die sogenannte körperliche Liebe und [...] die andere Liebe«[25], wohl aber unterscheidet er Liebe und Ehe: »›Glücklicher‹, sagte er, ›waren die, die sich nicht liebten, als sie heirateten. Es ist schrecklich, sich zu lieben und zu heiraten‹« (S. 116).

Die »schwierige Situation« dieser Liebe ist nicht das Trauma des Krieges[26] oder die beengten Wohnverhältnisse – »Mich hat auch nicht der Krieg kaputtgemacht. Es wäre genauso – ich langweile mich einfach« (S. 108), sagt Fred –, und »es liegt gar nicht an der Wohnung. Glaubst du wirklich, es läge daran?« (S. 106), bestätigt Käte – es ist die Ehe selbst! »Es mußte schön sein in einem Leben, in dem es keine Ehe gab, keine verschlafenen Männer, die, kaum erwacht, nach ihrer Zigarettenpackung griffen. [...] Immer noch träumte ich von diesem ehelosen Leben, das uns verheißen ist, hörte den Rhythmus liturgischer Gesänge, sah mich mit Männern zusammen, mit denen ich nicht verheiratet war und von de-

[24] Matth. 1,25: »Und erkannte sie nicht, bis sie ihren ersten Sohn gebar«.
[25] *Clown*, S. 46.
[26] Das macht auch J.H. Reids Hinweis auf die Odyssee als für den Roman strukturbildendes Schema (Reid 1973, S. 43) fragwürdig.

nen ich wußte, daß sie nicht begehrten, in meinen Schoß zu gelangen« (S. 114).

Es »geht in diesem Roman« zunächst eben nicht »ganz eindeutig um Klassenkonflikte«[27]: In der Hörspielfassung fehlt noch das Moment der Armut – der Mann hat Arbeit, ist kein Trinker, das Paar hat eine eigene Wohnung[28] –, die Eheproblematik existiert vor der konkret gesellschaftlichen. Denn auch die Flucht vor der gesellschaftlichen Institution der Ehe löst nicht das Problem, wie das Beispiel der Bücklers zeigt: »[Er] lebt nun schon seit Jahren mit dieser Dora zusammen, und ihre Freundschaft ist langweiliger geworden als eine Ehe werden kann« (S. 11).

Aneinander gekettet sein, Angst vor der »unendlichen Langeweile, die sie sich aufgepackt hatten, weil sie sich vor der Langeweile der Ehe fürchteten« (S. 12) – das läßt den Unterschied dieser Beziehung gegenüber der Ehe verschwinden. Aufhebung des Zwangs und Beendigung der Langeweile sind Voraussetzung für eine Lösung. Fred formuliert das noch vor der »Epiphanie« des letzten Kapitels: »›Ich komme wieder‹, sagte er plötzlich heftig, ›komme bestimmt wieder, komme zu euch zurück, aber ich möchte nicht, daß ich zu etwas gezwungen werde, was ich gerne von mir aus tun würde‹« (S. 115). Die Voraussetzung dafür ist das Erlebnis der plötzlichen Begegnung, der »Verfremdung« des routinierten Verhältnisses und damit der Wechsel des Rhythmus, den Käte ebenfalls in ihrer Vision eines ehelosen (freilich hier auch liebeslosen) Verhältnisses antizipiert – nachdem auch sie ihren Mann als »fremd« (S. 114) erlebt hat.

Allerdings ist der Spielraum für solche Verfremdung nicht für alle Beteiligten gleich! Was Böll 1976 reflektierte, das Angewiesensein der Frauen auch auf die »Rechtlichkeit« der Institution Ehe[29], gestaltet *Wort* bereits, wenn Käte feststellt, wie »bequem« es der Mann hat (S. 105): »Ja, ich beneide dich, weil du nicht schwanger bist. Du kannst einfach abhauen« (S. 107). Mit *Wort*

[27] Reid 1973, S. 123.
[28] Die allerdings auch »zu klein« ist, vgl. *Ein Tag*, S 54.
[29] *Eine deutsche Erinnerung* (1976), in: I, S. 551.

beginnen Bölls Überlegungen um die für ihn akzeptable Form einer menschlichen Gemeinschaft.

Kirchen- und Gesellschaftskritik

Paul und Maria verbindet im Hörspiel etwas, »was die Menschen noch mehr verbindet als Zusammenschlafen und alles«, sie »hatten zusammen gebetet«[30]. Das ist Vergangenheit, in der Gegenwart geht sie sonntags früh mit den Kindern – und auch »mitten am hellen Werktag«[31] – zur Kirche, er bleibt im Bett.

Die einzige Priestergestalt gehört der Vergangenheit an: Die von Paul erinnerte Predigt des Geistlichen bei der Beerdigung des durch Bomben getöteten Kindes weist in ihrer Ungewöhnlichkeit jedoch in die Zukunft des Böllschen Werkes. Der Satz, »Es hat Völker gegeben, die die Kinder so sehr liebten, daß sie sich keine wünschten«[32], paßt sich der katholischen Orthodoxie des Jahres 1953 ebensowenig an wie die Ankündigung, nicht trösten zu wollen. Ansätze sind dies wiederum zu einem alternativen Kirchenbild, wie es schon in *Adam* in dem eigentümlichen Gebetsverständnis sichtbar wurde und wie es sich hier auch im biblischen Wörtlichnehmen der »Erkenntnis« ausdrückt. Die Amtskirche hingegen kommt im Hörspiel nicht vor. Sie ist auch nicht vorhanden in der Kurzgeschichte *Ich bin kein Kommunist*[33], die, mit dem Hörspiel verbunden, das 13. Kapitel des Romans und damit seinen eigentlichen Kern um die sozialkritische Komponente ergänzt: »[...] es ist auch schlimm mit zwei Kindern in zwei Zimmern auf einer Etage, wo drei Parteien wohnen, die keine Kinder haben. Das ist schlimm. Ich will nicht klagen – ich bin kein Kommunist, um Gottes willen – «[34]. Für »Augenblicke« ist der Er-

30 *Ein Tag*, S. 48.
31 *Ein Tag*, S. 51.
32 *Ein Tag*, S. 49.
33 Vgl. den Kommentar zu *Verwundung*.
34 *Verwundung*, S. 161.

zähler aber doch »Kommunist« – wenn er die Kinder geschlagen hat und es ihm leid tut. In dem sofort zurückgenommenen Tabubruch drückt sich kurzgeschichtenhaft, also schlaglichtartig, die Ungerechtigkeit des beginnenden Wirtschaftswunders aus, der Kontrast, den die Schaufensterpuppe mit dem Roman ›Ferien vom Ich‹ und der Trümmerhaufen davor zusätzlich bebildern.

Armut wird im Roman durch die Verbindung der Kurzgeschichte mit dem Hörspiel zum Thema: Die Ehefrau in der Kurzgeschichte hat ihr Kind durch eine Fehlgeburt verloren. Sie wurde ausgelöst durch den Sturz von einer zerbrechenden Kiste, die eine Leiter ersetzen mußte. Daß sie nach eingemachten Vorräten langte, der ganze Komplex von Einmachen, Geruch von heißem Essig etc. ist offenbar der Entstehungskern für die Figur von Frau Franke. In ihr personalisiert sich der als Kommunismus eher abstrakt aufscheinende Zorn der Kurzgeschichte: »Sie stammte aus einem alten städtischen Händlergeschlecht, das die Gegenstände, mit denen es Handel trieb, von Geschlecht zu Geschlecht wechselte, immer kostbarere fand: Von Öl, Salz und Mehl, von Fisch und Tuch kamen sie zu Wein, dann gingen sie in die Politik, sanken herab zu Grundstücksmaklern, und ich meine heute manchmal, daß sie mit dem Kostbarsten Handel treiben: mit Gott« (S. 19).

Der archaisierende Sprachgestus (»von Geschlecht zu Geschlecht«) erinnert an den Legendenton der ein Jahr früher geschriebenen Novelle *Die Waage der Baleks*[35], auf die auch die Beerdigungspredigt des Priesters im Hörspiel mit ihrem Hinweis auf Gott, »der getötet wurde von der irdischen Gerechtigkeit« verweist[36]. Und mit der händlerischen Raffgier dieser Familie hat auch Frau Franke sehr viel gemein. In ihr fließen nun nahezu sämtliche gesellschaftskritischen Motive aus Bölls bisherigem Schaffen zusammen und definieren auch einzelne Elemente von Hörspiel und Kurzgeschichte neu: Das Einmachen von Obst und

[35] S.o. S. 115ff.
[36] *Ein Tag*, S. 49, vgl. dazu das Lied »Gerechtigkeit der Erden, o Herr, hat dich getötet« (*Die Waage der Baleks*) in *Weihnachtszeit*, S. 95.

Gemüse – Zeichen der Armut in *Ich bin kein Kommunist* – wird Teil der Hortungswut von Frau Franke. Der »über den Krieg gerettete« Weihnachtsbaumschmuck (S. 18) erinnert an Tante Milla aus *Weihnachtszeit.* Der Drogistenkongreß, in *Der Wellenreiter* vorrangig Staffage, wird nun zum gesellschaftlichen Kontrapunkt für Freds und Kätes Welt, stellt sich praktisch-pragmatisch mit Kondomen, und der »scherzhaften Reklame einer großen Gummifirma« (S. 39) – »Störche mit geknickten Hälsen« (S. 98) – gegen die geradezu pathetische Sexualität der beiden. Außerdem stehen »die Drogisten« für wirtschaftlichen Erfolg: Es kennzeichnet die Welt der Armen, »daß die Drogisten bis hierher nicht vorgedrungen waren« (S. 47). Geld, im Hörspiel ein eher beiläufiges Motiv[37], wird, zusammen mit dem Gegensatz – Geldmangel, Armut –, im Roman zum zentralen Thema: *Wort* beginnt damit, daß Fred Bogner sein Geld von der Lohnkasse abholt, und mit dem Geld seiner Dienststelle ist er auch in der letzten Szene unterwegs. Seine Versuche, Geld aufzutreiben, um ein Zimmer mieten zu können, machen etwa ein Drittel des Textes aus. Das Spiel an Münzautomaten beherrscht Freds Freizeit. Geld wird geradezu zum Leitmotiv des Romans: Sieben der dreizehn Kapitel handeln jeweils gleich zu Beginn vom Geld. Und auch hier arbeitet Böll an dessen zweifacher Bedeutung, unterscheidet das Geld, das Freds Mutter Bettlern aushändigte wie Brot, Kaffee oder Wasser (S. 6), von dem Geld, über das Frau Franke »in einer Sanftmut« spricht, »mit der manche Leute Leben, Liebe, Tod, oder Gott aussprechen, sanft, mit einem leisen Schrecken und einer großen Zärtlichkeit« (S. 19). Geld und ihr Eingemachtes sind »Schätze, deren Verletzung sie nicht zuläßt«. Den Unterschied von »konkretem« und »abstraktem Geld« bringt Böll erst im *Clown* auf diese Begriffe – ins Bild setzt er sie schon hier. Das Geld ist für Freds Mutter Wert nur im Sinn von Gegenwert. Käte empfindet den Doppelcharakter des Geldes, zählt die »kostbaren, schmutzigen Scheine« (S. 16) – »ein Schein für die Miete [...] einen für Strom und Gas, einen

[37] Der Weg des Protagonisten zur Bank mit den Firmengeldern führt auch dort zur »Begegnung« mit der Ehefrau.

für die Krankenkasse« (S. 15); sie sieht aber zugleich noch in den Bildsymbolen von Scheinen und Münzen den zeichenhaften Verweis auf das Wirtschafts- und Gesellschaftssystem (S. 15). Für sie ist »der furchtbare Atem der Armut« (S. 58) ein existentieller »Schrecken« und damit ein anderer als der »leise Schrecken« der Frau Franke, und das gleiche gilt für die höchst verschiedenen Formen der »Sanftmut«. Nicht nur Frau Franke ist auf eine perverse Weise »sanft« und »zärtlich«, obwohl sie »ohne Zärtlichkeit« (S. 19) ist. Der Prozessionsschritt des Bischofs ist eine »sanfte Veränderung des Stechschrittes« (S. 41), die Bewegungen der Hauswirtin »haben eine Zärtlichkeit, die [Käte] erschreckt« (S. 50). Der »süßliche Geruch« der Geldscheine erschreckt Käte »in seiner Sanftheit«. Die »schmerzliche« Zärtlichkeit (S. 66) des Mädchens in der Imbißstube hingegen schätzen Fred wie Käte, und damit sind die Spielarten der Zärtlichkeit keineswegs ausgeschöpft: Es gibt die »außerordentliche Zärtlichkeit« des Kindermädchens, die »etwas Professionelles hat« (S. 59) und den durchaus ironisch gemeinten Begriff der »geistigen Zärtlichkeit« des Priesters aus der Pfarrkirche zu den Sieben Schmerzen (S. 26).

Die Sprache des Priesters, den Käte aufsucht, ist »sanft«, schmerzt aber, »so wie es schmerzt, wenn eine geschickte Hand den Eiter aus einer Wunde drückt« (S. 63).

Solche negativ konnotierten Formen von Zärtlichkeit und Sanftmut sind der »Sanftmut der Liturgie« vergleichbar, die nicht nur Käte so schätzt – aber in diesen Fällen handelt es sich um eine perverse Liturgie: »und ich höre sie nebenan die Gläser zählen: mit sanfter Stimme murmelnd, singend die Zahlen wie die Kadenzen einer geheimen Liturgie, und ihre Stimme erinnert mich an die Stimme einer betenden Nonne« (S. 19).

Auch das ist ein Teil der »Suche nach einer bewohnbaren Sprache« und kennzeichnet die Methode, mit der Sprache »die Dinge zu durchschauen«. Und so liegen weitere Wörter »auf dem Prüfstand«: »Sauberkeit« zum Beispiel, die »tödlich« sein kann (S. 18), Teil der Hartherzigkeit ist von Frau Franke, die »zwar jeden Morgen den Leib Christi empfängt, aber jedesmal, wenn eins der

Kinder das Klo benutzt hat, aus ihrem Arbeitszimmer gelaufen kommt, die Sauberkeit des Klos kontrolliert« (S. 87). Käte war »böse und schmutzig« (S. 100), doch gleichzeitig ist ein »sauberes Haus« für sie Traum und Erinnerung, und sie nimmt trotz allem den »Kampf gegen den Schmutz« (S. 33) auf. Fred will lieber »mit einem schmutzigen Priester« reden als mit einem sauberen, und doch schätzt er die Sauberkeit der Imbißstube (S. 24). Und was für »sauber« und »schmutzig« gilt, bestimmt auch die Wertigkeit von »Ordnung«, »Gesetz«, Unordnung und Rechtsbruch: Käte liebt Fred erst, seitdem sie »begriffen [hat], wie sehr er die Gesetze verachtet« (S. 34), und doch sehnt sie sich nach Ordnung, haßt Korruption und Rechtsbruch. Wörter gewinnen ihre Bedeutung im Kontext, und Böll arbeitet in diesem Roman an seinem Verfahren, Wörter in Kontexten und damit die Kontexte selbst zu prüfen. Dabei fallen die Kontexte des Reichtums, der Hierarchien, der Etablierten durch.

In Gestalt des Bauernpriesters, in der Region des Armenviertels und im Elend von Kätes Haushalt gewinnen Sanftmut, Zärtlichkeit, Ordnung, Sauberkeit – und Geld! – ihren positiven Kontext, der sich in der Imbißstube zur Alternative verdichtet.

Gemeinschaftsutopie: Die Imbißstube

Die Imbißstube – bezeichnenderweise ein Arbeitstitel des Romans – ist der Ort, an dem sich Liebe und Religion zu »seinem« (Bölls) Thema verbinden. Während selbst der »Bauernpriester« nicht frei von Zorn ist, Käte Haß empfindet, »auf die Priester, die in großen Häusern wohnen und Gesichter haben wie Reklamebilder für Hautcreme« (S. 63), wird in der Imbißstube Religion praktiziert in einer Weise, die Böll den danach immer wieder erhobenen Vorwurf der Idyllik eingetragen hat: Christliches Handeln, tätige Nächstenliebe, eine trotz fehlender Mutter und eines verblödeten Kindes intakte Familie bestimmen die Atmosphäre dieses Raumes und machen ihn zum Bezugsort der Neuorientierung der beiden Bogners. Das Mädchen mit den gut riechenden Händen (S. 28), die Fred, wie später auch Käte, das *Frühstück* bereiten, mit dem Lächeln, das »wie ein Zauber« auf ihn wie auf sie fällt, dieses Mädchen »berührt sein Herz« – die gleiche Formel, die Freds wiedergewonnene Liebe zu seiner Frau umschreibt, und die gleichermaßen sinnliche wie religiöse Aspekte einschließt. Dieses Mädchen ist die erste jener Gestalten Bölls, die man »Engel« nennen könnte, »wenn man diesem Wort seine ursprüngliche Bedeutung zurückgäbe: Bote der Hoffnung«[38]. Und diese Figur kontrastiert auf charakteristische Weise mit der Engelsfigur, der Käte in der Kirche begegnet: Die Physiognomie ist ähnlich – langes offenes Haar, das Gesicht ein »mildes Oval« (S. 61), gekennzeichnet von einem »Zauber des Lächelns« –, doch ist dies hier alles Täuschung, »der grausame Lack der Frömmigkeitsindustrie«, während das Mädchen »wirklich schön« ist. Sie, wie die Sphäre der Imbißstube, sind realistisch gestaltet und doch nicht real. Der Ort wird Käte und Fred als Möglichkeit geboten – Botschaft einer Hoffnung, die sie schließlich auch akzeptieren.

Die Bogners besuchen die Imbißstube, getrennt zunächst, beide in gleicher Weise von der Begegnung mit dem Mädchen angerührt, dann auch zusammen, ohne dabei schon diesen Fluchtort einer wahren christlichen Glaubensgemeinschaft zu akzeptieren: »Aber ich hatte keine Ruhe, dachte dauernd an die Kinder, [...]. Auch Fred war unruhig« (S. 116).

Dennoch: Erst im Bezug auf das Mädchen, das Fred kennenlernt, als es in der Kirche des »Bauernpriesters« betet, definiert sich das Verhältnis der Eheleute zueinander wirklich neu. Kätes Vorwurf im Gedächtnis, er würde niemals daran denken, »daß Beten das einzige ist, was helfen könnte«, spricht Fred im Schlußkapitel mit dem Prälaten zum erstenmal ernsthaft über den Glauben; aber es ist das Beten des Mädchens, das ihn im Gebet das Element erkennen läßt, das ihn mit seiner Frau verbindet.

Realistisch gezeichnet, doch nicht real: Die Welt dieser Imbiß-

[38] Bernhard ^{2}1973, S. 138.

stube ist nicht »heil«; die Mutter fiel den Bomben zum Opfer, das Kind ist geistig, der Vater körperlich behindert, die wirtschaftlichen Verhältnisse ärmlich bis zu den »dürftig zurechtgeflickten« Strümpfen (S.25), und dennoch ist diese Welt auf eine utopische Weise intakt, was sich nicht zuletzt in der Beziehung zum Geld zeigt: »Als ich ›Geld‹ sagte, stand der alte Mann am Ofen auf, kam hinter die Theke, blieb neben dem Mädchen stehen und sagte: ›Geld – aber Sie können ja später zahlen. Sie möchten Kuchen – nicht wahr?‹« (S. 68). Vor allem aber zeigt sich dies im Funktionieren der »elementaren Dinge« (Essen, Wohnen etc.) auch unter schwierigsten Verhältnissen: Mit der gleichen Selbstverständlichkeit, mit der später Leni in *Gruppenbild* mit bloßer Hand eine Verstopfung im Klo-Abfluß beseitigt, geht das Mädchen mit ihrem sabbernden und schmatzenden Bruder um, ohne den »Ekel«, den sie als »normale« Reaktion darauf kennengelernt hat. Und selbstverständlich dominiert in dieser utopischen Idylle im Kontrast zur »Wirklichkeit« das weibliche Moment.

IX. Haus ohne Hüter. Roman

1. Publikationsformen

Buchausgabe: Köln/Berlin 1954 (August)
dtv (1631): 1. Auflage 1981
Neusatz: 10. Auflage 1997 – nach dieser Ausgabe wird zitiert.
Fernsehspiel nach dem Roman; Drehbuch: Daniel Christoff, Regie: Rainer Wolffhardt. ZDF, 20. 1. 1975. Wiederholung: 31. 3. 1977

2. Entstehung und Kontext

Nach der Aufdeckung des Montageverfahrens, aus dem *Wort* entstanden ist, ließe sich für *Haus* ähnliches vermuten: Das *Schicksal einer henkellosen Tasse* erscheint in die Leen-Episode des Romans teilweise integriert (S. 146 u. 147f.), die Rechenoperationen Karl Brüchers aus *Die Waage der Baleks* tauchen in der Buchführung Heinrich Brielachs wieder auf, und die Lebensgeschichte Glums wiederholt Ton und Motive aus dem Hörspiel *Mönch und Räuber*. Doch sind das nur Motivberührungen bei Texten gleicher Entstehungszeit, keine Textkompilationen: Die Struktur dieses Romans ist in ihrer komplizierten Architektur nicht auf Montage zurückzuführen.

In einem Brief an Ernst-Adolf Kunz vom 29. 10. 1953 erwähnt Böll den Roman zum erstenmal, in seinem Notizbuch nennt er den 17. 11. als Beginn der Arbeit[1].

Der 1953 mit *Wort* begonnene literarische Erfolg hielt an und zeigte sich nicht nur in Ehrungen wie dem Deutschen Kritikerpreis für Literatur, dem Erzählerpreis der ›Süddeutschen Zeitung‹

[1] Hoffnung, S. 373 und Anm.

oder der Aufnahme in die Deutsche Akademie für Sprache und Dichtung, sondern auch finanziell: Neben den Honoraren für den Roman und aus Rundfunksendungen flossen auch die Tantiemen aus der zusammen mit Kunz gegründeten literarischen Agentur »Ruhr-Story«, die Bölls Kurzgeschichten mit großem Erfolg vertrieb. Und der Verlag setzte zum erstenmal auf Böll als Erfolgsautor: Eine Startauflage von 10000 Exemplaren war für einen Roman in jenen Jahren sehr hoch. Der Markt honorierte die Erwartungen: *Haus* wurde kurz nach dem Erscheinen »Buch der Woche«, »Buch des Tages« und »Buch des Monats« – die Jahre des Kampfes buchstäblich um die Existenz waren für Böll vorbei. Er war als Schriftsteller etabliert – und er hatte inzwischen seinen eigenen Stil gefestigt in der Auseinandersetzung mit der Literatur seiner Zeit, die er seit 1952 mit Rezensionen kritisch zu begleiten begann. *Haus* bestätigt die so erreichte schriftstellerische Souveränität: Es ist ein Schlüsseltext in Bölls Werk.

3. Wort- und Sacherklärungen

16 *Saporoshe*: (Saporoshje), *Dnjepropetrowsk*: ukrainische Städte

19 *Thermophor*: Gerät zum Wärmespeichern (hier: Wärmeschrank oder Kochkiste)

21 *dies irae dies illae:* (lat.) Tag der Rache, jener Tag..., Anfangssequenz der Totenmesse

27 *Sartre*: Jean Paul S. (1905 – 1980), frz. existentialistischer Schriftsteller und Philosoph – *Claudel*: Paul C. (1868 – 1955), frz. religiöser Schriftsteller

30 *genus*: (lat.) Geschlecht – *ancilla*: (lat.) Anker – *titämi*: (griech.) 1. Pers. sing. von setzen – *extemporieren*: (lat.) hier in der Bedeutung aus dem Gedächtnis konjugieren – *Kasematte*: Festungskeller

37 *Völkischer Beobachter*: Zeitung der NSDAP – *Stürmer*: Von Julius Streicher (1885 – 1946) herausgegebene antisemitische Zeitschrift

42 *Courbet*: Gustave C., frz. Maler (1819 – 1877)

46 *Unkel*: Stadt am Mittelrhein (Rheinland-Pfalz)

49 *Paradentose*: (eigentlich Parodontose) Zahnfleischerkrankung

61 *Raffael pinx*: (Raffael pinxit) Raffael hat es gemalt; es handelt sich um die ›Sixtinische Madonna‹

81 *Kalinowka*: ukrainische Stadt südwestlich von Kiew

83 *Maria Goretti*: (1890 – 1902), ital. Bauernmädchen, als Märtyrerin der Jungfräulichkeit heiliggesprochen

113 *Therese Desqueroux*: (eigentlich Desqueyroux) Roman von François Mauriac (1885 – 1970)

120 *Odessa*: ukrainische Stadt an der Schwarzmeerküste

142 *Appendix*: Wurmfortsatz

146 *Film mit Charly Chaplin*: ›Der große Diktator‹, 1940

162 *Atschinssk*: Stadt an der westsibirischen Grenze

164 *Sipo*: Sittenpolizei

182 *Haruspices*: Mehrz. von Haruspex = römischer Priester, der aus den Eingeweiden der Opfertiere die Zukunft vorauszusagen vermochte

187 *Hemingway*: Ernest H.: (1899 – 1961), amerik. Schriftsteller

191 *Fragonard*: bezieht sich auf die Landschaftsstudien des frz. Malers Jean Honoré Fragonard (1732 – 1806)

207 *Gulliver*: Titelfigur von Jonathan Swifts Roman ›Gullivers Reisen‹ (1726)

219 *Hopalong Cassidy*: Westernheld einer Comic-Reihe aus den fünfziger Jahren

221 *BDM*: Bund deutscher Mädel, Mädchenorganisation der Nazis – *Thingplatz*: Versammlungs- und Gerichtsort germanischer Stämme, im Germanenkult der Nazis wiederbelebt

233 *media in vita* (in morte sumus): (lat.) Mitten im Leben sind wir des Todes

236 *Judith und Holofernes*: Gestalten aus dem (apokryphen) Buch Judith, einem nicht von der Kirche kanonisierten Teil des Alten Testaments; Judith gewährt dem feindlichen Heer-

führer Holofernes eine Liebesnacht und tötet ihn anschließend, um die Heimatstadt zu retten

239 *Medina*: südspanische Stadt – *Calais*: Stadt an der frz. Kanalküste – *Karlsbad*: Stadt in Böhmen

250 *Tebezee*: TBC (Tuberkulose)

271 *Harry-Lime-Melodie*: Musik aus dem amerik. Spielfilm ›Der dritte Mann‹ (1949, Regie: Carol Reed)

311 *Tantum ergo*: Teil der lat. Liturgie, wird zum Segen des Abendmahls gesungen

4. Aspekte des Textes

Inhaltsabriß

Martin Bach und Heinrich Brielach haben im Krieg ihre Väter verloren. Heinrich ist Sohn eines Autoschlossers; seine Mutter muß sich von verschiedenen »Onkeln« aushalten lassen, ehe sie bei ihrem Arbeitgeber, einem Bäckermeister, unterkommt. Martin lebt mit seiner Mutter Nella im großen, aber verwahrlosten Haus der vermögenden Großmutter. Sein Vater Rai, ein vielversprechender junger Lyriker, wurde im Krieg von dem eitlen Leutnant Gäseler in ein sinnloses Spähtruppunternehmen gejagt und kam dabei um. Martins Großmutter hält dieses Ereignis im Bewußtsein des Jungen wach, während Nella in Träumen von den nicht gelebten Möglichkeiten ihres Lebens die Realität vergißt und zur Vergeltung an Gäseler nicht fähig ist, als sie ihm im kirchlich-kulturellen Establishment wiederbegegnet. Auch Albert Muchow, Rais Freund und »Hüter« sowohl Martins wie Heinrichs, vermag nichts gegen Gäseler »zu unternehmen« – es langt nur zu ein paar Schlägen, mit denen er die gegen Gäseler wütende Großmutter unterstützt; aber er bringt die beiden Jungen im dörflichen Idyll seiner eigenen Eltern, in Bietenhahn, unter, um sie für ein zukünftiges Leben in Selbständigkeit zu bewahren.

Auch hier spielt das rhythmische Moment eine herausgehobene Rolle. Der Roman beginnt und endet mit Martin Bach, der, im Bett liegend, auf die Geräusche um sich lauscht. Und weitere Passagen schärfen die Aufmerksamkeit: So stellt sich Albert Muchow ein Mädchen, von dem er nur die Stimme hören kann, vor als »groß und schwer, mit einem langsamen rhythmischen Gang« (S. 214), und Frau Brielach erlebt die Liebesgeständnisse des Bäckers als »dumpfe, faszinierende, rhythmisch geordnete Litanei aus unverständlichen Worten« (S. 267).

Rhythmisch geordnet wird der Text aber vor allem durch die schon aus *Wort* bekannte Technik typographisch hervorgehobener Worte und Passagen, die in diesem Roman so unterschiedlichen Funktionen dient, daß die strukturbildende gar nicht als wichtigste erscheint: Zitate, Titel, Markenbezeichnungen sind ebenso immer wieder kursiv gedruckt wie bestimmte Schlüsselwörter: »*unmoralisch*«, »*Geld*«, als »motivische Abbreviaturen eines größeren Gedankenzusammenhangs«[2]. Zudem bilden diese Begriffe »ein in sich gestaffeltes und verknüpftes Motiv-Ensemble«[3], das Handlung und Personen ebenso zusammenhält, wie es Handlungs-Ebenen differenziert.

Am ehesten läßt dabei das grotesk-harmlose »*Blut im Urin*«-Ritual der Großmutter in seiner von Martin Bach immer schon vorausgeahnten periodischen Regelmäßigkeit eine rhythmische Gliederung erkennen. Der Kontrapunkt, den die Stimmen ängstlicher Mütter im 18. Kapitel auf der Spielwiese über den Kasematten setzen, in denen Albert Martin gerade von der Folterung seines Vaters und der Ermordung des jüdischen Malers Absalom Billig erzählt, ist ebenso inhaltlich, wie offensichtlich gliedernd definiert: »*Geh nicht zu nah ran*« (S. 281), »*Gib acht – gib doch acht*« (S. 284) und (9 Zeilen später) »*Seid nicht so wild*«, und die

[2] Bernhard [2]1973, S. 156.
[3] Bernhard [2]1973, S. 158.

Rufe beenden die Szene, indem sie gleichsam als Kanon zusammenfinden:

»›*Sei doch nicht so wild*‹, schrie eine Mutter oben im Park. »›*Gib acht – gib doch acht*‹, schrie eine andere. ›*Geh nicht zu nah ran*‹« (S. 285).

Von einer musikalischen Struktur dieses Romans hat man daher gesprochen[4] – allerdings weniger auf die musikalisch-rhythmische Gliederung bezogen als auf die Leitmotivtechnik, die hier anders als bei Thomas Mann oder Richard Wagner in den Dienst literarischer Bildhaftigkeit gestellt ist. Die *»Dominanz des Bildhaften«*[5] wird von hier an für längere Zeit zu einem generellen Zug der Böllschen Prosa. Böll intensiviert in *Haus* das Verfahren, optische und akustische Reize zum Bild zu verbinden oder ineinander übergehen zu lassen:

> »Wilma schloß die Augen und versuchte den Klang der Glocken nachzuahmen, indem sie ›dong-dong-dong‹ rief. Unwillkürlich schloß auch er die Augen, hielt im Kauen inne, und der Klang der Glocken übertrug sich hinter den geschlossenen Lidern ins Optische: Die Glocken läuteten ein Muster in die Luft, Ringe, die sich erweiterten, die dann auseinanderfielen, Quadrate und Schraffierungen, wie sie der Gärtner mit der Harke auf die Wege zeichnete. Merkwürdige Vielecke, hell ins dunkle hineingeschlagen, wie aus Blech herausgestanzte Muster: Blumen, und das helle Dong-dong aus Wilmas Mund löcherte weiße Punkte in die endlose graue Fläche, Spuren eines kleinen Hämmerchens. Farben mischten sich hinein: Rot wie dunkelrotes Blut der Rosen – ringförmig geöffnete, ganz rote Münder, gelbe Wellenlinien und ein riesiger, ganz grüner Fleck, als die Glocken mit einem heftigen Schlag aussetzten« (S. 251f.).

Das ist zwar rationalisiert als kindliches Spiel oder Experiment, vermittelt und vorbereitet zudem durch das Lied von den »dun-

[4] Reid 1973, S. 46.
[5] Vogt 1978, S. 56.

kelroten Rosen«, das Frau Borussiak zuvor gesungen hatte; doch korrespondiert das Farbenspiel dieser Szene mit so zahlreichen weiteren Textpassagen, daß es unabhängig von dieser Motivation auf Bedeutung verweist. Bereits der Romananfang enthält diese Farbskala: »Aus grüner Seide war der Schirm von Mutters Stehlampe: wasserhelles Grün, gelb unterstrahlt, und das Glas roten Weins, das auf dem Nachttisch stand, erschien ihm fast wie Tinte« (S. 5).

Für *Brot* ist die Rot-Grün-Symbolik[6] ausführlich untersucht und als im Grunde konventionell abgetan worden. Es scheinen hier ähnliche Verhältnisse vorzuliegen: Rot – eher negativ, ›Gefahr‹; Grün mit positiven Konnotationen, ›Hoffnung‹. Den Wein der Mutter sieht Martin als »dunkles, träge aussehendes Gift« (S. 5); Nella erfreut das »frische Grün der Kaffeekanne als das einzig Frische im Zimmer« (S. 103). Doch herrscht hier kein starrer Automatismus. Die Farbensymbolik trägt wie in *Brot* »wesentlich dazu bei, aus einer realistischen [Geschichte] ein Kunstwerk von ausgewogener Konstruktion und symbolischer Bedeutung zu schaffen«[7]. Das bunte Fenster in Luigis Eissalon bietet ein illustratives Beispiel: »in Form eines Hahns ausgespart und in grellen Farben verglast: grün wie die Heide und rot wie Granatäpfel, gelb wie die Flaggen an Munitionszügen, schwarz wie Kohle – und der Zettel, den der Hahn im Schnabel hielt, schneeweiß verglast« (S. 34f.).

Schon die Vergleichsgegenstände verlassen rasch die konventionelle Bedeutungszuweisung (»grün wie die Heide«) und unterstreichen mit »gelb wie Flaggen an Munitionszügen« eine allein auf diesen Text bezogene Bedeutung. Die Fortsetzung dieser Passage dementiert dann das scheinbar Konventionelle; denn die »grüne Rasenschicht« bedeckt die Verbrechen der Vergangenheit, und aus »schneeweiß« werden »weißliche, krank aussehende Pilze«. Die schwarze Kohle hingegen wird von den »Abc-Schützen

[6] Stone 1974, S. 69 – 77.
[7] Stone 1974, S. 69.

des Jahres 1948« gestohlen als »erste staatsbürgerliche Handlung« (S. 41). Auch das Gelb ist durchaus ambivalent, »tödlich« (S. 35) sowohl wie tröstlich im Lichtstrahl, »der immer aus Mutters Zimmer in den Garten fiel« (S. 44).

Das über die Farbfelder des Hahns wandernde Tageslicht taucht Nellas Hand in wechselnde Farben – gelb (S. 38), rot (S. 36), blau (S. 38 u. 40), grün (S. 42) und ruft zugleich unterschiedliche Erinnerungsbilder hervor. Daß dem Wechsel der Farben und Erinnerungen ausdrücklich und immer wieder die Lichtdramaturgie des Films unterlegt wird, scheint das Farbspiel ›realistisch‹ zu beglaubigen; doch es sind auch alle anderen tragenden Personen des Romans daran beteiligt: Frau Brielach erinnert ihre Arbeit in Bambergers Nudelfabrik als Farbkomposition (S. 51). Fast für jeden wichtigen Gegenstand des Textes wird die Farbe genannt. Farben verlebendigen Erinnerungen wie im Falle Nellas, sie spiegeln aber auch die Wirklichkeit – in den Grafiken über den Geschäftsverlauf der Marmeladenfabrik (S. 230), in den Karten, die »die Verbreitung von *Wochenend im Heim* [...] durch rote Fähnchen« (S. 212) markieren, oder in der Weltkarte Glums (S. 158). Umfangreich und verästelt wie das durch Kursivdruck hervorgehobene System von Leitmotiven strukturiert ein Kaleidoskop von Farbeindrücken den Text – ohne ihn damit gleichsam plakativ zu vereindeutigen.

Der von Böll so verehrte Georg Trakl mag für solche Aufwertung von Farbeindrücken die Anregung gegeben haben – freilich sind bei Trakl die Symbolbedeutungen der Farben zwar auch ungewöhnlich, doch innerhalb seiner Lyrik stärker fixiert.

Nicht zufällig hat Böll mit diesem Roman begonnen, für sich selbst die Struktur des Textes graphisch zu veranschaulichen. Seine erste Biographin hat das Verfahren, das er danach entwickelte, geschildert: »Er zeichnete eine farbige Tabelle, die drei Schichten hatte: eine reale für die Gegenwart, eine Reflexions- und Erinnerungsebene und eine Motivschicht. Die Personen, die in der ersten und zweiten Schicht auftraten, und die Motive hatten ihre eigenen Farbzeichen. Im Lauf der Jahre wurden diese Farbskalen immer komplizierter. Sie sind für Böll Erinnerungsstützen, mit denen er bei großen Romanen den Überblick über seine Personen behält, und Kompositionshilfen, mit denen er die Struktur des Romans korrigiert. Zugleich sind sie der spielerische Versuch, Literatur in Malerei umzusetzen: Der ideale Roman spielt in einer Minute, und auch eine Graphik kann man, anders als einen Roman, auf einen Blick übersehen«[8].

Für *Haus* ist dieses Schaubild noch einfach: 22 Kolumnen, für jedes Kapitel eine, zusammengefügt im wesentlichen aus den Namen der auftretenden Figuren, an erster Stelle immer die, aus deren Perspektive erzählt wird (oder das Kürzel »Erz.« = Erzähler), danach die übrigen in der Reihenfolge ihrer Wichtigkeit oder ihres Auftretens. Unterschiedliche Farblinien verfolgen die jeweilige Person durch die einzelnen Kapitel, so daß sich die Grundstruktur des Textes als geschwungen-rhythmisches Muster darstellt. Die Farben der Graphik stimmen nicht mit den Farbeindrücken im Text überein, doch diese repräsentieren insgesamt ein vergleichbares Prinzip, und überdies akzentuieren sie die Bedeutung des »Augenblicks«, von dessen Wichtigkeit der Romanschluß spricht, und den die Graphik in der Tat herstellt[9].

Böll tendiert dabei zu einem etwas übertriebenen Einsatz dieses Stilmittels. Was hier gelegentlich noch manieriert wirkt, wird von ihm in *Brot* schon zurückgenommen und in *Billard* meisterhaft gehandhabt. »Bedeutungsintensivierung durch Wiederholung und Variation« ist eine zutreffende Charakterisierung dieses Verfahrens: An die Stelle »diskursiver Auslegung« tritt eine »im Bild selbst vollzogene Bedeutungsverstärkung. Die Bilder kommentieren sich sozusagen selbst durch eine unterirdische Vernetzung der immer wieder aufgegriffenen und veränderten Bildzeichen«[10]. Mit *Haus* beginnt Böll die Entwicklung einer quasi fil-

[8] Hoffmann 1977, S. 103 – das Wort vom idealen Roman, der in einer Minute spielt, hat sie Bölls Werkstattgespräch mit Horst Bienek entnommen: I, S. 18.

[9] Die Graphik ist als Plakat veröffentlicht in: Heinrich Böll. Leben & Werk, hrsg. von der Heinrich-Böll-Stiftung, Köln 1995.

[10] Durzak 1995, S. 35.

mischen Erzählstruktur, die »aus der Bewußtseinsperspektive [der] Protagonisten Elemente der Vergangenheits- und Gegenwartsgeschichte simultan miteinander verzahnt«[11].

Nicht von ungefähr ist deshalb das Kino konkreter Ort, an dem sich Nella, Martin, Heinrich, Frau Brielach, Bolda immer wieder aufhalten, *und* Metapher oder Bild zugleich: Der »Film«, den Nella »zurechtflicken« will (S. 34), ihre Erinnerungen, die sie als »Film« erlebt – Kino ist Flucht aus der Wirklichkeit, ist zugleich aber auch von der Wirklichkeit kaum zu unterscheiden: »Manchmal kamen ihr Filme, die sie sah, wie ein Leben vor [...], und das Leben kam ihr vor wie ein schlechter Film« (S. 176). Für Albert Muchow schieben sich – ein vergleichbares Bild – »Gegenwart und Vergangenheit [...] übereinander wie Scheiben, die den Punkt suchen, wo sie kongruent werden« (S. 105). Dazu kommt noch eine »dritte, grellgelb dahinsausende Scheibe: die Zeit, die nie gewesen, das Leben, das nie gelebt worden war« (S. 105). Es gibt sie für Heinrich Brielach unter der »Eisschicht«, über die er zu gehen glaubt (S. 84), auch er unterscheidet »drei Welten« (S. 258). Für Nella ist die »dritte Ebene« diejenige, die »sie am wenigsten gern« betritt, »die sogenannte Wirklichkeit« (S. 45) – noch einmal führt das zurück auf das literarische Prinzip Bölls, der »Wirklichkeit« in der künstlerischen Fiktion näher zu kommen als durch einen wie auch immer definierten »Realismus«.

Eine »bewohnbare Sprache«: Das Problem der Sexualität

Zwei Klassen von Wörtern heben sich aus der Menge der kursivierten Begriffe besonders hervor: Die eine gruppiert sich um »*unschamhaft*«und »*unmoralisch*«[12]; die andere besteht aus Worten, mit denen sich ausdrücken läßt, »was sonst nicht auszudrücken war«, »Worte wie *überhaupt, eigentlich und sonst*«

[11] Durzak 1995, S. 40.
[12] Beide werden sehr häufig genannt: S.9, 10, 61, 72, 110, usw.

(S. 165) oder »*sowieso*« (S. 64) und »*wohl*« (S. 258), »Abtönungspartikel« in der Sprache der modernen Linguistik, Wörter, die Nuancen schaffen, relativieren, differenzieren: »[...] eigentlich war die Großmutter gut, sie war zum Beispiel nicht *überhaupt* gut, sondern nur *eigentlich*« (S. 165); oder: »Zu denken ›niemand ist da‹, hieß zu denken ›die Großmutter ist da, *sonst* niemand‹. Das ›*sonst*‹ war entscheidend, ein Wort, das der Lehrer haßte, der auch ›*eigentlich*‹ haßte, ›*überhaupt*‹ und ›*sowieso*‹, Wörter, die wichtiger waren, als die Erwachsenen wahrhaben wollten« (S. 64).

Ausdrücklich ist diese Sprachverwendung hier der kindlichen Sphäre zugeordnet und Teil der Versuche Martins und Heinrichs, die Erfahrungen der Wirklichkeit sprachlich zu bewältigen. Worte fallen in Martin »hinein, Worte, die ihn beunruhigen« (S. 10). Heinrich behält Worte als quasi Hinterlassenschaft der verschiedenen »Onkel«: *»Amis«*, *»Neues Leben«*, *»Scheiße«* (S. 17). Andere Worte, wie »Schokolade, Fleisch und Pudding und Sahne« verwirrten ihn, »weil er mit solchen Worten keine klare Vorstellung verband« (S. 21). Das ist, ins Kindliche transponiert, Bölls eigenes Verfahren zur sprachlichen Bewältigung der Wirklichkeit: »Worte sammeln, Syntax studieren, analysieren, Rhythmen ergründen«[13].

Die naive Neugier des Kindes ist zum einen realistisches Moment des Sujets, zum andern jedoch der literarisch bewährte Kunstgriff der Verfremdung – die Traditionslinie zu Swifts ›Gulliver‹ und Grimmelshausens ›Simplizissimus‹ ist kenntlich –, das Konventionelle, Alltägliche wird der unbefangenen Neugier ausgesetzt, um wirklich erkannt zu werden, und das scheinbar nach dem Zufallsprinzip: *»Assma«*, *»Amis«*, *»Scheiße«* – eine Sammlung von Wörtern erhält auf einer Druckseite (S. 17) aus der Sicht Heinrichs ihre Bedeutung, und das heißt: jeweils ein ganzes Assoziationenspektrum und einen individuellen Erfahrungskontext. Dabei wird ein Teil dieser Worte durch das kindliche Bewußtsein aus der gleichsam automatischen Alltagsverwendung herausge-

[13] *Frankfurter Vorlesungen* (1964), in: SR-3, S. 34.

nommen, so z. B. der deutsche Allerweltsfluch »*Scheiße*«. Ein Wort, das merkwürdigerweise die Mutter sagen, das er aber nie aussprechen durfte« (S. 17), wird für Heinrich »ein mildes und sanftes Wort« (S. 86), für Martin ein, wenn auch vergeblich genutztes, magisches Wort, um via »*Scheißkrieg*« (S. 82) die Erinnerung an den Vater zu beschwören.

»Deautomatisierung« nennt die Sprachwissenschaft diesen Vorgang mit einem Begriff des Prager Strukturalismus, der damit das Spezifikum literarischer Sprachverwendung zu erfassen suchte. Böll hat diesen Kontext im Blick, was er durch die Kennzeichnung der gegenteiligen Sprachverwendung unter Erwachsenen deutlich macht, etwa am Beispiel Alberts: »Er setzte sich und redete automatisch Sätze daher, die er schon tausendmal gesagt hatte« (S. 103). In der kindlichen Sphäre werden dagegen durch Deautomatisierung Worte »gerettet«.

Im Zentrum solcher Sprachbemühungen stehen die Versuche beider Kinder um eine adäquate Sprache der Sexualität. Angesichts entsprechender späterer Versuche Bölls entsteht fast der Eindruck, Böll habe den Roman vornehmlich zu diesem Zweck geschrieben. Die Formulierungen der Erwachsenen dokumentieren deren Sprachnot: Immer wieder wird da »das Unabänderliche vollzogen«[14], gelegentlich »das Notwendige« (S. 56), oder das, »was unvermeidlich war«(S. 57). Alternativen bietet nur die Sprache der Bibel und der Kirche, die Böll mit der geradezu inflationären Verwendung der Begriffe »zeugen«, »Zeuger« »Gezeugte« (S. 39f.) fast schon parodiert[15], und die jenseits des Fortpflanzungsaspekts Sexualität nur als »Sünde« (S. 58) oder »*unmoralisch*« zur Kenntnis nimmt, bzw. »in dunklen Formulierungen [...] das sechste Gebot [umkreist]« (S. 131).

Krampfhaft hält sich die Sprache der Erwachsenen ans Tabu, bevorzugt die Phrase (»nächtliche Pflichten«, S. 54, »eheliche Re-

[14] S. 28, 39, 41, usw.

[15] Vgl. 1. Mose 5, das ›Buch von Adams Geschlechtern‹ – die Parodie soll nicht die Sprache der Bibel denunzieren, aber sie hebt die Unangemessenheit einer Sprache – und Vorstellung – heraus, die Sexualität auf Fortpflanzung reduziert.

gelmäßigkeiten«, S. 61), tötet sogar Lust ab mit papiernen Begriffen: – »das Unabänderliche genieße[n]« (S. 39), »die Natur verlangt ihr Recht« (S. 40f.), »die Freuden der Liebe« (S. 52).

Selbst da, wo »rücksichtsloser« Tabubruch angekündigt wird, steht die Sprache nicht zur Verfügung: »[...] irgendwo genossen sie das, was Leen rücksichtslos genoß und rücksichtslos beim Namen nannte: die Freuden der Ehe« (S. 137).

Leen hat in ihrer absoluten Unkonventionalität offenbar über den rechten »Namen« verfügt, Albert, aus dessen Perspektive hier erzählt wird, vermag ihn nicht einmal zu denken. Auf der Ebene der Romansituation ist das nicht recht plausibel. Diese Unfähigkeit ist auch nicht den fiktiven Romanfiguren geschuldet, sondern es ist die Sprachnot des Autors, die sie reflektieren. Natürlich spiegelt sich da auch die Prüderie der Zeit, die Böll nicht nur in der Perspektive der Kinder, sondern auch durch Frau Brielach von »Onkel-Leo-Worten« sprechen läßt[16]. Aber die Vulgärsprache wäre ohnehin keine adäquate Alternative gewesen. Das zeigt die »Albernheit« von Schurbigels Vater, wenn »sein Sohn titämi extemporierte« (S. 30). Das demonstrieren um so mehr die Sprachexperimente der Kinder: »[Martin] versuchte sich vorzustellen, wie es ihm erginge, wenn seine Mutter das Wort gesagt hätte. Er probierte das Wort, indem er sich alle Leute, die er kannte, vorstellte und es ihnen in den Mund legte, aber auch aus Onkel Alberts Mund kam das Wort einfach nicht heraus, [...] während es aus seiner Mutter Mund nicht ganz unmöglich klang. Aus Wills Mund kam es gar nicht, und Bolda, Glum, Alberts Mutter und Großmutter – aus deren Mund kam es nicht« (S. 202).

Die Sprache der Kirche wird mit ganz ähnlichen Versuchen in Frage gestellt, im Katechismusgespräch Martins mit der Großmutter (S. 170f.) und in seiner Wortsuche am Beginn des Romans: »[...] ein Wort, dessen Bedeutung mit Brielachs Hilfe

[16] Erst seit *Katharina Blum* verwendet er vulgärsprachliche Begriffe wie »bumsen« oder »ficken« (*Belagerung*).

ihm klar geworden war: es hatte mit der Vereinigung der Männer mit den Frauen zu tun, hing sehr eng mit dem sechsten Gebot zusammen, war unmoralisch und gab Anlaß an den Vers zu denken, der ihn sehr beschäftigte: ›Wenn Du der Sünden willst gedenken, Herr, wer wird vor Dir bestehen?‹« (S.11).

Hier werden genau die Begriffe genannt, die danach im Kursivdruck leitmotivisch für das Thema Sexualität stehen, und es fällt das Wort, das sich anscheinend als Alternative anbietet: »Vereinigung«. Heinrich wie Martin verwenden es als scheinbar ›neutrale‹ Bezeichnung; doch es ist von Beginn an fragwürdig, wird es spätestens in der ironischen Wortbildung »Vereinigungsonkel« (S. 24). Immerhin ist es brauchbarer als das »Onkel-Leo-Wort«, das »ein häßliches Wort [war] für die Vereinigung der Männer mit den Frauen, aber er fand *überhaupt* Vereinigung ein viel zu schönes Wort für einen Vorgang, den er nicht sehr schön fand« (S. 84). Heinrichs Sprachreflexion trifft den Kern der »Sache«, die in der Beschränkung auf das Körperliche eine Reduktion von Sexualität darstellt. Deshalb entscheidet Heinrich auch: »Das Wort, das von Onkel Leo stammte, war häßlich, aber es paßte besser« (S. 84).

Damit wäre »Vereinigung« eigentlich als »passend« gefunden, wenn es nicht aus einem biologistischen Jargon stammte, über den Albert Muchow in seinem Versuch eines »Aufklärungsgesprächs« mit Martin nicht hinausgelangt. Albert, in vielfacher Hinsicht erkennbar das Alter ego Bölls, erweist sich auch hier als nicht zur rechten Sprache fähig, und die kritische Perspektive des Kindes ist so ein Akt der Selbstkritik des Autors: Ein »wenig zu lange« hört Martin Albert »von der Vereinigung der Geschlechter, von der Schönheit der Frauen, vom Geschlecht« reden, mit einer »Begeisterung, die ihm ein wenig lächerlich vorkam«, »Adam und Eva«, »Blumen« und »Tiere«, »gewisse Geheimnisse«, »dunkle Triebe« (S. 173) – trotz bester Absicht und der Aufforderung »Vergiß nicht, mich zu fragen« (S. 174) fehlt ihm die Sprache, und selbst die entsprechende Einsicht vermag er nicht zu artikulieren, nur nonverbal anzudeuten: »Viele Zigaretten rauchte Onkel Albert, während er sprach, und für Augenblicke fiel er ins Stottern« (S. 173).

Nicht einmal der »Naturmensch« Glum vermag den sexuellen Fruchtbarkeitsriten seiner sibirischen Heimat sprachlichen Ausdruck zu geben. Die Fakten – sexuelle Nötigung unter Einsatz von Drogen – werden deutlich, aber Glum kann sie nicht benennen: »[...] hier schwieg Glum eine Weile, wurde rot, und dunkel stieg es im Hals herauf in sein Gesicht, und Martin begriff sofort, daß dort in der Hütte im Wald, fünzehntausend Kilometer entfernt, *Unschamhaftes*, vielleicht *Unmoralisches* getan worden war« (S. 161).

Die Kinder haben teil an solchen Vermeidungsstrategien: »*Jugendfrei*« sind die entsexualisierten Filme, aber wenn die Aufschrift »*Jugendfrei* quer über dem lila Bauch der Frau« auf dem Kinoplakat geklebt ist (S. 205), denkt auch Martin das Gegenteil mit, wählt sprachlich nur den formalen Oppositionsbegriff: »*Jugendverbot*« (S. 201). Tabu und Fetisch gehören zusammen, und Martin registriert in der Filmwerbung einen klassischen Fetisch – »eine große, dunkelgrüne Schachtel mit einem weißen Kreuzchen drauf: *Ophelia*« (S. 207): Die Damenbinde. Er erkennt diesen nicht, ebensowenig natürlich die Implikation gerade dieser Verfremdung des bekannten Markennamens, den »modernen Mythus« seit Baudelaires Gedicht ›Ophélie‹[17].

Es ist auffällig, daß nicht wenigstens Albert mit dem Wort »Liebe« seine Sprachnot überwindet – und es ist zugleich konsequent. Sexualität ist noch nicht Liebe, ist »das *andere*« (S. 305), wie Frau Brielach mit einem schlecht gewählten Wort zu differenzieren sucht; denn sie selbst weiß ja, daß »das *andere*« untrennbarer Bestandteil der Liebe ist, die sie sich in ihrer Wirklichkeit nicht vorstellen kann: »Liebe gab es in Romanen, im Rundfunk, in Liedern« (S. 267), aber mit dem Bäcker ist es tatsächlich »wie im Film«, »kakaofarbene Leidenschaft, grünliches Glück« (S. 268). Wieder müssen Farbeindrücke die fehlende Sprache ersetzen. Und das ist kein Bildungsproblem; denn Nella geht es ähnlich. Sie

[17] Hugo Friedrich, Die Struktur der modernen Lyrik, 162. – 164. Tausend, Reinbek 1988, S. 71.

vermag den »Ausdruck verbissener Verliebtheit« (S. 222) bei dem HJ-Führer Scherbruder ebensowenig auf einen Begriff zu bringen wie bei dem auf gleiche Weise verliebten Bresgote: »Der Tod, der in Scherbruders Gesicht gesessen hatte, saß auch in diesem Gesicht« (S. 290). Hier hat die Metapher die gleiche Funktion wie zuvor das Farbsymbol; das Irrationale, auch Rauschhafte der Liebe ist sowohl »Tod im Gesicht« wie »grünliches Glück«, »[...] das, was man bisher Liebe genannt hat, [und] vielleicht wie ein plötzlicher Regen, wie ein Gewitter über uns kommen« (S. 110) wird. Nella muß auf die kindliche Sprachebene zurückgreifen, um einen Ausdruck zu finden, freilich nur ex negativo: »Kinder in verfallenen Garagen versuchten so, sich von Angst und Tod zu befreien, und nannten es niemals Liebe« (S. 290).

Gerade in diesem offenbar zentralen Bereich versagt der Kunstgriff naiver Verfremdung in der Kinderperspektive; zwischen *»Jugendfrei«* und *»Unschamhaft«* findet sich keine adäquate Begrifflichkeit. Es ist daher auch nicht mangelnde Sorgfalt und nicht immer ein erzählerisches Anfängerproblem, wenn Böll die Technik multiperspektivischen personalen Erzählens nicht konsequent durchhält. Die meisten Kapitel sind zwar jeweils aus der Perspektive einer Person erzählt, in einigen jedoch schaltet sich ein Erzähler ein. So können die Umstände von Heinrichs Geburt im zweiten Kapitel natürlich nicht aus seiner Perspektive erzählt werden, und seine Mutter steht an dieser Stelle nicht als Erzählerin zur Verfügung. Andere Perspektivenwechsel innerhalb von Kapiteln – im achten zum Beispiel – sind jedoch dem Problem geschuldet, daß die kindliche Perspektive den Gegenstand nicht zu erfassen vermag. Ganz deutlich sichtbar wird das am Schluß:

Martin, weiß, »daß etwas vorbei war«; die kindlichen Interessen (»Hopalong-Cassidy«, »Donald Duck«) kommen »ihm dumm vor«. Doch auch die neue Bewußtseinsebene ermöglicht nur Antworten auf seine Fragen, die »nicht angemessen« sind: »[...] dienen, lieben, in den Himmel kommen, diese Worte sagten *nicht alles.*« Er hat das Sprachproblem in seine neue Lebensphase mitgenommen; denn er muß an Heinrich denken, »an das Wort, das seine Mutter zum Bäcker gesagt hatte«.

Erst der »Umschnitt« zu Heinrichs Blickwinkel durch den hier sich wieder einschaltenden auktorialen Erzähler ermöglicht eine Perspektive, den *Augenblick* der »Hoffnung«. Die Erzählermontage verbindet die Perspektiven der beiden Kinder mit der von Frau Brielach und dadurch das Sexuelle mit dem, was es erst zur Liebe komplettiert: »[...] sie wußte, daß sie ihm gefiel, er auch an sie dachte. Er hatte begriffen, er hatte ihr geholfen, und sie liebte ihn, wie sie noch keinen geliebt hatte« (S. 305) –, was aber natürlich die Kinder weder zu erkennen, noch zu formulieren vermögen. So fällt die Schlußwendung, »aber er wußte, daß *ein Augenblick* viel ist«, einerseits wieder hinter den Erkenntnis- und Sprachstand der Erwachsenen zurück, überschreitet ihn jedoch zugleich, wenn man die Bedeutung des »Augenblicks« in den Erzähltexten Bölls berücksichtigt. Der *»Augenblick«* bedeutet für Heinrich schon in den Anfangskapiteln »viel« (S. 86f.). »Der Augenblick« ist für Böll stets »formaler Höhepunkt« und zugleich ein »Moment der Offenbarung«[18]. Auf den zentralen Gegenstand dieses Romans bezogen, bindet das »Liebe« und »Offenbarung« aneinander – »Glanz der Hoffnung war im Blick der Mutter, *Verheißung*, für einen Augenblick« (S. 300) – ein weiteres Exempel für die Position Bölls in diesen Jahren, Liebe und Religion nur als »ein Thema« denken zu können.

Nazis und Nibelungen, *Geld* und die *Gebrochenen* – das sozialkritische Moment

Eine Reihe anderer Themen wird durch die Technik typographischer Hervorhebung von Schlüsselbegriffen in den Vordergrund gestellt.

»*Geld*« markiert die soziale Differenz zwischen den beiden »Häusern«. Martin fühlt sich in der Schule besser behandelt als

[18] Jurgensen 1992, S. 46.

andere, weil »seine Mutter *Geld* hat« (S.131), und Heinrich unterscheidet die Welt, »in der er lebte«, von Martins Welt, »in der *Geld* keine Rolle spielte« (S. 258). Martins Familie ist reich, während Heinrich mühsam rechnend das Familienbudget in Ordnung halten muß. In der Tat »verdichtet Böll« hierdurch »seine Kritik an einem Gesellschaftszustand, in dem die verkehrende Macht des Geldes wirksam ist«[19]. Dennoch ist die Kapitalismuskritik nicht das bedeutsamste Moment des Romans. Antikapitalismus, Kritik am *Geld,* als »abstraktes Geld« ist Mitte der fünfziger Jahre selbstverständlicher Aspekt für Böll. Er kann, dies gleichsam voraussetzend, differenzierter damit umgehen, Schwarz-weiß-Zeichnungen von ›guten‹ Armen und ›bösen‹ Reichen vermeiden:

Mit Albert konnte man reden, »obwohl er *Geld* hatte« (S. 25), und es gab auch »Dinge, die nicht mit dem *Geld* zusammenhingen: etwa der Unterschied zwischen Onkel Leo und Onkel Albert« (S. 25). Die Differenzen lassen sich nicht auf das *Geld* reduzieren. Zwar ist Heinrich »bereit, anzunehmen, daß nur das Geld« seine und Martins Mutter »unterscheide« (S. 85), doch der Unterschied ist »nicht so groß« und da »waren die Unterschiede, die nur zum Teil mit dem *Geld* zusammenhingen« (S. 25). Auch das Haus der Familie Holstege »verfiel immer mehr, obwohl genügend Geld da war, es instand zu halten« (S. 117). *Geld* hat mehr Eigenschaften als die sozialer Differenzierung: Für Martin ist es ein »geheimnisvolle[s] Etwas« (S. 155); seine Großmutter genießt »die kindliche Freude [...] Geld machen« zu können (S. 127) mit ihrem Scheckbuch, und sie erfreut das »helle, tuckerige Geräusch« der Perforierung.

Dies vermindert nicht die Kritik an den Verhältnissen der *Geld*-Gesellschaft; im Gegenteil: Die Aura, gemischt aus Geheimnis und (durch die Großmutter) grotesken Elementen gibt diesem Komplex satirische Schlagkraft. Sie steigert sich in »*Augenblicken*« wie der raschen Anhebung der Preise eines fliegenden Händlers (S. 51) oder den Kalkulationen Heinrichs, und

[19] Bernhard ^{2}1973, S. 157.

sie wird verstärkt durch das Marmeladen-Motiv: Die Produktionskurven der Marmeladenfabrik Holstege sind zugleich Fieberkurve der wirtschaftlichen Entwicklung, wie der Zeit überhaupt, einer Zeitspanne, die von mindestens 1913 (S. 118) bis in die Romangegenwart reicht. Rai und Albert werden im Krieg von den Marmeladeneimern und Werbesprüchen begleitet, wie Martin und Albert ihnen auch in den fünfziger Jahren nicht entgehen können. Und diese Epoche ist auch da noch nicht zu Ende, denn im Schlußkapitel zeichnet ein Flugzeug mit »phosphoreszierende[n] Buchstaben« als eine Art Menetekel den Werbespruch der Firma in den Nachthimmel.

Gleichwohl tritt noch ein wesentliches Schlüsselwort hinzu, das in der Menge der Hervorhebungen leicht zu übersehen ist und auch übersehen wurde: *»gebrochen«*. Der »Strukturplan« für den Roman erst lenkt die Aufmerksamkeit darauf: Unter den durch Farblinien markierten Kompositionssträngen stehen dort, durch einen Strich abgesetzt, untereinander drei einzelne Wörter: »GEBROCHEN, Termine, Jahreszahlen«.

»Termine« und »Jahreszahlen« dürften als Erinnerungshilfe für die Überprüfung der Daten im Text notiert worden sein; »GEBROCHEN« hingegen referiert auf einen der Schlüsselbegriffe, die in der Erstausgabe noch durch Kapitälchen hervorgehoben wurden. Die Eintragung findet sich unterhalb der Kolumne für das zehnte Kapitel, und dort taucht das Wort auch zum erstenmal im Text auf, in der grotesken Szene mit Martin und der Großmutter als »Die Großfürstin mit dem Kotzer« (S. 155): Martin, von seiner Großmutter periodisch gezwungen, mit ihr »richtig« essen zu gehen, erlebt die Situation im Restaurant: »Dampfende Schüsseln und das Knacken von Knochen, Kinderknochen, Blut mit Fettaugen, die gierig kalten Augen der mageren Fresser und die heißen, geröteten, entsetzlich gutmütigen Augen der dicken Fresser, und die Kellner schleppten, schleppten geschlachtete Kinder, *gebrochene*, vom Büffet her«(S. 152).

Schon vorher meinte er, in den Erzählungen der Großmutter über das häusliche Schlachten »die Knochen der zarten Tiere knacken« zu hören, »ihre Augen brechen« zu sehen (S. 153). Das motiviert die unmittelbar anschließende Assoziation Martins, die sich ausweitet: Er erlebt auf dem Klo die »Fleischfresser« und »Knochenknacker« als »Mörder« (S. 153), sich selbst als Gefangenen, eingesperrt »in dieses tödlich saubere weiße Gefängnis«. Glums überwiegend vegetarische Eßgewohnheiten werden dagegengestellt, Glum, nach dessen Auskünften »die Mörder in Vohwinkels Weinstube weder Kinder [aßen] noch *überhaupt unmoralisch*« waren (S. 155). Aber Glum ist Zeuge anderer Verbrechen, »Tod und Mord und Gewalt und Schrecken«: »Glum war im KZ gewesen« (S. 156). Was hier aus kindlicher Perspektive auf engem Raum sprachbildlich verbunden wird, weitet sich wiederum zu einem »gestaffelten Motivensemble« aus, verbindet Schlachten und Blut mit Nazimorden, KZ und Folter; mit Rai und Albert, die »in der Kasematte geschlagen worden« waren und Absalom Billig, der an gleicher Stelle »ermordet wurde« (S. 36f.), »zertrampelt [...] zu Tode getreten« (S. 284): »Mord war da geschehen, und es ging in ihn ein wie die Erinnerung an Vohwinkels Weinstube« (S. 285), womit die Verbindung zwischen *»gebrochen«* und Mord auch expressis verbis hergestellt ist.

Auch Rai wurde »zurechtgeschüttelt, zurechtgetrommelt« (S. 124), »getreten, geschlagen« (S. 284). Für den Tod des Vaters steht freilich auch ein anderes Wortfeld: Gäseler zum Beispiel. Doch das ist für Martin ein »Wort, ein Name, der zu oft und zu heftig in ihn hineingeworfen, zu oft wieder herausgeholt worden war, um ihn noch zu erschrecken« (S. 313): »Mord war geschehen an dem Mann, der das Bild des Vaters gemalt hatte. Der Vater und Albert waren dort geschlagen und gequält worden von den *Nazis*, dunkel und fern und vielleicht *nicht so schlimm* – aber der Raum war wirklich« (S. 313), die Kasematte verbürgt die Realität der Vergangenheit. Ihr Weiterwirken in die Gegenwart hinein deuten die »krank aussehenden Pilze« (S. 36) der nun dort angesiedelten Champignonzucht an, und das Sprachspiel hervorgehobener Worte macht es konkret: Die Schule definiert die Wertehierarchie für die Kinder, für die Zukunft. Hier »wurde *unmoralisch* für schrecklich« gehalten, die Nazis hingegen als *»nicht so schlimm* dargestellt« (S. 283); vor allem aber ist die Schule der Ort, wo die *»Sturen« »gebrochen«* werden: Schüler, »denen alles egal war«, die Martin »bewunderte« (S. 199), die sich nicht anpaßten, » das waren die, von denen der Rektor sagte, sie müßten *gebrochen* werden, das hörte sich schrecklich an, als würde Brennholz zerbrochen, würden Knochen geknackt, und eine Zeitlang hatte er geglaubt, die *gebrochenen Sturen* seien dieselben, die in Vohwinkels Weinstube den Fressern vorgesetzt wurden« (S. 199).

Die Schule als ein Ort der Gewalt, die mit dem Willen der Schüler diese selbst »bricht«, dominiert das zwölfte Kapitel; in der Graphik ist *»GEBROCHEN«* durch ockerfarbene Schraffur in der zwölften Kolumne herausgehoben. Dieses Bild der Schule ist nicht nur retrospektive Kritik an den »humanistischen« Bildungsinstitutionen wie in *Wanderer*, sondern das zielt auf die Erzählgegenwart. Das macht die Gegenwart bedrohlicher als die Vergangenheit oder ihre Verdrängung, und *»die Nazis«* werden als Symptom einer ihnen vorausgehenden Entwicklung gekennzeichnet, die als »Kapitalismus« nicht hinreichend zu beschreiben ist. Das zeigen *»die Sturen«*, die Martin deshalb »rätselhaft« bleiben, weil es »Sture [gab], deren Eltern Geld hatten, und […] Sture, deren Eltern kein Geld hatten« (S. 199). Die *»Sturen«* verweigern sich der gegenwärtigen Ordnung ebenso wie der des Dritten Reiches; das verbindet die »ganz *Sture«*, die Bummlerin vor dem Kino, mit Rai und Albert. Sie teilen aber auch die gleiche Gefährdung: Selbst die »ganz Sturen« stehen in Gefahr, *»gebrochen«* zu werden. Daraus erklärt sich der plötzliche, durch kein Argument erläuterte Entschluß Alberts, Martin ganz aus der Stadt wegzunehmen und nach Bietenhahn zu bringen: Er wenigstens soll nicht *»gebrochen«* werden.

Dieser Zusammenhang aus Vergangenheit, Gegenwart und Zukunft, der sich ausschließlich in der Sphäre Martins herstellt, wird durch ein vergleichbares Moment im »Hause« Heinrichs bekräftigt: Es sind Frau Brielachs Erinnerungen an »Bambergers bunte Bilderreihe« (S. 51), die als Teil »alte[n] deutsche[n] Sagengut[es]«

die Nibelungen abbildete: »Oh, Siegfried mit Haaren wie frische Butter, Wangen wie Pfirsicheis und Kriemhild mit der Haut wie leicht rosige Zahnpasta, Haaren wie Margarine und dem kirschroten Mund. Gelbe Nudeln, tiefblaue Kartons und die knallroten Gutscheine […]« (S. 51f.). Das ist das gleiche Farbspektrum wie beim bunten Hahn in Luigis Eissalon, doch die Vergleiche markieren Distanz: Den »deutschen Mythos« hatte Böll zuvor bereits mehrfach mit negativem Akzent angesprochen[20]. Hier erscheint er ambivalent; denn neben »Etzels[…] grinsende[m] Gesicht« steht auch »hübsch, viel hübscher als Siegfried […], Volker« (S. 55). Es ist der Germanenkult der Nazis, auf den diese Vorkriegswerbung zielte, und wenn Frau Brielach »von Spinnweben überdeckt« (S. 303) die gleichen Sperrholzfiguren auf dem Dachboden des Bäckermeisters wiederfindet, signalisiert ihr Erschrecken die Kontinuität. Doch ist dies Werbung für »*Bambergers Eiernudeln*«, der Firma des jüdischen Fabrikanten, der von den Nazis ermordet wurde.

Mythos ist hier noch nicht »Thematik«, ist nur Argument (Gäseler – »mythische Gestalt in den Gedanken meines Jungen«, S. 33), Vergleich (»Kam Judith so zu Holofernes?« S. 236), höchstens (Nibelungen-) Motiv, um der »sogenannten Wirklichkeit« Perspektive zu geben. Und auch die Gegenwelt ist in *diesem* Sinne mythisch.

Die »elementare« Alternative

Bietenhahn ist Utopie im Wortsinn (»Nicht-Ort«), keine »wirkliche« Alternative; ironisch schafft Böll aus der Sicht Nellas Distanz: »Wahrscheinlich hatte der Staudammwärter gerade den Hebel umgelegt und ließ Frische, ließ Idyllik in die Brer strömen. […] idyllischer See, idyllischer Wald […] ›Ist es nicht süß?‹ ›Ja, süß‹« (S. 238f.).

[20] S. z.B. *Die Waage der Baleks.*

Bietenhahn ist archaisch, man backt sein Brot noch selbst; soziale Unterschiede sind nicht wesentlich – ein Fluchtort für die Hoffnung: *Verheißung*, statt *Verdammnis*, wie Heinrich es *»begreift«*, während Martin *»nicht begriff«*, weil er eines von den Kindern war, »von denen gesagt wurde: *Wenn ihr nicht werdet wie sie*« (S. 298). Bietenhahn ist ein Wechsel auf die Zukunft, bewahrt Hoffnung auf die Möglichkeit humanen Zusammenlebens in der nächsten Generation. Das kann nicht als »Neues Leben« mißverstanden werden, denn dies ist vom Text mit »Neues-Leben-Karl« (S. 19) als hohle Phrase erledigt: Solch »Neues« wäre die bloße Fortsetzung des alten: » [...] neue Witwen aufziehen, neue Männer, die abgeknallt werden und Frauen zu Witwen machen können« (S. 211).

Das »Andere«, das sich mit Alberts »Es wird alles anders werden« (S. 278) am Schluß ankündigt, ist schon durch dieses Wort als für ihn ebenfalls negativ bestimmbar gekennzeichnet. Und so bleibt ihm auf Martins Frage, »Was« [sich denn alles ändern solle], nur die unbestimmte Antwort »Alles«.

Die Bausteine dieser neuen Ordnung sind gleichwohl sichtbar – in der Konstruktion der Idylle und in den Wünschen der beiden Kinder. Dabei ist eine begriffliche Ambivalenz kennzeichnend für die noch fehlende Konkretion in den Zielvorstellungen. Am Wortpaar »Ordnung – Unordnung« läßt sich das unmittelbar ablesen: Gäseler steht natürlich für Ordnung und Nella ist hierin sein Widerpart: »›Man muß nur seine Sachen ein wenig in Ordnung halten.‹ ›Natürlich‹, sagte sie, ›das muß man. Ordnung ist das halbe Leben‹« (S. 235).

Nellas Ironie scheint den nach 1945 zumindest für Böll als typisch erachteten Gegensatz von ›preußischer‹, inhumaner »Ordnung« und sympathischer Anarchie erneut zu akzentuieren, eine Linie zu verlängern, die über Frau Franke (*Wort*) zurückreicht zu Filskeit in *Adam*. »Ordnung« ist hier aber nicht nur das Attribut negativer Figuren wie Gäseler und »Onkel Leo«: Auch Rai hatte den »strengen, fast pedantischen Zug, der ihn hin und wieder – dreimal am Tag mindestens – ›Ordnung‹ hatte sagen lassen«

(S. 44); Nella muß auch an Albert überrascht feststellen, daß er »so für Ordnung« ist (S. 122), auch er »haßt« (S. 103) Nellas Schlampigkeit.

»Ordnung« wird als Positivum dem »verkorksten« Leben im Haus Holstege ebenso gegenübergestellt wie den Verwahrlosungsmomenten in der Wohnung der Brielachs. Die Kinder wünschen sich Ordnung, »Regelmäßigkeit«, sogar Pedanterie; Martin sieht hier geradezu eine Wertskala – »Albert war fast so regelmäßig wie Glum« – und »*Regelmäßigkeit*« hat einen entsprechend wichtigen Platz unter den durch Kursivdruck herausgehobenen Wörtern (z.B. S. 11). Begrifflich wird solche Ambivalenz, der Unterschied zwischen positiv und negativ verstandener Ordnung, im Text nicht geklärt. Es wird nicht begründet, warum Albert bei Leen »Monate lang [...] ein wenig [litt] unter dem, was er damals noch Unordentlichkeit nannte« (S. 136); es wird nicht erklärt, warum er »damals« anders urteilte als in der Romangegenwart, in der er doch weiterhin ein Anwalt der »Ordnung« bleibt. Die jeweiligen Kontexte nur lassen die Differenz erahnen! Es sind zwei Bereiche, in denen Ordnung gesucht und gewünscht wird: Das Wohnen und das Frühstück. Martin sieht hier den wichtigsten Unterschied in anderen »ordentlichen« Haushalten: »Dort stand morgens die große Kanne Kaffee auf dem Tisch, Margarine und Brot und Marmelade, und alle aßen zusammen und bekamen Butterbrote geschmiert für die Schule, fürs Amt, für die Arbeit« (S. 168). Die exotischen Eßgewohnheiten in seiner Umgebung – von der »ordinären« Bouillon Boldas über die vegetarischen Suppen Glums, die Salate Nellas zu den Braten- und Kuchenorgien der Großmutter – bilden den Kontrast. Die Sehnsucht nach dem »richtigen Frühstück« (S. 12f.) entspricht der nach dem »ordentlichen« Wohnen, was gerade nicht Gemütlichkeit nach dem Versandhauskatalog meint und keine Frage des Geldes ist, wie sich am verkommenen Haus der Holsteges erweist.

Essen (Frühstück) und Wohnen sind die wichtigsten Bestandteile des Kataloges von Gegenständen, die Böll später häufig als »die elementaren Dinge«[21], oder die »*Poesie des Alltäglichen*«[22]

bezeichnet hat. Als er seine *Frankfurter Vorlesungen* früher als geplant beendete, skizzierte er seine ursprünglichen Absichten so: »Ich hatte vor, bei Dickens, Balzac, Tolstoi oder dem gewaltigen Esser Thomas Wolfe geschilderte Mahlzeiten mit deutschen Texten zu konfrontieren, weil mir schien, wie der Mensch in der Literatur seine Mahlzeiten einnehme, das hinge doch zusammen mit der Wohnung, die er in der Literatur gefunden hat [...] es wird so wenig gegessen in der deutschen Literatur, wie wenig darin gewohnt wird, es wird kaum von Geld geredet, viel gehungert, auch von der Luft gelebt, und dann die fürchterliche Sitte, das Essen schweigend einzunehmen, schweigsame Kinder bei Tisch: geduckt, gezähmt – und damit ein weiteres Thema: das Erscheinungsbild des Kindes in der deutschen Literatur. Ein Königreich für ein Kind, das eins sein, das frei sein durfte. Zwischen Wohnen und Essen, Liebe, Ehe, Familie bestehen offenbar Zusammenhänge«[23].

Haus hat diese Zusammenhänge ins Bild gefaßt. In der Ambivalenz des Ordnungsbegriffs ist hier vorweggenommen, was Böll zehn Jahre später auch auf eine eher paradoxe Formel gebracht hat – »frei, geordnet, untröstlich [...] freie Ordnung, geordnete Untröstlichkeit, untröstliche Freiheit«[24], wobei er aber zugleich den Versuch einer begrifflichen Klärung unternahm: »[Die] Last [der Kunst] ist, daß sie Freiheit nur hat, ist, bietet, bringt, wenn das von ihr erst geordnete und geformte (was gleichbedeutend ist mit: erst in Unordnung gebrachte und deformierte) Material erkannt wird; ja geordnet und geformt, in Unordnung gebracht oder deformiert – nicht eingeordnet und formiert«[25].

[21] *Drei Tage im März*, in: I, S. 371.

[22] SR-2, S. 283, Titel einer Rezension von Thornton Wilders Stück ›Wir sind noch einmal davongekommen‹, 1963. »Auch hier hebt Böll vor allem heraus: die Hoffnung auf Brot und Milch, auf Nachbarschaft, Eier zum Frühstück, ein warmes Feuer, den heimkehrenden Vater und einen Kuß auf die Stirn«.

[23] *Frankfurter Vorlesungen* (1964), in: SR-3, S. 74.

[24] *Die Freiheit der Kunst* (1966), in: SR-3, S. 226.

[25] *Die Freiheit der Kunst* (1966), in: SR-3, S. 224.

Ordnung in dieser Form schuf auch *Haus* – im geformten Material, in der rhythmisch-bildlichen Ordnung des Aufbaus und in dem Gegenentwurf zu den Verhältnissen einer Wirklichkeit, die ihr Ordnungsideal in einer formierten Gesellschaft sah. Den »abstrakten Ordnungsprinzipien«, wie das in der Sprache des *Clowns* heißen sollte, ist hier die Ordnung im »Elementaren« entgegengestellt im Wunschbild der idyllischen Utopie.

X. Unberechenbare Gäste. Erzählungen

1. Publikationsformen

Für diesen Band gilt das gleiche wie für *Weihnachtszeit*: Die Zusammenstellung (dtv 11592) ist durch das Bemühen des Deutschen Taschenbuch Verlages entstanden, nach Erscheinen der ersten Gesamtausgabe die Erzählungen Bölls in chronologischer Reihenfolge – nach dem Erkenntnisstand von 1977 – in Einzelbänden zusammenzufassen.

Erstpublikationen:

Unberechenbare Gäste: Akzente (München), Februar 1955. Erste Version dieser Geschichte ist das Hörspiel *Wir waren Wimpo* (SDR, August 1953)

Aus der Kurzgeschichtenfassung entstand erneut ein Hörspiel, das unter dem Titel *Anita und das Existenzminimum* vom NDR am 8. 6. 1955 und unter dem Titel *Ich habe nichts gegen Tiere* vom Rias Berlin am 17. August 1958 gesendet wurde. 1956 erschien in Zürich (Verlag Die Arche) ein Sammelband *Unberechenbare Gäste. Heitere Erzählungen*, der neben der Titelgeschichte folgende Texte enthielt: *Mein Onkel Fred, Der Lacher, Die unsterbliche Theodora, Erinnerungen eines jungen Königs, Im Lande der Rujuks* und *Hier ist Tibten*

Daniel der Gerechte: Mai-Illustrierte 1955 des DGB, Köln 1955

Die Suche nach dem Leser: Die Neue Zeitung (Frankfurt a.M.), 7. 3. 1952. Fassung mit verändertem Schluß in: Michael (Düsseldorf/München), 24. 8. 1952, nochmals veränderte Fassung in: Sonntagsblatt (Hamburg), 5. 12. 1954

So ward Abend und Morgen: Westdeutsche Allgemeine Zeitung (Essen), 24. 12. 1954

Doktor Murkes gesammeltes Schweigen: Frankfurter Hefte, 12, Dezember 1955

Verfilmungen: *Dr. Murkes gesammeltes Schweigen.* Fernsehfilm. HR 6. 2. 1964 (Regie: Rolf Hädrich). *Dr. Murkes gesammelte Nachrufe.* Fernsehfilm. HR 5. 10. 1965 (Regie Rolf Hädrich). *Dr. Murkes gesammeltes Schweigen.* Fernsehspiel. ZDF 23. 4. 1970 (Regie: Per Berglund)

Monolog eines Kellners: Rundfunksendung NDR, 25. 12. 1959 als Teil eines Hörbildes mit dem Titel ›Alle Jahre wieder... Eine Hausfrau, ein Kellner, ein Manager und ein Pfarrer machen sich Gedanken über Weihnachten‹. Druck in: Gott kommt ins Heute. Evangelische Weihnacht. 10. Folge, hg. von Gerd Heinz Mohr. Hamburg 1960

Es wird etwas geschehen: Texte und Zeichen (Neuwied), 15. Januar 1956

Wie in schlechten Romanen: Westermanns Monatshefte (Braunschweig), September 1956

Verfilmung: ARD (NDR) 5. 5. 1964 (Regie: Claus Peter Witt)

Eine Kiste für Kop: Frankfurter Allgemeine Zeitung, 24. 12. 1956 (unter dem Titel: *Eine Weihnachtskiste für Kop*)

Undines gewaltiger Vater: Frankfurter Allgemeine Zeitung, 10. 1. 1957

Hauptstädtisches Journal: Aufwärts (Köln), 15. 9. 1957. Verfilmung: *Machorka Muff.* UA: 21. 2. 1963, 9. Westdeutsche Kurzfilmtage, Oberhausen. (Regie: Jean-Marie Straub)

Im Tal der donnernden Hufe: Teilvorabdruck in Das Schönste (München), 1. 1. 1957 (unter dem Titel *Der Junge und das Mädchen*) und Frankfurter Allgemeine Zeitung, 14. März 1957. Vollständiger Erstdruck: Wiesbaden (Insel) März 1957

Der Wegwerfer: Frankfurter Allgemeine Zeitung, 24. 12. 1957 (unter dem Titel *Bekenntnisse eines »Wegwerfers«*)

Diese in den Jahren 1952 bis 1959 entstandenen Erzählungen repräsentieren einen Querschnitt durch die produktivste Schaffensperiode Bölls, in der mit *Wort*, *Haus* und *Billard* drei Romane erschienen, dazu die längeren Erzählungen *Brot*, das *Irische Tagebuch*, der überwiegende Teil der Hörspiele und die wichtigsten Satiren.

Vom Krieg ist hier kaum mehr (nur noch als Hintergrund von *Eine Kiste für Kop*) – eher schon wieder – die Rede (*Hauptstädtisches Journal*). Im Vordergrund stehen die zahlreichen problematischen Erscheinungsformen der Restaurationszeit, als die sich die fünfziger Jahre nicht nur aus der Sicht Bölls darstellten.

Wieder ist Weihnachten ein Schwerpunkt, wobei dies eher dem Markt geschuldet ist, als der thematischen Präferenz: Weihnachten fragten auch nach dem »Jahrzehnt der Kurzgeschichte« (1945–1955) Zeitungen und Sender nach kurzer Prosa, und so war Böll 1954, 1956, 1957 in den Weihnachtsausgaben der ›Frankfurter Allgemeinen Zeitung‹ und der ›Westdeutschen Allgemeinen‹ und 1959 in einer Weihnachtssendung des NDR vertreten.

Außerhalb dieses Zusammenhangs stehen zwei Texte: *Undines gewaltiger Vater* ist eigentlich kein Erzähltext, paßt eher zu der zahlreichen topographischen Essayistik Bölls. Immerhin ist das hier entworfene Rhein-Bild für einen anderen Text als Moment der »Fortschreibung« bedeutsam: *Im Tal der donnernden Hufe*. Dies ist eine der gelungensten Erzählungen Bölls: Thema und Erzählgestus rücken sie von den Satiren, zwischen denen sie hier aus Gründen der Chronologie steht, in die Nähe des Romans *Haus* (1954) und der Novelle *Brot* (1955).

3. *Wort- und Sacherklärungen*

44 *KUV*: »Kirche und Volk«

49 *Galvani*: Luigi G. (1737-1798), endeckte 1791 bei Experimenten an Froschschenkeln die »elektrischen Kräfte der Muskelbewegung«

51 *verfeaturt, verfeaturn*: ironische deutsche Neubildung aus engl. »feature« = aktuelles Hörbild

55 *Satrap*: altpersischer Statthalter

58 *Buch Hiob*: 18. Buch des Alten Testaments

59 *Batley*: Industriestadt in West-Yorkshire, England

63 *Schubert*: Franz S. (1797 – 1828), österr. Komponist – *Stifter*: Adalbert St. (1805 – 1868), österr. Schriftsteller

70 *Choleriker*: jähzorniger Mensch

74 *Händels Largo*: Musikstück Georg Friedrich H.s (1885 – 1759)

76 *Mäander*: stark gewundener Fluß in Kleinasien, hier: gewundenes Ornament

80 *diskontieren:* Verkauf einer später fälligen Forderung (z.B. Scheck) unter Zinsabzug

86 *Nowgorod*: russische Stadt

94 *Undine*: mythische Meerjungfrau

95 *Venus, Dionys*: gr./röm. Götter der Liebe, des Weines

96 *Wisconsin*: Bundesstaat der USA – *Cleveland*: Stadt im US-Bundesstaat Ohio – *Manila*: Hauptstadt der Philippinen – *Brueghel*: Jan B. (1568 – 1625), niederl. Maler

100 *Imponderabilien*: Unwägbarkeiten

104 *Memoria dextera est*: (lat.) die Erinnerung ist das rechte. – *Balneum et amor martis decor*: (lat.) das Bad und die Liebe sind der Schmuck der Tapferkeit – *Biarritz*: frz. Stadt

112 *Chruschtschew*: Nikita Ch. (1894 – 1971), von 1958 bis 1964 sowjetischer Staatschef – *Zischbrunn*: fiktiver Ortsname

115 *Daguerre*: Louis D. (1789 – 1851), erfand 1839 das erste fotografische Verfahren – *Peipus-See*: Rußland, heute an der Grenze zu Estland

154 *Tirpitz*: Alfred v. T. (1849 – 1930), dt. Admiral

157 *Schlieffen*: Alfred v. S. (1833 – 1913), Chef des Generalstabes der preußischen Armee, sein Plan für einen Angriff auf Frankreich verlangte einen starken *rechten* Flügel

Satirische Etüden

Die Titelerzählung des Bandes stellt den für Böll einzigen Fall dar, in dem ein Prosatext als quasi Konzentrat eines dialogischen Textes entstanden ist. Gewöhnlich ist es umgekehrt[1]. Im vorliegenden Fall ist eines aus dem Bündel der Motive, die das Hörspiel *Wir waren Wimpo*[2] enthält, zur Kurzgeschichte verarbeitet, während sein eigentlicher Handlungskern (die Artisten in der Elefantenhaut) ungenutzt bleibt. Die Erzählung erscheint als vorweggenommenes Komplementärstück zu einer Feststellung, die Böll 1957 in seinem Hörspiel *Die Spurlosen* trifft: »Alle Paradiese beruhen auf Raub, Diebstahl, Einbruch«[3]. Auch hier ist das Paradies gestaltet, indem es in einer satirisch-pessimistischen Parabel destruiert wird. Menschen und Tiere leben »wenn schon nicht allzu glücklich« zusammen in einem »nur künstlich und insularisch auf begrenzte Zeit aufrechtzuerhaltenden« Paradies. Wieder verweigert der Erzähler dem Leser eine Identifikationsfigur, während sie in der voraufgehenden Hörspielfassung[4] im Erlebnis mit dem »Elefanten« Wimpo noch angelegt war. Der Elefant der *Erzählung* wirkt dagegen auf den Erzähler nur noch »albern, während der ruhige, freundliche Ernst des Löwen« sein »Herz gewonnen hatte« (S. 129). Potentiell wäre der Löwe als Raubtier und König der Tiere prädestiniert zur Gegenfigur, an ihr »könnte der Sprecher lernen, wie die Verhältnisse seiner Familie sich stabilisieren ließen. Er hätte deutlich zu machen, daß mit ihm nicht länger zu spaßen ist«[5]; doch das Beispiel einer Aggression gegen die Gewalt eines Systems der Ausbeutung deutet sich als Warnge-

[1] S. z.B. das Verhältnis von *Ein Tag wie sonst* und *Wort*.
[2] S. u. S. 178ff.
[3] *Dr. Borsig*, S. 146.
[4] *Ein Tag* , S. 84.
[5] Friedrichsmeyer 1981, S. 60.

ste nur an, ohne etwa als Aufruf zur Gegenwehr fomuliert zu werden.

Auf die verzichtet auch der Ich-Erzähler der Bestechungsgeschichte *Wie in schlechten Romanen*, dem Handeln schon deswegen unmöglich ist, weil Mechanismen einer korrupten Gesellschaft für ihn »unbegreiflich« bleiben (S. 82).

Nur der *Monolog eines Kellners* referiert eine erfolgreiche anarchische Widerstandshandlung, die dem Kellner selbst freilich unverständlich bleibt (»Ich weiß nicht, wie es hat geschehen können«, S. 66). Der eher groteske Akt – eine Murmel-Kuhle in den Parkettboden eines Hotelzimmers zu schlagen – weist nicht über sich selbst hinaus, ist auch als etwa kinderfreundliche Handlung angesichts des verwöhnten »Bengels« nicht plausibel.

Daniel der Gerechte und *So ward Abend und Morgen* fügen sich nicht gut in die Reihe der Satiren, von denen sie hier umgeben sind. Die von Böll selbst irrtümlich bestimmten Entstehungsdaten sind für die Reihenfolge verantwortlich. Das Thema Gerechtigkeit – im Beinamen der Mittelpunktsfigur Daniel und in dem stereotypen Satz von Onkel Thomas, der Insasse einer Heilanstalt ist – verbindet die Geschichte mit *Die Waage der Baleks*[6]. Die Tendenz ist dabei weniger pessimistisch, denn Daniel wird dem Schüler Wierzog das eigene Schicksal ersparen. Das ist zugleich Gerechtigkeit für Daniel, denn in Wierzog[7] begegnet er »sich selbst« (S. 24).

Deutlich dokumentiert sich zudem in der einfühlsamen Gestaltung kindlichen Bewußtseins wie auch in der Funktion der ›Ampelfarben‹ rot, grün, gelb[8] die zeitliche Nähe zu *Haus*.

Die wird in *So ward Abend und Morgen* ebenfalls deutlich, auch wenn das junge Ehepaar in der Krise älter ist als Wierzog oder Martin Bach; doch die Überlegung Brenigs, »wenn man jung war, war alles ernst und schwer, und niemand half einem« (S. 34) umschreibt auch deren Gefühlslage.

[6] Vgl. das Kap. zu *Weihnachtszeit*.
[7] Ein »sprechender Name«: wie er zog.
[8] Z.B. S. 13f.

Solche Verwandtschaft gilt um so mehr für *Im Tal der donnernden Hufe*. Die multiperspektivische Erzählform hat die Erzählung vom Roman übernommen, das zentrale Sujet ebenfalls (die Probleme pubertierender Knaben) und die erzählerische Präferenz für Farbeindrücke: »die roten und weißen Fliesen fixieren [das Motiv der Erzählung] symbolisch. Weiß ist die Farbe der Reinheit und Keuschheit, Rot die Farbe der Liebe und der Leidenschaft«[9].

Das trifft zu, aber das Farbspiel hat mehr Aspekte – »überall sah man sie: grünes, rotes, braunes Leder« (S. 111); Griffs »weiße [...] Brust stach erschreckend gegen seine roten Wangen ab [...], ein Jackett aus grünem Samt hing an einem Nagel« (S. 115); »Was gelbes würde gut aussehen, netter als dieser rötlich-blaue Schmier« (S. 118). Es beschränkt sich auch nicht auf Symbolbezug; es werden darüber hinaus Gedanken und Empfindungen »versinnlicht«, und es wird zugleich der Text segmentiert und gegliedert. Wie in *Haus*[10] läßt sich auch hier das Zusammenspiel von akustischen und optischen Sinneseindrücken, von Rhythmus und Farben beobachten. Paul sieht zu Beginn die roten und weißen Fliesen, hört dann den »Rhythmus der harten und doch so leichten Absätze« als Teil der »unendlichen Melodie, die ihm Tage und Nächte hindurch in den Ohren brauste« (S. 108). Rhythmus und Farbe verbinden sich in seinem Bewußtsein zu einer synästhetischen Einheit: »Die Füße meiner Augen, dachte er, wandern um ihre Münder wie um rote Seen herum«[11]. Auch der Geruchssinn wird beteiligt: Lavendelgeruch begleitet den Gehrhythmus der Frau über die weißen und roten Fliesen. Dagegen steht die »Aufdringlichkeit« des »sanften Nach-nichts-Riechens« der beichtenden Männer und der gedankliche Aufschrei »wenn es doch einen gäbe, der nach Zwiebeln röche, nach Gulasch, Kernsei-

[9] In: Hohoff ^{7}1980, S. 251.
[10] S. o. S. 143
[11] S.109, vgl. auch S. 118.

fe oder Motor [...]« (S. 109). Darauf folgt eine wahre Geruchssymphonie über zwei Seiten Text (S. 109 – 111), in der Paul den familiären Alltag und seinen Erfahrungshorizont erinnert. Selbstverständlich komplettiert etwas später auch der Geschmackssinn das Sinnlichkeitsspektrum – negativ allerdings als »schaudernde« Erinnerung an den Geschmack von »Lachs aus Büchsen [...] eine kittfarbene Masse, von rosigem Saft umspült« (S. 121), die sich als Gegensatz zu Griffs Wunschbild der Lachse (»glatt, silbern und rosa«) darstellt. Es ist der gleiche »salzige Irrtum« von Katharinas Mutter, »konserviert in ihrem verlorenen Glauben an etwas, das Kommunismus hieß, schwimmend in der Lauge der Erinnerung« (S. 127). Überhaupt wiederholt das zweite Kapitel in der Sicht des Mädchens die Sinneseindrücke Pauls. Auch sie registriert »Himmelblau, Ufergrün, Flußgrün, Fahnenrot«, erlebt es »mit Lärm untermischt, der unter die Bilder strömte, wie im Kino«.

Sinnlichkeit verbindet die beiden, und macht Sexualität zum zentralen Motiv der Erzählung. Offensichtlich[12] wird hier die durch die katholische Moral erzeugte Spannung von Liebe und »Sünde« thematisiert. Seit *Haus* realisierte sich diese vor allem als Sprachnot, und auch hier ist sie nicht überwunden: »[...] sie riefen mir Sachen nach, von denen ich wußte, was sie bedeuten, aber ich verstand sie nicht« (S. 134). Der Satz: »Mit vierzehn [....] kann man noch keine Frau haben« (S. 139) deckt den Vorgang sprachlich zu, auch wenn er angesichts einer entblößten Brust gedacht wird. An anderer Stelle jedoch scheint die Sprache direkt. Das Waffenreinigen durch den Vater wird – seit Freud wahrlich kein ungewöhnliches Bild – als Manipulation am Genital beschrieben (S. 110). Und die Assoziationenkette setzt sich entsprechend fort in den Überlegungen der beiden Knaben zur Größe der Waffen, der Prahlerei Griffs (bei acht Schuß siebenmal getroffen), den mißglückten Schießübungen im Wald, dem Drang, »Wir *müssen* etwas treffen« (S. 149). Es wird damit aber auf eine aggressive, ebenso verdinglichte wie verdinglichende Sexualität verwiesen,

[12] Vgl. Hohoff ^{7}1980, S. 255.

was von dem anderen Sexualsymbol, den Tennisbällen, die »aussehen [...] wie an Frauenstatuen, die ich nicht mag, manchmal die Brüste« (S. 126), noch unterstrichen wird. Solche Sexualität prägt die Erwachsenenwelt wie die der Kinder: Die auf Karl May verweisende Wunschtraumwelt Pauls im »Tal der donnernden Hufe« ist ebenso durch Aggressivität gekennzeichnet wie die erträumte Fischer- und Jägerexistenz Griffs.

Die beiden Knaben geben zum Schluß die Traumwelt auf: »›Gelogen‹, sagte Griff, ›alles gelogen.‹ ›Ja, alles‹, sagte Paul« (S. 149). Aber Paul fährt fort und flüstert »Jerusalem, Jerusalem«. Zu Recht wurde die Pistolenszene als das »Negativ Jerusalems«[13] bezeichnet und in »Jerusalem« die »Kreditierung einer ungewissen Zukunft«, gesehen, die Paul jedoch mit seiner Antwort an den Polizisten, »Ich wohne in Jerusalem« (S. 154) erreicht zu haben meint. Das klingt nach einer jenseitigen Variante von Bietenhahn (*Haus*); aber Liebe und Sexualität sind durch die Erzählung gegenüber dem Roman entscheidend »fortgeschrieben« worden: »Jersusalem« ist nicht die utopische Stadt, sondern – wie im Gebet der Juden in der Diaspora, das Böll hier zitiert – Bild realen Versprechens. Dafür steht die »Mirzowa«, nicht mehr Kind, noch nicht Erwachsene, die ihren Körper »nicht zur Schau« stellt, sondern »ihn nur« hat (S. 132). Ihre erste Reaktion auf den Blick Pauls – es ist der gleiche, den wir von Bresgote, Scherbruder oder vom Bäcker in *Haus* kennen – ist noch die Nellas oder Frau Brielachs, sie will »nicht dein Jerusalem« sein (S. 131). Ein weiteres Mal wehrt sie in gleicher Weise ab (S. 136), um sich beim Abschied »lächelnd« zu sagen: »ich werde doch dein Jerusalem sein« (S. 142). Woher dieser »Kredit« auf die Zukunft, die sich so vorteilhaft von den »Scheckbüchern und Kontoauszügen« (S. 130) abhebt? Das Lächeln, mit dem Katharina ihren Sinneswandel beglaubigt, gibt den Schlüssel: Es verweist auf das gemeinsame Lachen, mit dem beide die zweite Enthüllungsszene so ganz anders beenden als die erste, die mit dem hysterischen Schrei von Pauls Mutter geendet hatte. Die Chiffre »Jerusalem«

[13] Vgl. Hohoff ^{7}1980, S. 255.

verbindet hier Liebe und Religion wieder zu dem »einen Thema« Bölls. Es ist aber nicht Liebe in kirchlichem Verständnis, auch wenn Katharina die Beichte ausdrücklich ausnimmt von ihrem »mit niemand darfst du darüber sprechen« (S. 138). Ihr Argument gegen den Selbstmord ist ebenfalls christlich, freilich in einem Verständnis, das noch nicht durch die Kirche entsinnlicht wurde:

»Gott hat keine Füße« (S. 135) rekapituliert Paul die vergeistigte Position der Kirche; die Antwort Katharinas räumt sie beiseite: »›Nein‹, sagte sie leise, ›hat er keine Füße, sind sie nicht durchbohrt worden?‹ Er schwieg, errötete dann und sagte leise: ›ich weiß‹« (S. 135).

Dies eröffnet, das Erröten deutet es schon an, auch für Paul den Weg zu einer Akzeptanz der Sinnlichkeit. »Weiß und hart« erscheinen ihm die Tennisbälle, auf die zu schießen ihm Katharina gerade geraten hat; und die vorher bedrohlichen Farben haben nun eine ganz veränderte Bedeutung: »Hier, in dieser Küche, roch es nach Badewasser, Seife, nach Frieden und frischem Brot, nach Kuchen; rote Äpfel lagen auf dem Tisch, eine Zeitung, und eine halbe Gurke, deren Schnittfläche hell war, grün und wässerig, zur Schale hin wurde das Gurkenfleisch dunkel und fest« (S. 136). Rot und weiß, gelb und grün sind eben nicht eindeutig.

Satirische Meisterschaft

Die satirischen Erzählungen dieses Bandes repräsentieren drei ganz unterschiedliche Satiretypen, von denen zwei hier zugleich zur Meisterschaft geführt werden: Die Berufssatiren mit *Der Wegwerfer* und die »mimische Satire« mit *Hauptstädtisches Journal*. Dazu tritt mit *Doktor Murkes gesammeltes Schweigen* die zweifellos beliebteste Satire Bölls.

Für Böll war *Der Wegwerfer* die beste Geschichte, die er je geschrieben hat[14]. Sie krönt die Reihe von »seltsamen Berufen«, die

[14] Vgl. Jeziorkowski 1968, S. 41.

Böll seit 1952 beschrieben hat. Waren diese im Grunde Abrechnungen mit der eigenen Situation, so weitet sich das schon in *Es wird etwas geschehen* und mehr noch im *Wegwerfer* zu grundsätzlicher satirischer Systemkritik. In beiden Erzählungen steht das Leistungsprinzip auf dem Prüfstand, das in der ersteren durch Übertreibung ad absurdum geführt und zugleich durch eine systemsprengende Handlung des Protagonisten in der Fiktion zerstört wird: Die spontane Weigerung des Ich-Erzählers, den Ritualsatz »Es wird etwas geschehen« (S. 72) zu sprechen, führt zum Tod des Fabrikbesitzers Wunsiedel. Im *Wegwerfer* ist das Übertreibungsprinzip zurückgenommen[15], und der Protagonist tritt auf als Anwalt des Systems, das er virtuoser beherrscht als die vielen Wirtschaftsführer, die seine Dienste nicht zu würdigen wissen. Gleichwohl ist die Satire womöglich noch schärfer als in *Es wird etwas geschehen*. Der spontan so einleuchtende Vorschlag, Zeit und Geld durch Aussortieren und Wegwerfen von Reklame zu sparen, ist in der Tat[16] eine »vergiftete Praline«, weil er innerhalb der Logik einer auf Konsum und Produktion aufgebauten Wirtschaft deren Kollaps antizipiert oder gar herbeiführt. Die grafischen Darstellungen seiner Pläne erscheinen nicht von ungefähr als Fieberkurven (S. 166), und in seinen Träumen explodieren die Formeln »wie Dynamit« (S. 167). Mitten im Wirtschaftswunder waren die letztlich apokalyptischen Folgen eines ungebremsten Wachstums überhaupt kein Thema. Böll macht es 1956 zu *seinem* Thema, dem er fast zeitgleich (noch nicht den Begriff, aber) das Prinzip »Leistungsverweigerung« entgegenstellte.

Der Wegwerfer selbst ist nicht in der Lage, sein Prinzip zu Ende zu denken und ermöglicht es gerade dadurch dem Leser, die Problematik des Prinzips zu erkennen. Damit ist er aber auch Objekt der Satire, obwohl er durch seine vielen sympathisch wirkenden Züge scheinbar zur Identifikation auffordert.

Dies ist ein Schritt auf dem Weg zur »mimischen Satire«, die

[15] Aus gegenwärtiger Sicht scheint die Übertreibung der Satire von der Realität der »Wegwerfgesellschaft« vollständig überholt .

[16] Friedrichsmeyer 1981, S. 131 – 144.

Hauptstädtisches Journal charakterisiert. Der Parodist Robert Neumann hat das Verfahren mit einem Zitat Machiavellis auf die kürzestmögliche Formel gebracht hat: »Sag, was er sagt. Aus seinem eigenen Munde laß ihn sich verdammen.«[17]

Die Fiktion eines Tagebuches, geschrieben vom Oberst a.D. Erich von Machorka-Muff, verlagert die satirische Aktivität von der Gesellschafts- zu direkter politischer Kritik. Ein gutes Jahr nach Einführung der allgemeinen Wehrpflicht im März 1956 stellt Böll den »neuen Geist« der Truppe als Wiedergeburt des alten Militarismus dar, dessen Prinzipien in der Rechtfertigungsrede Machorka-Muffs für einen Marschall persifliert werden, dem man »nur« 8500 Mann Verluste nachgesagt hatte in einer Schlacht, die »bei entsprechendem Kampfesmut 12300 Mann Verlust« hätte erbringen müssen (S. 104). »Eine Demokratie, in der wir die Mehrheit des Parlaments auf unserer Seite haben, ist weitaus besser als eine Diktatur« (S. 101), resümiert Murcks-Maloche, ebenfalls ehemaliger Offizier und offenbar CDU-Mitglied, die demokratische Entwicklung der Adenauer-Ära. Noch finsterer freilich ist der Blick in die Zukunft, die ausgerechnet aus dem Projekt einer »Akademie für militärische Erinnerungen« keimen soll, und der Traum Machorka-Muffs nimmt sie vorweg: Ein »Wald von Denkmälern«, ein gigantischer Offiziersfriedhof, eine Vision, die ihn lachen läßt (»und tausendfach kam das Lachen aus meinem eigenen Mund auf mich zurück«) und mit »einem tiefen Glücksgefühl erfüllt« (S. 99).

Machorka-Muffs Ernennung zum General, der feierliche Gottesdienst, zu dem man »in lockerer Marschordnung« zieht, machen deutlich, wie Böll die politische Situation nach der Remilitarisierung Westdeutschlands einschätzte: Die ›führenden gesellschaftlichen Gruppen‹, Regierungspartei, Kirche und Hochfinanz – »Inniga von Zaster-Pehnunz« heißt Machorka-Muffs Freundin und zukünftige (natürlich kirchlich anzutrauende) Ehefrau –

[17] Robert Neumann, Mit fremden Federn. Der Parodien zweiter Band. München 1955. Zitiert nach der Ausgabe Berlin 1963, S. 63.

wetteifern um die Gunst der neuen/alten Militärs. Zwar gibt es »Mißfallensäußerungen der Opposition« zum Projekt der Akademie (S. 107), jedoch man »hat die Mehrheit« und der Familie von Zaster-Pehnunz »hat noch keiner widerstanden«.

Murcks-Maloche – der Name einer hier eindeutig negativ gezeichneten Figur weist zurück auf den der Titelgestalt in dem bekanntesten Text dieses Bandes: Böll »hat *Dr. Murkes gesammeltes Schweigen* geschrieben, und das hat ihm noch kein lebender Schriftsteller nachgemacht«, das ist *ein* Zeugnis der Wertschätzung, und es steht nicht allein[18].

Dr. Murke ist keine mimische Satire; die Titelfigur tritt vielmehr als Antagonist einem ganzen System satirischer Objekte gegenüber. Die nicht wahrgenommene Rolle des Löwen in *Unberechenbare Gäste* scheint hier aktiv besetzt – und das buchstäblich: »Der Intendant [...] hatte ihn engagiert, so wie ein Zoodirektor [...] natürlich auch Raubtiere anschafft [...], und Murke war für ihn eine intellektuelle Bestie« (S. 41). Aber die Einschätzung täuscht, und der Name Murke signalisiert das von vornherein – ganz gleich, ob man ihn von »murksen« herleitet[19], oder mit dem näherliegenden »Murkel« (verkümmerter Zwerg) in Verbindung bringt. Murke ist ein vollständig domestiziertes Mitglied des »Zoos« Rundfunksender; seine Aggressionen beschränken sich auf Pennälerstreiche (»jetzt [...] kommt der Vokativ; natürlich nehmen wir den schlechten«, S. 53), oder sie sind rein symbolische Handlungen: Das beginnt mit den Paternosterfahrten, bei denen »gar nichts passieren konnte« (S. 39), setzt sich fort in der Weise, in der er seinen plötzlichen »Haß« auf Bur-Malottke auslebt (S. 45) und betrifft auch den glorreichen satirischen Einfall des gesammelten »Schweigens«. Natürlich ist das Protest gegen die Geschwätzigkeit des Rundfunks und des Kulturbetriebs. Schweigen ist zwar dessen Negation; aber dieser Protestakt verhindert das Geschwätz natürlich überhaupt nicht; er bleibt auf

[18] Cases ^{7}1980, S. 225, vgl. auch Bernhard ^{2}1973, S. 303.
[19] Reid 1974, S. 581.

der ganz privaten Ebene und entwickelt dort, der Freundin gegenüber, auch noch die gleiche Quälfunktion, die Bur-Malottkes Tiraden gegenüber jedem denkbaren Zuhörer haben. In Murke steckt ein Stück von Bur-Malottke – und auch das wiederum buchstäblich: »Erstaunlich ist wieder die Gemeinschaft der Namen: die Buchstaben von *Murke* sind vollständig in *Bur-Malottke* enthalten«[20]: »Murkes Revolte gegen kulturelle Anmaßung ist höchst amüsant aber am Ende völlig wirkungslos«[21]. Er bleibt ›Murkel‹ und erfüllt die Rolle eines David nicht, als den der Leser ihn zu sehen glaubt[22].

Gerade im Scheitern Murkes[23] liegt der besondere satirische Wirkungsfaktor: Das Versagen des Sympathieträgers wird zur Aufforderung an den Rezipienten, seinerseits zu agieren, zumindest, die Augen offen zu halten.

[20] Reid 1974, S. 581.
[21] Reid 1974, S. 581 – Übersetzung aus dem Englischen von mir, B.B.
[22] Friedrichsmeyer 1981, S. 17.
[23] Das verbindet *Murke* mit *Nicht nur zur Weihnachtszeit.*

XI. Ein Tag wie sonst. Hörspiele Zum Tee bei Dr. Borsig. Hörspiele

1. Publikationsformen

Die erste zusammenfassende Veröffentlichung von Hörspielen Bölls erfolgte innerhalb des Sammelbandes ›Erzählungen, Hörspiele, Aufsätze‹ (Köln 1971). Er enthielt die Stücke *Mönch und Räuber*, *Zum Tee bei Dr. Borsig*, *Eine Stunde Aufenthalt*, *Bilanz*, *Die Spurlosen*, *Klopfzeichen*.

Diese Auswahl liegt auch dem dtv-Band *Zum Tee bei Dr. Borsig* (Nr. 200) zugrunde, der 1964 in 1. Auflage erschien.

Erst im Rahmen der Gesamtausgabe 1977/78 wurden sämtliche im Rundfunk ausgestrahlten Hörspiele in dem Band ›Hörspiele, Theaterstücke, Drehbücher, Gedichte I‹ zusammengefaßt, zum Teil auch zum erstenmal im Druck veröffentlicht.

Der 1980 in 1. Auflage erschienene dtv-Band *Ein Tag wie sonst* (Nr. 1536) ergänzt den Band *Zum Tee bei Dr. Borsig* um weitere Hörspiele sowie um eine zuvor nur in einer Zeitung publizierte Dialogszene.

Erstpublikationen:

Die Brücke von Berczaba: Hessischer Rundfunk, 8. 6. 1952.

Weitere Sendungen: 1. 7. 1952 und 22. 11. 1960. Erstdruck: Zauberei auf dem Sender und andere Hörspiele, hg. v. Ulrich Lauterbach, Frankfurt/M. 1962

Das Lächeln: WDR, 19. 1. 1957. Erstdruck: Hörspiele...I, 1978

Ein Tag wie sonst: 8. 4. 1953, NWDR Hamburg (unter dem Titel *Ich begegne meiner Frau*). Weitere Sendung: Hessischer Rundfunk, 20. 4. 1953, Süddeutscher Rundfunk, 18. 5. 1961 und 5. 8. 1962. Erstdruck: Rundfunk und Fernsehen, H. 3, 1953 (leicht gekürzt)

Wir waren Wimpo: Süddeutscher Rundfunk (Heidelberg), 9. 8. 1953 und 14. 10. 1953. Erstdruck: Hörspiele....I, 1978

Dialog am Drahtzaun: Westdeutsche Allgemeine Zeitung v. 17. 10. 1953

Der Klub seltsamer Berufe I – IV: Diese Hörspielreihe nach G. K. Chesterton wurde vom Hessischen Rundfunk im Juli und August 1954 gesendet: *Die Abenteuer des Major Brown* am 28. 7., *Der Besuch des Landpfarrers* am 4. 8., *Der Zusammenbruch eines großen Rufes* am 11. 8. und *Das eingezogene Leben der alten Dame* am 18. 8. Erstdruck: ›Hörspiele...I‹, 1978

Eugénie Grandet: WDR, 21. 10. 1958. Erstdruck: Hörspiele...I, 1978

Mönch und Räuber: [Hörspiel nach einer Legende von Ernest Hello[1]]: NWDR Hamburg (unter dem Titel *Der Mönch und der Räuber*) und SDR (unter dem Titel *Der Heilige und der Räuber*), 18. 11. 1953. Erstdruck: Hörspielbuch des NWDR und SDR, Frankfurt/M. 1953

Zum Tee bei Dr. Borsig: Hessischer Rundfunk, 25. 2. 1955. Erstdruck: Erzählungen Hörspiele Aufsätze, 1961

Eine Stunde Aufenthalt: Südwestfunk, 10. 12. 1957. Weitere Sendung: NDR, 21. 12. 1957. Erstdruck: Merkur, H. 10, 1958

Bilanz: WDR, 27. 2. 1958. Weitere Sendungen: Hessischer Rundfunk, 3. 3. 1958. Erstdruck: Akzente, H. 5, Oktober 1958. Bearbeitung als Fernsehspiel: *Die Stunde der Wahrheit*, NDR, 22. 4. 1958

Die Spurlosen: NDR, 8. 11. 1957. Weitere Sendung: Südwestfunk, 21. 12. 1957. Erstdruck: Hamburg 1957

Klopfzeichen: NDR, 11. 6. 1960. Erstdruck: Hörspiele, hg. v. Ernst Schnabel, Frankfurt/M. 1961

Sprechanlage: Erstdruck: Labyrinth, H. 5, November 1961. Erstsendung: NDR, 10. 10. 1962

Konzert für vier Stimmen: NDR, 10. 10. 1962. Weitere Sendung: Südwestfunk, 16. 10. 1962. Erstdruck: In: Jahresring 1962/63

[1] Ernest Hello (1828-1885), frz. Schriftsteller (Heiligenlegenden).

2. Entstehung und Kontext

Im Kontext von *Adam*[2] und *Wort*[3] habe ich darauf verwiesen, daß Böll von Beginn seiner schriftstellerischen Nachkriegsentwicklung an mit dialogischen Formen – Drama, Hörspiel, Szene – experimentierte. Dies betraf drei verschiedene Felder: Zum einen gehörte die dialogische gleichberechtigt neben der epischen Form zum Spektrum der Möglichkeiten, das Böll für die Darstellung eigener Gegenstände abwog. So gibt es – wie im Fall von *Wort* und *Gäste* – Hörspielfassungen, die der Prosaversion voraufgehen, parallel zu Erzähltexten konzipierte Hörspiele wie bei *Adam* und nachträgliche Umarbeitungen, vor allem zu Drehbüchern wie bei *Gruppenbild* und *Dienstfahrt*. Zum anderen übertrug er immer wieder Prosaarbeiten anderer Autoren in Hörspielfassungen, und schließlich gab es eigene Stoffe, die er von vornherein als Hörspiele, Dramen oder Szenen konzipierte. Der Großteil dieser Arbeiten, soweit sie veröffentlicht wurden, ist in diesen beiden Bänden zusammengefaßt[4]; der Nachlaß enthält darüber hinaus noch eine ganze Reihe von szenischen und dialogischen Entwürfen und komplette Hörspiele.

3. Wort- und Sacherklärungen

Ein Tag wie sonst

Hinweis: Bis einschl. 4. Auflage enthält der Band Umbruchfehler: die Seiten 141 – 143 sind in der Reihenfolge 141, 143, 142 zu lesen; auf S. 177 sind die Zeilen 1 (»MADAME GRANDET: Hör genau hin...) bis 16 (»ich ertrage es nicht«) *nach* der letzten Zeile zu lesen.

2 S. o. S. 88f.
3 S. o. S. 123ff.
4 S. auch den Kommentar zu *Hausfriedensbruch*.

22 *Altamont*: hier fiktiver Ortsname
99 *Walt Whitman*: Amerikanischer Schriftsteller (1819 – 1892)
109 *Bona dea*: (lat.) röm. Segens- und Heilsgöttin, die jährlich im Dezember nur von Frauen gefeiert wurde – *Dissidenten*: hier nicht ganz passende Übersetzung des engl. »dissenter« (= jemand abweichenden Glaubensbekenntnisses)
124 *Bacon*: Francis B. (1561 – 1621), engl. Philosoph
139 *Darwin*: Charles D. (1809 – 1882), engl. Naturwissenschaftler
153 *Faublas*: ›Les Amours du Chevalier des Faublas‹, etwas anzüglicher Roman von Louvet de Couvray (1760 – 1797) – *Liaisons dangereuses*: Roman von Choderlos de Laclos (1741 – 1803)

Zum Tee bei Dr. Borsig

12 *Murdien*: wie alle Ortsbezeichnungen fiktiv
23 *Grusen*: von Grusien (russ.), Georgien – *Dechant*: höherer kath. Geistlicher, Vorsteher eines Kirchenbezirks
25 *Diakon*: 2. Grad der höheren katholischen Weihen
73 *Bjeljogorsche*: russ. Stadt
75 *Amiens*: frz. Stadt an der Somme
82 *Witebsk*: weißruss. Stadt an der Droina – *Kiew*: Hauptstadt der Ukraine – *Sebastopol*: Stadt auf der Krim
92 *Ottonenwall*: Straße in Köln
163 *Philipp der Zweite*: (1527 – 1598), spanischer König
175 *Turnvater Jahn*: Friedrich Ludwig J. (1778 – 1852), Begründer der modernen Vereine zur Leibesübung unter dem von den tradit. studentischen Turnerschaften übernommenen Spruch »Frisch, frei, froh, fromm«
176 *Sonnengesang des Franz von Assisi*: ›Il cantico di frate sole‹ (um 1224), lebensfroher Hymnus des Ordensgründers Franz von Assisi (1181-1226)

Hörspielbearbeitungen

Bei den Bearbeitungen fremder Texte interessiert neben der wachsenden Souveränität im Umgang mit den technischen und dramaturgischen Gegebenheiten des Hörspiels die Affinität zu den behandelten Gegenständen und den ausgewählten Autoren. Außerdem erlauben gerade diese Texte in besonderer Weise Aufschluß über das für Böll so wichtige Verhältnis zwischen epischer und dramatischer Gattung.

Auf Honoré de Balzac ist Böll in seinen Essays immer wieder zu sprechen gekommen. Er nennt ihn häufig mit Charles Dickens zusammen als Vorbild für den dichterischen Umgang mit der Realität[5]. Gilbert Keith Chesterton gehört zu den Autoren, zu dessen Vorbildfunktion für das eigene Werk sich Böll wiederholt bekannte. Immer wieder hat er den Ausspruch »Wo verbirgt der Weise ein Blatt? Im Walde!« zitiert. Über Francis Stuart hat er sich nur in einer Rezension zu dessen Roman ›Die Wolkensäule‹ (1953) geäußert[6]. Die Figuren, die hier in einen Mord verwickelt sind – »den sinnlich-naiven Mörder Kavanagh, den zynischen Intellektuellen Ezra, den mehr passiven Father Mellowes und dessen opferbereite Schwester Romilly«[7] –, und die besondere irische Mentalität, von der Böll sich schon vor seinem *Irischen Tagebuch* fasziniert zeigte, bestimmte die Wahl dieses Vorbilds.

Von Ernest Hello, dem Böll für *Mönch und Räuber* verpflichtet ist, hat er im Oktober 1953 die deutsche Ausgabe der ›Heiligengestalten‹ rezensiert[8]. Zuvor hatte es den Plan gegeben, für die ›Frankfurter Hefte‹ eine Artikelserie über Heilige zu schreiben,

[5] So bereits im *Bekenntnis zur Trümmerliteratur* (1952), in: SR-1, S. 29.

[6] In: SR-1, S. 115f.

[7] Sowinski 1993, S. 95.

[8] *Das Paradox der Heiligkeit*. Ernest Hello: Heiligengestalten, ^{3}1953. In: Deutsches Volksblatt, Stuttgart, 24. 10. 1953.

von der nur *Ein skythischer Knabe*[9] erschien. Einzelne Motive des Stückes – etwa die Entlassung eines Priesters, der »eine lange Predigt hielt über den Vers: Armen wird die frohe Botschaft verkündet« (S. 25), die im Grunde ehrbare Dirne (S. 11) und das »Lächeln« – entsprechen den eigenen, und der seltsame Name »Baskoleit«[10] ist bei Stuart entlehnt (S. 28).

Das Hörspiel nach Balzacs ›Eugénie Grandet‹ wurde innerhalb einer Sendereihe ›Liebesromane der Weltliteratur‹[11] ausgestrahlt, was die Präferenz schon aus dem »einen Thema« erklärt. Dazu kommt natürlich der Blick auf eine allein vom Geld regierte Gesellschaft, dargestellt im Mikrokosmos einer Familie in der Provinz. Das Experiment der *»Entfernung von der Prosa«*[12] , das Verfahren, »Figuren, Gestalten, Personen aus der strengen Zucht, von der festen Leine der Prosa zu entlassen«[13], dürfte den eigentlichen Reiz für die Übernahme dieser Bearbeitung ausgemacht haben. »Strenge Zucht« und »feste Leine« sind nach allgemeinem Verständnis freilich eher die Charakteristika für die dialogische Version: Der begrenzte Zeitrahmen und die Reduktion auf das Akustische verlangt Konzentration auf das Wesentliche und klare Strukturierung. Der Wegfall des Erzählerkommentars schränkt Erläuterungen, Motivationen etc. auf das innerhalb direkter Rede Plausible ein.

Böll gliedert die Handlung von Balzacs Roman, der nicht in Kapitel aufgeteilt ist, in 21 kurze »Szenen«, in denen die Psyche der Hauptfiguren und die Motive ihres Handelns jeweils in den entscheidenden Entwicklungs- und Wendepunkten schlaglichtartig sichtbar gemacht werden.

In den frühen Hörspielen aus den Jahren 1952 und 1953 ist die

9 Nach Auskunft von Viktor Böll liegen im Böll-Archiv einige fertiggestellte Artikel: Katharina von Siena, Der Heilige Paphnutius, Der Heilige Goar und Joseph von Cupertino.

10 S. *Der Tod der Elsa Baskoleit* in *Weihnachtszeit*, S. 88ff.

11 Bellmann 1995, S. 147.

12 Das ist der Titel von Bölls Beitrag im Programmheft zur Aufführung der dramatisierten Version vom *Clown* (1970), s. SR-4, S. 128ff.

13 SR-4, S. 128.

»Entfernung von der Prosa« noch nicht so weit: Die Stücke – Bearbeitungen wie auch gänzlich eigene – weisen zum Teil noch einen Erzähler auf (*Wir waren Wimpo*, *Mönch und Räuber*), oder sie enthalten längere erzählende Passagen mehrerer Personen (*Die Brücke von Berczaba*, *Ein Tag wie sonst*, *Das Lächeln*). Mit den Chesterton-Bearbeitungen erreicht Böll den hörspieldramaturgischen Stand der Zeit, ohne sich den damals etwa von Günter Eich, Ingeborg Bachmann oder Ilse Aichinger präferierten Inhalten anzuschließen. Deren Gleichnissen, Parabeln, Traumspielen stellt Böll mit den Chesterton-Bearbeitungen und *Wimpo* eine kritisch-satirische Alternative entgegen. Daß die »seltsamen Berufe« bei Chesterton zu den eigenen Berufssatiren in Beziehung stehen, versteht sich.

Zu *Die Brücke von Berczaba* und *Ein Tag wie sonst* ist in den Kapiteln zu *Adam*[14] und *Wort*[15] das Nötige ausgeführt.

Die Original-Hörspiele

Zwischen *Zum Tee bei Dr. Borsig* und *Konzert für vier Stimmen* zeigt sich eine formale Entwicklung vom »Bühnendrama im Rundfunk« zum »Hörspiel der inneren Bühne«, das heißt: Böll fand den Weg von der Anpassung an die Einschränkung der nur auf den Ton angewiesenen Hörspielsituation zur Nutzung der ureigenen Gestaltungsmöglichkeiten des Hörspiels. Entsprechend wäre das Borsig-Stück, oder *Bilanz* auch als Theaterstück spielbar, *Klopfzeichen*, *Sprechanlage* hingegen nicht. *Konzert für vier Stimmen* fällt formal wieder hinter diese Entwicklung zurück; denn trotz des Titels handelt es sich um Erzählpassagen, die zwar vier Perspektiven eines Sachverhalts beleuchten, aber gerade nicht zu einem »Konzert« verwoben sind.

Bei *Zum Tee bei Dr. Borsig* zeigt sich der Fortschreibungspro-

[14] S.o. S. 97.
[15] S.o. S. 123ff., zu *Wir waren Wimpo* vgl. den Kommentar zu *Gäste*; s. o. S. 168f.

zeß in der thematischen und motivlichen Nähe zu *Wort* (Drogisten und Werbesprüche), zu dem gleichzeitig entstandenen *Haus* und – vorausweisend – zu *Billard* (die Imagebildung durch die Konstruktion eines eigenen »Stils«)[16]. Was in *Haus* Vorgeschichte darstellt – die Arbeit des Dichters Rai als Werbetexter –, ist im Hörspiel Vorgeschichte und Zentrum der Handlung zugleich, indem das Stück zwei Verhaltensweisen gegenüber der Problematik von Kunst und Macht konfrontiert: Der Dichter Nadolt war den Pakt mit der ORAMAG eingegangen, der Lyriker Robert Wilke verweigert sich letztendlich. Die Manager – »Gangster« nennt sie Frau Borsig und »rasierte Schwindler« (S. 49) – repräsentieren ein Milieu, das mit allen Attributen Böllscher Abneigung ausgestattet ist: »das, was man ein geschmackvolles Heim nennt: Sauberkeit und Ordnung, alles am rechten Platz« (S. 48), Gewissenlosigkeit, »soll ich mehr Gewissen haben als die Konkurrenz« (S.54) und Zynismus, »Na, dann bieten Sie ihm weniger, wenn er [*lacht*] durch zu viel Geld störrisch wird« (S. 38).

Auf der Gegenseite stehen Robert und seine Freundin Franziska, die den Unterschied der beiden Welten auf einen Begriff bringt, der in den folgenden Jahren zu einem weiteren Schlüsselwort Bölls werden soll: »Was wir Brot nennen, nennen sie trockenes Brot [...] ist es nicht eine Gemeinheit, Brot trockenes Brot zu nennen?« (S. 42).

Das richtet sich nicht allein gegen einen kulinarischen Snobismus; denn »Brot« ist mehr als nur ein Nahrungsmittel, es bezieht auch nicht nur die sakralen Assoziationen als »Leib Christi« mit ein, sondern es ist darüber hinaus Chiffre für das Leben überhaupt und zugleich auch Ausdruck seiner Sinnlichkeit: »[...] man sollte es nie vergessen, wie man es bricht – Brot – wie man die Zähne in die unebene, weiche Bruchstelle gräbt – wie man rings um den Mund die wunderbare, weiche Berührung des Brotes spürt, eine trockene Zärtlichkeit« (S. 58).

[16] Vgl. den Bericht von Frau Borsig über einen Menschen, »der unbedingt einen rohen Eidotter im Tee haben mußte«, S. 45.

Franziska, die dies beschreibt, pflegte zu weinen, wenn sie »als Kind an einem Wintertag vor dem Keller der Bäckerei« hockte »und der warme, süße Duft des frischen Brotes hochstieg«; sie weinte, weil die »Bäckersfrau so gleichgültig war«. Diese Erinnerung an das Brot »der frühen Jahre«, d.h. die intakt gebliebene Verbindung mit der Sinnlichkeit des Lebens, verleihen ihr Widerstandskraft. Ganz anders Frau Borsig, die zwar die Mechanismen der Welt ihres Mannes völlig durchschaut, die aber nie »im Kino geweint« hat und nicht mehr weiß, »wie Brot schmeckt – das, was wir trockenes Brot nennen«.

Aber Franziska kritisiert auch Robert: Sein »Gedicht von der großen Flut«, eine Endzeitvision, die Böll häufiger in solchen Sintflutbildern gestaltet hat[17], mag »schön sein, es mag gut klingen«, aber es ist »ein Gedicht für Leute, die morgens mit Brechreiz erwachen« (S. 59). Böll vermeidet die Schwarz-weiß-Zeichnung von »Reinen« und »Bösewichtern«: Robert ist keineswegs eine völlig ungebrochen »reine« Figur; Borsig und Söntgen sind ebensowenig das Gegenteil: Prokolorit nämlich, das Mittel gegen Farbenblindheit, für das Robert werben soll, ist ein »gutes Mittel«, und beide wollen mit Roberts Hilfe »doch einmal versuchen, ob man nicht auch ein gutes Mittel gut verkaufen kann« (S. 39).

Wie selbstverständlich behandelt das Hörspiel Vor- und Nachkriegszeit als Kontinuum. Die »Becher-Denkschrift« zu Ehren des Firmengründers der ORAMAG und die Biographie von Frau Borsig seit 1913 (S. 45) ziehen die erste Hälfte des Jahrhunderts bruchlos und ohne »Nullpunkt« zu einer Einheit zusammen.

Vergleichbares geschieht in *Eine Stunde Aufenthalt*. Donath ist 1931 aus Deutschland ausgewandert, also noch vor den Nazis. Der Krieg hat ihn »nur als Gerücht« (S. 66) erreicht, aber er erkennt eine Konsequenz der Entwicklung, die ihn in der Gegenwart von 1957 feststellen läßt: »wenig verändert« (S. 77). Das scheint nur den Bauzustand einer Straße zu betreffen, gilt aber für

[17] Vgl. Bernáth 1992, S. 77ff.

mehr; denn die Jugendfreundin bittet ihn, »Tu alles, damit er [ihr Sohn] nicht Krumens Tod sterben muß« (S. 83). »Krumens Tod«, das war Strafe wegen unzulässiger Menschlichkeit: »Er ließ Gefangene laufen [...] er schenkte ihnen Brot. [...] Deswegen wurde er erschossen« (S. 83). Im *Clown* wird diese Episode wieder auftauchen und in *Gruppenbild*. Hier ist es die in ein Motiv zusammengedrängte Bilanz der Restauration.

Ausführlicher stellt sich das dar in *Bilanz*. Kramer stand als Richter »in seiner blutroten Robe dabei« (S. 113), als fünf 17- und 18jährige Kommunisten hingerichtet wurden – ein tatsächliches Ereignis aus dem Jahr 1934[18]. Nach dem Krieg ist er Gerichtspräsident: Personelle Kontinuität also auch hier, und sie betrifft einen längeren Zeitraum als den zwischen 1934 und 1957. »Bilanz« wird gezogen von Clara, die im Sterben liegt, Bilanz ihres Lebens seit 1918, als sie und Martin sich in einem Hotel trafen, Bilanz einer Ehe, die verknüpft ist mit der Bilanz einer Epoche, wobei die der Ehe zweifellos besser ausfällt: Was Clara »als Kind schon gefürchtet« hat, ist ihr »erspart geblieben: nie habe ich mich gelangweilt« (S. 91). Freilich fehlte etwas: »Ich hätte so gern auf dieser Welt einen Menschen wirklich gekannt« (S. 90). Auch hier[19] fällt wieder der biblische Begriff mit allen Bedeutungen, die er impliziert: »[...] war ich froh, daß er Lieselotte gekannt hatte – ihren Körper und viel, viel mehr« (S. 103)[20].

Der Gerichtspräsident Kramer ist Claras Geliebter gewesen. Martin, ihr Mann, war ebenfalls Richter, aber »als der Beruf anfing [ihn] zu Verbrechen zu zwingen, gab [er] auf« (S. 101). Auch diese Kritik radikalisiert und verallgemeinert sich über den antifaschistischen Anlaß hinaus: »Vielleicht hat er gespürt, wie sehr ich das Gesetz verachte« (S. 106), sagt Martin – und das ist, wie schon in *Wort*[21], nicht nur das Gesetz der Nazis –; er fährt mit Blick auf

[18] Es ist das gleiche Ereignis, das die »Keimzelle« von *Billard* darstellt (vgl. *Werkstattgespräch mit Horst Bienek*, in: I, S. 16).
[19] S.o. S. 128f.
[20] S. 91, 95, 101, 103.
[21] S. *Wort*, S. 34.

die Gegenwart, also im Präsens, fort: »Die Schwätzer siegen – Aufschneider beherrschen die Welt – Dummköpfe definieren die Klugheit, die Mächtigen gurgeln mit Eitelkeit«.

Die Alternative ist voller Pessimismus: Claras Versuche, auszusteigen »aus der Zeit, aus meinem Leben« (S. 103), erweisen sich als »Täuschung«; denn »wenn ich zurückkam, fiel die Zeit, der ich entflohen zu sein glaubte, dopppelt über mich, dreifach«. Nur ein »Ausweg« existiert: »Allein über den Wolken« (S. 108), der Ausweg ihres Sohnes Lorenz, der Flugzeuge stiehlt oder Geld, sie zu mieten, um allein zu fliegen. Neun von achtzehn Jahren hat er deswegen im Gefängnis verbracht – diese Bilanz scheint im »Soll« zu enden, aber: »Lohnen – das ist ein Wort, das ich nicht kenne« (S. 108); denn jenseits des Lebens zählt nicht der Preis. Clara erlebt ihren Tod ebenfalls als Auffliegen in die Luft, »ein ganzer Ozean von Luft, Wolken wie weiße Lämmer« (S. 115) – der Tod als Fluchtraum, die »Bilanz« weist warnend zurück auf die Zeit von *Der Zug*.

Da scheinen *Die Spurlosen* erfolgreicher: Eine Gruppe von zehn Familien, die in den letzten Kriegstagen mit einem U-Boot geflüchtet sind, ausgebrochen aus den Verhältnissen jener Zeit, die sie auch 1957 für nicht wesentlich verändert halten. Sie führen seitdem auf einer Insel ein »Leben in Frieden und Wohlstand, Ruhe, Kindererziehung« (S. 133), ein gemeinschaftliches Robinson-Idyll. Bankeinbrüche dienen der Gruppe dazu, dieses Leben zu finanzieren. Böll hat das 1975 rückblickend als »fast schon ein Tupamaro-Modell« bezeichnet. Doch ist dies – wenn überhaupt – ein Tupamaro-Modell ganz besonderer Prägung, weil es Böll auch darum ging, »die Höflichkeit der Beteiligten darzustellen. Natürlich ist ein Bankraub eine ziemlich unhöfliche Sache, aber über die Sache hinaus braucht man ja nicht unhöflich sein«[22]. Die gleiche Überlegung ist 1977 Grundlage gewesen für die Erzählung *Höflichkeit bei verschiedenen unvermeidlichen Gesetzesübertretungen*[23].

[22] *Drei Tage im März* (1975), in: I, S. 406.
[23] S. *Heidelberg*, S. 60ff.

»Alle Paradiese beruhen auf Raub, Diebstahl, Einbruch« (S. 146), antwortet der Priester im Hörspiel auf Vorhaltungen seines Amtsbruders. Das dementiert das Modell als »realistische« Alternative. Und selbst das Inselparadies entspricht nicht völlig dem Ideal einer anarchistischen Menschengemeinschaft à la Bietenhahn: Die Frau beteiligt sich an dem Raubzug, um »hier krank zu werden – und mit einem Priester zu sprechen« (S.133). Das Paradies ist unvollständig: »Dort, wo wir leben, ist eine Kirche, verlassen, verfallen [...] Es gibt noch ein Stück von einer Statue dort: nur die Füße, mit Sandalen« (S. 137).

Deshalb möchte Marianne den Priester mitnehmen: »Wir würden zusammen die Heiligenstatue [...] nach oben zusammenflicken«.

Eine zerbrochene Heiligenfigur als Symbol des fragmentarischen Charakters der Inselgemeinschaft, der Priester als Zeichen der fehlenden Verbindung zur menschlichen Gesellschaft und zugleich des Kontrastes zum Nihilismus Kröners, des Führers der »Spurlosen«. Die »glückseligen Inseln« sind nicht das Gemeinschaftskonzept Bölls, sie sind nur die Kontrastfolie, auf deren Hintergrund die gesellschaftliche Realität der deutschen Gegenwart um so deutlicher zu erkennen ist. Ein Denkspiel ist auch dieses Hörspiel vor allem, und die Konstruktion wurde von der Fragestellung bestimmt, die ihm zugrunde lag: »Damals, als ich das Hörspiel machte, ging es mir nur um das Problem der Verschwiegenheit des Priesters«, erklärte Böll 1975[24]. Ein geistliches »Problem« motiviert auch das technisch und dramaturgisch gelungenste Hörspiel jener Jahre, *Klopfzeichen*, und auch dort zieht die Verankerung der Kirche in der Welt die Zeitgeschichte mit hinein und stellt diese in einen Zusammenhang, so daß man nicht weiß, »ob das Vergangene Gegenwart oder das Gegenwärtige Zukunft ist« (S. 153). »Es geht hier zum einen um die Vorbereitung der Erstkommunion für die Tochter der Hauptfigur, eines Mannes, der in der NS-Zeit im Gefängnis saß, zum andern um das

[24] *Drei Tage im März* (1975), in: I, S. 406.

Nacherleben der damaligen Kommunion und ihrer Kommunionsvorbereitung für einen Todgeweihten über Klopfzeichen und Kassiber. Die beiden Zeitebenen, die hier einander abwechseln, sind zugleich Kontrastebenen, insofern sich Einst und Jetzt, innerliche Ergriffenheit und konventionelle Tradition, geheimes Tun und Äußerlichkeiten, Askese und Materialismus gegenüberstehen.« Diese Zusammenfassung ist zutreffend[25], bleibt nur den Grund für die Haft der Hauptfigur schuldig: »Ich hatte einem Polen, der an unserem Haus vorüberkam, ein Stück Brot und ein paar Zigaretten gegeben« (S. 152). Wie in *Eine Stunde Aufenthalt* bestimmen Menschlichkeit und wiederum das Brot als Nahrung und Leib Christi die Handlung und – diesmal im engeren Sinn des Begriffs – den Rhythmus des Stückes, der es als Hörspiel besonders beglaubigt: »Der Rhythmus, den Julius und der Priester mir aufzwangen, sitzt mir noch in den Muskeln. [...] Ich weiß noch, wie sehr ich erschrak, als ich eines Morgens sehr früh nur die beiden kleinen Worte annahm und weitergab. (*Ein kurzes, ein langes, ein kurzes Klopfsignal*)« (S. 155). Das Signal, es bedeutete »Ich glaube«, erschreckte den Mann. Es war »so einfach, so eindeutig und überzeugte« ihn, wie ihn »noch nie ein Bekenntnis überzeugt hatte« – die scheinbare Reduktion auf den Rhythmus produziert ein Mehr an Überzeugungskraft.

Solch besondere Hörspielqualität scheint auch *Sprechanlage* auszuzeichnen. Auch hier motiviert die Situation die Beschränkung auf das Akustische; doch die wirkt konstruiert: Die Weigerung Robert Köhlers, mit seinem ehemaligen Kriegskameraden Rehberg von Angesicht zu Angesicht zu sprechen, ist kaum zu verstehen, die Begründung aufgesetzt. Das Stück hat seine Bedeutung als inhaltlicher Baustein im Fortschreibungsprozeß Bölls: Der Gegensatz von Künstler und saturiertem Bürger, deren unterschiedliches Verhältnis zum Geld, der besondere Begriff von »Verantwortung« (S. 167), wenn es um Geld geht, sind sämtlich Motive, die für den *Clown* bedeutsam werden, an dem Böll zu je-

[25] Sowinski 1993, S. 98.

ner Zeit (1962) arbeitete. Auch die extreme Außenseiterposition Köhlers und ihr provokanter Kontrast zur »koordinierten Gesellschaft«, die Rehberg in Vorträgen propagiert (die Parodie auf Ludwig Erhards Begriff der »formierten Gesellschaft« ist deutlich), weisen auf den Roman voraus.

Das gilt auch für das letzte Hörspiel in diesem Band. Kreativität und Außenseitertum gehören auch hier zusammen. Der Fähigkeit des Hans Schnier, Gerüche gesteigert und sogar durchs Telefon wahrzunehmen, entspricht die quasi komplementäre Flucht des Familienvaters (Bass) in den Gestank.

XII. Das Brot der frühen Jahre. Erzählung

1. Publikationsformen

Buchausgabe: Köln 1955 (November)
dtv (1374): 1. Auflage 1978
Verfilmung: *Das Brot der frühen Jahre*, Mai 1962
Drehbuch: Herbert Vesely und Leo Ti; Regie: Herbert Vesely

2. Entstehung und Kontext

Entstehungsort und -zeitraum hat Böll – zum ersten und einzigen Mal in seinem Werk – am Schluß des Textes benannt: »*Keel, Achill, Juli – September 1955*«. Keel, ein Dorf auf der Insel Achill (Grafschaft Mayo), war der Wohnort Bölls bei seinem ersten Irland-Aufenthalt. Abgelegenheit und Ruhe ermöglichten die Konzentration, die eines der »vollkommensten Prosastücke des frühen Böll«[1] in der kurzen Zeit von nur drei Monaten entstehen ließ. Es ist ein Beispiel für Bölls literarische Schreibstrategie der »Versetzung«, daß er zwei Jahre später, für das *Tagebuch*, Irland von Deutschland aus als Schauplatz wählte und in Irland einen deutschen Handlungsort. Dabei vermischen sich Erfahrungen der realen mit der fiktionalen Topographie: Die Hungerjahre der deutschen Nachkriegszeit mit ihren »Brotträumen«, von denen Böll 1946 berichtete[2], müssen ihm vergleichbar erschienen sein mit der Großen Hungersnot im Irland des Jahres 1845, und die »Elemente des irischen Lebens«[3] so unterschiedlich nicht von denen der deutschen Realität.

[1] Durzak ³1979, S. 96.
[2] Hoffnung, S. 21.
[3] SR-1, S. 125.

Die Reaktionen der Kritik auf das Buch waren widersprüchlich, aber überwiegend positiv. Sie reichten von »Ein schwacher Böll«[4] bis zu »Das ist Dichtung«[5]. Die Literaturwissenschaft urteilte ähnlich uneins, doch überwiegend negativ: Wenn Nägele den Text »eher zu den Nebenwerken [...] rechnen«[6] will, entspricht er der Mehrheitsmeinung; Manfred Durzaks oben zitierte Wertschätzung hat zu Unrecht wenig Zustimmung gefunden.

3. Wort- und Sacherklärungen

9 *Scharnhorst*: Gerhard David v. Sch. (1755 – 1813), preußischer General – *Iphigenie*: durch die Dramen des Euripides und Goethes bekannte Tochter Klytämnestras und Agamemnons zur Zeit des Trojanischen Krieges

58 *Mozart*: Wolfgang Amadeus M. (1756 – 1791), österr. Komponist – *pilageuse – pilage*: (frz.) zerstampfen; eventuell irrtümlich abgeleitet von pillage – pillageuse = Plünderung, Plünderin

72 *Kaiserin Augusta*: (1811 – 1890), dt. Kaiserin ab 1871

79 *Lincrusta*: abwaschbare Papiertapete

80 *Grieg*: Edvard G. (1843 – 1907), norweg. Komponist

4. Aspekte des Textes

Inhaltsabriß

Walter Fendrich, der sich als Banklehrling, Verkäufer und Tischlerlehrling versuchte, hat seine Elektrikerlehre mehr aus Trotz als aus Begeisterung beendet. In den Jahren des Wirtschaftswunders

[4] Westdeutsche Allgemeine Zeitung, 10. 12. 1955.
[5] Welt der Arbeit, 2. 12. 1955.
[6] Nägele 1976, S. 129.

findet er seine Existenz als Waschmaschinen-Mechaniker »ganz passabel«. Auf die Bitte seines Vaters holt er die Tochter eines seiner Lehrerkollegen vom Bahnhof ab. Das Zusammentreffen mit der zwanzigjährigen Hedwig wird für Walter zur radikalen Lebenswende. Während er alles daransetzt, Hedwig noch an diesem Tage für sich zu gewinnen, erinnert er sich an die Zeit, als er aus Hunger von einem zwanghaften, gierigen Verlangen nach Brot besessen war. Die Hartherzigkeit seiner Umgebung trieb ihn zum Diebstahl, und er sah schließlich nur noch im Geld sein einzig erstrebenswertes Ziel. Überwältigt von seiner bedingungslosen Liebe steigt er aus diesem Leben aus.

Der »Rohstoff« Realität[7]

Die knapper als sonst ausgefallenen »Wort- und Sacherklärungen« sind scheinbar ein Indiz dafür, daß es sich hier nicht nur um einen »handlungsarmen«[8] Text handelt, sondern um ein Werk, das überhaupt einen geringeren Bezug zur Wirklichkeit besitzt. Daß es »auf weiten Strecken von erzählerischer Introspektion«[9] bestimmt wird, trägt zu diesem Eindruck bei, der dennoch täuscht: Nicht nur wird die Fabel durch Nennung von Daten der erinnerten Zeit – »19. 2. 47« (S. 46), »vor neun Jahren in der Schule«[10] – und der Textgegenwart – »Es war Montag, der 14. März« (S. 49) – mit der zeitgeschichtlichen Wirklichkeit verbunden, sondern es gelingt Böll, »die Atmosphäre der Hungerjahre und der Wirtschaftsblüte [...] zu vergegenwärtigen« (S. 1). Überdies schließt die erzählte Zeit den Krieg ein und – mit dem Hinweis auf das große weiße »Viereck, wo sonst das Hitlerbild gehangen hatte« (S. 9) – auch den Faschismus.

[7] Durzak 1995, S. 43: »Die historisch dokumentarische Erfahrungsdimension [...] läßt sich [im Briefwechsel mit Kunz] sozusagen als biographischer Rohstoff erkennen«.

[8] Durzak 1995, S. 46.

[9] Durzak 1995, S. 46.

[10] S. 44 – das legt die Gegenwart des Textes in das Jahr 1955.

Das nicht mehr vorhandene Bild wird durch seinen Kontext – Gefallenen-Denkmal, Bild von Scharnhorst – zu einer eigenen bildlichen Wendung, die einen ganzen Inhaltskomplex zusammenfaßt. Das ist ein Verfahren, das Böll ähnlich schon in *Wanderer* erprobte, hier aber zu einer besonderen »Technik der Erzählkontraktion in Form von bestimmten zentralen Motiven«[11] ausarbeitete. Solch »symbolisches Erzählen«[12] ist besonders der Novelle in ihrer im 19. Jahrhundert geprägten Gestalt eigen.

Erzählung, Kurzroman, Novelle – die Gattungsfrage

Die Frage nach der Textsorte ist bei diesem Werk über das engere literaturwissenschaftliche Interesse hinaus von Relevanz, und sie ist offenbar besonders schwer zu beantworten[13]. Böll selbst hat die Bezeichnung »Erzählung« gewählt; die Literaturwissenschaft spricht von »*long short story* oder [...] Kurzroman«[14], auch »längere Erzählung«[15] wurde vorgeschlagen. Gattungsfragen sind kaum dogmatisch-normativ anzugehen, und so muß der Primat der jeweiligen Selbsteinschätzung gelten. Dabei hilft der ziemlich unbestimmte Terminus »Erzählung« nicht weiter, wohl aber Bölls eigene Unterscheidung von Kurzgeschichte und Novelle, die er im zeitlichen Kontext zu diesem Text am Beispiel von Wolfgang Borcherts Kurzgeschichte ›Das Brot‹ vornahm: »[...] sie ist Dokument, Protokoll des Augenzeugen einer Hungersnot, zugleich aber ist sie eine meisterhafte Erzählung [...], ein Musterbeispiel für die Gattung Kurzgeschichte, die nicht mit novellistischen Höhepunkten und der Erläuterung moralischer Wahrheiten erzählt, sondern erzählt, indem sie darstellt«[16].

[11] Durzak ³1979, S. 87.
[12] Durzak ³1979, S. 85.
[13] Damit wiederholt sich ein Phänomen, das auch schon im Fall von *Der Zug* zu beobachten war, vgl. Bernhard 1973 S. 16.
[14] Durzak 1995, S. 41.
[15] Nägele 1976, S. 129.
[16] *Die Stimme Wolfgang Borcherts* (August 1955), in: SR-1, S. 155ff., Zitat S. 159 f.

Eine Kurzgeschichte solchen Charakters stellt *Brot* nicht dar. Das Gewicht liegt keineswegs auf der Darstellung, sondern der Text ist auf einen Höhepunkt, sogar auf einen novellistischen Wendepunkt hin geschrieben, den einer »epiphanischen Initiationserfahrung«[17], einer Wandlung des Protagonisten, die schon auf der zweiten Seite als vollzogen angekündigt wird: »Später dachte ich oft darüber nach, wie alles gekommen wäre, wenn ich Hedwig nicht am Bahnhof abgeholt hätte: Ich wäre in ein anderes Leben eingestiegen, wie man aus Versehen in einen anderen Zug einsteigt« (S. 6).

Natürlich wäre auch »Kurzroman« eine zutreffende Gattungsbezeichnung, doch der Begriff Novelle enthält aus seiner Entwicklungsgeschichte im 19. Jahrhundert eine Reihe von Aspekten, die im Blick auf Bölls Text von analytischer Relevanz sind. Insbesondere die Verbindung von »unerhörter Begebenheit«[18] und über sich hinausweisender Bedeutung sowie die dafür bevorzugte Verwendung von Leitmotiven und »Dingsymbolen« sind Elemente, die ganz offenbar auch auf *Brot* zutreffen. Dabei ist daran zu erinnern, daß der von Böll konstatierte Gegensatz der Kurzgeschichte zur Novelle diese nicht etwa von der besonderen Leistung des Dichterischen ausschließt. Im Gegenteil: Der literaturgeschichtlich begründete besondere Kunstanspruch entspricht dem pathetischen Begriff, den Böll vom »Röntgenauge eines Dichters« hat, das »durch das Aktuelle dringt«. Es ist der »Dichter«, der »unvergeßlich macht, was die Geschichte so gern vergißt: die Reibung, die der einzelne zu ertragen hat, indem er Geschichte macht und sie erlebt. Ein Strich über eine Generalstabskarte, das ist ein marschierendes Regiment; eine Stecknadel mit rotem, grünem, blauem und gelbem Knopf ist eine kämpfende Division [...]. Für den einzelnen jedoch hat es nie taktische Zeichen gegeben: ein alter Mann, der sich heimlich in der Nacht eine Scheibe Brot abschneidet – seine Frau, die ihm ihre Scheibe Brot schenkt«[19]. Wem fällt hier ne-

[17] Durzak 1995, S.49.
[18] Goethe zu Eckermann am 29. Januar 1827.
[19] *Die Stimme Wolfgang Borcherts*, in: SR-1, S.160.

ben dem »Brot« (das an anderer Stelle dieses Textes als »Streitwert« auftaucht) nicht sogleich die Farbskala auf oder der »Strich über eine Generalstabskarte«, der in *Brot* als »Strich durch Alois Namen« (S. 79) und den »Namen einer Arbeiterin (S. 87) in der Lohnliste« sogar mehrfach vorkommt! Die symbolische Technik, an die Böll in seinem Borchert-Essay erinnert, hat er selbst sich in *Haus* zu erschreiben begonnen. In *Brot* vervollkommnet er sich darin, und die Novellenform gibt nach *Der Zug*, *Vermächtnis*, *Die Waage der Baleks* oder *Im Tal der donnernden Hufe* erneut einen besonders geeigneten Rahmen ab.

Die symbolische Schreibweise

Zu Recht hat also Manfred Durzak, dem ich hier in den zentralen Argumenten folge, ein Kapitel seiner Darstellung des deutschen Romans »Symbolisches Erzählen: ›Das Brot der frühen Jahre‹«[20] betitelt. Und ebenso zutreffend ist seine Feststellung, Böll habe mit dem zentralen Symbol »Brot«, »die von materieller Entbehrung, Hunger und Not gekennzeichnete Nachkriegszeit« eingefangen, »ohne die gesamte Problematik der Nachkriegszeit extensiv, in langen erzählerischen Rückblicken aufzurollen«[21]. Der Hinweis auf die Passage der *Frankfurter Vorlesungen*, in der Böll ein knappes Jahrzehnt später für eine »Ästhetik des Brotes«[22] plädiert und »zugleich den Bedeutungsbereich«[23] des »Motivs«[24] ab-

[20] Durzak ^{3}1979, S. 85.

[21] Durzak ^{3}1979, S. 86 – Böll hat diese Formulierung in seinem Borchert-Essay gleichsam vorweg beglaubigt, wenn er über Borcherts Kurzgeschichte ›Das Brot‹ schreibt, sie wiege »viele gescheite Kommentare über die Hungersnot der Nachkriegsjahre auf«,in: SR-1, S.159.

[22] *Frankfurter Vorlesungen* (1964), in: SR-3, S. 79, s. auch oben, S. 32.

[23] Durzak ^{3}1979, S. 85.

[24] Böll selbst spricht an dieser Stelle der *Frankfurter Vorlesungen* nicht mehr von Symbol, weil er die Phase »symbolischen Erzählens« 1964 bereits hinter sich gelassen hat. Im Begriff »Zeichen« ist noch ein Rest der Symbolfunktion bewahrt, das »Reale« und das »Magische« überwiegen in der Formulierung; jedoch ist das Assoziationenspektrum, das »Brot« für Böll aktiviert, nicht verändert.

schreitet, hat den Maßstab für die Lektüre der Novelle gesetzt. Diese Passage beschreibt nicht nur das Spektrum der Symbolverwendung, »sondern vor allem die von Böll hier und in anderen Texten dieser Phase verwendete Bildtechnik«, die Durzak »Bedeutungsintensivierung durch Wiederholung und Variation« nennt: »Die Bilder kommentieren sich sozusagen selbst durch eine unterirdische Vernetzung der immer wieder aufgegriffenen und veränderten Bildzeichen, durch kontextuelle Zusammenhänge [...]. Natürlich ist das erzählerisch auch ein sehr ökonomisches Verfahren, da es mit Andeutungen und Verkürzungen arbeitet und nicht psychologisiert oder allegorisiert, d.h. die Übertragungsverfahren nicht selbst mittransportiert«[25].

In zahlreichen früheren Texten – von den Kurzgeschichten *Der Geschmack des Brotes*[26] und *Mein Onkel Fred*[27], über das *Bekenntnis zur Trümmerliteratur* (1952)[28] bis hin zum Hörspiel *Zum Tee bei Dr. Borsig* aus dem Februar 1955, ist »Brot« »eines der elementaren Motive«[29]. Schon im Hörspiel teilt sich die Welt in Menschen, die für die sinnliche und sakrale Qualität des Brotes empfänglich sind und die anderen, die Brot »trockenes Brot nennen«[30].

In gleicher Weise wird »Brot« in der Novelle zu einem »Katalysator«, »erhält es auf dem Hintergrund [der] Jugenderfahrung in Fendrichs Vorstellung eine Bedeutung, die das Nahrungsmittel mythisiert, ihm einen übersinnlichen Wert verleiht«[31]. Fendrich ist »brotsüchtig« (S. 15), während Wolf Wickweber ihm vorhält, daß er es »nicht nötig« habe, »trockenes Brot zu essen« (S. 61). Brot ist Fendrichs »Rechnungseinheit«, um Wickwebers Profit zu ermitteln (S. 46), um seine Welt zu beurteilen und zu verdammen (S. 90).

[25] Durzak 1995, S. 44.
[26] in: *Heidelberg*, S. 45ff.
[27] in: *Weihnachtszeit*, S. 42ff.
[28] SR-1, S. 27ff.
[29] Leiser 1975, S. 40.
[30] *Borsig*, S. 42.
[31] Durzak ^{3}1979, S. 86.

Natürlich steht »Brot« dabei als Gegenbegriff – oder »Gegenzeichen«[32] – zu »Geld«: Fendrichs erste Handlung nach der alles verändernden Begegnung mit Hedwig ist die Auflösung seines Sparkontos. Geld ist aber nicht das einzige Gegensymbol; es ist vielmehr Teil eines verzweigten Symbolkomplexes, der sich mit bekannten, hier aber umgewerteten Böllschen Metaphern wie »der andere Zug« (S. 6), die »Schallplatte«, der »Film, den man in der Hölle gezeigt bekommt« (S. 89), zu dem »anderen [...] Leben« addiert, das Fendrich einmal »ganz passabel« (S. 24) fand. Auch das verdichtet sich zum Dingsymbol; der »Waschmaschine«, einer Art Leitfossil in der Entwicklung des bundesdeutschen Wirtschaftswunders[33]. Die Novelle verankert dieses Symbol auf ›realistische‹ Weise, indem Fendrich als Kundendienstmonteur für Waschmaschinen arbeitet, mit der Tochter seines Chefs quasi verlobt ist und sogar noch Hedwigs Zimmer in einem Haus mit Waschsalon mietet. Die Begegnung mit Hedwig läßt im Gedankenstrom Fendrichs die symbolische Qualität deutlich werden: »In dieser halben Minute [...] dachte ich daran, [...] daß ich, um sie zu besitzen, alles zerstören würde, was mich daran hindern könnte. Ich sah mich Waschmaschinen zertrümmern, sie mit einem zehnpfündigen Hammer zusammenschlagen« (S. 34). »Ich sah das andere, das ganz passable Leben weiterlaufen wie eine komplizierte Maschine, für jemanden aufgestellt, der nicht mehr da war: Ich war nicht mehr da, Schrauben lockerten sich, Kolben wurden glühend, Blechteile flogen durch die Luft, und es roch brandig« (S. 35f.).

Selbst hier aber wird die Vision »aus der realistischen Erfahrungsebene sorgfältig, fast bruchlos abgeleitet«[34], oder letztlich darauf zurückgeführt. Es laufen ja tatsächlich Waschmaschinen heiß (S. 43) oder über (bei der weinenden Frau in der Kurbelstraße, u.a. S. 26), und die Jahre mit Ulla erscheinen der Erinne-

[32] Durzak 1995, S. 47.
[33] Durzak ³1979, S. 87: »Auf die Eisschrank-Phase folgt um 1955 etwa die automatische Waschmaschine«.
[34] Durzak ³1979, S. 89.

rung Fendrichs »eng wie ein Hemd, das die Wäsche nicht überstanden hat« (S. 100). Das Symbol nimmt den Reinlichkeitswahn der Gesellschaft mit auf, Ordnung und Aufgeräumtheit dieses »passablen Lebens«, und es hat dazu eine Eigenschaft, die es erst zum Symbol macht: Es ist nicht eindeutig (dann wäre es eine Allegorie!); es verweist auf das grundsätzlich negativ gesehene »andere Leben«, ist aber doch auch wiederum offen: Die »arme Frau in der Kurbelstraße« (S. 103), ist Teil der Schuld, die Fendrich in sein neues Leben mitnimmt. Ebenso ist Ulla nicht ausschließlich der Gegenpol zu Hedwig; sie haben Gemeinsamkeiten: »Mir fiel ein, daß beide, Hedwig und Ulla, ›geh‹ zu mir gesagt hatten, ›geh‹« (S. 95)[35]. Das ist keine zufällige Ähnlichkeit, denn Ulla verändert sich bei ihrem letzten Gespräch (»Sie war nicht mehr die, für die meine Worte bestimmt gewesen waren«, S. 92). Plötzlich ist ihr »das Geld gleichgültig« (S. 93).

»Geld« ist nicht nur Teil der Wickweber-Welt, sondern es ist auch »die Münze [...], der Groschen für zwei Brötchen, für eine Zigarette oder für eine kleine Rolle Pfefferminz, deren weiße, hostienfömige Tabletten mit ihrer würzigen Süße den Hunger füllen können« (S. 80), Geld (»konkretes« Geld) ist verbunden mit »Brot«.

Das Prinzip symbolischer Offenheit gilt sogar für »Brot«: Es verbindet Fendrich mit Wolf Wickweber; denn er erlebt den Hunger, seine »Brotsucht«, als »Wolf« in sich (u.a. S. 25). Und schließlich relativiert die Tatsache, daß Fendrichs Wirtin ausgerechnet »Brotig« heißt[36], das Brot-Symbol auf deutliche Weise, macht es zum Kennzeichen der »frühen Jahre«, das mit der Wandlung obsolet, veraltet, ist: War sie zuvor einer »jener unerkannten Engel« (S. 29), in dic er »heftig« verliebt war (S. 30), so sieht er am Schluß, »wie alt sie ist« (S. 102), und erkennt sie als Teil der Ordnung, der er zu entfliehen trachtet.

[35] Im *Clown* ist das für Schnier ein Signal für Liebe und Zärtlichkeit.

[36] Mit diesem Namen wird sie auch erst am Schluß benannt (S. 102 u. 105), nur einmal zuvor fällt der Name, geradezu versteckt, indem er als der ihres Mannes erwähnt wird (S. 38).

Einen anderen, in der Sekundärliteratur selten[37] beachteten Symbolkomplex stellen die Hände dar, auf die Böll hier über ein dutzendmal zu sprechen kommt, häufig in Verbindung mit »Brot« (»jedesmal wenn [Veronika] mir ein Stück Brot gab, hatte ich diese Hände nah vor meinen Augen gehabt«, S. 24), oder »Geld« (»sah in [Ullas] Hände geschrieben die Preise«, S. 25), wobei sie mehrfach als »Krallen« erscheinen[38]. Es ist charakteristisch, daß Fendrich sich beim Abschied von Ulla eine Hand verletzt (S. 94) und die andere bei der Suche nach Hedwig (S. 95), die Hände, die ihn für Ulla als »für diesen Beruf wie geschaffen« (S. 94) erscheinen ließen. Aber auch dieses Symbol ist nicht auf die Dualität Brot – Geld reduziert, schließt andere Charakterisierungsmöglichkeiten ein, wie die »zierlichen Finger« der Pralinenverkäuferin zeigen (S. 84) oder »Wolfs tüchtige Hand« (S. 53).

Zum symbolischen Erzählen gehören auch die »Farbkonstellationen«. Die Parallele zu *Im Tal der donnernden Hufe*[39], mit dem »Farbgegensatz von Rot und Weiß« als »Polarität von Positivem und Negativem«, ist auffällig genug. Entsprechend wurden hier die Kontraste »zwischen Rot und Weiß, Rot und Grün«[40] aufgefaßt. Rot scheint ebenfalls »negativ bestimmt«, wie die Assoziationenkette bestätigt, die der Text gleich zu Beginn von der Sonne in den erinnerten Scheiben der Klassenräume (S. 8) über »das Rot aus Scharnhorsts Kragen, das Rot von Iphigenies Lippen und das Rot zu Herz-As« (S. 9) knüpft und fortführt zur Farbe einer Marmeladenschicht im Kuchen (S. 9) und dem Plakat eines Jazzclubs (S. 11). Auch das gehört zur »Technik von Motivverkürzungen« (Durzak), die psychologische Analyse und ausführliches Räsonnement ersetzt. Wie schon in *Wanderer* ist die Abweisung des traditionellen Bildungssystems buchstäblich ›ins Bild gefaßt‹

[37] Von den Interpreten von *Brot* ist nur Margret Stone (Stone 1974, S. 81f.) die symbolische Bedeutung aufgefallen, im übrigen hat man erst im Blick auf den *Clown* die Wichtigkeit dieses Komplexes für Bölls literarische Sprache erkannt.

[38] Z.B. S. 25 und 85.

[39] Daß Böll dieses Verfahren in *Haus* zuerst erprobte, ist meines Wissens übersehen worden, s.o. S. 142ff.

[40] Durzak ^{3}1979, S. 93.

und mit der Farbe Rot zugleich »die verdrängte Sinnlichkeit« angedeutet: »Die Fixiertheit von Rot am Weiblichen steigert sich dann zur bildlichen Charakteristik von Ulla. So wird ausdrücklich vom ›dunkelroten Auto‹ (S. 52) der Wickwebers gesprochen, so erscheint Ulla zur letzten Aussprache mit Fendrich im ›roten Mantel‹ (S. 82), so heißt es über Ullas Tätigkeit im Büro der elterlichen Fabrik, daß sie beim Tod einer Arbeiterin ›nur mit roter Tinte einen sauberen und geraden Strich durch ihren Namen in der Lohnliste‹ (S. 87) zog, so spricht sie an einer anderen Stelle in indirekter Charakterisierung ihrer selbst vom ›Geschmack der roten, ordinären Marmelade‹« (S. 89)[41].

Von der letzten Behauptung abgesehen[42] läßt sich das nicht überzeugender formulieren. Das gilt auch für die Beschreibung der Kontrastfarbe Grün und ihrer Verkörperung durch Hedwig sowie die Schlußfolgerung, die daraus zu ziehen ist: »In dem farblichen Kontrast, der mit beiden Mädchen verbunden ist, wird [...] indirekt die verschiedene Wertung angedeutet, die Böll für beide Beziehungen impliziert: die sinnliche und im Grunde seelenlose erotische Beziehung, die in Fendrichs früherem Verhältnis zu Ulla erscheint, und die durch Erkenntnis hindurchgegangene Liebe, die ihn beim Anblick Hedwigs ergriffen und verwandelt hat«[43].

Dabei bedient Böll sich nicht nur farbsymbolischer Möglichkeiten, sondern er macht erneut das Verfahren sprachbildlich, zum Thema: »Du schüttest roten Farbstoff in eine Quelle, um herauszufinden, wie weit ihr Aderwerk reicht, aber es kann Jahre dauern, ehe du irgendwo, wo du es nicht vermutet hast, das rotgefärbte Wasser findest. Heute bluten die Bäche, erst heute weiß ich, wo meine rote Farbe geblieben ist« (S. 93).

Auch dieses Bild ist auf »realistische« Weise im Text verankert; denn für Fendrich ist dies das Resümee der Schuld seines eigenen Lebens, die in der Mitverantwortung für den Tod des Lehrlings

[41] Durzak ³1979, S. 94 f., ich habe nur die von Durzak angegebene Seitenzahl auf die hier verwendete Textausgabe bezogen.
[42] An die »ordinäre rote Marmelade« erinnert nicht Ulla, sondern Fendrich.
[43] Durzak ³1979, S. 95.

Alois Fruklahr besteht: »Ich trug ihn in den Leichenwagen, und eine Frau, die an der Straße stand, fragte mich: ›War es Ihr Bruder?‹ Und ich sagte: ›Ja, es war mein Bruder‹ – und ich sah am Nachmittag Ulla, wie sie den Federhalter in ein Faß mit roter Tinte tauchte und mit einem Lineal seinen Namen aus der Lohnliste strich: Es war ein gerader und sauberer Strich, und er war so rot wie Blut, so rot wie Scharnhorsts Kragen, Iphigenies Lippen und das Herz auf dem Herz-As« (S. 79). Hier werden verschiedene »Bildketten des Motivkomplexes Rot zusammen[geführt]«[44], sicherlich auch die wichtigsten – aber nicht alle. Auch für die Farbsymbolik vermeidet Böll Eindeutigkeit: Rot, »knallig rot« (S. 16) ist auch der Pudding, den Schwester Clara den Hungrigen austeilt (ebenso S. 25), rot erscheint für einen Augenblick die braune Haustür, vor der Fendrich auf Hedwig wartet (S. 45), Brolaskis Badehose war »rosarot« (S. 54), Hedwigs Gesicht wird »glühend rot« (S. 67), Fendrichs Vater schreibt seinen wichtigsten Merksatz »mit blutroter Tinte« (S. 104) und so weiter – insgesamt sechsundsechzigmal kommt Rot vor[45], und mehrfach ist die Farbe ausgesprochen positiv konnotiert, oder auch (wie bei der roten Mütze des Bahnbeamten, S. 35) neutral. Das gleiche gilt für die 25 Belegstellen von Grün[46]: Überwiegend ist das die positive Kontrastfarbe zu Rot, zugespitzt beim Blumenkauf Fendrichs, der sich wünscht »Grüne Rosen müßte es geben« (S. 37), der »rote Rosen [...] nie gemocht« hat (S. 38), daher »weiße Rosen« bestellt und dann doch den Blumenladen verläßt, um »gelbe Tulpen« (S. 39) zu kaufen. Der Mantel Hedwigs (S. 33), ihr Pullover (S. 81), die Kolleghefte (S. 77), das Futter ihrer Handtasche (S. 74) – alles ist grün. Aber grün ist auch der Schatten unter der Brücke (S. 55), wo Brolaski ertrank, oder der Filzhut Wickwebers (S. 64). Grün ist daneben auch einfach nur die Farbe von Apfelmus (S. 69) oder die Blattfarbe der Tulpen.

[44] Durzak [3]1979, S. 96.
[45] Stone 1974, S. 69.
[46] Stone 1974, S. 69.

Das gleiche läßt sich an den anderen Farben des Spektrums feststellen, das Böll in ähnlicher Form schon in *Haus* verwendete. Diese gewisse Relativität der Bedeutung ist zum einen Mittel der realistischen Verankerung, vor allem jedoch Ausdruck eines Eindeutigkeit verbietenden Symbolbegriffs. Daß neben den übrigen Symbolen wie »Geld«, »Brot«, »Waschmaschine« oder auch »Zug«[47] gerade Farben eine so wichtige Rolle spielen, ist hier in gleicher Weise motiviert wie in *Haus*: Als dominanter, weil besonders adäquat zu versprachlichender Aspekt synästhetischer »Versinnlichung«. So wie dort Frau Borussiaks Lied von den »dunkelroten Rosen« den Anlaß bietet für die Verbindung von optischen und akustischen Sinneseindrücken[48], so wird hier das Rot verbunden mit dem Geruch der Schulspeisung (S. 9) oder mit Geruch und Geschmack (S. 18). »Schwarz und sauer« verschmelzen zum gemeinsamen Sinneseindruck (S. 27), der sich für Fendrich in der letzten Aussprache mit Ulla zu einem synästhetischen Pandämonium ausweitet, das aus den Sinneseindrücken komponiert ist, die schon in *Haus* zusammenwirkten: »Es schien mir, als hätte ich das alles schon unzählige Male sehen, hören und riechen müssen, wie die Schallplatte, die die Leute, die über mir wohnten, jeden Abend zu einer bestimmten Zeit laufen ließen – wie einen Film, den man in der Hölle gezeigt bekommt: immer nur den einen, und diesen Geruch in der Luft, von Kaffee, von Schweiß, Parfüm, Likör und Zigaretten: Das, was ich sagte – das, was Ulla sagte [...] stimmte nicht, die Worte schmeckten falsch auf der Zunge« (S. 89).

Bölls Symbole verbinden jeweils das nicht eindeutig definierte Allgemeine mit dem sinnlichen Aspekt des Konkreten.

[47] Das Motiv, das sich hier auf den Beginn der Novelle konzentriert und durch die Ankunft Hedwigs am Bahnhof realistisch verankert ist, weist natürlich zurück auf die früheren Werke. Hier verwendet Böll den Begriff »Aussteiger« wörtlich, nachdem die Protagonisten zuvor immer wieder in den »pünktlichen« oder auch unpünktlichen Zug einzusteigen hatten, wird Aussteigen nun zum Akt der Befreiung aus den Zwängen.

[48] S. o. S. 143f. und *Haus*, S. 252.

Wenn es »die Worte« sind, die »falsch« schmecken, dann verweist das auf das schon oft genug hervorgehobene Gewicht, daß Böll dem »Wort« über seinen semantischen Gehalt hinaus zuweist. Häufig begnügt er sich nicht mit der Nennung eines Begriffs, sondern er hebt seine Wörtlichkeit ausdrücklich hervor: »Das Wort preiswert« (S. 15, 17, 24), das »Wort Dunkelkammer« (S. 47), Gott ist »ein so großes Wort« (S. 48). »Gewicht« ist hier ebenfalls wörtlich zu nehmen; etwa wenn Ulla unter dem »Wort ›Brot‹« zusammenzuckt wie unter Schlägen (S. 92). In anderen Fällen weisen auffällige Wiederholungen darauf hin, daß Worte in ihrer Tragfähigkeit überprüft werden: »ich bin so froh, daß du *netter* bist als er. Viel *netter,* der Bäcker war gar nicht so *nett*«[49].

Am deutlichsten sind solche Bemühungen ums »Wort« im thematischen Schwerpunkt dieser Novelle, der »Darstellung dessen, was man in der Regel als gattungsgeschichtliche Banalität, als ›Liebesroman‹ charakterisiert«[50]. Böll führt die Suche nach einer »bewohnbaren Sprache« der Sexualität fort: »Besitzen« (S. 34), »entdecken und erobern« sind die Vokabeln, mit denen Fendrich zuerst nur seine Wünsche für sich formulieren kann – das ist noch die Sprache der »Geld«-Welt. Aber unmittelbar darauf deutet sich eine Alternative an: »Es schien mir unfaßbar, daß noch kein Mann gesehen haben sollte, wie schön sie war; noch keiner sie erkannt hatte« (S. 36). Erneut[51] geht Böll auf die »biblische Formel der Bewußtwerdung der Liebe« zurück[52]. Diese Erkenntnis ist aber ein Prozeß, der – zusammen mit der Suche nach dem adäquaten Wort – die gesamte Novelle beansprucht. Zunächst dringt das »Erkennen« gar nicht wirklich zu der Partnerin durch, sieht Fen-

[49] S. 97, Hervorhebungen von mir. Auch der Mann, der Hedwig ansprach, »sah so nett aus«, »war nett«, S. 96.

[50] Durzak ³1979, S. 90 – diese etwas mühevolle Umschreibung zeigt, daß es nicht nur Bölls Problem war, hier das »rechte Wort« zu finden.

[51] Nach *Ein Tag wie sonst* und *Bilanz*.

[52] »Und Adam erkannte Eva«, vgl. Durzak ³1979, S. 90.

drich Hedwig als eigene Schöpfung – »Vielleicht auch war es so, daß sie in dem Augenblick erst da war, als ich sie ansah« (S. 36) –, und er vergißt, »wer [er] war, wie [er] aussah und welchen Beruf [er] hatte«, d.h. er ist zunächst noch weniger fähig zur Erkenntnis als zuvor. Aber in der Auseinandersetzung mit seinem Empfinden wird die Einsicht in sein Leben und seine bisherige Welt in einer dem epiphanischen Liebeserlebnis vergleichbaren Plötzlichkeit möglich: »Ich wußte jetzt, was ich immer gewußt hatte«. – »Ich hatte nie singen können, aber hier [...] hätte ich es gekonnt: Ich wußte es.« – »Ich hatte immer gewußt, daß Wickweber auf eine legale Weise ein Betrüger war, aber hier erst [...] ging mir auch die Formel auf [...]« (S. 45).

Das »jetzt« und »hier« meint die Wartezeit Fendrichs vor Hedwigs Tür. Hier begreift er auf einmal auch seinen Vater, »erkennt« er sein Verhältnis zum Glauben(S. 48), findet »plötzlich die Lösung für eine Algebraaufgabe«, die er zwei Jahre zuvor nicht hatte lösen können.

Voraussetzung für solche Erkenntnisfähigkeit ist die Einsicht in den Charakter seines Empfindens für Hedwig, und »Einsicht« bedeutet die Fähigkeit, den Vorgang in Worte zu fassen. Das beginnt mit Fendrichs Erinnerung an den Gehilfen Grömmig, der »im Krieg manchmal die Gesichter von Frauen, während er sie *besaß*, mit einem Handtuch bedeckt hatte« (S. 41, Hervorhebung von mir, B.B.). Dies erscheint ihm nun »schlimmer«, als alle »häßliche[n] Dinge«, die man ihm sonst erzählt hatte. Diese Erinnerung und Hedwigs Aufforderung an ihn zu gehen, setzen den entscheidenden Überlegungsprozeß in Gang:

> »[...] ich hatte das, was ich jetzt mit ihr tun wollte, noch nie mit einer Frau getan; es gab viele *Namen* dafür, viele *Vokabeln* [...] aber keine einzige von diesen *Vokabeln* paßte auf das, was ich mit ihr tun wollte – und ich suchte das *Wort* noch immer. *Liebe* ist nicht das *Wort*, das alles ausdrückt, vielleicht nur das, das *der Sache* am nächsten kommt. Ich las auf Hedwigs Gesicht [...] nichts von dem, was *Lust* heißt, aber auch alles das, was die Männer, die mir davon erzählt hatten, gesucht und

nicht gefunden hatten – und ich wußte plötzlich, daß nicht einmal Grömmig ausgeschlossen war: Er hatte hinter dem Handtuch, das er über das Gesicht der Frau warf, Schönheit gesucht, er hätte nur – so schien mir – das Handtuch wegzunehmen brauchen, um sie zu finden« (S. 41f., Hervorhebungen von mir, B.B.).

Dieser Erkenntnis erst folgen die Einsichten in die eigenen »Wirklichkeitsbedingungen«. Hier ist die Voraussetzung für den Schluß der Novelle, der sich unverkennbar auch auf diese Passage bezieht. Dieser Schluß faßt »alle Motivstränge der Erzählung zusammen« und verbindet »das Liebesereignis mit einer vieldimensionalen Wirklichkeitserfahrung«[53]: Die eigene Vergangenheit gehört dazu – »der Todesschrei Fruklahrs, [...] Brolaski, [...] Helene Frenkel, [...] Hedwig, [...] Grömmig« – . Das weitet sich aus zur Welterfahrung, die die christlichen Märtyrer einschließt, die »Kinder, die in Bethlehem ermordet worden sind« und Landschaften, die er zuvor »nie gesehen« hat. All dies hat seinen eigentlichen Ort in »[...] Hedwig und ich wußte, daß ihr Gesicht unvergänglich war, daß ich sie wiedersehen würde, mit einem Tuch vor dem Gesicht, das sie plötzlich abreißen würde, um ihr Gesicht Grömmig zu zeigen. Hedwigs Gesicht, das ich mit meinen Augen gar nicht sehen konnte, weil die Nacht so dunkel war, aber ich brauchte keine Augen mehr, um sie zu sehen« (S. 107).

Durzaks Urteil über diese Passage ist auf Skepsis gestoßen[54] – mir scheint es in jeder Hinsicht zutreffend:

»Diese sprachliche Eruption einer in Wallung geratenen Prosa ist der konsequente Höhepunkt einer sorgfältig gesteigerten Struktur, die diese Erzählung zu einem der vollkommensten Prosastücke des frühen Böll macht. Denkt man an die kleinbürgerliche Voyeur-Perspektive, unter der selbst Grass die Liebe zumeist als triebhafte Sexualität darstellt, denkt man an die Aussparung dieses Themas im Großteil der deutschen Gegen-

[53] Durzak ^{3}1979, S. 96.
[54] Vgl. Nägele 1976, S. 130.

wartsliteratur, welcher Höhepunkt also auch auf dem Hintergrund der zeitgenössischen Literatur« [55].

Eines bleibt freilich hinzuzufügen: Wenn die Suche Fendrichs nach der adäquaten Sprache für den »Motivkomplex Liebe«, nach der passenden »Vokabel« schließlich in dieser »sprachlichen Eruption« resultiert, so ist gleichwohl das zugrundeliegende Sprach*problem* damit nicht gelöst; denn das Schlußbild leistet nur eine Umschreibung: »ich wußte jetzt schon, was ich später erst wissen würde« (S. 106) – die übliche Sprache hat sich als nicht ausreichend erwiesen, und Fendrich verwendet nach seiner Sprachreflexion die Formeln »hinter einem Mädchen her« (S. 65) oder »verführen« nur noch ironisch. Als Alternative fällt ihm nur eine Metapher ein: »Ich hatte das Land entdeckt und immer noch nicht mein Zeichen eingesetzt«. Böll mußte die Suche nach dem adäquaten Wort fortsetzen.

[55] Durzak ^{3}1979, S. 96 f.

XIII. Irisches Tagebuch

1. Publikationsformen

Buchausgabe: Köln/Berlin 1957 (Mai)
dtv (1): 1. Auflage 1961
Neusatz: 47. Auflage 1997 – nach dieser Ausgabe wird zitiert.
Zwischen Weihnachten 1954 und und März 1957 sind einzelne Beiträge zum Teil in abweichender Fassung vorveröffentlicht worden, bis auf den Beitrag *Bilder aus Irland* in ›Westermanns Monatshefte‹, 9. 9. 1956, sämtlich in der ›Frankfurter Allgemeinen Zeitung‹.

Entstehung und Kontext

Karl Korn, der Mitherausgeber der ›Frankfurter Allgemeinen Zeitung‹, hatte Böll 1954 geraten, »ins Ausland zu gehen, zum Beispiel nach Irland«[1]. Im Sommer des Jahres folgte er diesem Rat. Weitere Reisen folgten 1955 und (mit der Familie) 1956. Der Wechsel von »Ich«- und »Wir«-Perspektive und einige eingestreute Datumsangaben und Hinweise auf politische Ereignisse lassen in der Buchfassung den Zeitraum kenntlich werden, auf den sich das Tagebuch bezieht. Das literarische Irland war schon früher ein Thema Bölls. Er hat 1953 Francis Stuarts ›Die Wolkensäule‹ rezensiert[2], 1954 seine Hörspielreihe *Club seltsamer Berufe* nach Erzählungen Chestertons geschrieben; Sean O'Casey, James Joyce, William Butler Yeats, Jonathan Swift sind die Autoren, die er nicht nur für ein Programmheft für die Theateraufführung von O'Caseys ›Rote Rosen für mich‹ für wichtig hält:

[1] G. Hoffmann 1977, S. 82.
[2] In: SR-1, S. 115ff.

Sie verkörpern ein Irland, in dem die »Poesie [...] auf der Straße« liegt[3]. Nach dem Erfolg des *Tagebuchs* kaufte sich Böll in dem Dorf Dugort an der irischen Westküste ein Cottage, in dem er immer wieder längere Zeit verbrachte.

3. Wort- und Sacherklärungen

14 *thebaische Askese*: abgeleitet von Eremitensiedlungen bei Theben, die bekannt waren für ihre religiös motivierte Enthaltsamkeit

15 *der deutsche Handwerksbursche*: bezieht sich auf Johann Peter Hebels Kalendergeschichte ›Kannitverstan‹ – *sorry*: (engl.) tut mir leid

16 *Und wer reitet so früh...*: Anspielung auf Goethes Gedicht ›Der Erlkönig‹ (»Wer reitet so spät durch Nacht und Wind?«) – *Joyce*: James J. (1882 – 1941), *Yeats*: William Butler Y. (1865 – 1939), *O'Connor*: Frank C. (1903 – 1966), ir. Schriftsteller – *Mc Carthy*: Mary M. (1912 – 1989), *O'Neill*: Eugene O'N. (1888 – 1953), amerik. Schriftsteller ir. Abstammung – *Molloy*: Erzählerfigur des gleichnamigen Romans von Samuel Beckett (1906 – 1989) – *Jackie Coogan*: (geb. 1914), amerik. Kinderstar der zwanziger und dreißiger Jahre – *Nelson*: Horatio N. (1758 – 1805), engl. Admiral

18 *Tantum ergo*: Teil der lat. Liturgie, wird zum Segen des Abendmahls gesungen – *Sacramentum veneremur cernui*: (lat.) »Laßt uns tiefgebeugt verehren ein so hohes Sakrament«, Hymnus aus der Vesper des Fronleichnamfestes

20 *Oblomow* (1859): Roman des russ. Schriftstellers Iwan *Gontscharow* (1812 – 1891)

21 *Swift*: Jonathan S. (1667 – 1445), ir. Schriftsteller

22 *Caisson*: (frz.) geschlossener Kasten. – *Styx*: in der griech.

[3] *Die Welt Sean O'Caseys* (1954), in: SR-1, S. 125.

Mythologie der Fluß, der die Welt der Toten von der der Lebenden trennt

24 *Hurling*: irische Version des Hockeyspiels – *Fra Angelico*: (1387 – 1455), ital. Maler

28 *Fuggers Gesicht*: Böll meinte entweder den 50-DM-Schein oder den 100-DM-Schein, die dort auf den Rückseiten wiedergegebenen Dürer-Porträts zeigten Nürnberger Ratsherren, nicht jedoch den Augsburger Patrizier und Bankier Jakob Fugger (1459 – 1525) – *Völkischer Beobachter*: Parteizeitung der Nazis – *Swastika Laundry*: Hakenkreuz-Wäscherei

45 *Pembroke*: Richard P., mit ihm begann 1170 die Unterwerfung Irlands durch England – *Cromwell*: Oliver C. (1599 – 1658), engl. Staatsmann – *Dentologie*: Zahnkunde

52 *Rosenkranzfest*: wird am 7. November zur Erinnerung an die Seeschlacht von Lepanto (Sieg der Heiligen Liga über die Osmanen) gefeiert

57 *Lola Montez*: (1820 – 1861), Tänzerin mit abenteuerlichem Lebenslauf. Sie ist möglicherweise in Irland, vielleicht auch in Schottland geboren

61 *Anne Blyth*: (geb. 1928), ir. Schauspielerin

62 *Sullivan*: Sir Arthur Seymour S.(1842 – 1900), engl. Komponist – *Synge*: John Millington S. (1871 – 1909), *O'Casey*: Sean O'C. (1880 – 1964), *Shaw*: George Bernard S. (1856 – 1950), ir. Schriftsteller

63 *Faulkner*: William F. (1897 -1962), amerik. Schriftsteller

68 *KZ Stuthof:* eigentlich Stutthof; 1939/40 enstandenes KZ bei Danzig

75 *Malenkow*: Georgij M. (1902 – 1988), nach Stalins Tod 1953 kurzzeitig Ministerpräsident der UdSSR – *Bulganin*: Nikolaj B. (1895 – 1975), Ministerpräsident der UdSSR 1955 – 1958 – *Serow:* westsibirische Stadt

77 *Jeanne d'Arc*: frz. Nationalheilige (1410/12 – 1431) – *Armada*: Spanische Flotte, die 1588 England angreifen sollte und von der engl. Flotte und Francis Drake vernichtet wurde

89 *Noch ist Polen ... an die Laterne*: Zeilen aus der polnischen, englischen, deutschen und französischen Nationalhymne

92 *Tantalus*: Titanenfigur aus der griech. Mythologie, dessen Qualen sprichwörtlich geworden sind

96 *Vivien Leigh*: (1913 – 1967), engl. Schauspielerin

99 *»Faust im Nacken«*: deutscher Titel des amerikanischen Spielfilms ›On the Waterfront‹ (1954) von Elia Kazan

102 *Sun Yat Sen*: (1913 – 1967), chin. Politiker, 1912, 1917/18 und 1921 – 1925 Präsident der Republik China – *Busoni*: Ferrucio Benvenuto B. (1866 – 1924), ital. Komponist und Pianist

120 *Monroe*: Marylin M. (1926 – 1962), amerik. Filmschauspielerin – *Tracy*: Spencer T. (1900 – 1967), amerik. Filmschauspieler – *Lollobrigida*: Gina L. (geb. 1927), ital. Filmschauspielerin

4. Aspekte des Textes

»Dichtung und Wirklichkeit«

Auf die Buchfassung des *Tagebuchs* reagierte 1957 die Kritik ziemlich einhellig positiv bis begeistert – was immer problematisch ist und in diesem Fall das Problem sogleich auch deutlich erkennen ließ. Eine Vielzahl von Rezensenten entdeckte auf einmal den »Dichter«[4] – scheinbar die von Böll erwünschte Reaktion: Er »ist ein Dichter, ›nicht im Inhalt, in der Sprache liegt die Welt‹«, formulierte ›Die Freiheit‹ in Mainz (4. 10.) und nahm damit geradezu Bölls *Frankfurter Vorlesungen* vorweg. Fragwürdig sind solche Urteile dennoch, weil sie zumeist das *Tagebuch* als »Resul-

[4] Einige Beispiele aus dem Jahr 1957: Bayerischer Rundfunk, 16. 5.; Südwestfunk, 14. 7.; Die Brücke (München), 19. 10.; Deutsche Zeitung (Stuttgart), 5. 6.; Der Journalist, 4. 6.; Kasseler Post, 20. 12.; Kölnische Rundschau, 4. 8.; Nürnberger Nachrichten, 12. 7.

[5] SDR, 31. 7. 1957.

tat reiner Lust und Liebe«[5] gegen das bisherige Werk Bölls auszuspielen suchen: Sein »bis jetzt schönstes Buch«[6] fand damals so viel Wohlgefallen, weil scheinbar »die harte Problematik der Zeit [...] zurück[blieb]«[7], weil Böll sich »von den Dünsten des schlechten Tabaks und der Waschküchen befreit« hatte[8], und weil das Buch »weit genug vom Elendsmilieu einer zerbombten deutschen Großstadt« entfernt[9] war. Zugegeben: Es gab auch Reaktionen, die sein sozialkritisches[10] oder moralisches Engagement[11] in gewohnter Weise je nach politischer Couleur lobten oder tadelten: »Der Kölner ist ein scharfer Späher in die Linien unserer Tage«[12], »[er schreibt] nur von Bettlern, Slums, Schmutz«[13], aber das waren gewissermaßen reflexhafte Reaktionen, keine neue Sicht auf den Autor, wie sie offenbar nur wenigen möglich war, etwa der ›Stuttgarter Zeitung‹, deren Kommentar im Klappentext der Textausgabe abgedruckt ist[14]. Das *Tagebuch* ist kein Essay, es ist natürlich auch kein »Roman«, für den es der ›Wuppertaler General-Anzeiger‹ (17. 4. 1957) »eigentlich« hielt.

Das Tagebuch ist eine eigene Textsorte, das *Irische Tagebuch* dort jedoch nicht so ohne weiteres einzuordnen – ein Unikat jedenfalls im Werk Bölls.

»Tagebuch« assoziiert subjektive Notate der Wirklichkeit. Und das berichtende »Ich« ist wenigstens in einem Kapitel, wenn auch in der englischen Verfremdung »Henry« (S. 106), als der Autor selbst identifizierbar. Dennoch ist das alles andere als ein Reisebericht. Die »sogenannte Wirklichkeit« ist auch hier durch-

6 Hochland H. 6, August 1957.
7 Die Begegnung (Köln), 15. 4. 1957.
8 Merkur (Stuttgart), Dezember 1957.
9 Die Zeit, 22. 8. 1957.
10 Z.B. Hessischer Rundfunk, 14. 7. 57; Bücherkommentare (Berlin) 2/1957; Deutsche Woche (München), 21. 8. 1957 u.a.
11 Neues Rheinland, August/Sept. 1960.
12 Allgemeine Zeitung für Württemberg, 22./23.6. 1957.
13 dpa 9. 9. 1957.
14 »Das Geheimnis des Buches, des liebenswertesten Buches von Heinrich Böll, ist, daß kaum ein Wort über die verzwickte Ökonomie und die verzwicktere Geschichte dieses kleinen Staates gesagt wird und daß dennoch das ganze Irland in diesem Tagebuch eingefangen zu sein scheint«, Stuttgarter Zeitung, 11. 5. 1957.

aus nicht so einfach zu packen, und der Text thematisiert das natürlich selbst: »[...] ich dachte an den toten Indianer, der in der Duke Street von einer Nonne gefunden wurde, bei Sturm und peitschendem Regen: ich sah die beiden deutlich, ein Engelpaar – den einen im Kriegsschmuck, den anderen mit einer braunen Hose, die mit rosa Wolle gestopft war, deutlicher sah ich sie als das, was ich wirklich hätte sehen können: die wunderbaren Alleen und die prächtigen Ruinen...« (S. 85 f.).

Was hier »deutlicher« gesehen wird, als das was »wirklich« zu sehen war, sind die Protagonisten der Erzählung eines Polizisten, von dem der Erzähler ahnt, daß er »nicht der Enkel eines Dichters, sondern selbst ein Dichter war« (S. 84). Dem »Auge des Dichters« entgehen die Dinge nicht, »die in seinem optischen Bereich noch nicht aufgetaucht sind«[15]. Auf solche Art des Sehens und nicht auf den Blick in einen Reiseprospekt oder in das Idyll einer »meerumglänzten Legende«[16] ist das *Tagebuch* aus, auch nicht auf eine soziologische Analyse[17], wohl wissend, daß diese Art des Sehens nicht jedermann gegeben ist: »Es gibt dieses Irland: wer aber hinfährt und es nicht findet, hat keine Ersatzansprüche an den Autor«.

Das Buch hat den Anspruch, Dichtung zu sein – aber die ist für Böll nie das Gegenteil von kritischer Erfassung der Wirklichkeit gewesen, sondern eine eigene Möglichkeit gerade dafür. »Wer Poesie anstatt sie zu machen, lebt, der zahlt zehntausend Prozent« (S. 56) heißt es im Kapitel *Limerick am Abend* als Kommentar zum Verhalten eines Bettlers. Aber diese Großzügigkeit des Armen ist nicht die »poetische Verklärung« in Spitzwegscher Manier. Dieser zerlumpte, »blutbefleckte Betrunkene« ist mit hartem Strich gezeichnet.

Die Verwendung von Begriffen aus der Malerei ist gerade hier angemessen – und von analytischem Ertrag: »Würde jemand das

[15] *Bekenntnis zur Trümmerliteratur* (1952), in: SR-1, S. 29.
[16] Die Gegenwart (Frankfurt a. M.), 6. 4. 1957.
[17] Die Reid 1991, S. 155 vermißt: »Bölls Analyse der irischen Gesellschaft war weder fundiert noch von politischem Durchblick«.

zu malen versuchen [...]; lauter graue Drei- und Vierecke am grünlichgrauen Berghang; würde er noch das Mädchen mit dem roten Pullover hinzunehmen, das gerade mit einer Kiepe voll Torf durch die Hauptstraße geht; einen Tupfer Rot für ihren Pullover und einen dunklen Brauns für den Torf, einen helleren Brauns für das Gesicht des Mädchens; und noch die weißen Schafe hinzu, die wie Läuse zwischen den Ruinen hocken; man würde ihn für einen ganz außerordentlich verrückten Maler halten: so abstrakt ist also die Wirklichkeit« (S. 37).

In eben dieser Weise »malt« der Text, teils buchstäblich, indem er mit Bölls Farbspektrum (grau: der Himmel, weiß: die Milchflaschen, grün: das Moos, rot: die Rinderhälften in den Fleischerläden) das Stadtbild von Limerick skizziert (S. 49) oder Schattierungen des irischen Grüns durch sämtliche Nuancen verfolgt (S. 30f.)[18], und teils metaphorisch, indem Farbwerte synästhetisch Gefühlslagen benennen: »[...] das Kreischen der Straßenbahn, wenn sie in die Schleife der Endstation einbog, auch dieses Kreischen hörte ich rot. [...] das Knirschen aber, wenn die Straßenbahn in die Schleife einbog, das Knirschen hörte ich hellgrün: hellgrün schoß es giftig ins blanke Geäst der Bäume auf« (S. 26).

Der literarische Anspruch ist überall sichtbar, er definiert sich aber gerade nicht als Beschönigung: Die von Böll so geschätzte irische Redewendung »it could be worse«, die er dem deutschen »Schlimmer hätte es nicht kommen können« (S. 115) gegenüberstellt, definiert das eigene literarische Verfahren mit: »Jemandem, der das Bein gebrochen hat, [...] klarzumachen, daß es schlimmer hätte sein können, ist nicht nur tröstlich, sondern auch eine Beschäftigung, die poetische Begabung voraussetzt, leichten Sadismus nicht immer ausschließt« (S. 114).

[18] Ebenso zu Beginn des 15. Kapitels, S. 102.

»Irland war wirklich so etwas wie eine zweite Heimat, ist es zum Teil noch. Aber das nehme ich sofort zurück, denn natürlich weiß ich, daß es keine zweite Heimat gibt [...]. Wenn man sich irgendwo zu Hause fühlt [...], dann muß man sich auch einmischen oder eingemischt werden in das politisch-gesellschaftliche – und in Irland sehr wichtige religiöse – Leben, und insofern bin ich natürlich in Irland ein Fremder, immer Tourist geblieben«[19].

Dem Land gegenüber behält Böll diese Haltung bei. Nur selten hat er sich in der Folgezeit zu den politischen und religiösen Angelegenheiten geäußert[20], geschweige denn »eingemischt«. Auch das *Tagebuch* ist von solcher Zurückhaltung geprägt und sichtlich von Sympathie. Beides zusammen macht den Ton aus, der die bundesdeutsche Kritik zu so einhelligem Dichterlob hinriß. Diese Sympathie jedoch ist unmittelbare Folge des Kontrasterlebnisses, das Irland Böll bereitete, und dem er mittelbar schon in *Haus* in der Figur der Irin Leen Ausdruck gegeben hatte. Und so ist das *Tagebuch* wirklich »insgeheim ein Buch über Deutschland«[21].

Der Beginn bereits läßt dies erkennen: Die »Grenze«, die der Erzähler hier sich überschreiten sieht, ist nicht nur die gegenüber Englands »lieblichen« und »düsteren Seiten«, vielmehr nimmt schon auf dem Dampfer »Europas soziale Ordnung andere Formen an: Armut war nicht nur ›keine Schande‹ mehr, sondern weder Ehre noch Schande: sie war – als Moment gesellschaftlichen Selbstbewußtseins – so belanglos wie Reichtum« (S. 9). Wohlgemerkt: Von gesellschaftlichem *Selbstbewußtsein* ist die Rede, nicht etwa vom objektiven Zustand der Gesellschaft. Die Folgen der unendlichen Armut dieses Landes – Bettler, Slums, »Skelette« von verlassenen Dörfern, Auswandererströme – sind wichtige

[19] *Drei Tage im März* (1975), in: I, S. 384.

[20] Ein Fernsehbericht – *Irland und seine Kinder* – im WDR am 8. 3. 1961 und der Aufsatz *Die Ursachen des Troubles mit Nordirland*, Süddeutsche Zeitung, 22. 2. 1970.

[21] Kölner Stadtanzeiger, 15. 7. 1957.

Themen des *Tagebuches* ebenso wie die historischen Bedingungen und Ursachen. Aber das *Geld* ist hier in seiner gesellschaftlich bestimmenden Eigenschaft ganz entscheidend relativiert: Zwar mißtraut der Bankangestellte an der irischen Westküste zutiefst der fremden Banknote, aber Kredit wird noch im ursprünglichen Sinn des Wortes[22] auf Treu und Glauben und von jedermann gewährt. Geld dominiert nicht den Umgang der Menschen: »Hier ist die klassenlose Gesellschaft Realität« (S. 61) – natürlich nicht im marxistischen Sinne, denn die sozialen Klassen bestehen weiter, und es ist nur der »Rummelplatz der Sorglosigkeit«, das Kino, wo ihre Grenzen bedeutungslos sind und der Pub, wo sich alle den irrwitzigen Bedingungen der Ausschankzeiten beugen müssen.

Als *Ambulanter politischer Zahnarzt* »zieht« der Erzähler zwar einem Iren den »faulen Zahn« eines verharmlosten Hitlerbildes, aber das Klischee, gegen das er hier angeht, ist nicht spezifisch irisch: Dem Argument »Hitler – war – glaube ich – kein so schlechter Mann, nur ging er – so glaube ich – ein wenig zu weit« (S. 43) begegnet man bekanntlich vor allem an deutschen Stammtischen; ebenso natürlich den falschen Heroisierungen von Soldaten, die geradezu ein Phänomen der *»abendländischen Mythologie*« (S. 101) darstellen.

Böll läßt in seinem Irlandbild das Elend nicht aus, rechnet sogar minutiös die Kaufkraft eines Familieneinkommens nach, um die Folgen begründet prognostizieren zu können (*Das neunte Kind der Mrs. D.*, S. 98), aber er stellt dagegen die auf geschichtliche Erfahrung gegründete Mentalität. Auf »dieser Insel wohnt das einzige Volk Europas, das nie Eroberungszüge unternahm« (S. 14), das zwar seine Kinder exportieren muß und »Priester, Nonnen und Biskuits, Whiskey und Pferde, Bier und Hunde« und »leichte Mädchen« (S. 12), aber eben nicht »Hygiene und Selbstmordgedanken [...] Atomkanonen, Maschinengewehre, Autos« (S. 13). Es ist ein Priester, der den zweiten Katalog formu-

[22] Es leitet sich schließlich von credere = glauben her.

liert; das erklärt den in einer Negativaufstellung befremdlich wirkenden Begriff »Hygiene« und meint natürlich ›Hygieneartikel‹, also Verhütungsmittel.

Priesternachwuchs steht an zweiter Stelle einer weiteren ›Liste‹ – der »Weltrekorde« Irlands: neben Teeverbrauch, Kinobesuch, geringster Selbstmordrate, Whiskeytrinken, Zigarettenrauchen (S. 10).

Die Allmacht des Klerus wird nicht ausgespart, der selbst »bei der Vergebung von Kneipenlizenzen, bei der Festlegung der Polizeistunde, bei Tanzvergnügen das entscheidende Wort spricht« (S. 92), also ausgerechnet den »Alltag« auf abstruse Weise normiert, der zudem zu den in Irland sozial am besten gestellten Schichten gehört[23]. Die Amtskirche – generell Zielpunkt der Kritik Bölls – ist in Irland nicht besser als im übrigen Europa; »St. Patrick's Cathedral, so menschenleer und so voll patriotischer Marmorfiguren«, so »kalt und so sauber« (S. 20), daß den Besucher nicht einmal Swifts Grab versöhnt, repräsentiert sie. Aber gegenüber steht auch die andere Kirche: »[...] voller Menschen, voller Kitsch war diese Kirche, und sie war nicht gerade schmutzig, aber schusselig. [...] Hier wird Religion bis zur Neige ausgekostet« (S. 24).

Religiosität, wie sie in dieser »schusseligen« Kirche praktiziert wird oder in Limerick (»die frommste Stadt der Welt«, S. 51), steht gegen kalte Ästhetik und abstruse Verordnungen. »Fromm« kann sogar das Mädchen »in der Kirche knien«, das nicht mehr glaubt: »Aber denken Sie, ich könnte es mir leisten – und ich würde es meinen Eltern antun –, nicht in die Kirche zu gehen?« (S. 13)

Dies ist keine Kritik an einem gesellschaftlichen Zwang, sondern das Festhalten an Ritualen einer intakten Gemeinschaft: Daß es dagegen »in Westdeutschland vollkommene Freiheit der Religionsausübung« gibt, entlockt der jungen Arztfrau nur den Kommentar »Armes Deutschland« und »Gütiger Jesus, erbarme dich ihrer« (S. 76).

[23] Vgl. S. 13: »[...] ich habe selbst einen Bruder, der Priester ist, und zwei Vettern: sie sind die einzigen in der ganzen Verwandtschaft, die ein Auto haben«.

Da schreibt nicht der in der Wolle gefärbte römische Katholik; denn eines der Momente, die Bölls Sympathie für Irland begründen, lautet, daß es »zwar katholisch ist, aber nie von einem römischen Söldner betreten wurde: ein Stück katholisches Europa außerhalb der Grenzen des römischen Reiches« (S. 95).

1970 hat Böll diesen Aspekt in seinem Irland-Aufsatz vertieft, auf die Schwierigkeiten des Heiligen Patrick, der die irischen Kelten christianisierte, verwiesen, in Irland die »römische Kirchenordnung« durchzusetzen: »In einem der heiligen Brigid von Kildare zugeschriebenen Gedicht werden die Männer des Himmels und die drei Marien, die Glorreichen, zu einer großen Trinkerei eingeladen, und zwar zu einem Getränk, das wohl heute noch manches Römerherz ob solch blasphemischer Barbarei vor Entsetzen schwach machen würde: Bier. *Auch Jesus soll mit ihnen hier bei mir zu Gast sein./ Einen großen See von Bier/ will ich bereit haben für den König der Könige; ich möchte die Heilige Familie / trinken sehen in alle Ewigkeit.*

Sicher wird mancher römische Kragen platzen angesichts der wilden Vorstellung, Bier könnte ›sakramentsfähig‹ sein und als Ewigkeitsgetränk zulässig«[24].

Das erinnert an die Unterscheidung zwischen Weintrinkerrhein und Schnapstrinkerrhein in *Undinens gewaltiger Vater* und *Im Tal der donnernden Hufe*[25], und tatsächlich werden auch im *Tagebuch* Mentalitäten nach der Präferenz zu Wein und Schnaps unter-, und in der Wertung gegen den Wein *ent*schieden, obwohl es in dem betreffenden Kapitel, *Wenn Seamus einen trinken will ...* vor allem um den Durst auf »ein Glas Bier« geht: »[...] seine Flüche bewegen sich nicht in der sexuellen Sphäre wie die Flüche der weintrinkenden Völker, seine Flüche sind Spirituosentrinkerflüche, gotteslästerlicher und geistiger als die sexuellen Flüche, denn immerhin: in Spirituosen steckt *spiritus*« (S. 92).

Daß »spiritus« Alkohol meint und gleichwohl mit spiritus

[24] *Die Ursache des Troubles mit Nordirland* (1970), in: SR-4, S. 136.
[25] In: *Gäste*, S. 98ff.

sanctus, dem Heiligen Geist, verbunden ist, belegt das Gedicht der Heiligen Brigid, und so ist das gemeinsame sonntägliche Besäufnis auch eine Art religiöser Übung in sinnlicher Form, so wie auch die »Einzelsäuferkoje«, in die sich der Trinkende einsperrt, »um mit Whiskey und Schmerz allein zu sein, mit Glauben und Unglauben« (S. 22), eine Form der religiösen Meditation darstellt. Gemeinschaft und Religion sind offensichtlich »Thema« des *Tagebuches* – die Frage nach dem für Böll naheliegenden weiteren zentralen thematischen Aspekt, der Liebe, scheint sich bei einem weitgehend nicht fiktionalen Text zu erübrigen. Tatsächlich enthält das *Tagebuch* jedoch eine der zartesten Geschichten über Liebe »in eine[r] möglichst schwierige[n] Situation«[26]: *Die schönsten Füße der Welt* heißt das längste Kapitel[27], und es steht so ziemlich im Zentrum des Buches, was seine Bedeutung hervorhebt. Überdies ist es das Kapitel, das sich am offensichtlichsten als Erzählprosa darstellt: Es ist zwar als Er- (bzw. Sie-)Erzählung geschrieben, aber aus der Perspektive der Arztfrau, die allein zu Hause ist, in steter Nähe zum (manchmal auch im) Inneren Monolog[28]. Schon der Titel läßt eine Liebesgeschichte erwarten, doch er ist zunächst die Hommage einer Frau an eine andere – »Man müßte Balladen dichten können, denkt sie seufzend, um Marys Füße zu preisen« (S. 78) –, aber die Überlegungen und Erinnerungen der Arztfrau erzählen mittelbar die Geschichte der aus mitteleuropäischer Sicht ungewöhnlichen Liebe und Ehe von Mary und Aedan McNamara, der jeweils nur für drei Monate nach Hause kommt, »um seinen Torf zu stechen, das Haus neu zu streichen, das Dach zu reparieren, heimlich an diesem zerklüfteten Küstenstreifen ein wenig auf Lachsfang zu gehen, nach Strandgut zu suchen – und um das nächste Kind zu zeugen« (S. 72). Diese knappe Zusammenfassung seines Lebens und der ebenso knappe Bericht über den Lebenslauf seiner Frau, die sich »zäh [hält an] diesen hoffnungslosen einsamen Flecken« (S. 73)

[26] Interview mit Wellershoff, *Gruppenbild mit Dame* (1971), in: I, S. 126.
[27] Nur *Limerick am Morgen* und *Limerick am Abend* zusammen sind etwas länger.
[28] Z.B.: S.73 f.

läßt eine trotz der regelmäßigen Trennung enge und feste Verbindung erkennen, die sich einem naturhaften Zyklus unterwirft und diese Natur doch zugleich beherrscht, so wie Mary McNamara ihren Küstenabschnitt.

Der Primat der Form

Die Anordnung der Kapitel – von den ersten vier und dem Abschiedskapitel abgesehen – ist auf keine Reisechronologie bezogen; hier drückt sich vielmehr, wie am 10. Kapitel bereits gezeigt, ein bewußter Formwille aus. Die ›Umrahmung‹ dieses Zentrums durch die Kapitel 7–9 und 11–14 verstärkt und akzentuiert diesen Kern des ganzen noch, indem auch dort über das Geographische und Aktuelle hinaus das Wesentliche dieses Irland repräsentiert wird.

Die für die Feuilleton-Veröffentlichung in der ›Frankfurter Allgemeinen Zeitung‹ vorgesehenen Beiträge hat Böll für die Buchfassung noch wesentlich überarbeitet, um ein einheitliches Ganzes zu erreichen. Wie sehr das gelungen ist, erfährt jeder Leser bei der ersten Lektüre. Analysiert hat dies 1968 Wolfdietrich Rasch, der den ›Stil des *Irischen Tagebuchs*‹ untersucht und, vom ersten Kapitel ausgehend, dem formalen wie inhaltlichen Zusammenhalt des Buchs nachgespürt hat[29]. Wiederholung und Variation erkannte er als Prinzipien der Struktur – ein Verfahren, das Bölls Kurzgeschichten charakterisiert. Die Kapitel, so faßt Rasch zusammen, »sind strukturiert durch Variationsreihen, in denen das gleiche Motiv abgewandelt, erweitert, mit neuen Motiven kombiniert wird«[30].

1968 waren die Grafiken Bölls zu seinen Erzählwerken noch nicht bekannt; um so bemerkenswerter ist der Vergleich, mit dem Rasch seine Beobachtung illustriert: »Man denke sich das erste

[29] Rasch ^{7}1980, S. 259 ff.
[30] Rasch ^{7}1980, S. 261.

Glied einer Kette, das drei verschiedenfarbige Steine trägt, je einen roten, grünen, gelben. Das nächste Kettenglied hat wieder einen roten und einen grünen Stein, aber in anderer Farbnuance, und der dritte Stein ist nicht gelb, sondern blau. Auf dem folgenden Kettenglied sind ein grüner, ein blauer und ein brauner Stein kombiniert usw. Jeder farbige Stein entspricht einem Motiv des Erzählberichts, einem Zug am Phänomen Irland«[31].

Angemessener läßt sich Bölls Kompositionsprinzip kaum beschreiben. Rasch ist darauf gekommen, indem er Bölls Aufforderung, Formanalyse zu betreiben, aufnahm, und er nahm sie dazu auch noch »wörtlich«; denn »Syntax studieren« ist ein Teil dieser Aufforderung: Auffällig am Satzbau des *Tagebuchs* (und auch das betrifft eine Mehrzahl der Texte Bölls) ist die »Seltenheit der Punkte. Sie sind als Zeichen, die durch Trennung gliedern, auf ein Mindestmaß reduziert«. So steht der erste Punkt erst nach dem ersten Drittel der zweiten Seite, und sie werden auch später nicht häufiger. Böll bevorzugt Semikolon und Doppelpunkt, zum Teil entgegen den Duden-Regeln der Interpunktion: »Die Variationsketten bewirken, daß alles Mitgeteilte ineinandergehängt erscheint, und das bewirkt auch die Satzkonstruktion. Auf die Abwertung des Punktes wird sogar im Text angespielt. Anlaß gibt jene Sicherheitsnadel, die hauptsächlich als Indiz für zivilisatorische Bescheidenheit, aber auch als optischer Index für das Schaukeln des Schiffes verwendet wird. Es heißt von ihr: ›... wo der Knopf wie ein Punkt gewirkt hatte, vom Schneider gesetzt, war sie wie ein Komma eingehängt worden‹; die Kommata und vor allem die Doppelpunkte handhabt Böll tatsächlich wie improvisierende Klammern, die eines mit dem andern verbinden«[32].

Daraus ergibt sich aber ein reißfestes literarisches Geflecht.

[31] Rasch ^{7}1980, S. 261.
[32] Rasch ^{7}1980, S. 127.

XIV. Billard um halb zehn. Roman

1. Publikationsformen

Buchausgabe: Köln/Berlin 1959 (September)
Vorabdruck: Frankfurter Allgemeine Zeitung, Nr. 169 vom 25. 7. 1959 und Nr. 228 vom 2. 10. 1959
dtv (991): 1. Auflage 1974
Neusatz: 23. Auflage 1997 – nach dieser Ausgabe wird zitiert.
Verfilmung: *Nicht versöhnt oder es hilft nur Gewalt, wo Gewalt herrscht*, frei nach dem Roman; Buch und Regie: Jean-Marie Straub. Uraufführung Berlin, 4. 7. 1965; Fernsehaufführung: ARD 25. 8. 1969

2. Entstehung und Kontext

Waren zwischen 1953 und 1955 Romane und eine längere Erzählung im Jahresabstand herausgekommen, so ließ sich Böll mit diesem Roman vier Jahre Zeit. Der längere Irlandaufenthalt, die Arbeit am *Tagebuch*, Hörspiele, Erzählungen, Satiren erklären diese lange Frist nur teilweise. *Billard* ist umfangreicher, komplizierter und künstlerisch ambitionierter angelegt als die Vorgänger, und Böll ist nun in der ökonomischen Situation, sich die dafür notwendige Zeit zu nehmen. 1956 sind die Entwürfe schon recht weit gediehen; schon im Oktober 1957 werden Bölls Romanpläne bekannt, und als die ›Ruhrnachrichten‹ vom 26. 10. 1957 darüber berichten, faßt die Zeitung mit einer Schlagzeile zugleich die Erwartung an den Roman sowie das schriftstellerische Prestige zusammen, das sich Böll bereits erschrieben hatte: »Schreibt er den großen Roman des Jahrzehnts?« Als er 1959 erscheint, steht er mit zwei anderen in Konkurrenz um dieses Prädikat, mit denen zusammen er die besondere Qualität dieses »Romanjahrgangs«

konstituierte: ›Die Blechtrommel‹ von Günter Grass und Uwe Johnsons ›Mutmaßungen über Jakob‹.

Am Beginn der Arbeit stand jedoch nicht das Konzept zu einem Roman. 1961 hat Böll in einem »Werkstattgespräch« mit Horst Bienek »die zweite Hälfte des Schlagballkapitels« zur »ersten Zelle« des Romans erklärt. Die Hinrichtung von vier jungen Kommunisten im Jahre 1934 war der Anlaß. »Das ganze war als Kurzgeschichte gedacht«, hat sich dann aber »vielfach verwandelt, als ich in Gent den Altar der Gebrüder van Eyck sah, in dessen Mitte das Gotteslamm steht«[1]. Der Entwurf eines Hörspiels, in dem ein deutscher Untersuchungsausschuß die Umstände und Gründe der Zerstörung der Abtei Sankt Anton durch »Schußfeld-Köster« untersucht[2], kam als weitere »Zelle« hinzu.

3. *Wort- und Sacherklärungen*

13 *Schilgenauel, Gludum*: fiktive Ortsnamen – wie die meisten Ortsnamen im Text

15 *grüner, roter, blauer Heuss*: Briefmarken (zu 10, 20 und 30 bzw. 15 Pfg.) mit dem Bild des ersten Bundespräsidenten der Bundesrepublik, Theodor Heuss (1884 – 1963)

17 *El Salvador*: Südamerikanischer Staat

18 *violett:* Briefmarke im Wert von 25 Pfg.

21 *Voll ist ihre Rechte von Geschenken*: Psalm 25, 10 (in der Lutherbibel Psalm 26, 10) in der Übersetzung von Joseph Franz v. Allioli in der »Volksausgabe der Bibel« von 1868, korrekter Wortlaut: »gefüllt ist ihre Rechte...« – Luther übersetzte unverhüllt »deren Rechte voll Bestechung ist«

30 *Paspelierung*: schmaler Nahtbesatz

34 *Vater Kolping*: Adolf K. (1813 – 1865), Protagonist der katholischen Handwerker- und Arbeiterbewegung – *Heiliger*

[1] In: I, S. 16.

[2] Titelloses Typoskript im Böll-Nachlaß. Der Text endet, noch ehe Fähmel zu Wort kommt.

Aloisius: Jesuit, 1726 heiliggespr., Patron der Studenten – *Paragraph einundfünfzig*: § 51 des Strafgesetzbuches schützt vor Strafe bei Unzurechnungsfähigkeit

44 *Mitleidend bleibt das ewige Herz doch fest*: aus dem Gedicht Johann Christian Friedrich Hölderlins (1770 – 1843) ›Wie wenn am Feiertage...‹ in der Fassung nach der Historisch-kritischen Ausgabe von Norbert v. Hellingrath, Berlin 1923 (in späteren Ausgaben lauten die Zeilen anders, weshalb Böll manchmal – z.B. von Durzak [3]1979 – unberechtigt falsches oder verkürztes Zitieren nachgesagt wird) – *Kraft-durch-Freude*: die Freizeitorganisation der Nazis – *Leukoplast*: Heftpflaster

49 *Am Abend, wenn die Glocken Frieden läuten*: Erste Zeile von Georg Trakls (1887 – 1914) Gedicht ›Verfall‹ – *Verdun*: nordfrz. Stadt, Schauplatz der verlustreichsten »Materialschlacht« des Ersten Weltkrieges

50 *Château-Thierry*: eine der dortigen Befestigungsanlagen

52 *Weide meine Lämmer*: Johannes 21,15

61 *Boisseréestraße*: nach dem Kunsthistoriker Sulpiz B. (1783 – 1854), der 1832 eine ›Geschichte und Beschreibung des Doms von Köln‹ herausgab

69 *Ovid*: Publius Ovidius Naso (43 v. Chr. – 18 n. Chr.), röm. Schriftsteller

71 *Ijmuiden*: holländischer Hafenort

81 *Kabale und Liebe*: Drama (1784) von Friedrich Schiller (1759 – 1805)

86 *Regeldetri*: (mathem.) Dreisatz

91 *Hohenzollernkönige*: Reiterstandbilder vor der Hohenzollernbrücke in Köln

98 *Glyzinien*: Blauregen (Rankpflanze) – *muß haben ein Gewehr*: aus dem Kinderlied ›Wer will unter die Soldaten/ der muß haben ein Gewehr‹

102 *Falzbein*: messerartiges Werkzeug zum Falzen von Papier

104 *Nadelgeld*: Geld, das der Ehemann seiner Frau zur freien Verfügung überließ

111 *Es zittern die morschen Knochen*: Anfangszeile eines Naziliedes (»Es zittern.../ der Welt vor dem großen Krieg./ Sie haben sich feige verkrochen,/ für uns wars ein großer Sieg./ Wir werden weitermarschieren,/ wenn alles in Scherben fällt;/ denn heute (ge)hört uns Deutschland/ und morgen die ganze Welt.«)

113 *Refektorium*: klösterlicher Speisesaal

114 *Primus inter pares*: (lat.) Erster unter Gleichen (= die Rechtsstellung des Abtes)

129 *Nazarener*: Gruppe deutscher romantischer Maler – *Rembrandts, van Dycks und Overbecks*: Bilder der niederl. Maler R. Harmensz van Rijn (1606 – 1696), Anton v. D. (1599 – 1641) und Fritz O. (1869 – 1909) – *Holbein:* Hans H. (ca. 1497 – 1543), dt. Maler – *Hals*: Frans H. (1580 – 1666), niederl. Maler – *Lochner*: Stefan L., Kölner Maler des 15. Jh.s – *Leibl*: Wilhelm L. (1844 – 1900), dt. Maler

130 *La Traviata*: Oper von Giuseppe Verdi (1813 – 1901)

132 *Tobias:* Hauptperson im apokryphen Buch des Alten Testaments, beliebtes Motiv in der bildenden Kunst (Botticelli, Rembrandt, Elsheimer) – *Praeceptor und arbiter architecturae ecclesiasticae:* (lat.) Lehrer und Sachverständiger kirchlicher Architektur

145 *Wildgänse rauschen durch die Nacht*: Lied nach einem Gedicht von Walter Flex (1887 – 1919)

147 *Rorate coeli desuper et nubes plurant justum*: (lat.) Taut ihr Himmel, von oben, ihr Wolken laßt Gerechtigkeit regnen. (Jes. 45,8) – *adventistisch*: Adventisten = Sekten, die an die baldige Wiederkehr Christi glauben

149 *Dehmel*: Richard D. (1863 -1920), dt. Lyriker

174 *Mea culpa, mea culpa, mea maxima culpa*: (lat.) meine Schuld, meine Schuld, meine große Schuld – Zeile aus dem lateinischen Schuldbekenntnis (»confiteor«)

177 *Memento quia pulvis es et in pulverem reverteris*: (lat.) Bedenke, daß du Staub bist und zu Staub zurückkehren wirst

246 *Kugelschnitte*: Setzfehler statt »Kegelschnitte« (mathem.

Kurven), vgl. S. 151 – *Plusquamperfekt*: gramm. Begriff (Vorvergangenheit) – *Barbarossa*: Friedrich I. B. (1122 – 1190), dt. Kaiser – *Livius*: Titus L. (59 v. Chr. – 17 n. Chr.), röm. Geschichtsschreiber

251 *Heinrich* I: (875 – 936), dt. Kaiser – *Heinrich II*: (973 – 1024), dt. Kaiser – *Tacitus:* Publius Cornelius T. (ca. 55 – 120) röm. Geschichtsschreiber

252 *Wilhelm I*: (1797 – 1888), dt. Kaiser 1871 – 1888 – *Wilhelm II.:* (1859 – 1941), dt. Kaiser 1888 – 1918 – *Kleist*: Heinrich v. K. (1777 – 1811), dt. Dichter

279 *Suscipiat Dominus sacrificium de manibus tuis...*: (lat.) Der Herr nehme das Opfer an aus deinen Händen (Meßdienergebet vor dem Gabengebet)

286 *Abraham*: biblischer Stammvater Israels – *Sara*: Abrahams Frau

288 *Dulles:* John Foster D. (1888 – 1959), amerikanischer Außenminister in den fünfziger Jahren

297 *Schott*: Chemielehrbuch von F. Otto Schott (1851 – 1935) – *Präfation*: kath. Weihegebet – *Vigil*: gottesdienstliche Feier am Vorabend hoher kath. Festtage

315 *Hyde Park*: Londoner Stadtpark mit »Speakers Corner«, dem berühmten Platz allgemeiner Redefreiheit

320 *Herodot*: griechischer Geschichtsschreiber des 4. Jh. v. Chr.

4. Aspekte des Textes

Inhaltsabriß

Die Romangegenwart beschränkt sich auf den Tag des 80. Geburtstag des Architekten Heinrich Fähmel, den 6. September 1958. Rückblenden und Erinnerungen des umfangreichen Personals weiten den Zeitrahmen des Erzählten jedoch auf über ein halbes Jahrhundert aus[3], wobei der Zusammenhang von Familien- und Zeitgeschichte durch ein kompliziertes System von Symbolen und Motiven (»Lämmer«, »Büffel« etc.) hergestellt wird. Im Zentrum der Handlung steht Heinrichs Sohn Robert, der als Jugendlicher in der NS-Zeit an einem dilettantischen Akt des Widerstandes beteiligt war, von seinem Architekturstudium nur den Bereich Statik nutzt, um im Krieg das erste große Werk seines Vaters, die Abtei Sankt Anton, zu sprengen. Nach dem Krieg praktiziert er in extremer Kontaktarmut seinen Beruf als Prüfstatiker und zieht sich zudem täglich zurück in das Hotel »Prinz Heinrich«, um dort unter Gesprächen mit dem Hotelboy Hugo von halb zehn bis elf ziel- und regellos Billard zu spielen. Die Geburtstagsfeier für Heinrich bringt die Familie zusammen auch mit Heinrichs Frau Johanna, die zu diesem Anlaß zum erstenmal seit 16 Jahren die schützende Nervenheilanstalt verlassen hat, dazu Schrella, der aus dem Exil zurückgekehrte Freund und Schwager. Johanna will die Gelegenheit zur Rache an den sadistischen Quälern Schrellas nutzen, entschließt sich dann aber, auf einen Bonner Minister zu schießen, den sie als größere Gefahr für die Gegenwart ansieht. So wie die Rückkehr Schrellas Roberts Billardspiel beendet, so endet Heinrichs symbolischer Schnitt in ein Kuchenmodell der Abtei den Roman, ohne ihn wirklich zu beschließen; denn das Schlußtableau bleibt vieldeutig.

«Rhythmus und Figur – zur Technik der epischen Konstruktion«[4]

Das Zitat als Überschrift verweist auf eine frühe Würdigung von Bölls literarischen Qualitäten[5]. Zwar wurde die besondere Form

[3] Der Roman greift durch die Verweise auf die Lebensgeschichte der Eltern Heinrich Fähmels sogar noch weiter zurück – in einer Zeittabelle, die Böll 1956 zusammenstellte, bis zum Jahr 1835.

[4] Titel und Untertitel von Jeziorkowski 1968.

[5] Zugleich auf die Analyse Therese Posers, auf deren Erkenntnissen Jeziorkowski aufbauen konnte, vgl. Poser ^{7}1979.

dieses Romans nicht übersehen, doch hauptsächlich hat auch bei *Billard* Inhalt, »Wirklichkeit« und »Moral« interessiert: »Wo Böll uns überzeugt, ist nicht der Erzähler am Werk, sondern der Moralist«[6]. Jeziorkowskis Pioniertat ließ die Böllforschung bis in die jüngste Zeit unbeachtet oder wies sie ab[7]. Der Wandel des Böllbildes läßt den Rückgriff auf sie lohnend erscheinen, weil die Wirklichkeit, auf die sich *Billard* bezieht, mehr noch als sonst als »geschenkt« betrachtet werden kann. Ihre »moralische« Bewertung ist in dem Satz Fähmels gefaßt, dem Jean-Marie Straub den Titel für seine Filmversion entnommen hat: »Ich bin nicht versöhnt mit der Welt, in der eine Handbewegung und ein mißverstandenes Wort das Leben kostet« (S. 266).

Die »überzeugende« Leistung dieses Werks liegt gerade nicht im Faktischen oder »Moralischen«, sondern in der besonderen erzählerischen Bewältigung dieses Materials.

Das »Modell für die Erzählweise« ist früh erkannt worden: »Die Ereignisse des 6. September werden mit einer Serie immer wiederkehrender Erinnerungen kombiniert; dieselben Daten, Schauplätze und Personen bilden immer neue Konstellationen. Das Modell für diese Kombinationen finden wir im Billardspiel, das – abstrakt und formelhaft (›Musik ohne Melodie, Malerei ohne Bild‹) – ein Symbol der modernen Kunst überhaupt zu sein scheint«[8].

Ebenso schnell erkannt wurde »die Zeit als Strukturelement«, wobei die »zeitliche Perspektive«, also das Nacheinander von Vergangenheit, Gegenwart und Zukunft, weitgehend aufgehoben ist und zum Beispiel für Johanna völlig stillsteht, bis sie (mit der Pistole in der Handtasche) im achten Kapitel in die Zeit zurückkehrt. Allerdings hat man dies alles als eher peripher angesehen. Jeziorkowski hingegen ist gerade diesen Momenten bis ins Detail nachgegangen und konnte so weitere Dimensionen von Bölls artistischem Verfahren aufdecken. Durch die exemplarische Analy-

6 Franz Schongauer im SDR am 20. 4. 1960.
7 Z.B. Blamberger 1985, S. 130 und Guntermann 1992, S. 218.
8 Poser ^{7}1979, S. 250f.

se von »Syntax und Rhythmus« hat er eine »fließende Folge von Wellen« erkannt, die den Text »in die Nähe der gesprochenen Sprache« rücken: »Unter den Erinnerungsmonologen [...] liegt akustisch [...] das Murmeln des Erinnerungsstromes; sein gleichmäßig ruhiges Wellenschlagen ist der rhythmische Takt dieses im wahrsten Wortsinn versunkenen Erzählens. Aber es werden [...] noch andere Bilder und Vorstellungen wach, die der Roman selbst liefert: es sind solche Bezeichnungen wie ›Litanei‹, ›Liturgie‹, ›Gebetsmühle‹, Metaphern, die wir aus dem Munde aller Hauptpersonen kennen und die immer wieder auch das Baugesetz der Monotonie, der Wiederkehr des Gleichen in jeweils veränderter Stellung und Perspektive zu umschreiben suchen«[9].

Böll hat das im Werkstattgespräch mit Bienek vorwegnehmend bestätigt: »Die sogenannten Motive sind im Grunde nichts anderes als Interpunktion. Interpunktionen sind ja Zeitzeichen, rhythmische Zeichen«[10]. Das »Hilfsmittel«, auf das Böll an gleicher Stelle verwies, die »farbige Tabelle, die drei Schichten hat«, war Jeziorkowski nicht zugänglich. Nun jedoch läßt sich anhand der in der Tat sehr »komplizierten« Grafiken[11] überprüfen, daß seine Vermutungen weitgehend richtig waren: Seine damals nur metaphorische Charakterisierung – »Alle [...] Exempel verweisen schließlich wieder auf das Liniengeflecht im Billardspiel des Statikers Robert Fähmel; hier entsteht – beinahe graphisch – die Grundrißzeichnung des Romans« – wird durch das Farbliniengeflecht der Grafiken bestätigt. So sind im wesentlichen nur noch Ergänzungen und kaum Korrekturen an seiner Strukturanalyse anzubringen.

Schon die Arbeit Bölls am Titel zeigt die rhythmische Orientierung: »Billard um zehn« sind zwei der erhaltenen Strukturzeichnungen[12] überschrieben. Inhaltlich ist die danach vorge-

[9] Jeziorkowski 1968, S. 208, die übrigen Zitate S. 206f.
[10] In: I, S. 17.
[11] Böll im Gespräch mit Bienek: »Ich kann es schwer erklären, ich stelle nur fest, daß diese Farbskalen, deren erste ich bei meinem ersten Roman schon entwickelt habe, immer komplizierter werden«, in: I, S 17.
[12] Es sind neben der genannten Zeittabelle vier solcher Zeichnungen im Nachlaß erhalten.

nommene Verschiebung der Uhrzeit belanglos; *Billard um halb zehn* jedoch verändert den Sprachrythmus beträchtlich: Er wird gleichsam dynamisiert und bildet einen rhytmischen Kontrast zur Statik des zeitenthobenen Billardspiels. Im endgültigen Titel kündigt sich das dualistische Verfahren des Romans an, das sich vom Gegensatz zwischen Statik und Dynamik bis zu dem von Lämmern und Büffeln fortsetzt, und es dementiert sogleich wieder die Dualität als *Prinzip*, indem es selbst die Verbindung des Gegensätzlichen praktiziert – wie in der Erläuterung Robert Fähmel dem Amerikaner im Verhör gegenüber[13] und später noch einmal: »Statik, Hugo, das ist die Lehre vom Gleichgewicht der Kräfte, die Lehre vom Spannungs- und Verschiebungszustand von Tragwerken; [...] und das Gegenteil von Statik ist die Dynamik, das klingt nach Dynamit, wie man es beim Sprengen braucht und hängt auch mit Dynamit zusammen. Ich verstand was von Statik, Hugo, verstand auch was von Dynamik, verstand eine ganze Menge von Dynamit« (S. 77).

Auf neun Kapitel war der Roman zunächst angelegt[14]; später auf fünfzehn Kapitel in fünf Büchern. Von Beginn an sind dabei Romangegenwart und Geschichte inhaltlich wie strukturell miteinander verknüpft: Die zweite Bearbeitungsstufe weist bereits die »drei Schichten« auf, die dort »Realität – Reflexion – irreal« genannt sind. Als Gegenwartsebene ist »1956 oder 57« vorgesehen. In der dritten Schicht sind schon die meisten Leitmotive verzeichnet: »Voll ist ihre Rechte, Keiler, Druckerei, Cigarrenaroma von Schrettlinger (!) [...]«. Im Entwurf von 1958 ist »Schrettlinger« in »Nettlinger« verändert, und der Plan zeigt die rhythmisch-schwungvolle Verbindung von Personen, Motiven und Orten durch verschiedenfarbige Linien, wie im Fall von *Haus*. Wiederholung, Abstraktion, Rhythmus – die von Poser und Jeziorkowski dem Text entnommenen Kategorien werden durch den Bauplan bestätigt.

[13] »›Sprengen‹, sagte er, ›ist doch nur die Umkehrung der Statik. Sozusagen ihr Reziprok‹« (S. 187).

[14] Es handelt sich um die hier so genannte »Zeittabelle«.

Abstraktion und Rhythmus sind Mittel einer »episch gestalteten Simultaneität«[15]. Weder werden Zeitabläufe chronologisch erzählt, noch wird der Charakter der einzelnen Personen entwickelt und psychologisch plausibel gemacht. Dies wird ersetzt durch ein leitmotivisches Verfahren, das in der »dritten Schicht« der Strukturpläne Bölls abgebildet und im Text nach dem Muster von *Wort* oder *Haus* typographisch hervorgehoben ist: Das »*Wozuwozuwozuwozuwozu*« Johannas[16], »*Kabale und Liebe*« als Leitmotiv ihrer frühen Jahre; »*Muß haben ein Gewehr*« als das der Stunden vor dem Romanende. Die stehende Formel der Frau Gretz, »es ist eine Sünde und Schande«, oder Heinrich Fähmels ritualisiertes Frühstück mit dem Paprikakäse als Signum haben die gleiche Funktion. Diese Motive stellen »Charakterisierungsformeln dar, die die Position einzelner Figuren schlagartig beleuchten«[17]; sie haben aber auch weitergehende[18] Funktionen. In der Verbindung des blutenden Keilers mit Heinrichs Worten »Wir Fähmels kennen den Tod« (S. 7) ist die »Gegenwart des Todes« symbolisiert, die »bildlich gesprochen, blutende Wunde der Zeit, der Vergangenheit, und in der leitmotivisch gesteigerten Wiederholung wird zugleich auf jenen Schuß vorausgedeutet, den die Großmutter auf den Minister am Ende des Romans abfeuert«[19]. Daneben ist das Aushängen des Keilers[20] natürlich auch ein Zeichen für die Kontinuität der Zeit, die nur einmal – 1917 – gestört ist, wenn »in diesen Tagen kein Keiler hing; höhere Gewalt herrschte« (S. 110). Selbst damit ist das Funktions- und Bedeutungsspektrum nicht ausgeschöpft; denn der Keiler ist zum einen Jagdopfer unter anderen – »zartes Gefieder, demütiges Hasenfell umschmücken« ihn (S. 96) –, zum andern hat die »Masse des dunkelgrauen Tieres

15 Durzak ^{3}1979, S. 106.

16 Aber auch der Mutter Hugos: vgl. S. 74 u. 321, und in der einfachen Form *Wozu* schreibt Heinrich es auch seiner Mutter zu, S. 96.

17 Durzak ^{3}1979, S. 107.

18 Z.B. der blutenden Keiler: S. 6, 22 usw.

19 Durzak ^{3}1979, S. 107.

20 Der in den Entwürfen stets als einer der wesentlichen Motive der »dritten Schicht« genannt wird.

(S. 261) etwas Bedrohliches. Unausschöpflichkeit ist Kennzeichen deutschen Symbolverständnisses seit Goethe, für den im »Bild« die »Idee [...] immer unendlich wirksam und unerreichbar bleibt«[21] und vom Besonderen aufs »Allgemeine«[22] verweist. Diese Sicherheit im Glauben an ein Allgemeines ist der Literatur aber schon mit dem bürgerlichen Realismus verlorengegangen, so daß Symbole auf ihre Verweisungsfunktion *innerhalb* des Textes zurückgenommen sind[23].

Für den gläubigen Katholiken Böll aber ist die allgemeine Instanz, Gott also, nicht in Frage gestellt, was für sein Symbolverständnis nicht folgenlos sein kann.

Symbol und »Sakrament«

Gewiß ist die Lamm-Büffel-Symbolik das auffälligste Element des Textes, und es hat auch die meisten Diskussionen ausgelöst und Anstoß erregt[24]. Das veranlaßte Böll später sogar zu einer gewissen Distanzierung von dieser Bildlichkeit[25] .

Ihre biblische Herkunft scheint klar; vor allem beim Lamm, das in doppelter Weise durch die Pastoralmetaphorik der Bibel bestimmt wird: Die Herde, die Lämmer, ist die Gemeinschaft der Gläubigen, die von Gott beschützt wird[26], aber auch Christus ist immer wieder das Gotteslamm, Agnus Dei. Bölls Hinweis auf die bildliche Darstellung dieser Rolle Christi auf dem Genter Altar der Brüder van Eyck hat zur Suche nach der biblischen Quelle für den gesamten Symbolkomplex geführt, aber zu keinem eindeuti-

[21] ›Maximen und Reflexionen über Kunst‹.
[22] ›Maximen und Reflexionen über Literatur und Ethik‹.
[23] Etwa bei Fontane.
[24] Nägele 1976 referiert die wichtigsten Einwände, S. 136.
[25] Im Gespräch mit Christian Linder qualifizierte er das als ein Bild, daß er »heute nicht mehr gebrauchen« würde: »Damals war es eine Hilfskonstruktion, auf einen ganz bestimmten politisch-gesellschaftlichen Hintergrund angewendet«. *Drei Tage im März* (1975), in: I, S. 424f.
[26] Psalm 23: »Der Herr ist mein Hirte, er weidet mich auf einer grünen Aue«.

gen Ergebnis[27]. Ebenso widersprechen sich die Deutungsversuche: Man sah den Gegensatz von »führenden Kräften des Militarismus« zu den »leidenden Opfern der untersten Schichten«[28] thematisiert, die »moralische Überlegenheit der arbeitenden Schichten«[29] gegenüber dem »irdischen Reichtum«[30], oder aber die »vereinfachende Teilung in Gut und Böse sowie die letztlich ahistorische und apsychologische Mythisierung, die die konkrete Geschichte in den Raum eines augustinischen Gottestaates transformiert«[31]. Dabei sind die Lämmer alles andere als eine homogene Gruppe[32]. Nicht nur differenziert der Text zwischen passiven (Edith) und durchaus widerstandsbereiten Lämmern (Ferdi Progulske) und dazu noch zwischen Lämmern und »Hirten«, sondern es wird auch mehrfach die von der biblischen Herkunft nahegelegte positive Bedeutung der Lamm-Figur überhaupt in Zweifel gezogen: Die »Schafspriesterin« etwa stellt eine deutlich erkennbare Parodie auf die pathetische Pastoralsymbolik dar, ein Gotteslamm im Zerrspiegel mit einem Welterlösungsanspruch, der sich als Betrugsversuch darstellt: »›Wie werden wir die Welt erlösen?‹ […] ›durch Schafwolle, Schafsleder, Schafsmilch‹ […]. Warum willst du nicht das Gotteslamm meiner neuen Religion sein?« (S. 57).

Heinrich hält Distanz zu Schrella (»er trug Heil auf den Schultern und Unheil«, S. 111), Johanna Fähmel hält Abstand sogar zu Edith – »Ihre Stimme flößte mir Angst ein; verzeih, aber ich habe Sektierer nie gemocht« (S. 144)[33]; mehr noch: Sie bezeichnet sie

[27] Haase 1964, S. 221: Er verweist auf das Buch Daniel 7, 7 – 26 und die Offenbarung des Johannes. Das leitmotivische Gebot »weide meine Lämmer« (vgl. S. 52, 61, 71, 74, 82, 137, 138, 189, 230, 232) stammt aber nicht aus der Offenbarung, sondern aus dem Johannesevangelium.

[28] Nägele 1976, S. 136.

[29] Bernhard ²1973, S. 262.

[30] Haase 1964, S. 221.

[31] Nägele 1976, S. 137.

[32] Reid 1973: »Böll's lambs are not as meek as the word suggests – some of them are wouldbe assassins«, S. 53, vgl. auch Durzak ³1979, S. 100.

[33] Haase weist in diesem Zusammenhang auf die sächsische Sekte »Hirt und Herde« hin, die in den zwanziger Jahren entstand. Böll wird sie auch seiner Meinung nach kaum gekannt haben.

als Adventistin (S. 147), als Protestantin also – eine für den Böll dieser Jahre unbedingt negativ konnotierte Charakterisierung, kündigt er doch den »Büffel« Nettlinger ausgerechnet mit der Formel »Wehr und Waffen« an (S. 14, 16, 35), die *dem* Lutherischen Kampflied entnommen ist[34].

Ediths Tod schließlich läßt sie Johanna so erscheinen, »als wäre unser Familienwappen lebendig geworden: ein Lamm, dem der Blutstrahl aus der Brust bricht« (S. 145). Es ist nicht das Fähmelsche, es ist »das Kilbsche Wappen« (S. 105), das Bölls Begegnung mit dem Altarbild der Brüder van Eyck reflektiert. Und dieses Wappensiegel wird unter dem Wandspruch *»Voll ist ihre Rechte von Geschenken«* auf die notariell zu beurkundenden Eheverträge, Hypotheken, Testamente gedrückt.

Auch dieses Leitmotiv gehört selbstverständlich zum »Umkreis der Büffel-Gruppe«[35]. Die Teilung ist also nicht so »einfach«; die häufig beklagte Schwarz-Weiß-Zeichnung beruht auf optischer Täuschung.

Vom *»Sakrament des Büffels* essen« oder noch häufiger »kosten«[36] heißt es im Text, was die Verbindung herstellt zum Sakrament des Abendmahls und diesen Akt geradezu als eine Art schwarzer Messe erscheinen läßt, als Perversion des Heiligen, die jedenfalls den von *Billard* erfaßten geschichtlichen Zeitraum entschieden stärker geprägt hat als das wirkliche Glaubenssakrament. Natürlich muß das im Text seltener erscheinen; denn: »das *Sakrament des Lammes* stillte nicht ihren Hunger, das des *Büffels* bot reichlich Nahrung« (S. 169).

Die »Lämmer« sind nicht heilig, nicht wirksam wie das Sakrament, sie sind »Gerichtsvollzieher Gottes« (S. 111), »Boten des Königs« (S. 192), im besten Fall *»Engel«* (S. 110).

»Sakramente haben die schreckliche Eigenschaft, nicht der

[34] »Ein feste Burg ist unser Gott,/ ein gute *Wehr und Waffen*«.

[35] Jeziorkowski 1968, S. 161. Daß die »von Geschenken« volle Rechte »Sinnspruch Kilbscher wie Fähmelscher Unbestechlichkeit« sein soll (S. 21), ist bitterster Sarkasmus, denn »Geschenke« ist im biblischen Kontext gerade als »Bestechung« der »Gottlosen« oder gar »Blutrünstigen« definiert.

[36] Nur zweimal, S. 150 u. S. 169 heißt es »geimpft« , vgl. Haase 1964, S. 220.

Endlichkeit unterworfen zu sein« (S. 169) – das gilt auch für das Antisakrament des Büffels. Sakramente bleiben aber auch letztlich unerklärlich: »Otto war nur noch Ottos Hülle« (S. 150), nachdem er vom Sakrament des Büffels gekostet hat. Unerklärlich bleibt diese Verwandlung ebenso wie die Immunität Heinrichs gegen dieses »Sakrament«. Dies erscheint tatsächlich wie eine »letztlich ahistorische und apsychologische Mythisierung«[37]. Denn Böll bezweifelt auch in diesem Roman die »politische Vernunft« (S. 170), Vernunft überhaupt, »die zu nichts [führt] in dieser Welt« (S. 155). Die mangelnde Überzeugungskraft der bislang entwickelten Faschismustheorien könnte ihm jedoch Recht geben. Freilich rekurriert er auch nicht auf einen »augustinischen Gottesstaat«[38] oder auf »die Gemeinschaft der Lämmer [als] Realisation [einer] urchristlichen Vorstellung«[39]. Das Lamm-Bild, das Agnus Dei, ist sicherlich nicht grundsätzlich »zu bezweifeln«, aber auf der Ebene des Romans ist es in Zweifel gezogen. Dem in der Sekundärliteratur noch stets zitierten Hinweis Bölls auf das van Eycksche Altarbild ist noch nie jemand wirklich nachgegangen. Tatsächlich eignet sich das Hauptbild des Genter Altars weitaus besser zum Wappen der Kilbs als zum sanft-passiven Lämmertum einer urchchristlichen Gemeinde: Erhöht auf einem Postament, in stolzer Haltung, anbetende Engel zu Füßen, paßt diese Darstellung höchstens noch zum Verständnis, das die Schafspriesterin von der Rolle des von ihr geschaffenen Idols hat: »sie werden dir in den schönsten Hotels zu Füßen liegen« (S. 324). Diesem »kulturgeschichtlichen« Denkmal des Gotteslammes stellt Robert Fähmel ja gerade ein eigenes »Denkmal für die Lämmer« (S. 186), ein »Denkmal aus Staub und Trümmern« (S. 184) entgegen. Die selbstverständlich positive Konnotation des Lammes, des Gotteslammes dazu, hat trotz der vielen Distanzierungszeichen viele Leser in die Irre geführt.

[37] Nägele 1976, S. 137.
[38] Nägele 1976, S. 137.
[39] Durzak ^{3}1979, S. 101.

Das stellt freilich auch andere Selbstverständlichkeiten unter Verdacht: Fast immer sah man die leitmotivische Verwendung des Hölderlin-Zitates »*Mitleidend bleibt das ewige Herz doch fest*« mit dem »Lamm-Symbol Bölls« verbunden. Schrellas Mutter, deren Herz »mitleidend nicht fest« geblieben war, und der Kontrast zur älter gewordenen Erika Progulske, deren Herz »fest, doch nicht mitleidend geblieben« ist, führte zu dem Schluß: »Die Fähigkeit, in den ›hochherstürzenden Stürmen‹ mitleidend fest zu bleiben, gilt es für Bölls Gestalten also durchaus in dieser Welt und den Kämpfen, die sie zu bestehen aufgibt, zu bewähren«[40].

Kann man hier tatsächlich ein Plädoyer Bölls für eine Art Mittelweg zwischen Mitleid und Festigkeit unterstellen? Schrellas Mutter scheitert zwar mangels »Festigkeit« mit ihrem Imbißstand, doch nach der Begegnung mit der veränderten Erika hat Schrella nur noch »Angst vor Begegnungen« (S. 317) mit anderen Bekannten seiner Jugend. Mitleid und Festigkeit haben auf der Wertungsskala des Romans höchst unterschiedlichen Rang: »Auch mich hast du erlöst und *nichts dafür genommen*, [...] erlöst mit dem Mitleid deines Mundes und deiner Hände« (S. 250). So erinnert sich Schrella an die junge Erika. Sie war eine von Bölls Magdalenenfiguren, die es »mit jedem« tun, *»aber nichts dafür«* nehmen (S. 290), die den Mann von »seiner sexuellen Not« (S. 36) befreien nur aus »Barmherzigkeit« mit der männlichen Natur[41]. Die junge Erika nahm keine »Geschenke«, nicht mal eines, das nicht als Bestechung oder »Bezahlung« (S. 250) gemeint war. Die Festigkeit, die sie später gewinnt, stellt sich als »händlerische Härte« (S. 250) dar – kaum vorstellbar, daß Böll eine Portion davon als notwendige Ergänzung zum Mitleid zu propagieren gedachte.

Nun kann es keineswegs darum gehen, den vielen festlegenden Deutungen einfach eine andere entgegenzusetzen: Das Lamm-

[40] Bernhard ^{2}1973, S. 282.

[41] Die Formulierung findet Böll so erst im *Clown*, aber schon in *Billard* argumentiert er vergleichbar: »[...] da können die Jungens nichts dafür, [...] es ist die Natur, und es ist nicht leicht, mit der Natur fertig zu werden«, S. 242.

Symbol ist auch nach den formulierten Einwänden nicht grundsätzlich negativ zu sehen, aber es ist relativiert, vereindeutigt. Ebenso sollte die Berufung auf »Hölderlin« im Text als mehrdeutig gelesen werden. Und für die Büffel scheint eher eine private Assoziation Bölls verantwortlich zu sein als der nur sehr kompliziert zu denkende Rekurs auf die »Offenbarung des Johannes«, kommt doch die Charakterisierung »Büffel« oder »büffelig« bei Böll auch außerhalb jedes denkbaren biblischen Kontextes häufiger vor[42]. Es gibt hier keine eindeutigen Beziehungen von Zeichen und Bezeichnetem.

Dies könnte daher als eine Rückkehr Bölls zu Goethes Vorstellung von einer »unendlichen« Symbolbedeutung erscheinen, und die unbezweifelte Berufung auf einen christlich definierten Gott als Ort des »Allgemeinen« ist für Böll natürlich auch zu unterstellen. Dennoch ist Böll einem gegenüber Goethe veränderten Symbolbegriff verpflichtet: »Das ›Sakrament des Büffels‹ und das ›Sakrament des Lammes‹ sind mitnichten Metaphern. Es sind Realsymbole, die der abgenützten Bedingheit geläufiger Begriffe ebenso entwachsen sind wie die Formeln, die scheinhaft Bestehendes in Staub auflösen«[43]. Diese Analyse des Kritikers K. A. Horst wird bestätigt durch den literarischen Kontext des Jahres 1959: In diesem Romanjahrgang[44] wird immer wieder auf die besondere Erkenntnismöglichkeit von Dichtung abgehoben, ergänzen und übertreffen die fiktionalen »Mutmaßungen« das dokumentarische Protokoll und der »verzerrte« Blick des »Insassen einer Heilanstalt« das Porträt.

Das in *Billard* leitmotivische Hölderlin-Gedicht spricht im übrigen ausdrücklich die *Dichter* an; in ihnen »wehet der Geist« der Götter, sie sind von »heilgem Strahl entzündet«[45]: Das pathe-

[42] Jeziorkowski 1968 nennt S. 163 den Polizisten in *Mein trauriges Gesicht* und Nellas Verehrer (»Büffel mit gutgeschnittenen Gesichtern«, in *Haus*), zu nennen ist im gleichen Text auch Alberts »büffeliges Gesicht«.

[43] Horst 1959.

[44] Bei Grass, Andersch und vor allem bei Johnson.

[45] Zitiert nach der Ausgabe, die Böll vorlag: Hölderlin, Friedrich, Historisch-kritische Ausgabe, begr. v. Norbert v. Helligrath, Berlin ^{3}1943, Bd. IV, S. 153.

tisch verklärte Dichtungsverständnis von »reinem Herzen« und kindlicher Schuldlosigkeit teilt Böll gewiß nicht, kaum auch die Vorstellung von der Dichtung als Hülle der »himmlischen Gabe«. Die damit verbundene Überzeugung einer nicht rational erklärbaren Qualität des Dichterischen jedoch verbindet ihn mit Hölderlin. Und so ist auch das Symbol *ein* Element dieser besonderen Qualität von Dichtung, die von Horsts Begriffsvorschlag »Realsymbole« besonders gut erfaßt ist: Mehr an die Realität angebunden als an ein »Absolutes«, dennoch mit der Realität nicht einfach zu verrechnen, ist das Symbol ein Mittel, Wirklichkeit in den Aggregatzustand der Dichtung zu überführen und sie dort in der bildlichen *Ver*hüllung auf besondere Weise zu *ent*hüllen. Bedeutung läßt sich dabei nicht in einer Art Übersetzungsvorgang ermitteln, nur die Genese des symbolischen Bildes läßt sich gelegentlich, wenn natürlich auch nicht »restlos«[46], rekonstruieren. Bölls Hinweis auf das Van-Eyck-Bild ist *dafür* sehr hilfreich. Es wirft auch ein Licht auf Bölls andere symbolisch erzählten Texte.

Liebe und Religion

Im »Kilbschen Wappen« ist nur das Objekt des Altarbildes – »ein Lamm, dem ein Blutstrahl aus der Brust brach« (S. 105) reproduziert, von den Farben, auf die Böll in seinem Romanwerk bis einschließlich *Billard* einen so gewichtigen Akzent legte, ist hier nicht die Rede – dabei sind es die gleichen Farben, die in *Haus, Brot* oder *Im Tal der donnernden Hufe* als Symbolfarben eine so große Rolle spielen: Das *weiße* Lamm über der *grünen* Wiesenlandschaft, dem ein *roter* Blutstrahl aus der Brust bricht. Vom Bild des Gotteslammes getrennt sind sie auch hier immer wieder präsent: »[…] weiß über grün, rot über grün«, die immer wieder-

[46] Gerade über die Unmöglichkeit solcher »restloser Aufklärung« des Schreibvorgangs hat Böll in seiner Nobelpreisvorlesung reflektiert, in der er für die besondere »Vernunft der Poesie« plädierte. S. SR-4, S. 33 ff.

holte[47] Formel des Billardspiels drängt sich geradezu auf, aber auch »rote Lichter, grüne an den Signalkörben der Schiffe« über »niedrige[n] Nebelschichten« (S. 51), oder »drüben am Ufer die grüne Allee, schneeweiß die Terrasse vom Café Bellevue«[48]. Besser in die jeweilige Situation oder Szene integriert, nicht so auffällig bedeutungsbeladen wie noch häufig in *Haus* und auch noch in *Brot* strukturieren die Farben den Text, verknüpfen unterschiedliche Motive – Orte, Personen, Gegenstände – und schaffen so einen eigenen Bedeutungsraum.

In einer Hinsicht wird dieses Verfahren des enthüllenden Verbergens besonders wichtig: Im Gegensatz zu den »schrecklichen Sachen, [...] wie sie angeblich in Hochzeitsnächten passieren« (S. 170) vollziehen Johanna und Heinrich ihre Ehe im Freien, machen »aus der Pflicht ein Vergnügen« (S. 170). Sand, »herbstliches Gras«, »silbergrüne Blätter« bestimmen die Szene, »Salat, der so grün war, daß mir die Augen schmerzten«, dazu die Hände der jungen Frau und die »roten Stühle von Trischlers Café« wiederholen das Farbspiel unmittelbar danach: Sie hatten »keinen blutigen Ernst daraus« gemacht, »obwohl's natürlich ernst und blutig ist«. Auch in *Billard* arbeitet Böll weiter an einer adäquaten Sprache der Sexualität. »Ernst und blutig« assoziiert eher Tod als Zeugung oder Begehren. Auch diese Verbindung ist bekannt aus *Im Tal der donnernden Hufe*. Und der Blick gerade auf diese Erzählung läßt auch das in *Billard* nicht so ohne weiteres erkennbare Verbindungsglied zwischen Genter Altarbild und seinen verschiedenen Verwandlungen im Text von *Billard* deutlich werden. Nicht nur die Farben rot, grün, weiß sind in der Erzählung bereits in besonderer Weise sexualsymbolisch definiert[49], sie sind dort über eine breit ausgeführte Assoziationenkette auch schon mit der biblischen Pastoralmotivik verbunden: »Über ihre Tennisbälle, dachte Paul, rotes Blut über die weißen haarigen Bälle. [...] Sie sind so weiß wie gewaschene Lämmer. Über die Lämmer hin das Blut«.

[47] Z.B.: S. 41, S. 268, 311 u.a.
[48] Jeder Leser wird noch Dutzende weiterer solcher Farbkombinationen entdecken.
[49] S.o. S 173.

»[...] morgen will ich tot sein. Blut über die Tennisbälle, dunkelrot wie im Fell des Lammes; das Lamm wird mein Blut trinken«[50]. Zu dem Rot des Blutes und Weiß des Lammes in der Vorstellung der beiden Jungen kommt in der Realität das Grün der Weinberge und des Waldes. Als sie auf die Tennisbälle schießen wollen, es aber nicht tun – »soll Gras darüber wachsen, viel Gras«[51] – und es folgt die erleichternde Erkenntnis: »Das Lamm hat mein Blut nicht getrunken, dachte er, o Lamm«[52].

Joseph und Marianne wiederholen in *Billard* die Deflorationsszene von Heinrich und Johanna: Der gleiche Ort (das Flußufer), das gleiche Farbspiel (»grüne Hosen, rote Blusen, schneeweiße Bettücher«, S. 123), und die gleiche Verbindung von Liebe und Tod; denn Joseph fährt unmittelbar darauf in einem Anfall von Todessehnsucht auf die Brückenruine zu mit ihren Warnschildern »TOD; gekreuztes Gebein« (S. 221). Und wieder ist es das Mädchen, das seine Verzweiflung überwinden hilft wie zuvor die eigene. Die Geschichte erzählt sie selbst in einer Art Märchenparodie: Josephs Anrede »Lämmchen«[53] bildet den Anlaß für die grausige Episode vom Mord an ihrem Bruder und dem Selbstmord von Mariannes Vater, einer NS-Größe. Der Fabel begegnen wir wieder in *Flußlandschaft*[54]; hier ist der sprachliche Duktus des Märchens deswegen wichtig, weil er Formulierungen legitimiert wie »Da wollen wir aber aus unserem Heidenkind mal rasch ein Christenkindchen machen, aus unserem braven Lämmchen« (S. 242), und »Spricht die Stimme des Blutes nicht zu dir?« (S. 243) – noch eine Variante der Kombination aus Lamm und Blut, weiß und rot. Und auch die dritte Farbe fehlt nicht; denn Marianne putzt Salat, als ihre Mutter sie findet, wirft ihn ins Sieb, wo er »so grün und sauber lag« (S. 242).

[50] Sämtliche Zitate in *Gäste*, in der Reihenfolge S. 114, S. 119, S. 120.
[51] *Gäste*, S. 149.
[52] *Gäste*, S. 154.
[53] S. 239 – dies ist eine der ganz wenigen Passagen, wo die Symbolik »aufgesetzt« wirkt, sich nicht als »Realsymbol« aus der Handlung begründet: »›Lämmchen‹, sagte sie, ›wie kommst du darauf?‹ ›Es fiel mir gerade ein‹, sagte er.«
[54] *Flußlandschaft*, S. 116.

Sprachlich und symbolisch führt Böll »sein« Thema, Liebe und Sexualität, weiter in diesem Roman: Wieder werden Wörter geprüft und verworfen: Da wird man zwar (in den Worten des Hotelportiers) »mit seiner sexuellen Not fertig« (S. 36), doch der gleiche Sprecher fragt monologisierend, »was wäre die Liebe ohne Probleme« (S. 37). Da spricht Heinrich von der »allerletzten« Zärtlichkeit, »die sich immer wieder als Falschgeld« erweist (S. 85). Nur Johanna findet – unter der Deckung ihres »Wahnsinns« – zu einer freieren Sprache, die auch »Begehren« kennt und die »ehelichen Pflichten« nach der »Kür« befragt (S. 171). Inhaltlich hingegen tritt das Thema auffällig zurück. Das liegt an der Konzeption der mittleren Generation der Familie. Man kann auch sagen, es liegt an Edith. Weder der »Wahnsinn« Johannas noch das traumatische Kindheitserlebnis Mariannes schließen für die beiden anderen Generationen ein erfülltes Liebesverhältnis aus; Edith jedoch stirbt nicht nur zu früh durch einen Bombenangriff; sie ist vielmehr von Beginn an eine der merkwürdigsten Frauenfiguren im Werk Bölls. Dennoch ist Roberts Beziehung zu ihr von der gleichen epiphanischen Plötzlichkeit und Unerklärlichkeit, wie die von Andreas und Olina, Feinhals und Ilona oder Fendrich und Hedwig: »und er wußte doch, [...] daß er sie ins Gebüsch ziehen würde, wenn sie vom Café Zons aus auf dem Heimweg durch den Blessenfelder Park kämen« (S. 155).

Edith »wehrte sich nicht«, als er genau das tat, aber – und die Differenz zu Johanna ist deutlich – sie »lachte nicht«. Die Ehe erlebt Robert als »gespielt« (S. 156), Edith und das Kind bleiben ihm »fremd« (S. 154). Als er sie verläßt, bleibt »das merkwürdige Gefühl, sie wieder einmal geschändet zu haben«. Das Liebesidyll Heinrichs und Johanns ist Robert und Edith verschlossen. Es ist in der Konstruktion des »Hirten« Robert als Beschützer des »Lammes« Edith vor den »Büffeln« nicht vorgesehen, bleibt als utopischer Entwurf vielleicht der jüngsten Generation vorbehalten.

Nicht einmal die väterliche Liebe vermag der verwitwete Robert zu leben. Er zieht sich vielmehr so weit aus sämtlichen menschlichen Beziehungen zurück, daß seine Sekretärin Leonore ihn geradezu als versteinerten Gegensatz zum Leben empfindet: Sie hat ihn »nie bei intimen menschlichen Verrichtungen gesehen«, er »brachte keine Frühstücksspuren mit« (S. 10), es fehlt ihm also das »Elementare«. Das Billard-Refugium ist nur eine besonders prägnante Form dieser leblosen Existenz. Die Adoption Hugos ist ein Versuch, das Versäumte auszugleichen, ins Leben zurückzukehren, und bezeichnenderweise gibt Robert mit diesem Augenblick das Billardspiel auf. Der Schluß des Romans bringt immerhin den verbliebenen Rest der Familie zusammen und der ebenso ironische wie symbolische Messerschnitt in das Baumkuchenmodell der Abtei verbindet insbesondere Robert mit seinem Vater, der mit dem Schnitt gleichsam mit den vergangenen einundfünfzig Jahren abrechnet, denen er mit der Erbauung der Abtei Epochencharakter verliehen hatte.

Daß es sich um ein kirchliches Bauwerk handelt, dessen Schicksal die Epoche kennzeichnet und dessen zweite Zerstörung (in effigie) die Gegenwart ebenso veruteilt wie der erste (durch Roberts Sprengung) die Vergangenheit, ist nur konsequent: Wenn die Liebe, der eine Aspekt von Bölls »einzigem Thema«, an den Rand gedrängt erscheint, war ähnliches für den religiösen Aspekt zu erwarten, das wurde aber durch die scheinbar religiöse Symbolik kaschiert. Im Gespräch Schrellas mit Robert über den ehemaligen Schulkameraden sagt Robert: »Enders würde die Lämmer weiden, aber man gibt ihm nur Böcke; er ist verdächtig, weil er die Bergpredigt so oft zum Gegenstand seiner Predigten macht; vielleicht wird man eines Tages entdecken, daß sie ein Einschiebsel ist, und wird sie streichen« (S. 317). Die Verbindung zum »Bauernpriester« in *Wort* ist deutlich; die Kritik an der Amtskirche hier aber noch grundsätzlicher.

Das Kuchenmodell der Abtei ist bestenfalls ein kunstgewerbliches Erzeugnis. Aber auch die Abtei selbst ist, aus der Sicht ihres Schöpfers wenigstens, »Handwerk«, keineswegs »Kunst« (S. 127). Heinrich besteht darauf, »nie ein Künstler« gewesen zu sein (S. 198), und die Schilderung des Architektenwettbewerbs für den Bau der Abtei gewinnt einen großen Teil ihres Reizes aus dem Kontrast zwischen dem Künstlergehabe der arrivierten Architekten und dem jungen Heinrich Fähmel, der »das große Spiel« zu spielen gedenkt (S. 117ff.). Bölls bislang »artistischstes« Werk ist voller Ironie gegenüber der Kunst und dem Kunstwerk. Wenn im Text »tränenselige Mörder« sich »ins Zeug für die Kultur« werfen (S. 263), scheint Kunstverachtung auch legitimiert, wenn nicht gar geboten.

Doch auch aus gleichsam entgegengesetztem Aspekt wird Kunst in *Billard* fragwürdig: Wenn, wofür alles spricht, im Billardspiel das Modell für die Konstruktion des Romans und zugleich »ein Symbol der modernen Kunst überhaupt«[55] zu sehen ist, dann erscheint der Schritt aus dieser Kunst »ins Leben«, den Robert am Ende vollzieht, wie die totale Absage an solche Kunst – und an den eigenen Text: »[...] rasch verweht, nichts blieb; Musik ohne Melodie, Malerei ohne Bild; nur Vierecke, Rechtecke, Rhomben in vielfacher Zahl; klingende Bälle am schwarzen Rand« (S. 73ff.).

Der Philologen- und Kritikerstreit um die Bewertung des Romanschlusses ist Ausdruck dieses Problems. Man hat einen »ungelöste[n] Konflikt zwischen Form und Inhalt«[56] vermutet, oder den Schluß »zu stark pointiert« gesehen: »Hier überwächst die Pointe der Einzelszene die epische Kontinuität«[57].

Einerseits sieht man den Schluß nur »von Bölls heilsgeschichtlicher Konzeption her« als konsequent an und fragt, »inwieweit

[55] Poser ^{7}1979, S. 250f.
[56] R. Pascal ^{7}1980, S. 66.
[57] Martini 1984, S. 58.

Böll hier nicht in der Analyse die Realität verfehlt und statt dessen eine gutgemeinte Botschaft präsentiert«[58]. Dagegen steht die Auffassung (J. H. Reid), daß gerade in der Aufhebung der von Robert Fähmel geschaffenen Mystifikationen eine gelungene Annäherung an die Realität zu sehen sei.

Hier ist wohl erneut zu warnen vor einem falschen Realismusbegriff, der die Abbildfunktion der Kunst obenan stellt: »[...] hatte er nicht vor Jahrhunderten schon hier an der weißlackierten Türfüllung gestanden, die Hände auf dem Rücken gekreuzt, dem leisen Spiel zugesehen, den Worten gelauscht, die ihn sechzig Jahre zurück, zwanzig vor, wieder zehn zurück und plötzlich in die Wirklichkeit des Kalenderblatts draußen warfen?« (S. 59). Das gleiche Kalenderblatt nennt Johanna »die Visitenkarte der Zeit« (S. 281f.). Diese freilich ist nicht die Kunst, und auch der Roman ist nicht als »Visitenkarte der Zeit« konzipiert: Auf dem Kalenderblatt steht die »sogenannte Wirklichkeit«. Auch sie muß angenommen werden – »wir wollen nicht mehr Blindekuh spielen« sagt Johanna und zitiert damit Bölls Aufsatz *Bekenntnis zur Trümmerliteratur* (1952)[59]. Für sie ist dies das Signal zur Rückkehr in die Zeit, ins Leben, zum Handeln. Aber das verstärkt ja gerade den – tatsächlichen oder scheinbaren – Gegensatz von »zeitloser« Kunstsphäre und der Realität, verstärkt ihn aber *innerhalb* des Textes, und macht ihn damit nicht zur »Botschaft« an den Leser.

Der Streit um richtige oder falsche Wiedergabe der Wirklichkeit muß von der Ebene der Wirklichkeit, die »in den Text hineingeraten« ist auf die der Wirklichkeit, die »aus ihm herauskommt«, verlagert werden: Die »Vorstellung von Nettlinger ergab ein genaueres Bild als *die* Begegnung mit ihm (S. 260); im Vergleich mit der »Vorstellung« wird die Realität zum Leben im »Wechselrahmen«[60]. Andererseits ergeben »dreitausend« Bilder »vielleicht ein

[58] Durzak ^{3}1979, S. 105.
[59] In: SR-1, S. 29.
[60] Eine häufige Vorstellung Heinrich Fähmels, s. z.B. S. 91, 127, 137 etc.

Zipfelchen von der Wahrheit« (S. 204). Auch in *Billard* ist das Verhältnis von Kunst und Wirklichkeit, von »Material« und Literatur komplizierter als es Ideologen und Moralisten wahrhaben wollen.

In der Tat sind »Strukturprinzipien nicht beliebig leere Hülsen«[61], ist Form für Böll nicht der Gegensatz zu Inhalt, sondern dessen konstitutives Moment. Die Erfahrung der Wirklichkeit erfolgt auch hier immer wieder und ausdrücklich über »das Wort«: »in Sprache verwandelte Geheimnisse können tödlich werden« (S. 250). Schrella hat in England »fünfzehn Jahre lang das Xylophon der Sprache bedient. [...] Er hatte nie begriffen, daß es Menschen gab, die sich über Grammatik langweilen konnten« (S. 260), und deshalb trägt er »das Wort in [sich], das einzige, von dem ich mir für diese Welt etwas verspreche« (S. 314). Das »Wort« bleibt ungenannt[62], »versteckt« im Text unter anderen, wie dem »Wort [...] Vater«, das Hugo vor sich hinmurmelt (S. 322) und dem »er andere Worte hinterher[wirft]: »Bruder und Schwester, Großvater, Großmutter und Onkel, aber diese Worte verringerten die Furcht nicht; er warf mehr Worte hinterher: Dynamik und Dynamit, Billard und korrekt, Narben auf dem Rücken, Cognac und Zigaretten, rot über grün, weiß über grün [...]«.

Diese Wortkaskade bildet geradezu eine Summe der wichtigsten Elemente des Romans. Auf die Worte, ihren Rythmus, die Bilder, die sie erzeugen, hat der Leser sich einzulassen, um der Wirklichkeit des Romans gerecht zu werden. Hierin gleicht *Billard* seinen Vorgängern, deren literarische Mittel er verwendet, indem er sie auf den höchsten Grad ihrer Vervollkommnung bringt. Insofern ist dieser Roman tatsächlich »eine Summe der ästhetischen Möglichkeiten von Bölls Prosa«, nicht etwa ein »Neube-

[61] Nägele 1976, S. 137.

[62] Auch S. 315, denn die beiden kursiv hervorgehobenen Sätze »*Wenn ihr an ihn glaubt, warum tut ihr nicht, was er befohlen hat?*« und »*Weide meine Lämmer*« können sich kaum auf »das Wort« beziehen, das Schrella »von einem alten Mann in Hyde Park« gehört hat – es sei denn, man stellt die Verbindung her zum Johannesevangelium (»Im Anfang war das Wort«).

ginn, der auf dem *Bruch* mit dem vorauf Geleisteten basiert«[63]. Nach dieser Summe war eine Fortsetzung mit gleichen Mitteln nicht mehr sinnvoll. Der folgende Roman, *Ansichten eines Clowns,* reflektiert die entsprechende Einsicht Bölls.

[63] Bernhard [2]1973, S. 211.

XV. Ansichten eines Clowns. Roman

1. Publikationsformen

Buchausgabe: Köln 1963 (Mai)
Vorabdruck: Süddeutsche Zeitung vom 6.4. – 17.5. 1963
dtv (400): 1. Auflage 1967
Neusatz: 42. Auflage 1997 – nach dieser Ausgabe wird zitiert.

Bühnenbearbeitungen:
März 1968 durch G. Bortnikow in Moskau
23. 1. 1970: Düsseldorfer Schauspielhaus, Text: Maria und Alfred Radok, Regie: Alfred Radok
Januar 1983: Rom, Text: Mario Moretti; Regie und Hauptdarsteller: Flavo Bucci
1984: Zürich, Text und Regie: Zbigniew Stok
Juni 1988: Karlsruhe, Theater »Die Spur«, Text und Regie: Petra Wolko
Verfilmung: *Ansichten eines Clowns*, Januar 1976; Drehbuch: Vojtech Jasny u. H. Böll, Regie: Vojtech Jasny

2. Entstehung und Kontext

Erste Entwürfe zum Roman unter dem Titel *Augenblicke* sind zwischen dem 26. 3. und 10. 4. 1962 entstanden[1]. Sie sind noch im personalen Erzählstil aus der Perspektive Maries (in einer »Sie-Form« also) geschrieben. Die Fabel dieser Entwürfe hat Dorothee Römhild zusammengefaßt: »Marie, die ehemalige Geliebte des

[1] Römhild 1991, S. 72.

Clowns, inzwischen Ehefrau des Katholiken Züpfner, wird während eines Kinobesuchs schlagartig aus ihrer bürgerlichen Scheinwelt herausgerissen. Sieben Jahre nach der Trennung begegnet ihr der Clown, der in der DDR inzwischen zu einem erfolgreichen Kritiker der westdeutschen Verhältnisse avanciert ist, auf der Kinoleinwand [...]. Einer inneren Notwendigkeit folgend ist Hans in die DDR übergesiedelt. Durch eine Intrige des Katholikenkreises ist die ahnungslose Marie jedoch in dem Glauben, er sei vor längerer Zeit gestorben. Aus Resignation und Mitleid geht sie eine Pflichtehe mit dem christlichen Prinzipienmenschen Züpfner ein und erfüllt damit das Kalkül jener korrupten Katholiken. Nachdem sie dieses durchschaut hat, flüchtet die unglückliche Marie in die Vergangenheit; noch einmal durchlebt sie die verloren gegangene Zeit an der Seite des Clowns und hofft auf seine Rückkehr«[2].

Diese Zusammenfassung zeigt die Relevanz des »Erfurt-Kapitels«, das zwar die DDR dazu veranlaßte, den *Clown* als einzigen Roman Bölls nicht in einer eigenen Ausgabe herauszubringen, das aber eher als ein wenig wesentlicher Appendix erscheint.

3. Wort- und Sacherklärungen

5 *Annemarie*: Böll hat den Roman seiner Frau gewidmet

6 *Die werden es ...*: Jesaia 52,15 und Römer 15,21. Der Roman zitiert und erläutert diese Bibelstelle auf S. 196

9 *Tantum Ergo*: Teil der lateinischen Liturgie, wird zum Segen des Abendmahls gesungen. – *Lauretanische Litanei*: nach dem italienischen Marien-Wallfahrtsort Loreto benannter Wechselgesang aus Lobpreisungen Marias und dem Gebet um Fürbitte (»ora pro nobis«)

13 *Indolenz:* Gleichgültigkeit

14 Die *Kinder dieser Welt...*: Lukas 16,8: »Die Kinder dieser Welt sind untereinander klüger als die Kinder des Lichts«

[2] Römhild 1991, S. 73.

18 *Kierkegaard*: Sören K. (1813-1855), dän. Theologe und Philosoph. – *Picasso*: Pablo P. (1881 – 1973), span. Maler – *Klee:* Paul K. (1879 – 1940), Schweizer Maler – *Thomas von Aquin*: (ca. 1225 – 1274), ital. Dominikaner, Philosoph und Theologe, 1323 heiliggesprochen und 1567 zum Kirchenlehrer erklärt

26 *Werwolf*: Bezeichnung für die von den Nazis kurz vor Kriegsende geplante Partisanentruppe – *Defätist*: Im Ersten Weltkrieg in Frankreich (frz. défaite = Niederlage) geprägter Begriff für den Zweifler am schließlichen Sieg

30 *Anne-Frank-Haus*: Gedenkstätte im Haus in der Amsterdamer Prinsengracht, wo das jüdische Mädchen Anne Frank (1929 – 1945) mit ihrer Familie von Juli 1942 bis August 1945 verborgen lebte und ihr berühmtes Tagebuch schrieb

34 *Görres*: Joseph G. (1776 – 1848), kath. Publizist, seine *Christliche Mystik* erschien zwischen 1836 und 1842

40 *Lilofee*: ›Die schöne Lilofee‹, Volkslied norddt. Ursprungs

48 *alt genug*: In den sechziger Jahren galten noch die seit 1938 bestehenden Eherechtsbestimmungen, wonach ein Mann mit Vollendung des 21. Lebensjahres »ehemündig« wurde, eine Frau mit Vollendung des 16.

50 *weißer Sonntag*: 1. Sonntag nach Ostern

59 *Strauß*: Franz Joseph S. (1915 – 1988), zur Zeit des Romangeschehens Bundesverteidigungsminister

64 *Plazenten*: Plazenta = Nachgeburt, angeblich hautverjüngende Cremes werden aus Plazenten hergestellt – *moralische Aufrüstung*: Aus der sog. »Oxfordbewegung« entstandene christliche Erweckungsbewegung, gegründet von dem amerik. Theologen F. Buchmann – *I.R. 9*: Infanterieregiment 9

74 *Augustin*: Aurelius Augustinus (354 – 430), Kirchenvater und Philosoph – *Cusanus*: Nicolaus C. (ca. 1401 – 1464), dt. Geistlicher und Philosoph

77 *Papst Johannes*: Johannes XXIII. (1881 – 1963), Papst von 1958 bis 1963 – *Alec Guinness*: (geb. 1914), brit. Schauspieler – *Dritter Orden*: Vereinigung von kath. Laien, die sich

klösterlichen Orden anschließen, die Gelübde ablegen, aber meist außerhalb der Klöster leben – *Skapulier*: (Schulterkleid), Teil der Ordenstracht

85 *Benn*: Gottfried B. (1886 – 1956), dt. Lyriker

91 *Marx*: Karl M. (1818 – 1883), Begründer des »wissenschaftlichen Sozialismus« – *Guardini*: Romano G. (1885 – 1968), dt. kath. Religionsphilosoph – *Bloy*: Leon B. (1846 – 1917), frz. Schriftsteller, Vorbild der kath. Literatur der Moderne – *Tolstoj*: Leo N. Graf T. (1828 – 1910), russ. Schriftsteller

97 *Laokoon*: Gestalt der griech. Mythologie, in einer berühmten antiken Marmorgruppe dargestellt. L. wird mit seinen Söhnen von zwei Schlangen erwürgt

106 *van Gogh*: Vincent v. G. (1853 – 1890), holl. Maler

107 *Kafka*: Franz K. (1883 – 1929), deutschspr. Prager Schriftsteller – *Chaplin*: Charles Spencer (= Charlie) Ch. (1889 – 1977), engl. Schauspieler und Regisseur – *Beckett*: Samuel B. (1906 – 1989), irischer Dramatiker – *Claudel*: Paul C. (1868 – 1955), frz. Dramatiker – *Ionesco*: Eugène I. (1912 – 1994), frz. Dramatiker

108 *Grock*: eigentlich Adrian Wettach (1880 – 1959), Schweizer Clown und Artist – *Pierrot*: aus der commedia dell'arte hervorgegangene Typenfigur der frz. Pantomime, ein ängstlich-melancholischer Diener mit weißem Kostüm und weißem Gesicht

116 *katholon*: sprachliche Neubildung, meint in etwa die Essenz des Katholischen

118 *Rilke*: Rainer Maria R. (1875 – 1926), österr. Schriftsteller – *Hofmannsthal*: Hugo v. H. (1874 – 1929), österr. Schriftsteller – *Newman*: John Henry N. (1801 – 1890), engl. Kardinal und Verf. religiöser Romane

121 *Rotwelsch*: Gaunersprache, die zitierten Flüche sind jedoch erfunden

125 *Alkibiades*: (ca. 450 – 504), griech. Staatsmann und Feldherr

133 *Empfängnistabellen*: zur Ermittlung der unfruchtbaren Tage der Frau

164 *Harlekin*: dt. Bezeichnung für die Figur des Arlecchino aus der commedia dell'arte, den in ein buntes Flickengewand gekleideten Schelm oder »Hanswurst«
191 *Tabernakel*: eigentlich Behälter für die Hostie
198 *Jacqueline Kennedy*: (1929 – 1994), Ehefrau des amerik. Präsidenten John F. Kennedy, 1962 hatte Johannes XXIII. sie in Privataudienz empfangen
211 *Idiosynkrasie*: Überempfindlichkeit
212 *Scheler*: Max S. (1874 – 1929), dt. Philosoph
260 *mater amabilis...*: Verse aus der Lauretanischen Litanei
263 *Adhortation*: Ermahnung

4. Aspekte des Textes

Inhaltsabriß

Hans Schnier, Sohn einer rheinischen Industriellenfamilie, verläßt als Einundzwanzigjähriger gegen Ende der fünziger Jahre sein Elternhaus, um mit Marie Derkum, der Tochter eines verarmten Süßwarenhändlers, zusammenzuleben und seinen Lebensunterhalt als Komiker, Clown oder Pantomime zu bestreiten. Als Marie nach einiger Zeit das weder staatlich noch kirchlich legitimierte Zusammenleben nicht mehr erträgt und ihn verläßt, kommt Schnier seelisch, künstlerisch wie auch ökonomisch immer weiter herunter und landet nach etwa vierstündigen Versuchen, mit Hilfe von Freunden und Familienangehörigen wieder auf die Beine zu kommen, bettelnd auf der Treppe des Bonner Bahnhofs – inmitten des Karnevaltreibens. Diese letzten vier Stunden bilden die eigentliche Romangegenwart; die Biographie des »Clowns« und das skizzierte Handlungsgerüst stellen sich in den rückblendenden Erinnerungen Schniers her.

Der *Clown* wurde schon bei seinem Erscheinen vielfach als »Wende« im Werk Bölls angesehen, und die Konversion eines der zuvor hartnäckigsten Böll-Kritiker, Günter Blöcker[3], war nur ein Indiz unter vielen anderen. Über Charakter und Richtung dieser »Wendung« waren die Ansichten der Kritik jedoch höchst unterschiedlich. Blöcker sah hier endlich die zuvor vermißte »Schärfe und bittere(n) Wahrhaftigkeit« am Werk[4], registrierte »Leichtigkeit und Sicherheit« bei der Behandlung »surrealer Elemente« als »Erfreulichkeiten am Rande«[5] und nannte ausdrücklich die Fähigkeit des Clowns, »durchs Telefon zu riechen«.

Auch bei engegengesetzter Bewertung gaben diese Elemente – natürlich mit anderem »Vorzeichen«[6] – die entscheidenden Argumente ab. Selbst Klaus Jeziorkowski sieht zwar einen wesentlichen Unterschied – in der subjektivistischen Schreibperspektive – zu *Billard*, nimmt aber beide Romane gleichermaßen als Beleg für den Grad der Modernität, den sich Böll mit ihnen erschrieben hat[7].

Reid erkannte den Wechsel von der Familienthematik zum Künstlerroman[8] – ein wichtiger Aspekt, zumal in Bölls Werk vor dem *Clown* Künstlerfiguren überwiegend eher abschreckend als Teil des Kulturestablishments dargestellt worden waren und die letzten beiden Erzähltexte der fünfziger Jahre Künstler als eher satirische Gegenfiguren zu den Protagonisten zeichnen[9].

Trotz vieler wichtiger Beobachtungen zu Stil, »Erkennntis-

3 Blöcker ^{5}1977.
4 Blöcker ^{5}1977, S. 88.
5 Blöcker ^{5}1977, S. 90.
6 Also »Übertreibung« statt »Schärfe«, z.B. Wilhelm Grenzmann in ›Echo der Zeit‹, 16. 6. 1963
7 Jeziorkowski 1968, S. 179ff.
8 Reid 1973 setzt hier auch seine Kapiteltrennung an von »3. The Family Novels of the 1950's« zu »The Artist Novels«, S. 37ff. und S. 55ff.
9 In *Billard* sind dies die Wettbewerbskonkurrenten Fähmels, in *Brot* der Ehemann von Fendrichs Zimmerwirtin.

Modell«, Zeit-Behandlung, Erzählperspektive[10] etc. ist Jeziorkowski wegen seiner Fixierung auf *Billard* ebenso wie Blöcker und anderen entgangen, daß Böll diesem Roman ein für ihn ganz neues Strukturmodell zugrunde legte. Das Erlebnis der Diskontinuität von Zeit verbindet sicherlich beide Werke, doch die Mittel der Darstellung von Zeit sind grundverschieden: Brauchte Böll in *Billard* ein ganzes Beziehungsgeflecht von Personen und Symbolen, um ein halbes Jahrhundert in den Blick zu nehmen, so genügt hier die Zentralfigur des »Clowns«, der eben nicht nur einen »Filter« darstellt oder eine »Spielfigur« mit »ausdrucksvoller sozialer Verflechtung«[11]. Der »Clown« ist vielmehr eine mythische Figur. Im Text selbst wird immer wieder der »deutsche Mythos« des Nibelungenstoffes beschworen. So unterstellt Schnier »den Katholiken«, sie hätten ihm die Rolle zugedacht, für Monika Silvs »den Siegfried zu spielen« (S. 117) und Züpfner und Sommerwild, »perverse Varianten der Nibelungensage« verwirklichen zu wollen (S. 223).

Schon in früheren Texten hatte er auf diesen mythischen Kontext zurückgegriffen – in *Die Waage der Baleks* (s.o. S. 118) und vor allem in *Haus* (s. o. S. 158f.) –, dort jedoch bestimmte der Mythos noch nicht die »Thematik«, sondern war Argument oder Motiv. In *Billard* hatte er sogar mit dem »Ball, den Fähmel schlug« den Prozeß der Mythenbildung thematisiert[12]; im *Clown* nun geht er – nach einer Art »Etüde« mit der Satire *Keine Träne um Schmeck* (s. u. S. 281) das entscheidende Stück weiter und wechselt vom »symbolischen Erzählen«[13] zum mythischen – lange Zeit unbemerkt auch von den professionellen Lesern, weshalb er diesen für ihn selbst offenbar maßgeblichen Sachverhalt in un-

[10] Die im *Clown* gewählte subjektivistische Perspektive der Ich-Erzählung bildet natürlich einen starken Kontrast zu den zuvor präferierten multiperspektivischen Erzählweisen; in *Brot* hatte Böll mit dieser Form allerdings schon einmal gearbeitet .

[11] Blöcker ^{5}1977, S. 88.

[12] In den tabellarischen Entwürfen zum Roman ist auch stets vom »Ballmythos« die Rede.

[13] Durzak ^{3}1979, S. 85.

gewohnter Offenheit und Ausführlichkeit erläutert hat: »Die Geschichte dieses Buches kann ich Ihnen ganz einfach erklären. Ich habe einige Zeit mit Freunden eine Zeitschrift gemacht, die hieß *Labyrinth*. Sie kennen die Sage vom Labyrinth, die Theseus-Ariadne-Geschichte. Wir mußten die Zeitschrift drangeben [...] und dann schrieb jeder der Herausgeber [...] eine kleine Erklärung des Scheiterns [...] und meine Erklärung war eine Interpretation der Theseus-Sage, und diese Interpretation war der Plot für den Roman. Es ist eigentlich die Geschichte von Theseus und Ariadne: Theseus im Labyrinth, Ariadne schneidet den Faden ab und da sitzt er da. Und das Labyrinth [...] ist der politische deutsche Katholizismus[14]«.

Diese spezifische Interpretation des Labyrinth-Mythos enthält nicht nur die wesentlichen Elemente der Fabel (des »plots«), sondern darüber hinaus auch eine Reihe der im Roman eingesetzten Motive: »In der Welt, in der wir leben, hat das Labyrinth [...] viele Entsprechungen [...]. Ohne allzu große Phantasie kann man an der modernen Bürokratie deren labyrinthischen Charakter erkennen [...]; es fällt nicht schwer, sich den Papst in seinem Labyrinth als einen wehrlosen Theseus vorzustellen [...].

Es gibt Deutungen der Labyrinthsage, die auf überraschende Spuren führen: es könnte sich um ein aus Stierkampfelementen und Akrobatik zusammengesetztes Opferspiel gehandelt haben; das Opfer wäre dann vergleichbar mit einem modernen Boxer, einem Seiltänzer, Autorennfahrer: nichts lockt die Schaulust mehr als fließendes Blut und der mögliche Tod. Die Öffentlichkeit als solche wäre in der Rolle des Minotaurus, der nach unten weisende Daumen das Zeichen der absoluten Herrschaft; der Artist, der Gaukler, der Künstler, überraschenderweise in der Rolle des Opfers, ein Theseus zwischen Minos, dem Hochachtbaren, der das Gesetz und die Würde vertritt, das Notwendige – und Minotaurus. [...]«[15].

[14] *Im Gespräch: mit H.-L. Arnold* (1971), in: I, S. 159.
[15] *Erklärung zur Einstellung der Zeitschrift ›Labyrinth‹* (1962), in: SR-2, S.167.

Der Artist, der Gaukler, der Künstler, die Identifikation des Papstes mit Theseus und dadurch mit dem Clown; die vier Katholiken auf der Welt, Gesetz und Verrat – die Bezüge zwischen Roman und Erklärung sind mannigfaltig. Allerdings fehlt ein entscheidendes Zwischenglied zur Verbindung von antikem Mythos und *Clown*: In der mythischen Fabel ist es Theseus, der Ardiadne verläßt, und nicht im Labyrinth, sondern auf Naxos. Der Roman kehrt die Verhältnisse um – in seiner veröffentlichten Fassung zumindest. Wenn Böll den Lesern, den Kritikern vor allem, vorhielt, dieser Bezug zum mythischen Vorbild sei auf eine fast schon peinliche Weise erkennbar«[16] gewesen, so ist ihm (1979) der konkrete Verwandlungs- und »Versetzungs«prozeß bei der Entstehung des Romans nicht mehr präsent gewesen. Den »mythischen plot« ohne Bölls Selbstinterpretation und ohne Kenntnis der Entwürfe identifizieren zu können, hätte detektivische Fähigkeiten vorausgesetzt. Immerhin sind einige »Spuren« gelegt: Schnier hat die »fast mystische Eigenschaft [...] durchs Telefon Gerüche wahrnehmen« zu können (S. 13), und der Ariadnefaden ist in der Metamorphose zum »Marionettenfaden« (u. a. S. 39) immer noch zu erkennen – wenn man es weiß. Vor Böll hatte aber auch schon T. S. Eliot mit seiner Komödie ›The Cocktail Party‹ (1949) in ähnlicher Weise einen antiken Mythos konstitutiv werden lassen für Struktur und Handlung eines Gegenwartsthemas, ohne im Text explizit darauf hinzuweisen. Auch da waren Findigkeit und Bildung des Publikums angesprochen und funktionierten rascher als im Falle des *Clowns*. Wolfgang Koeppens Bonn-Roman ›Das Treibhaus‹ (1953) verwendete vom »Rheingold-Express« bis zum »Labyrinth« vergleichbare mythische Motive[17] und insistierte auf eine besondere dichterische Wirklichkeit jenseits der Realität mit einer Formel, die derjenigen gleicht, die Böll später immer wieder verwendete[18].

[16] Vorwort zum zweiten Teil der Gesammelten Werke (1978), in: T. S. 13.
[17] W. Koeppen, Das Treibhaus (1953), 1. Kapitel.
[18] W. Koeppen, Das Treibhaus (1953): »Die Dimension aller Aussagen des Buches liegt jenseits der Bezüge von Menschen, Organisationen und Geschehnissen unserer Gegenwart; der Roman hat seine eigene poetische Wahrheit«.

Im *Clown* kreuzen sich ebenfalls Nibelungen- und Labyrinth-Mythos, und beide beziehen sich auf die »durchgehende mythologisch-theologische Problematik«, die Böll für sein Gesamtwerk reklamiert, die hier aber zum erstenmal auch zum entscheidenden strukturellen Element wird.

Farb- und »Realsymbolik« (s.o. S. 238) waren nach *Billard* nicht mehr zu vervollkommnen; sie entfallen als »architektonische« Elemente. Hans Schniers Kunst beruht zwar auf der Exaktheit eines bestimmten »Rhythmus« (S. 7 u. 8.), der auch seinen Lebensalltag bestimmt; der Text jedoch ist nicht sprachrhythmisch gegliedert, noch läßt sich die strukturierende Rhythmik von Leitbegriffen und -motiven erkennen. Die auch hier vorhandenen drucktechnischen Hervorhebungen dienen allein der auf das jeweilige Wort beschränkten Emphase.

Die symbolischen und strukturierenden Funktionen werden nunmehr aus dem mythischen Bezugstext heraus wirksam. Dieser Erkenntnis standen so viele Widerstände entgegen, daß Urteile erklärlich sind, Böll habe »komplizierte ästhetische Darstellungsstrategien weitgehend« abgebaut und im *Clown* »epische Leistungsverweigerung« betrieben[19]. Tatsächlich hat Böll jedoch eine »komplizierte ästhetische Darstellungsstrategie« durch eine ganz andere, aber nicht minder komplizierte ersetzt. Und wie zuvor in *Billard* und *Brot* hat er auch hier »die Metapher [...] für sein eigenes Verfahren«[20] in den Text integriert: »Am besten gelingt mir die Darstellung alltäglicher Absurditäten: ich beobachte, addiere diese Beobachtungen, potenziere sie und ziehe aus ihnen die Wurzel, aber mit einem anderen Faktor als mit dem ich sie potenziert habe« (S. 109).

Es ist die Brechung der »Wirklichkeit« im Mythos, die sich hinter dem Bild vom ausgewechselten »Faktor« verbirgt. Dieses Verfahren wird auch den überwiegenden Teil der folgenden Werke Bölls wesentlich mitbestimmen.

[19] Durzak 1995, S. 41.
[20] Durzak ^{3}1979.

Schon die vom Verleger Josef C. Witsch verfaßte Vorinformation für die Buchhändler, die als Klappentext der Buchausgabe wieder auftauchte, bezeichnete das Werk als eine der »intensivsten Liebesgeschichten der neueren deutschen Literatur«. Das beschwor einerseits Bölls Insistieren auf dem »einen Thema«, sollte aber vor allem den erwarteten und aus Werbegründen durchaus gewünschten »Wirbel«[21] um den Roman in Grenzen halten.

»Wie meistens« wollte Böll auch hier tatsächlich »nur eine Liebesgeschichte« schreiben und diese »in eine möglichst [...] heikle, politisch, sozial und äußerlich [...] schwierige Situation«[22] stellen, und Hans und Marie setzten die Reihe solcher Böllschen Liebespaare fort. Dennoch wurde der Roman auch im Hinblick auf die Liebeshandlung und im Kontrast zu *Billard* mit Recht als ein »Wendepunkt« erlebt. Hatte Böll bislang die Zweierbeziehung trotz aller Gefährdungen als möglichen Fluchtraum, wenigstens jedoch als gleichsam transzendente Garantie gestaltet, so wird sie hier, mit der Flucht Maries in die Ehe mit Züpfner und mit dem Schlußtableau (Schnier als bettelnder Clown auf der Bahnhofstreppe), anscheinend radikal in Zweifel gezogen. Der Roman beginnt praktisch dort, wo die früheren Werke endeten und überprüft so die Tragfähigkeit des Böllschen Gemeinschaftskonzepts in einer labyrinthisch gewordenen Gesellschaft.

Der Blick zurück auf die Beziehung Hans–Marie trifft auf das für Böll charakteristische epiphanische Liebeserlebnis: »Ich war einundzwanzig, sie neunzehn, als ich eines Abends einfach auf ihr Zimmer ging, um mit ihr die Sachen zu tun, die Mann und Frau miteinander tun« (S. 39). Dabei spielt sexuelle Begierde – auch das war in den frühen Romanen ähnlich – nicht die entscheidende Rolle: »Das überraschendste für mich war, daß ich vom ›fleischlichen Verlangen‹ nicht das geringste spürte« (S. 44).

[21] *Nachwort zu »Ansichten eines Clowns«* (1985), in: SR-9, S. 260ff.
[22] Gespräch mit Wellershoff über *Gruppenbild*, in: I, S. 126.

Auch Marie entspricht dem von Böll seit langem geprägten Erwartungshorizont, sie handelt in selbstsicherer Irrationalität, ist sich sicher, daß sie »nie mehr« in die Schule zurückgehen wird. Da der Roman die *Ansichten* des Erzähler-Ichs ausbreitet, erscheint auch Marie nur in seiner subjektiven Sicht – und bleibt dabei konturenarm, was zum Reibungspunkt späterer Kritik aus der Sicht der Frauenbewegung wurde[23]. In der Tat ist ein Frauenbild, das »Barmherzigkeit mit der männlichen Natur« (S. 106) zur eigentlichen Bestimmung der Frau erklärt und noch in dem schönen Gedankenbild Schniers von den Frauenhänden, »die Christus Zärtlichkeiten erwiesen« (S. 220), gleichsam eine theologische Begründung dafür liefert, aus Sicht der nach-siebziger Jahre schwer erträglich. Auf der anderen Seite darf man die subjektive »Optik« des Romans nicht verkennen und den »dümmsten aller Fehler begehen, den Autor mit dem Helden gleichzusetzen«[24].

Die Beziehung Hans–Marie zerbricht, und der Schluß mit dem vereinsamten, zerschundenen und bettelnden Clown erscheint als Bild völliger Resignation. So jedenfalls hat man das häufig verstanden, doch ist dies nicht unbedingt zwingend: Schon das Karnevalstreiben relativiert die »tragische« Schlußperspektive, vor allem aber ist »Herunterkommen« für Böll nicht notwendig ein negatives Moment – auch nicht für den Clown: »Ich lag auf dem Bett in einem Zustand, den ich mir manchmal für das Ende meiner Tage erhoffte: betrunken und wie in der Gosse« (S. 11), heißt es bereits zu Beginn. Und danach wird »Gosse« geradezu zu einem Leitmotiv. Die traditionelle Metapher des letzten Stadiums menschlicher Heruntergekommenheit wird von Anfang an gleichsam als Wunschziel begriffen. Für die Leser ist das allemal provozierend, für die des Jahres 1963 mußte das als Zynismus erscheinen; denn erst ein Jahr später hat Böll dem Humor in der Kunst ausdrücklich die Funktion zugewiesen »das von der Gesellschaft abfällig Behandelte in seiner Erhabenheit darzustel-

[23] S. vor allem Beck 1976 und Römhild 1991.
[24] *Nachwort zu »Ansichten eines Clowns«* (1985), in: SR-9, S. 260.

len«[25]. Im übrigen ist die Schlußszene Teil einer Strategie Schniers in seinem Bemühen, Marie zurückzugewinnen: Der Bettlergestus als Appell an die Barmherzigkeit der Frau. In den Entwürfen kommt Marie auch tatsächlich zu ihm zurück. Die Schlußfassung läßt das offen – mit Gewinn; denn die Wiederherstellung des Zweieridylls hätte den Blick auf die Schwierigkeiten der Situation verstellt, in der diese Liebesbeziehung steht – sie hätte im übrigen auch dem mythischen Vorbild zu stark widersprochen.

Das »antikatholische Pamphlet« und die religiösen Themen

»Wenn ein Poet [...] durch eine nächtliche Straße spazierengehend, plötzlich den Drang verspürt, Poetisches – *poiein* hier im Sinne von ausführen – anzurichten, und die Muse flüstert ihm ein, [...] drei Steine aufzuheben und in die nächstbesten Fensterscheiben zu werfen [...], dann wird er sich nicht wundern, wenn die also in ihrer Nachtruhe Gestörten die Fenster öffnen [...], um ihm mindestens ein ›Na, Na‹ oder Gröberes [...] nachzurufen. Wundern muß er sich, wenn ihm dann gleich Mordabsichten, Vergewaltigungen, Einbruch, Brandstiftung, Raub oder gar Staatsgefährdung unterschoben werden«[26].

Bereits auf den Vorabdruck reagierte die »Katholische Aktion« mit einem offiziellen Protest[27]. Die Bischöfliche Akademie in Aachen veranstaltete nach Erscheinen der Buchfassung eine Diskussion, in der »Sorgen um die krisenhafte Situation« formuliert wurden, in der sich Böll »heute bewußtseinsmäßig befinde«[28]. Die Deutsche Bischofskonferenz publizierte am 22. 9. 63 einen Hirtenbrief gegen schriftstellerische Kritik im allgemeinen und Böll im besonderen.

[25] In: SR-3, S. 85.
[26] *Heimat und keine*,1965, in: SR-3, S. 47.
[27] Süddeutsche Zeitung, 17. 5. 1963.
[28] Echo der Zeit, 2. 6. 1963.

Böll hat seine Verwunderung über diese Reaktion später abgelegt und verständnisvoll das Jahr 1963 als »hartes Jahr für die Demonstrativ-C-isten«[29] bezeichnet: Hochhuths ›Stellvertreter‹, Carl Amerys ›Kapitulation‹[30] hatten massiv Kirchenkritik geübt; der *Clown* brachte das Faß zum Überlaufen.

»Es ist grauenhaft, was in den Köpfen von Katholiken vor sich geht« (S. 38), »Katholiken machen mich nervös, weil sie unfair sind« (S. 102), *ekelhafte Katholiken* (S.100), diese – keineswegs vollständige – Blütenlese (scheinbar) antikatholischer Formulierungen aus dem Roman macht die offizielle und offiziöse katholische Kritik am *Clown* verstehbar, auch wenn die Protestanten (»Die machen mich krank mit ihrem Gewissensgefummel«, S. 102) und selbst die Atheisten (»Die langweilen mich, weil sie immer von Gott sprechen«, S. 102) ebenfalls nicht ungeschoren davonkommen. Solche Verbalinjurien waren auch weniger der Anstoß für die Reaktion als die inhaltliche Kritik, und die traf den »Milieukatholizismus« (Amery), den »Klüngel«, ebenso wie die katholische Haltung zur sogenannten »Mischehe« und zur Sexualität, einen Teil der Geistlichkeit ebenso wie bestimmte katholische Lehrmeinungen, und sie galt natürlich auch wieder dem Typus des katholischen Kulturfunktionärs. Das ist gewissermaßen die Summe der Katholizismuskritik aus dem bisherigen Werk Bölls: »Der ›Clown‹ ist Höhe- und Kristallisationspunkt aller Zusammenhänge, in die Böll vorher schon das Phänomen Katholizismus stellte. Das gesellschaftlich arrivierte Milieu, in dem die Vertreter der Kirche mit Vorliebe agieren, wird in einer Weise entlarvt, die an gesellschaftlicher Konkretion weit über vorherige Schilderungen hinausgeht«[31].

Dagegen stellt Böll freilich wiederum ein auf die »evangelische Botschaft« konzentriertes Christentum: Schließlich kennt der Clown vier »glaubwürdige« Katholiken – »Papst Johannes, Alec Guinness, Marie, Gregory« (u. a. S. 126) – und findet von diesen

[29] *Nachwort zu »Ansichten eines Clowns«* (1985), in: SR-9, S. 262.
[30] Die Kapitulation oder deutscher Katholizismus heute, Reinbek 1963.
[31] Hengst ^{3}1982, S. 107.

Marie »auf eine so natürliche Art katholisch, [daß er] ihr diese Natur zu erhalten sann«. (S. 243). Die Unterscheidung zwischen den »ungefähr 26 Millionen deutscher Katholiken« und dem Verbandskatholizismus, die Böll im Nachwort zur Neuausgabe von 1985 unterstreicht[32], läßt der Roman nirgends außer acht.

Der Clown ist »keiner Kirche steuerpflichtig« (S. 8), er ist sogar Agnostiker, also glaubenslos, aber er braucht – geradezu als Überlebensmittel – Elemente des christlichen, genauer: des katholischen Rituals, und er läßt sich auf diffizile theologische Überlegungen ein: »›soweit ich unterrichtet bin, spenden sich nach katholischer Auffassung die Eheleute gegenseitig das Sakrament?‹ ›Natürlich‹, sagte er. ›Und wenn sie doppelt und dreifach standesamtlich und kirchlich verheiratet sind und spenden sich das Sakrament nicht – ist die Ehe nicht existent‹«(S. 100). Wie wichtig Thema und Argument für Böll sind, zeigt sich nicht nur daran, daß er den Roman rückblickend einen »Eheroman«[33] nennt, sondern vor allem in dem 1969 veröffentlichten Hörspiel *Hausfriedensbruch*, in dem er diese Argumentation bis zu ihrem logischen Schluß durchspielt: »[...] eine Definition des Sakraments Ehe habe ich noch nicht gefunden, außer der einen: Was Gott verbunden hat, soll der Mensch nicht trennen, und: Sie werden ein Fleisch sein. Aber Zweifel daran, daß die kirchliche Trauung die Verbindung durch Gott ist, habe ich noch nicht entdeckt. Es ist das einzige Sakrament, dessen Spendung die Kirche nicht in der Hand hat, sie verwaltet nur seine Rechtlichkeit [...]; sie ist also nur die Verwalterin einer *gesellschaftlichen* Ordnung«[34]. Im Hörspiel wird sogar die Möglichkeit eines Sieges der Position bedacht, die Ordnungsprinzipien negiert und auf dem Sakrament beharrt, wodurch Sakrament und »Rechtlichkeit« auf eine höchst unjuristische Art zur Deckung gebracht würden. Doch wird das in der Handlung nicht verwirklicht, denn: »Millionen Ehefrauen und Ehemänner, die Partner derer, die mit meinem Argument kä-

[32] *Nachwort zu »Ansichten eines Clowns«* (1985), in: SR-9, S. 260.
[33] *Nachwort zu »Ansichten eines Clowns«* (1985), in: SR-9, S. 262.
[34] *Hausfriedensbruch,* S. 46.

men und mit diesem Argument durchkämen, sie würden verraten und verkauft auf der Straße stehen«[35]. Für die Frauen vor allem sieht Böll in der Realität geradezu die Notwendigkeit der Rechtlichkeit: »So wie sich das in puncto Ehe entwickelt hat, sind die Frauen fast auf diese Verrechtlichung angewiesen. [...] Ich denke mir, daß da ganz neue Formen entstehen müssen, die natürlich für die Frauen nicht belastend sein dürfen. [...] diese Pflicht und die rechtliche Institutionalisierung eines Vorgangs wie Beischlaf [ist] zu absurd«[36].

Im *Clown* wird weder »›Konkubinat‹ propagiert noch Promiskuität«[37]. Beides hätte die Kirche zwar kritisiert, aber akzeptieren können, wie sie es stillschweigend seit Jahrhunderten getan hat. Böll spricht ihr jedoch das Recht ab, die christliche Ehe im inhaltlichen Kern zu bestimmen, und das mußte sie provozieren – gerade so, wie der Roman es antizipiert: »[...] ich hatte dauernd Gunther im Kopf, der Siegfried vorschicken mußte, und dachte an das fürchterliche Nibelungengemetzel, das dieser Sache wegen entstanden war, und wie ich in der Schule, als wir die Nibelungensage durchnahmen, aufgestanden war und zu Pater Wunibald gesagt hatte: ›Eigentlich war Brunhild doch Siegfrieds Frau‹, und er hatte gelächelt und gesagt: ›Aber verheiratet war er mit Krimhild, mein Junge‹, und ich war wütend geworden und hatte behauptet, das wäre eine Auslegung, die ich als ›pfäffisch‹ empfände« (S. 47).

Gesellschaftskritik

»Der streunende Hund«, der »gegen das CDU-Plakat [...] pinkelt« wegen des »Stummpfsinns, der darin lag, einfach WÄHLT CDU auf ein Plakat zu drucken« (S. 215), die Ironie Bonn gegenüber als einer Stadt, die man »übertrieben hat« (S. 71) – das ist

[35] *Hausfriedensbruch*, S. 55.
[36] *Eine deutsche Erinnerung* (1976), in: I, S. 551.
[37] *Nachwort zu »Ansichten eines Clowns«* (1985), in: SR-9, S. 262.

sicher nicht die »schonungslose Abrechnung mit dem Bonner Staat«[38]; das liest sich eher harmlos, in der Wirksamkeit vergleichbar der nicht ausgeführten Absicht des jungen Hans Schnier, ein Ministerauto »anzukratzen« (S. 67). Und doch reagierte nicht nur das katholische »Milieu«, sonder auch das politische Bonn heftiger noch als auf Köppens angeblichen Schlüsselroman 10 Jahre zuvor – weniger wegen der direkten Kritik, sondern, weil in der Tat, wie Böll in seinem *Nachwort 1985* schrieb, »viel versteckt [ist] von der Geschichte der Bundesrepublik«[39] , die Böll hier als Familiengeschichte faßt im Braunkohle-Clan der Schniers, mit dem schwerindustriellen Vater, der verbandskatholischen Mutter und einem Bekanntenkreis aus kulturellen und politischen Zirkeln. Geschichte wird so nicht etwa privatisiert sondern konkretisiert, aus der abgehobenen Sphäre allgemeiner Prinzipien auf die Ebene der nachvollziehbaren »Details«: »Sie begriffen nicht, daß das Geheimnis des Schreckens im Detail liegt. Große Sachen zu bereuen ist ja kinderleicht: Politische Irrtümer, Ehebruch, Mord, Antisemitismus – aber wer verzeiht *einem* (Hervorhebung von mir, B.B.), wer versteht die Details. [...] Ich habe zuviel Augenblicke im Kopf, zuviel Details« (S. 206).

Dies illustriert modellhaft die deutsche »Unfähigkeit zu trauern«[40], und es macht Bölls Gestaltungsprinzip in diesem Roman deutlich. Der Dialog Schniers mit seiner Mutter bildet dabei das Zentrum: »Das kannst du wohl nie vergessen, wie?« Ich war selbst nahe am Weinen und sagte leise: »Vergessen? sollte ich das, Mama?« (S. 33). Dies sind Stichworte, »mit denen ein zentraler sozialpsychologischer Mechanismus getroffen wird. Frau Schniers Verhalten ist typisch für ›den Sprung, den so viele vom Gestern ins Heute taten‹«. Gegen das allgemeine Vergessen, zu dem auch die Flucht ins Allgemeine gehört, steht die Detailversessenheit des Clowns. Er ist »geradezu ›geschlagen‹ mit Erinne-

[38] S. Hochmuth, in: Sonntag, 22. 3. 1967.
[39] *Nachwort zu »Ansichten eines Clowns«* (1985), in: SR-9, S. 262.
[40] Titel der Studie von A. u. M. Mitscherlich von 1967 , s. dazu auch Vogt ^{2}1987, S. 86ff.

rung, und zwar […] mit einer konkreten, bildhaften Erinnerung«[41].

Der andere kritische Blick auf die Bundesrepublik gilt dem ökonomischen Aspekt der Restauration. Es geht im Text immer wieder um »Geld« – ein scheinbar eindeutiger Begriff, den Böll hier noch stärker als früher zum Schillern bringt. Im Gespräch des Clowns mit seinem Vater, dem »fast siebzigjährigen Kapitalisten«, der aber »überraschend flott und fortschrittlich« wirkt: »Ich verstehe schon, daß sie ihn in alle Diskussionen schicken, bei denen es um Geld geht« (S. 153). Ihm, der im Fernsehen »dauernd über Geld redet« (S. 161), gelingt im Gespräch mit seinem Sohn die Ironie nicht, »sie fror an dem Wort ›Geld‹ fest« (S. 155). *Geld* ist nicht gleich Geld, und deshalb verträgt sich der kleinliche Geiz der Mutter Schniers durchaus mit ihrem Reichtum. Es gibt das »konkrete Geld, mit dem man Milch kauft und Taxi fährt, sich eine Geliebte hält und ins Kino geht«, und es gibt »das abstrakte« (S. 190). Dazwischen steht eine »unsichtbare Wand, wo das Geld aufhörte, zum Ausgeben da zu sein, wo es unantastbar wurde und in Tabernakeln als Ziffer existierte« (S. 191). Es ist das »tote, abstrakte, an die Kette gelegte Geld, das für viele Menschen Leben oder Tod bedeutete« – »Ihr kriegt vier Ministersessel, wir kriegen den Huckepackkonzern« (S. 192), das dort fehlt, wo es als »konkretes Geld« Lebensunterhalt bedeutet. Deshalb kann Schniers Vater »sein Geld nicht einem Clown geben, der mit Geld nur eines tun würde: es ausgeben, genau das Gegenteil von dem, was man mit Geld tun mußte« (S. 190). Das Personal des Romans wird von Hans Schnier unterschieden in solche, »die ich anpumpen konnte« und solche, »die ich nur im äußersten Notfall um Geld bitten würde« (S. 28). Letztere sind (mit Ausnahme des besitzlosen Leo) diejenigen, denen die abstrakte Funktion des Geldes die entscheidende ist. Sie personifizieren die Gesellschaftsstruktur der Restaurationsperiode in der Adenauerzeit. Die Inhumanität dieser Figuren, selbst eines ansonsten doch recht sympathisch gezeichneten Mannes wie

[41] Vogt, ²1987, S. 86.

Schniers Vater, folgt aus ihrer Fixierung auf das »abstrakte Geld«, das heißt: aus ihrer Trägerfunktion für den Kapitalismus.

Die Gesellschaftskritik des Romans beschränkt sich aber nicht nur auf das Kapitel Vergangenheits»bewältigung« und kapitalistische Restauration in der Bundesrepublik, sie greift weiter: Die Thematisierung der »Ordnungsprinzipien«, die Polemik gegen »Verrechtlichung«, trifft jede formierte Gesellschaft – der Maßstab der Sozialkritik ist erneut die Utopie einer herrschaftsfreien Gemeinschaft.

»Merkwürdigerweise mag ich die, von deren Art ich bin: die Menschen« (S. 260), gesteht Schnier ein. Aber das zuvor so häufig praktizierte Idyll der intakten Zweierbeziehung, das abschirmt gegen die Probleme der Welt, ließ sich innerhalb des Konzepts für diesen Roman nicht verwirklichen, ist bestenfalls in der Spekulation Schniers auf Maries Rückkehr im Schlußbild aufbewahrt. Gleichwohl ist die spezifische Humanität von Bölls anarchischem Gesellschaftsideal auch hier gestaltet als Kontrastfolie zur Welt des »abstrakten Geldes« und der »Ordnungsprinzipien«. Die Selbstverantwortlichkeit des einzelnen und die Mitmenschlichkeit stellt Böll gegen das Prinzip der Vergesellschaftung. Es sind einzelne, die Hans Schnier unterstützen, sogar »viele Katholiken«; und an der »traurigen Sache« des Edgar Wieneken ist Schnier wenigstens eines sympathisch: »Er hatte keinen Glauben als den an bestimmte Menschen« (S. 251).

Die Moral der Sprache

Den für Böll so entscheidenden Unterschied von »abstraktem« und »konkretem Geld« macht auch Schnier an den Begriffen, am Wort also, fest. Wenn Böll im zeitlichen Kontext dieses Romans theoretisch über den Zusammenhang von »Moral und Ästhetik« reflektiert[42] und im »Wort« Ausgangspunkt und eigentlichen Ort

[42] *Frankfurter Vorlesungen* (1964).

literarischer Wirklichkeitsverarbeitung oder Verwandlung erkennt, so ist – auch angesichts der vergleichbaren Sachlage in *Haus, Brot* oder *Billard* – gerade in diesem Text die besondere Aufmerksamkeit auf »Wort und Wörtlichkeit« zu richten: »Auch für mich war es [die Tatsache, daß Schniers Vater eine Geliebte hatte] ein Schock, aber kein moralischer, ich konnte mir schon vorstellen, daß es schlimm sein mußte, mit meiner Mutter verheiratet zu sein, deren Sanftmut eine I- und E-Sanftmut war. Sie sprach selten einen Satz, in dem ein A, O oder U vorgekommen wäre« (S. 54).

Könnte dies noch als satirischer Einfall verstanden werden, so zeigen die vielen weiteren Passagen des Romans, die sprachlich argumentieren, daß auch und gerade im *Clown* die »Moral der Sprache« für Böll wichtiger ist als das ihm nachgesagte moralistische Engagement: »Für die Deutschen ist ja jeder Junge ein ungezogenes Kind, das nie ausgesprochene Adjektiv ungezogen ist einfach mit dem Substantiv verschmolzen. Würde einer auf die Idee kommen, das Vokabularium, das die meisten Eltern im Gespräch mit ihren Kindern verwenden, einmal zu testen, würde er feststellen, daß das Vokabularium der Bildzeitung, damit verglichen, fast das Wörterbuch der Brüder Grimm wäre. Es wird nicht mehr lange dauern, und deutsche Eltern werden mit ihren Kindern nur noch in der Kalick-Sprache reden« (S. 244).

Reflexionen über die Sprache der Politiker und den »Schwachsinn« der Wahlwerbung sind in ähnlicher – und schon aus *Wort* bekannter – Weise linguistisch strukturiert, und im Zentrum der Sprachüberlegungen steht nach *Haus* und *Brot* erneut das Bemühen um ein adäquates Vokabularium der Sexualität. »Fleischliches Verlangen« und »die Sache« stehen für den gleichen Akt, entstammen aber völlig verschiedenen »Sprachgeländen«, wie Böll das nennt[43]: »Ich litt auf eine kaum noch erträgliche Weise unter dem, was in Maries religiösen Büchern irrtümlich als ›fleischliches Verlangen‹ bezeichnet wird. [...] wenn in diesen

[43] In: SR-3, S. 85.

religiösen Büchern stünde: Verlangen nach einer Frau, so wäre das schon grob genug, aber einige Stufen besser als ›fleischliches Verlangen‹. Ich kenne nichts Fleischliches außer Metzgerläden« (S. 29), und: »Baden ist fast so gut wie schlafen, wie schlafen fast so gut ist wie ›die Sache‹ tun. Marie hat es so genannt, und ich denke immer in ihren Worten daran« (S. 114).

Es stehen Maries Worte gegen die Worte in ihren »religiösen Büchern«, das, freilich verschämt, ja prüde wirkende »die Sache«[44] gegen das Vokabular des Metzgerladens. Doch der Gegensatz prüde-grob faßt den Kern der »Sache« nicht, wie sich an der Schlüsselpassage für diesen Sprachkomplex im Gespräch Schnier-Sommerwild zeigt. »Der Vorgang, der zur Zeugung eines Kindes führt, ist eine ziemlich drastische Sache«, sagt Schnier und fährt fort: »Alles, was über diese drastische Sache gesagt, gepredigt und gelehrt wird, ist Heuchelei. Ihr haltet im Grunde eures Herzens diese Sache für eine aus Notwehr gegen die Natur in der Ehe legitimierte Schweinerei – oder macht euch Illusionen und trennt das Körperliche von dem, was außerdem zur Sache gehört [...] Ihr behandelt diese Sache wie eine Sylvesterrakete – und sie ist Dynamit« (S. 141f.). Sie ist »Dynamit«, wie auch die dichterische Sprache.

Es geht Böll auch hier wieder um einen *Begriff* von Liebe, der nicht »die sogenannte körperliche Liebe und [...] die andere Liebe« (S. 46) voneinander trennt. Nach dem Versuch, diesen Begriff völlig neu zu prägen[45], den Böll in seinem Drama *Ein Schluck Erde*[46] unternommen hatte, und der nur innerhalb der verfremdeten Sprache dieses Dramas möglich war, sieht er sich nun wieder innerhalb der »Normalsprache« nach einer tauglichen Begrifflichkeit um. Ob die Begriffsuche hier zum Erfolg führt, darüber läßt sich streiten und darüber ist auch heftig gestritten worden; daß

[44] Die Formel ist in *Brot* bereits vorgeprägt: »Liebe ist nicht das Wort, das alles ausdrückt, vielleicht nur das, das der Sache am nächsten kommt«, S. 42.
[45] »Kresten« für Christen, »die Möge loten« für küssen, etc.; vgl. T, S. 403ff.
[46] Druckfassung in Labyrinth, Dezember 1960 und Juni 1961, Uraufführung Düsseldorf 22. 12. 1961.

mit dieser Suche der Versuch unternommen wird, im Sinne der *Frankfurter Vorlesungen* »die Moral der Sprache mit der Moral des Dargestellten übereinzubringen«, sollte einleuchten.

XVI. Entfernung von der Truppe. Erzählungen

1. Publikationsformen

Dieses Buch ist nach *Weihnachtszeit* und *Gäste* der dritte Band einer chronologisch geordneten Zusammenstellung von Bölls Erzählungen im Deutschen Taschenbuch Verlag. Da er 1992 in erster Auflage erschien, konnten die inzwischen verbesserten Kenntnisse über die Publikationsgeschichte der Arbeiten Bölls berücksichtigt werden. In die Zeitspanne von 1958 bis 1964 hätte eigentlich noch *Monolog eines Kellners* (1959) gehört, der Text war aber bereits (nach dem Wissensstand von 1977) in *Gäste* abgedruckt worden.

Erstpublikationen:

Der Bahnhof von Zimpren: Die Zeit (Hamburg), 18. 7. 1958.

Als der Krieg ausbrach: Frankfurter Allgemeine Zeitung, 23. Dezember 1961 (unter dem Titel *Muß i denn, muß i denn…*).

Als der Krieg zuende war: Labyrinth, 6. 6. 1962 (unter dem Titel *Als der Krieg aus war)*. Rundfunksendung NDR (Hamburg), 24. 6. 1992

Keine Träne um Schmeck: Das Atelier. Zeitgenössische Prosa, hg. v. Klaus Wagenbach, Frankfurt a. M. 1962, S. 16 – 33

Anekdote zur Senkung der Arbeitsmoral: Rundfunksendungen Radio Bremen, 30. 4. 1963 (unter dem Titel *Zum 1. Mai*), NDR Hamburg, 1. 5. 1963 Erstdruck: Welt der Arbeit (Köln), 22. 11. 1963 (unter dem Titel *Ein Fischer döst. Anekdote zur Senkung der Arbeitsmoral*)

Entfernung von der Truppe. Erzählung: Köln/Berlin 1964 (September). Vorabdruck: Frankfurter Allgemeine Zeitung vom 27. 7. bis 10. 8. 1964

2. *Entstehung und Kontext*

Das satirische Moment dominiert hier, obwohl Böll gerade in dieser Zeit das Ende seines satirischen Schreibens ankündigte: »Ich bin nicht mehr bereit, Prügel, wenn auch nur scheinbare, auszuteilen«[1]. Müllers Verzicht auf die Prügel für Schmeck ist die literarische Umsetzung dieser Absicht, und sie ist zugleich der Beweis dafür, daß Böll die Satire doch nicht aufgibt, sondern verändert: »[…,] das war kein Überfall, sondern Mord« (S. 83), kommentiert Marie die von Müller praktizierte Alternative der Rache. Die beiden entgegen dem chronologischen Prinzip[2] nacheinander abgedruckten Erzählungen *Als der Krieg ausbrach* und *Als der Krieg zuende war* fallen aus dem satirischen Kontext heraus. Vor allem die zweite stellt in ihrem nahezu »unversetzt« autobiographischen Charakter einen Sonderfall in Bölls Werk dar[3].

3. *Wort- und Sacherklärungen*

7 *Sub Terra Spes*: (lat.) Hoffnung unter der Erde – *Prospektor*: Jemand der nach Bodenschätzen sucht

9 *Respons einer Litanei*: refrainartiger Part der Gemeinde im Wechselgebet mit dem Priester

16 *Injurien:* (jur.) Beleidigungen

33 *Von Theologie keine Ahnung*: nach Matthäus 23,8 sind alle Menschen Brüder, es bedarf also keines besonderen Aktes der Verbrüderung

34 *Bierzipfel*: Gürtelzierat farbentragender Studenten

35 *Ernst Jünger*: (geb. 1895), dt. Schriftsteller

40 *Brecht*: Bertolt B. (1998 – 1956), dt. Schriftsteller – *Tuchols-*

[1] *Frankfurter Vorlesungen* (1964), in: SR-3, S. 32.

[2] Vgl. dazu Busse/Böll S. 996: auch hier stehen die beiden Texte »wegen der vom Autor beabsichtigten und auch publizistisch umgesetzten Zusammengehörigkeit, hintereinander«.

[3] Vgl. dazu *Brief an meine Söhne oder vier Fahrräder* (1985), in: SR-9, S. 206 ff.

ky: Kurt T. (1890 – 1935), dt. Schriftsteller – *Walter Benjamin*: (1892–1940), dt. Essayist und Literaturwissenschaftler – *Proust*: Marcel P. (1871 – 1922), frz. Schriftsteller – *Karl Kraus:* (1874 – 1936), österr. Schriftsteller

41 *Des Däumerlings Waffe*: die Märchenfigur »der Däumling« führte die Nähnadel als Waffe – *Lohengrin*: Sagenheld aus dem Gralskreis, Sohn von Parzival, Handlungsort: Kleve – *Anna v. Cleve*: von 1538 – 1540 vierte Ehefrau Heinrichs VIII. – *Kleist:* Heinrich v. K. (1777 – 1811), dt. Schriftsteller, sein Drama ›Prinz von Homburg‹ entstand 1809 – 1811 – *Schill*: Ferdinand v. (1776 – 1809), preuß. Offizier – *Blomberg*: Werner v. (1878 – 1946), Oberbefehlshaber der Wehrmacht und Reichswehrminister unter Hitler, 1938 entlassen

42 *Breughelscher Karneval*: Bild von Pieter Breughel (1525/30 – 1569), fläm. Maler – *Printen*: Aachener Pfefferkuchengebäck

44 *Wilhelm II*: (1859 – 1941), von 1888 – 1918 deutscher Kaiser – *Papen:* Franz v. P. (1879 – 1969), 1932 Reichspräsident, unter Hitler Gesandter in Wien – *Hindenburg:* Paul v. H. (1847 – 1934), dt. Heerführer und Politiker – *Napoleon*: N. Bonaparte (1769 – 1821), frz. Kaiser von 1804 – 1814/15

47 *Heinrich Heine*: (1797 – 1856), dt. Schriftsteller

51 *Quirinus*: röm. Märtyrer, Stadtpatron von Neuss – *Thebäische Legion*: Legion christl. Soldaten aus der Nähe von Theben, die der Verfolgung von Glaubensgenossen den Märtyrertod vorzogen (um 300)

53 *Terborch:* Gerard (1617 – 1681), niederl. Maler – *Lochner*: Stephan (1400/10 – 1451), Meister der Kölner Malschule

57 *Index*: Liste von für Katholiken verbotenen Büchern

62 *Orinoko*: südamerik. Strom

63 *Loden*: (zumeist grünes) Wollgewebe

69 *Brüder zur Sonne, zur Freiheit*: Lied der Gewerkschaftsbewegung

70 *Honnefer-Modell*: Stipendienförderung, Vorläufer des Bafög

74 *Botokuden*: brasil. Indios

76 *Glutamin*: (chem.) Aminosäure, Baustein fast aller Proteine

79 *Adjutorium:* Beistand, Hilfe – *Mommsen*: Theodor M. (1817 – 1903), dt. Historiker

81 *corpus delicti*: Beweisstück

89 *FC*: Fußballclub – *CV*: Christlicher Verein – *KWG*: Kaiser-Wilhelm-Gesellschaft zur Förderung der Wissenschaften

90 *Nystagmus*: Zittern des Augapfels – *Neuralgie*: Nervenschmerz – *Meunière*: (frz.) eigentl.«nach Art der Müllerin«, aber auch sog. »Salatkrankheit« – *Mykose*: Pilzerkrankung – *Absinth*: Wermutbranntwein

91 *Ophthalmologe*: Augenarzt – *Schultergeraupe*: die geflochtenen Schulterstücke der höheren Sanitätsdienstgrade

93 *Madame Bovary collaborateuse*: M.B. ist die Titelfigur des Romans (1857) von Gustave Flaubert (1821 – 1880)

94 *ev., ev.luth., ev. ref., k., rk., ak., isr., jd., vd.*: die Abkürzungen der Religionszugehörigkeit auf dem Steuerformular – evangelisch, evangelisch lutherisch, evangelisch reformiert, katholisch, römisch katholisch, alt katholisch, israelitisch, jüdisch, verschieden(e)

95 *Birett und Tiara*: B. ist die Kopfbedeckung eines Prälaten, T. die dreifache Krone des Papstes

96 *Chiromant*: Deuter der Handlinien – *Kafka*: Franz K. (1883 – 1924), deutschspr. Schriftsteller in Prag

97 *Sgraffito*: Wandmalerei im Kratzputz-Verfahren

98 *Agrippina*: (15 – 59 n.Chr.), Namensgeberin der röm. Kolonie Agrippinensis, heute Köln – *die heilige Ursula*: Märtyrerin, die der Heirat mit einem Heiden den Tod vorzog – *General de Gaulle*: Charles de G. (1890 – 1970), frz. Politiker – *Germanicus*: Julius Caesar G. (15 v. Chr. – 19 n. Chr.), Befehlshaber der Rheinarmee, Ehemann der Agrippina (s.o.) – *Thumelicus*: (ca. 9 – 17 n.Chr.), Sohn des Arminius, der Westgermanien von den Römern befreite – *Caligula*: (12 – 41 n. Chr.), röm. Kaiser, Sohn des Germanicus – *Tencterer*: westgerm. Stamm – *Sigambrer*: germ. Stamm am Mittelrhein

99 *Nietzsche*: Friedrich N. (1844 – 1900), dt. Philosoph – *Scheler*: Max Sch. (1874 – 1928), dt. Philosoph

101 *Tacitus*: Cornelius T. (55 – 116 n. Chr.), röm. Geschichtsschreiber – *forcalismo teutonico*: ironische ital. Neuprägung »deutscher Gabelismus«

104 *Richmodis von Aducht*: Erzählerin der Sage von der scheintoten Frau in der ›Cronica van der hilligen Stat van Coellen‹ (1499)

106 *Pascal*: Blaise P. (1623 – 1662), frz. Religionsphilosoph – *Péguy*: Charles Pierre P. (1873 – 1914), frz. Schriftsteller

109 *litanesk*: in der Art einer Litanei

111 *Jesse Owens*: (1913 – 1980), amerik. Leichtathlet – *Seht ihn! Wen? Den Bräutigam. Seht ihn! Wie? Als wie ein Lamm*: Zeilen aus dem 1. Chor von Bachs ›Matthäuspassion‹, gesungen als Tochter Zions Klage

114 *Ballaghadareen*: (eigentlich Ballaghadarreen) Stadt in Irland

115 *Dukinella*: Dorf auf der Insel Achill, Irland – *»Arbeit macht frei«*: Aufschrift auf dem Tor mehrerer KZ, z.B. Auschwitz – *Ritenkongregation*: kath. Kurialbehörde, zuständig für Heiligsprechungen – *advocatus diaboli*: (lat.) Anwalt des Teufels, vertritt die Gegenargumente im kirchlichen Verfahren der Heiligsprechung

122 *Elias, der feurige Wagen*: 2. Könige 2, 11 – *soigniert*: gepflegt

128 *Arbeitsmann*: Bezeichnung für den Angehörigen des nationalsozialistischen Reichsarbeitsdienstes

130 *Jugendstil*: dekorativer Kunststil um die Wende vom 19. zum 20. Jh. – *Spitzweg*: Karl S. (1808 – 1885), dt. Maler idyllischer Bilder – *Makart*: Hans M. (1840 – 1884), österr. Maler aufwendig prächtiger Historienbilder

132 *Millowitsch*: Willy M. (geb. 1909), Kölner Schauspieler und Komiker

133 *Dr. Ley*: Robert L. (1890 – 1945), Chemiker, ab 1934 Reichsorganisator des Reichsarbeitsdienstes

134 *Foertsch*: Hermann F. (1895 – 1961), Stabsstellungen im Zweiten Weltkrieg, Generalinspekteur der Bundeswehr – *DAF*: nationalsozialistische »Deutsche Arbeitsfront«, trat an die Stelle der im Dritten Reich verbotenen Gewerkschaften

139 *Schinderhannes*: (1783 – 1803), eigtl. Johann Bückler, Räuberhauptmann

140 *Dostojewskis ›Idiot‹*: ›Der Idiot‹, Roman (1868) des russ. Schriftstellers Fedor Michilowitsch D. (1821 – 1881) – *Palma Kunkel*: Figur der gleichnamigen Gedichtsammlung (1916) Christian Morgensterns (1871 – 1914) – *Michael Kohlhaas*: Novelle (1810) von Heinrich v. Kleist (1777 – 1811)

141 *Parkinson*: nach ihrem ersten Erforscher, dem engl. Arzt James P. (1755 – 1824) benannte Form der Schüttellähmung – *»Deutsche Frauen, deutsche Treue…«*: Anfangszeilen der zweiten Strophe des ›Deutschlandliedes‹ (1841) von Hoffmann v. Fallersleben (1798 – 1874)

142 *Dufflecoat*: dreiviertellanger Sportmantel

148 *Konzilseuphorie:* das 2. Vatikanische Konzil (1962 – 1965) unter Papst Johannes XXIII. hatte u.a. das Prinzip der Ökumene (der Zusammenarbeit der christlichen Kirchen) beschlossen

150 *Niederzwehrener Märchentante*: die »Märchenfrau« Dorothea Viehmann aus dem Dorf Zwehrn bei Kassel, eine der wichtigsten Quellen der Brüder Jacob (1785 – 1863) und Wilhelm (1786 – 1859) Grimm bei der Sammlung ihrer ›Kinder- und Hausmärchen‹ (1812) – *Wie die Kinder Schlachtens miteinander gespielt haben*: die Nr. 22 aus dem ersten Band der Grimmschen Märchen, in deren erster Version Kinder beim Metzgerspiel ihren Bruder abschlachten – *Sie nehmen den rheinischen Gulden*: in einer Art Gottesurteil wird über den kindlichen Täter entschieden: man hält ihm einen Apfel und einen rh. Gulden vor; im Märchen wählt das Kind den *Apfel* und geht frei aus

151 *Platonismus*: Nachwirkung der Lehre des griech. Philosophen Platon (427 – 348/7 v. Chr.)

Autobiographische Mosaiksteine

Autobiographische Details sind in nahezu sämtlichen Werken Bölls verstreut enthalten, »verarbeitet« und »verwandelt«, auch hier. In den beiden *Kriegs*-Erzählungen sind viele dieser Erlebnispartikel wiederzuerkennen, Böll geht jedoch, vor allem im zweiten Text, über solche Art der »Materialverwendung« hinaus: Das zeigt sich schon durch den Verzicht auf die sonst bevorzugten fiktiven deutschen Ortsnamen[4] – der Weg von Belgien entlang des Niederrheins nach Köln und Bonn ist geographisch korrekt, die Kölner Straßen entsprechen dem Stadtplan; die Umstände der Entlassung aus der zunächst amerikanischen, dann englischen und schließlich belgischen Kriegsgefangenschaft in Weeze sind authentisch. Auch die Rückkehr zur Ehefrau, der einzigen, deren Stimme »noch nie nach Ehe geklungen hatte« (S. 60), stimmt mit den biographischen Tatsachen überein, während in der Erzählung vom Kriegsbeginn der Ich-Erzähler ein Treffen mit Marie (!) gerade vermeidet, weil sie »so nach Ehe geklungen« hatte[5]. Dieses Selbstzitat verbindet beide Erzählungen, rechtfertigt die editorische Praxis und relativiert zugleich die quasi dokumentarischen Elemente der zweiten Erzählung. Solche Korrespondenzen sind häufig, und mehrfach hat das den Charakter von These und Replik, von »vorher – nachher«: Die ständigen üppigen Mahlzeiten der »Zimmerkameraderie« bei Kriegsausbruch stehen dem Hunger der Entlassenen gegenüber; die im ersten Text akribisch ausgefüllten Soldbücher landen im zweiten in der Latrine; das Vorkriegsschaufenster des Fotogeschäfts zeigt »Studenten mit Schleifen um den Bauch und Bierzipfeln« (S. 34), während dem Erzähler nach

[4] Ein Sachverhalt, der durch *Entfernung* in seiner besonderen Relevanz unterstrichen wird.

[5] S. 23 u. 30, eine geradezu leitmotivisch gebrauchte Wendung, denn der Erzähler begegnet diesem Phänomen bei allen Mädchen (S. 33).

Kriegsende »am meisten« auffällt, »daß nirgendwo ein farbentragender Student zu sehen war«. Anderes verweist hingegen auf Kontinuität: Die »Schweinerei« (S. 23) im ersten Text entspricht dem Ausbruch »Diese Schweine« (S. 60). Der frisch Beförderte, der sich seinen Gefreitenwinkel annäht (S. 25), findet in dem Fahnenjunker, der sich seine Litzen wieder annäht (S. 40), ebenso seine Fortsetzung, wie in den vielen anderen »Annähern« (S. 43). Ernst Jünger ist Gesprächsstoff in beiden Texten[6], die literarischen Elemente häufen sich aber im zweiten und gewinnen größere Bedeutung: Die wiederholte Aufzählung der Lektüre des »Däumerlings« – Brecht, Tucholsky, Walter Benjamin, Proust, Karl Kraus[7] –, die weitgehend auch diejenige des Erzählers ist[8], dazu Kleist (S. 41) und Heine (S. 47) schaffen einen Kontext, der einen anderen, andernfalls leicht zu übersehenden autobiographischen Aspekt hervorhebt: Der Text ist auch eine Auseinandersetzung mit der eigenen literarischen Position, was 1962, in der Phase der Ablösung der symbolischen durch die mythologische Schreibweise von *Billard* zum *Clown*, von besonderem Interesse sein muß.

Eine Passage des Textes bezieht sich unverkennbar darauf: »Ihr habt ein verteufeltes Genie, aus allem eine symbolische Handlung zu machen. Es ist Brot, nichts als Brot«, sagt der ältere Mitgefangene zum Erzähler, der sich weigert, das Brot mit den anderen zu teilen (S. 46). Das Insistieren auf dem materiellen, dem »realen« Charakter des Brotes ist geradezu ein Widerruf auf *Brot* und markiert die Abwendung vom Symbol. Und das wiederholt sich im Blick auf ein anderes tragendes Element der symbolischen Schreibweise: Die Gefangenen handeln mit Seife: »Die grünen und roten Seifenstücke gingen hin und her. Manche hatten an der Seife ihren bildnerischen Ehrgeiz entdeckt, Hündchen, Kätzchen, Gartenzwerge daraus gemacht, und jetzt stellte sich heraus, daß

6 S. 20 und S. 41; zwar behauptet der Fahnenjunker, angeblich »mit Jünger [...] fertig«, zu sein, aber das sagt er, ehe er sich seine Litzen wieder annäht.
7 S. 40, 45.
8 Vgl. S. 55.

der bildnerische Ehrgeiz den Handelswert herabgemindert hatte: ungeformte Seife stand höher im Kurs als geformte« (S. 50).

Die Ironisierung des »bildnerischen Ehrgeizes« und die Besinnung auf den materiellen, den »Handelswert« ist angesichts der Symbolbedeutung gerade dieser Farben großenteils Selbstironie[9]. In der *Anekdote* wiederholt sich das im übrigen in dem ironisch gezeichneten »idyllische[n] Bild«, das die Skala der Böllschen Farbsymbolik komplett enthält: »blauer Himmel, grüne See mit friedlichen, schneeweißen Wellenkämmen, schwarzes Boot, rote Fischermütze. Klick, noch einmal: klick« (S. 86).

Und ein weiteres Element steht hier zur Diskussion – ohne daß sie allerdings entschieden würde: Die groteske Anekdote vom pensonierten General, den offenbar ein Witzbold telefonisch auf eine Hallig geschickt hat, setzt im ersten Text eine Überlegung zur Komik in Gang, die im zweiten wieder aufgenommen wird: Der Erzähler kann die Geschichte nicht komisch finden: »Der Krieg schien dem Komischen seine Komik zu nehmen. [...] alles, was vorher komisch gewesen wäre, war nicht mehr komisch [...]« (S. 29). Ihm vergeht hier auf gleiche Weise das Lachen wie Hans Schnier, der seine Nummer über einen General nicht mehr spielen kann, obwohl zuvor »die richtigen Leute lachten, und die richtigen [...] sich ärgerten«[10].

Es ist aber auch in der Erzählung nicht nur der Krieg, der dem »Komischen seine Komik« nimmt; denn im zweiten Text kann der Erzähler über den »wahnsinnig witzigen Witz« des Lagerarztes nicht lachen und stellt fest, »daß die Deutschen plötzlich Sinn für Witz zu haben schienen, wenn es Ausländerwitz war« (S. 48). Hier bereits deutet sich eine Veränderung im Verständnis des Komischen an, mit dem auch ein Wandel im Satire-Verständnis Bölls einhergeht.

9 Vielleicht hat der Mißerfolg von Bölls Drama *Ein Schluck Erde*, Düsseldorf, Dezember 1961, dafür eine Rolle gespielt. In diesem Drama waren die Hauptfiguren in geradezu neoexpressionistischer Manier durch die für Böll charakteristischen Farben gekennzeichnet.

10 *Clown*, S. 240.

Mit *Der Bahnhof von Zimpren* und *Keine Träne um Schmeck* beginnt »die Auflösung und der Abbau des Herausforderungsmusters und damit des Satiretypus der fünfziger Jahre«[11]. Friedrichsmeyer sieht als Ursache dafür Bölls Skepsis hinsichtlich der Veränderbarkeit der Welt und verweist auf Adornos These: »Gegen den blutigen Ernst der totalen Gesellschaft, die ihre Gegeninstanz eingezogen hat als den hiflosen Einspruch, den ehedem Ironie niederschlug, steht einzig noch der blutige Ernst, die begriffene Wahrheit«[12].

Daß die satirische Übertreibung Bölls von der Realität häufig ein- und überholt wurde, ist bekannt[13]. Er hat sich deswegen nicht auf Dauer von der Satire verabschiedet, sondern seine Konzepte verändert. Aber auch diese Veränderungen standen immer in der Gefahr »fundamentale[n] Fehlverständnisse[s]«[14]: »Der Herausforderer im Heldenmythus deutet zwar auf Außerordentliches, aber gerde darum ist die Gefahr groß, daß er rezeptiv nicht als Norm für die Wirklichkeit begriffen, sondern als Fiktion, als Kunstinhalt abgetan wird. Die Unverbindlichkeit [...] steigert sich, wenn der Held zum Versager wird. Steht dessen Abstieg im Vordergrund der Perzeption, so ist der mythische Rahmen des Geschehens dann nicht nur Kunst, sondern [...] Schicksal, das man bedauern, jedoch nicht ändern kann«[15].

Der satirische Ton, in dem »das Elegische« mitschwingt, birgt »die Gefahr falschen, auf Katharsis ausgerichteten Lesens«. Trotz der Logik der satirischen Konzeption, die den in der Fiktion scheiternden Helden als Ansporn zum entgegengesetzten Verhalten in der Wirklichkeit anbietet, kann der Leser den abschreckenden »Pfuscher« als eher liebenswerten »Kauz« mißverstehen,

[11] Friedrichsmeyer 1981, S. 148.
[12] Friedrichsmeyer 1981, S. 149, das Zitat stammt aus Th. W. Adorno, Minima Moralia, Frankfurt 1951, S. 282.
[13] Vgl. dazu Balzer 1981, S. 40.
[14] Friedrichsmeyer 1981, S. 150.
[15] Friedrichsmeyer 1981, S. 149.

»dem man soziale Verantwortlichkeit nicht im Ernst zumutet, besonders, wenn er zum Lachen ist«. Günter Blöckers Urteil »Die Schläge, die [Böll] austeilte, waren nicht allzu weit von Absolutionen, und manch einer, der ihn als Satiriker bejubelte, drückte damit seine Erleichterung aus, so billig davongekommen zu sein«[16], ist ein Symptom für diesen Mechanismus.

Friedrichsmeyers Einwände gelten vor allem der Erzählung *Der Bahnhof von Zimpren*, und hier muß man ihm folgen. Bölls Kritik an den »konjunkturseligen« Bundesbürgern auf dem Höhepunkt des »Wirtschaftswunders« findet in dem überzogenen Bahnhofsbau zwar ein adäquates satirisches Bild; daß er aber zugleich auch noch das Sich-totlaufen einer hypertrophen Bürokratie in seinen damals so gar nicht denkbaren Folgen mitzutreffen sucht, nimmt der Attacke auf den Wachstumswahn die Spitze, zumal in der Gegenfigur der Witwe Klipp keine wirkliche Alternative und auch keine »Klippe« für die Ausbreitung des gesellschaftlichen Wahns dargestellt ist: Ihre übertriebenen Grundstückskäufe sind ebenfalls Teil des allgemeinen Wahns, und sie scheitert wie »Sub Terra Spes« an einem Mangel – zwar nicht an Öl, aber an Arbeitskräften.

Anders liegen die Verhältnisse in *Keine Träne um Schmeck*: Hier ist wiederum ein Antiheld mit der Perspektive des Erfolgs vorhanden – und das mit einer Durchschlagskraft, die zum Beispiel die eines Murke bei weitem übertrifft. Am »Haß« zeigt sich dies, der Müller und Murke gleichermaßen kennzeichnet: »Murke sozialisiert diesen falsch, Müller hingegen richtig, wenn er seinen Haß nicht auf die Person richtet. Haß kann darum ›gute Tinte‹ (S. 85) sein, wie Müller erkennt. Hier eröffnet sich eine freie Sicht sozialer Aggression. Sie ist [...] auch als destruktive Ernergie wertvoll, sofern sie defensiv ist und sich gegen eine empörende Idee richtet, wie Müller diese zweifellos in Schmecks Werk aufweisen kann. Der Protagonist als Vir bonus ist eine neue Erscheinung in der Satire Bölls«[17].

[16] Frankfurter Allgemeine Zeitung, 11. 5. 1963.
[17] Friedrichsmeyer 1981, S. 155.

Das allmähliche Verschwinden des »Unholds« Schmeck im Verlauf der Erzählung ist allerdings kritisiert worden[18]. Seine Rolle innerhalb der Erzählung ist aber vor ihrem Ende erfüllt: Friedrichsmeyers Bezeichnung »Unhold« stammt aus dem Kontext der von ihm überblickten Satiretradition, sie paßt aber auch in einen anderen Kontext, der für den Standort der *Schmeck*-Erzählung nicht nur im satirischen Werk Bölls entscheidend ist: Wie Böll mir gegenüber bestätigte, ist *Schmeck* der erste Versuch, den antiken Labyrinth-Mythos als Handlungsrahmen zu verwenden. Die Erzählung ist mithin eine Art »Fingerübung« für den *Clown*. Der Mythos ist schon Strukturmodell und sinnprägendes Moment zugleich und leichter erkennbar als im *Clown*. Die mythologische Fabel ist nicht durch Umkehr der Verhältnisse verfremdet: Labyrinth ist der Universitätsbetrieb, mit Schmeck als »Unhold«, als Minotaurus, der zwar keine thebanischen Jungfrauen verspeist, für den aber immerhin eine bestimmte Gruppe von Studentinnen »bereit« ist »zu sterben« (S. 61). Müller (Theseus) kann mit Maries Hilfe Schmeck besiegen, der nun in Maries Vision »für alle Ewigkeit in diesem kümmerlichen Stadtwald herumirrt« (S. 83). Dabei ist die Rolle Maries (Ariadnes) Gegenstand einer – natürlich wieder »linguistisch« geführten – Diskussion: »›Ich habe eine gute Gehilfin erwischt‹, sagte er, als sie in die dunkle Nebengasse einbogen.

›Gehilfin‹, sagte Marie [...] ›ist eine schwache Übersetzung von Adjutorium – da steckt noch mehr drin: Beistand, und auch ein bißchen Freude‹« (S. 79).

Böll verbindet hier den antiken griechischen Mythos mit dem Schöpfungsmythos der Bibel, indem er ein Problem der Bibelübersetzung diskutieren läßt, das weit mehr ist als ein Übersetzungsproblem: Es geht wieder einmal um die von Böll am häufigsten zitierte Passage aus der Genesis (1. Buch Mose, 2, 18): »Und Gott der Herr sprach: ›Es ist nicht gut, daß der Mensch allein sei; ich will ihm eine Gehilfin machen, die um ihn sei‹«, und

[18] Friedrichsmeyer 1981, S. 156.

es geht damit um die zentrale Frage des Rollenverständnisses in der Liebesbeziehung. Das »Adjutorium« der Vulgata heißt tatsächlich »Beistand, Hilfe«; »Gehilfin« ist die Luther-Übersetzung, die schon lange vor einer feministischen Theologie als problematisch galt. Deswegen ist in vielen Bibel-Ausgaben eine Fußnote angefügt, die sich auf das hebräische Original bezieht, – »Wörtlich: ich will ihm eine Hilfe schaffen als ein Gegenüber«. Das »bißchen Freude« ist eine Zutat Böllscher Provenienz aus dem Kontext seiner Bemühungen um eine adäquate sprachliche Erfassung sämtlicher Aspekte der Liebe.

Die *Anekdote zur Senkung der Arbeitsmoral* ergänzt das Spektrum satirischer Möglichkeiten Bölls um keinen neuen Aspekt, zumal es sich um einen Anfang der sechziger Jahre umlaufenden anekdotischen Witz handelt, der satirische Einfall also nicht Böll zuzuschreiben ist. Als erneute Antithese zu übertriebenem Arbeitsethos und »Konjunkturseligkeit« der Bundesbürger fügt die Anekdote sich in den Kontext von *Es wird etwas geschehen* und *Bahnhof von Zimpren*. In der programmatischen Propagierung einer »Senkung der Arbeitsmoral« weist sie voraus auf das »Prinzip Leistungsverweigerung« von *Gruppenbild*.

Die satirische Autobiographie

Die Titelgeschichte *Entfernung von der Truppe* zieht gewissermaßen die Summe aus den tragenden Momenten des Bandes – und darüber hinaus aus dem bisherigen Werk Bölls: Als autobiographische Satire – oder satirische Autobiographie[19] – legt sie als »selbstkritisches Erzählen«[20] auf virtuose Weise die eigenen Themen und Schreibweisen auf den Prüfstand, ohne sie in Frage zu stellen! Dies geschieht vielmehr mit dem Gegenstück des Autors,

[19] G. Hoffmann 1977, S. 46 nennt den Text mit guten Gründen eine »ziemlich autobiographische Erzählung«, auch Böll nannte ihn »sehr subjektiv« und »fast biographisch«, vgl. Sowinski 1993, S. 72.
[20] Vgl. Emrich ^{8}1985.

dem Leser – in diesem Fall mit dem professionellen Leser in Gestalt des Kritikers und Literaturwissenschaftlers, der in seiner Fixiertheit auf bestimmte Klischees und Interpretationsmuster auch das eigentliche Objekt dieser Satire ist. Das Verfahren ist für Böll nicht ganz neu: *Selbstkritik*[21] (1956) versuchte Ähnliches. Auch dort spielte er mit einem Stereotyp, das in der Literaturkritik mit seinem Namen verbunden war und führte es in der Übertreibung ad absurdum: »Morgens, wenn ich erwacht bin, denke ich schon darüber nach, welches Problem schmutzig und zeitnah genug und damit wert ist, dargestellt zu werden. Wie andere Weihrauchstäbchen entzünden, lasse ich – um mich in die richtige Stimmung zu versetzen – von meinen Söhnen ein wenig Trümmerstaub im Schlafzimmer ausbeuteln«[22].

Überschrieben war diese Satire mit der berühmten Zeile als Motto »Ach wie gut, daß niemand weiß, daß ich Rumpelstilzchen heiß«.

Sie setzte dennoch überhaupt nicht das vier Jahre vorher abgegebene *Bekenntnis zur Trümmerliteratur*[23] außer Kraft, sie machte sich vielmehr über die naive Rezeption dieses Bekenntnisses und einiger seiner Stilmittel lustig.

Ebenso verfährt *Entfernung*; nur verschärft Böll hier die Kritik der Naivität, indem er als Gegensatz zum naiven »Lämmchen« nicht etwa »Erwachsenenausstellungen« konzipiert (S. 97), sondern diese als Tiefpunkt einer Antiklimax macht aus »jedes Kind weiß« (S. 137) – »jeder Säugling [weiß]« (S. 138), »nur für Erwachsene [ist das unbekannt]« (S. 138). Natürlich hatte 1964 das »Image« Bölls mehr Facetten als die des »Trümmerliteraten« von 1956, und keine dieser Facetten ist ausgelassen: Die mehrmalige Betonung, das Erzählwerk sei »im Sinn von Uhrwerk zu verstehen« (u.a. S. 89) bedient das literaturkritische Vorurteil der geradezu mechanischen Umsetzung von Realität in Literatur und widerlegt es zugleich durch den Text. Der »Idylliker« aus zahlrei-

[21] In: SR-1, S.161ff.
[22] In: SR-1, S.161.
[23] In: SR-1, S. 27ff.

chen Blöcker-Rezensionen wird hier ebenso zu Tode geritten[24], wie die Vorstellung von Irland als Fluchtort und Kontrast zur deutschen Wirklichkeit (»Wär ich in Ballaghadereen geboren…«, S. 114). Der Überbringer der *Botschaft* richtet diese nun endlich aus, und siehe: Sie trifft nicht auf eine trauernde Witwe, sondern auf die »ungeheuerliche Mattigkeit professioneller Lasterhaftigkeit« der »Dame Hertha« (S. 139). Der »Bräutigam«, der da »wie ein Lamm« von der Familie Bechthold begrüßt wird (S. 111) hat mit den Lämmern aus *Billard* nur noch wenig gemeinsam, weist er doch auf den Chor der Matthäuspassion und damit auf den Erlöser selbst. Die zahlreichen Engelsfiguren von *Wort* bis noch zu *Billard,* mit Lochner-Haar und unschuldigem Gemüt werden überboten durch Engel(bert), dessen »Gloriole […] ein Fäkaliendunstkreis«[25] ist. Der bekannte epiphanische Charakter von Liebesbeziehungen wird in der quasi »Verordnung« der Liebe durch Engelbert übertroffen und mit der Erklärung »Eins steht fest: Liebe auf den ersten Blick war es nicht« (S. 112) zugleich dementiert. Mit den Worten »Wer vermag der Liebe Glück und Wonnen zu schildern? Ich nicht.« (S. 139) erklärt der Erzähler überhaupt seine Unfähigkeit ausgerechnet zur Gestaltung von Bölls »einem Thema«, das die Sekundärliteratur inzwischen zur Kenntnis genommen und sogleich zu zerreden begonnen hatte. Und selbst die gerade erst mühsam etablierte Vorrangstellung der Komposition für die eigene fiktionale Prosa[26] verfällt hier der Satire: »Dieser Zwischenfall ist mir äußerst unangenehm, ich erwähne ihn nur aus kompositorischen Gründen« (S. 130)[27]. Schließlich vergaß Böll auch nicht die ihm immer wieder vorgehaltenen Versäumnisse: Die häufige Kritik, er beschreibe immer wieder nur Köln, ohne es direkt zu nennen, bedient er mit einem ironisch beflissenen

[24] Z.B. S. 121: »Spätestens hier wird der kluge Leser wissen […], daß dieses Erzählwerk wirklich eine reine Idylle werden soll«, ebenso S. 119.

[25] Friedrichsmeyer 1981, S. 173.

[26] S. die *Frankfurter Vorlesungen*: »Wenn in […] einem Roman ein Schornsteinfeger vom Dach fällt, aus kompositorischen, […] also ästhetischen Gründen«, in: SR-3, S. 38.

[27] S. auch S. 93 und S. 137.

»Jetzt aber schwenken wir weder ab noch zurück, sondern gehen geradenwegs aufs Ziel zu, nähern uns endlich einer gewissen Realität: Köln« (S. 98).

Das Verfahren dürfte diese Aufzählung und ihre Illustration in ausgewählten Zitaten deutlich gemacht haben: Die satirischen Übertreibungen treffen jeweils gerade nicht den Kern der Sache, sondern sie werden als Produkte der professionellen Leser deutlich. Diese, die »Meisterinterpreten im Oberseminar« (S. 103), werden zu ihrem beabsichtigten Ingrimm mit »Obertertianern« zu einer Gruppe zusammengefaßt und am Schluß mit der Parodie eines interpretatorischen Anhangs scheinbar befriedigt, tatsächlich aber beiseite geschoben: An ihnen vorbei, oder gar über sie hinweg, verständigt sich der Autor mit dem »einfache[n], de[m] unbefangene[n] Leser« (S. 103) über die Sache. Die freilich besteht nicht nur aus den beiden »Sachen«, die Schmölders Schwiegermutter im Text so benennt[28], also »zeitgeschichtliches Material« oder »Schutt der Geschichte« (S. 97), sondern sie umfaßt das thematische wie sprachliche Spektrum des bisherigen Böllschen Œuvres, das durch die Satire nicht tangiert, sondern bekräftigt wird: »Daß Menschwerdung dann beginnt, wenn einer sich von der jeweiligen Truppe entfernt« (S. 140), entspricht wie bisher und weiterhin dem anarchischen Credo Bölls; die Suche nach einer Sprache, um »der Liebe Glück und Wonnen zu schildern«, bleibt weiter auf der Tagesordnung, ebenso wie Böll immer noch vertraut auf die besondere Erkenntnisfunktion der Kunst:

Der Schlußsatz – »Der Erzähler verbirgt was. Was?« – fügt sich nur scheinbar dem ironisch-parodistischen Ton der »Interpretation« an; tatsächlich referiert er auf Bölls erzählerisches Konzept, den Text als »Versteck« anzusehen[29]. In diesem Sinne ist auch die Ironie Versteck für die Wahrheit. Diese Ironie ist an Heine geschult oder an Chesterton, dessen Satz »Wo verbirgt der Weise

[28] S. 117 meint »diese Sache« die KP, S. 118 bezieht sich die »Sache« auf »die Nazi-Angelegenheit«.

[29] *Einführung in »Dienstfahrt«* (1967), in: SR-3, S. 250.

sein Blatt – im Walde«, Böll so gern zitierte[30]. Insofern hat Friedrichsmeyer völlig recht, wenn er den Schlußsatz als fundamentale Frage für den Leser erkennt und folgert, daß »besonders das ästhetische Moment zum Rätsel« gehört: »Das Ästhetische ist Verweis auf die Wirklichkeit. So erhält der Leser nicht, was er an ›Kunst‹ erwartet, sondern was er als solche selber mitdefiniert. Sein Bewußtsein durchläuft einen Entschematisierungsprozeß«[31]. Zwei Elemente des Textes lösen diesen Vorgang aus und steuern ihn: Die »Malheft«-Fiktion und die Mythisierung der Handlung.

Die Idee zum Malbuch-Schema, das der Erzähler (S. 95 f.) breit ausführt und auf das er im Text immer wieder zurückkommt, hatte Böll schon zehn Jahre zuvor in der Kurzgeschichte *Eine Kiste für Kop* skizziert. Auch dort dient es als künstlerisches Modell der Wirklichkeitsdarstellung: »›Meine Kinder‹, sagte der Stationsvorsteher, ›haben mal von irgend jemand Malbücher geschenkt bekommen; auf der einen Seite konntest du die fertigen Bilder sehen, bunt, auf der anderen die Umrisse, in die du die Farben hineinmalen mußtest. Aber ich hatte keine Farben, auch keine Stifte, und meine Kinder schmierten alles mit meinem Bleistift voll – daran muß ich denken, wenn ich diesen Markt sehe. Es war wohl keine Farbe mehr da, nur Bleistift – grau, dreckig, dunkel…«[32].

Aus der Metapher mit Symbolfunktion macht Böll hier nun ein rezeptionsästhetisches Modell, daß »Verwandlungsfreiheit« (S. 96) auch und gerade dem Leser zugesteht. Solch »fingierte[s] Spiel mit dem Leser« geht letztlich auf die Tradition des humoristischen Romans seit Laurence Sterne oder Jean Paul zurück«[33]. Die Wendung, die Böll diesem Spiel gibt, bedeutet aber nicht den Abschied von der »Unendlichkeit des Geistes«, noch die Abschaffung »der autnonomen, unbedingten Produktivität des poetischen Geistes«[34]. Tatsächlich hält Böll gerade daran fest, auch

[30] Z.B. in *Heimat und keine* (1965), in: SR-3, S.109, oder 1974 in einer Amery-Rezension, in SR-5, S. 152.
[31] Friedrichsmeyer 1981, S. 172.
[32] *Gäste*, S. 86.
[33] Emrich ^{8}1985, S. 292.
[34] Emrich ^{8}1985, S. 296.

wenn er sich von dem Aspekt der »Unendlichkeit« insoweit verabschiedet hat, wie diese an symbolisches Schreiben gebunden ist: Durch das mythologische Erzählen wird dieser Aspekt jedoch wiedergewonnen.

Das Mythische liegt hier allerdings »derart verquer, daß sich der Leser damit intensiv auseinanderzusetzen hat«[35]: Der Erzähler berichtet, daß »der sehnliche Wunsch [meines] Vorgesetzten, aus mir einen Menschen zu machen [...], mich spornstreichs in jene Gefilde verbannt, wo Engel, im Lager eine mythische Gestalt, seit drei Monaten [...] den verschiedensten schmutzigen Beschäftigungen nachging« (S. 105). Engel ist eine »mythische« Figur, nicht etwa ein »Symbol für einen Engel, obwohl er so heißt, als so aussehend bezeichnet wird« (S. 152): »Engel war, wie alle Lochnerengel, blond, fast goldhaarig, klein, fast vierschrötig, und obwohl sein Gesicht [...] keinerlei klassische Merkmale aufwies, wirkte er strahlend« (S. 107). Auch wenn dieses »Strahlen« als Gestank satirisch verfremdet ist, bleibt der aus der Kunstfigur (Lochnerengel) gewonnene Verweis auf die »Engelikonographie [...], auf intakte Menschlichkeit«[36] erhalten: »Um der Fehlidentifizierung nicht nur durch Kommentar, sondern ›ästhetisch‹ vorzubeugen, vervollständigt Böll, was er dem Auge gibt, mit dem, was er der Nase zuführt.[...] Seine Gloriole ist ein Fäkaliendunstkreis. Hier liegt zweifellos ein humoristisches Element, und zwar ein stützendes. Der stinkende Lochnerengel ist zum Lachen. Die – moralische – Makellosigkeit Engelberts als Lochnerengel steht im ›unästhetischen‹ Rahmen des Fäkalischen. [...] die Ikonographie des zersetzenden Protagonisten, und das ist Engel schon durch sein Dasein, [ist] letztlich als Menschenbild zu perzipieren.«[37]

Dieses Menschenbild hat seinen Kern in dem Bereich, den Böll seit den *Frankfurter Vorlesungen* als »das Abfällige«[38] bezeichnet und hier deftig als »Scheiße« ins Bild setzt.

[35] Friedrichsmeyer 1981, S. 173.
[36] Friedrichsmeyer 1981, S. 173.
[37] Friedrichsmeyer 1981, S. 173.
[38] in: SR-3, S. 85.

Das Engagement für den »Abfall der Gesellschaft« ist mit diesem Text nicht nur abstrakt als Funktion des Humors gefaßt, sondern als konkretes literarisches Programm Bölls etabliert, das er danach vor allem in *Gruppenbild* realisiert.

XVII. Ende einer Dienstfahrt. Erzählung

1. Publikationsformen

Buchausgabe: Köln/Berlin 1966 (September)
Teilvorabdruck in Süddeutsche Zeitung vom 9./10. Juli 1966,
vollständiger Vorabdruck in Die Welt, 18. August 1966 bis 27. September 1966
dtv: (566): 1. Auflage 1969
Neusatz: 24. Auflage 1997 – nach dieser Ausgabe wird hier zitiert.
Fernsehfilm: *Ende einer Dienstfahrt*, Hessischer Rundfunk, 14. 3. 1971; Drehbuch: Franz Geiger, Regie: Hans Dieter Schwarze

2. Entstehung und Kontext

Böll hat in der *Einführung in ›Dienstfahrt‹* (S.209ff.) die Entstehungsgeschichte des Textes skizziert. Dabei ist der Hinweis auf die »kunsttheoretischen« Überlegungen dieser Zeit von Bedeutung, die sich auf die dritte Wuppertaler Rede am 24. 9. 1966[1] beziehen. Dort hatte Böll die Kunst »die einzig erkennbare Erscheinungsform der Freiheit auf dieser Erde«[2] genannt und von der »Deformierung des Staates« gesprochen, an dessen Stelle er »nur einige verfaulende Reste von Macht« zu erkennen vermochte, die »mit rattenhafter Wut« verteidigt würden[3]. Das Phänomen, daß dieses »perfekt-adrette Nichts« ein »durch Nichtigkeit gekräftigtes Dasein führt«, bezeichnete er als »ein Spielchen, ein Vorgang,

1 In: SR-3, S. 224ff.
2 In: SR-3, S. 224.
3 Gerade diese Formulierung führte zu heftigen öffentlichen Angriffen gegen Böll.

ein Happening, das entschieden und schon viel zu lange zu weit geht«[4]. Böll stellte dagegen die Kunst als »eine geheimnisvolle Trinität«: »Sie ist frei, sie ordnet Material, und sie ist ein drittes: untröstlich«[5].

Diese Sicht auf das Verhältnis Kunst–Gesellschaft (bzw. Staat) ist für eine adäquate Lektüre mitzudenken. Die besondere Bedeutung des Künstlerischen wird in der *Einführung* auch noch durch die Bedeutungsumkehr eines aus früheren Schriften bekannten Vergleichs hervorgehoben: Der erste Entwurf sei »nur ein Röntgenbild« »ohne jede Schönheit« (S. 209) gewesen. Die Erzählung wollte er jedoch »sehr hübsch verpacken« (S. 210) und suchte dazu nach einem »schmalen leichten Rahmen aus totem Material: aus Wirklichkeit« (S. 211). Hier stellt sich der Schreibprozeß buchstäblich als Umkehr des dichterischen Verfahrens dar, das Böll früher als »Durchdringen der Wirklichkeit« mit dem »Röntgenblick« des Schriftstellers beschrieben hatte[6].

3. Wort- und Sacherklärungen

8 *Indolenz*: Gleichgültigkeit

12 *Ambulieren*: zielloses Herumwandern

18 *Directoire, Empire, Louis-Seize*: Kunststile zur Zeit der französischen Revolution, Napoleons I. und Ludwigs XVI. (Übergang vom Rokoko zum Klassizismus)

36 *Allerheiligenlitanei*: Wechselgebet zwischen Vorbeter und kath. Gemeinde bei Taufe und anderen Weihen

39 *Feldjäger*: Militärpolizei

46 *Fin de Siècle*: Kunstepoche um die Wende vom 19. zum 20. Jahrhundert

[4] Sämtliche Zitate in: SR-3, S. 225.

[5] In: SR-2, S. 226.

[6] In *Die Stimme Wolfgang Borcherts* (1956) ist das »Röntgenbild« Metapher für den Kunstcharakter, das »Röntgenauge« das wichtigste Organ des »Dichters«, SR-1, S. 160.

49 *Pyromanie*: krankhafter Brandstiftungstrieb
51 *emeritiert*: in den Ruhestand getreten
52 *Tischler*: Walter Ulbricht (1893 – 1973), damals Staatsratsvorsitzender der DDR, war gelernter Tischler
56 *Sporteln*: hier: Gebühren
65 *Bloody Mary*: Cocktail aus Wodka und Tomatensaft – *Gin-Fizz*: Cocktail aus Gin, Zitronensaft und Ananassirup – *Manhattan*: Cocktail aus Bourbon Whiskey, Wermut und Angostura
69 *Vulgata*: die lateinische Bibel – *Stefan George*: (1868 – 1933), dt. Schriftsteller
82 *Code Napoléon*: das von dem frz. Kaiser Napoleon (1769 – 1821) eingeführte Bürgerliche Gesetzbuch vom 21. 3. 1804
84 *Latüchte*: rhein. für Lampe
86 *Konfrater*: Amtsbruder
105 *Sarah*: die Frau Abrahams im Alten Testament
106 *Woronesch*: russische Stadt
110 *Nepomuk*: Johannes v. N., Heiliger (16.5.), beliebt für Darstellungen als Brückenheiliger, da er 1393 auf Veranlassung des Herzogs Wenzel als Märtyrer in die Moldau gestoßen wurde
115 *Hürtgenwald*: Schlachtfeld im November/Dezember 1944
118 *Gourmandismus*: Feinschmeckerei
128 *Kasel*: glockenförmiges Meßgewand
135 *Diluvium:* frühere Bezeichnung für das Pleistozän = Eiszeitalter
152 *Hasselbande*: Kai Uwe v. Hassel (1913 – 1997) war von 1963 bis 1966 Bundesverteidigungsminister
177 *Picasso*: Pablo P. (1881 – 1973), span. Künstler

Inhaltsabriß

Ein Prozeß, dessen Inhalt und Ausgang auf der ersten Seite beschrieben werden, ist der Anlaß, rückblickend die Handlung zu entwickeln: Vater und Sohn Gruhl, beide Kunsttischler, haben einen Bundeswehrjeep verbrannt, mit dem der Sohn zu einer »Tachometer-Angleichungsfahrt« unterwegs gewesen war – die Kilometerleistung sollte pünktlich auf den für Inspektionen vorgesehenen Stand gebracht werden. Am Ende des dafür gewährten Sonderurlaubs veranstalten Vater und Sohn ein Happening, indem sie den Jeep auf einem Feld unter Absingen der Allerheiligenlitanei in Flammen aufgehen lassen. Bundeswehr und Justizbehörden spielen den Fall herunter. Es wird nur wegen groben Unfugs und Sachbeschädigung verhandelt, die Öffentlichkeit durch Verlegung des Prozesses in ein Provinznest nahezu ausgeschlossen und die Angeklagten von einem vor der Pensionierung stehenden Richter nur mild bestraft.

Die Kunst als »vergiftete Praline« mit »Langzeitwirkung«

Die Reaktionen auf das Erscheinen des Buches waren widersprüchlich, reichten von »unterhaltsame Schmonzette«[7] bis zur Entrüstung darüber, daß Böll »Sabotage und Desertion« predige[8]; die Mehrzahl der Kritiken sah in der Erzählung jedoch »eine unterhaltsame Köstlichkeit«[9], ein »harmloses [...] Buch«[10].

Mit der *Einführung* reagierte Böll relativ schnell auf diese, wie er meinte, Fehleinschätzung, und fünf Jahre später unterstrich er

7 Der Abend (Berlin), 30. 9. 1966.
8 Der Tagesspiegel (Berlin), 25. 9. 1966.
9 Rhein-Neckar Zeitung, 1. 10. 66.
10 Abendzeitung (München), 17. 9. 1966.

noch einmal, daß man »die Intention nicht erkannt« habe: »die Aufforderung zur Aktion [...] und auch der Zusammenhang zwischen dem Happening als einer anerkannten Kunstweise und politischer Aktion«[11]. Vielleicht »war es tatsächlich zu früh«[12], vermutete er als eine der Ursachen für die Fehleinschätzung, – »aber es kann auch an mir liegen, durchaus an der Darstellungsweise«.

Für die mögliche Unzeitgemäßheit spricht immerhin, daß bei der Verfilmung von 1971 die Bundeswehr jegliche Unterstützung verweigerte, weil sie »sich durch die Story gekränkt« fühlte[13]. Wenigstens eine Institution sah sich getroffen[14]. Weitere Indizien für eine »Zeitzünder«wirkung haben sich seither nicht ergeben[15].

Es bleibt aber der Anspruch der »vergifteten Praline«, des versteckten Widerstandes. In der *Einführung* wird die Suche danach als nicht so leicht angekündigt, habe Böll doch »sehr vielen, sehr netten Leuten sehr viele Pralinen anbieten müssen«, die noch dazu »sehr hübsch verpackt« waren (S. 210).

Zu den auffälligsten Wortwiederholungen des Textes gehören »heiter« und »Heiterkeit«: Vor allem die beiden Angeklagten sind »heiter« (S. 15), strahlen »eine Heiterkeit aus, die sogar die ein wenig beeinträchtigte Laune des Verteidigers besserte« (S. 119). Selbst die »tiefe Bitterkeit« des Staatsanwalts ist am Ende von einer »gewissen Heiterkeit« (S. 187) gewichen. Man steigert sich gegenseitig in der Heiterkeit:

»Oh, sagte Gruhl heiter [...]

Oh, sagte der Staatsanwalt, die Heiterkeit beibehaltend [...]

Nein, sagte Gruhl, nun schon nicht mehr nur heiter, sondern fast fröhlich [...]« (S. 120).

[11] *Im Gespräch: mit Heinz Ludwig Arnold* (1971), in: I, S. 155.

[12] *Im Gespräch: mit Heinz Ludwig Arnold* (1971), in: I, S. 155.

[13] Bremer Nachrichten, 16. 2. 1971.

[14] Andererseits pflegen solche Institutionen in der Bundesrepublik fast immer überzureagieren.

[15] Peter Schütt allerdings meint, der Text habe »Aktions- und Protestformen der antiautoritären Studentenbewegung« vorweggenommen, »half sie womöglich vorbereiten« (Schütt ^{2}1980, S. 175).

Das »mehr private« Protokoll, daß der Referendar Außem »sich als literarische Skizze anlegte«, interpretiert die »Fröhlichkeit« allerdings als »frivole Heiterkeit«[16], was sogleich auch in den Sprachschatz des Staatsanwaltes übergeht, wenn der sich »im Namen des Staates« (S. 38) provoziert fühlt[17]. Da aber auch der Staatsanwalt nach anfänglichem Protest an der Verharmlosung des Falles und damit dem Abbau der Provokation mitwirkt, wird eventuelles »Gift« noch im Text neutralisiert. Das gleiche geschieht schließlich auch mit dem Kunstwerk, das Böll als »letzte Möglichkeit« ansah, die »Gummizelle« der Gesellschaft zu sprengen; das Happening, das als »Aufforderung zur Aktion« gedacht war.

Zwar spricht die Anklage von »erheblichem Feuer« (S. 21 u. 22), der Verkehrsbeauftragte von »erheblicher« Verkehrsbehinderung (S. 25), gar von »Notstand«, und der Polizeimeister Kirffel summiert »Verkehrsstauungen, die beiden Unfälle, Handgemenge, Austausch von Beleidigungen« (S. 26) – dies alles erfolgreich herunterzuspielen, ist aber gerade die Funktion des Verfahrens und läßt über die Textgrenze hinaus schon gar keine »Sprengkraft« wirksam werden.

Einen weiteren Anknüpfungspunkt bietet die Bemerkung des Protokollanten, »die Tat sei ja nicht eigentlich kriminell, sondern nur gesellschaftlich zu verstehen, was er persönlich für viel gefährlicher halte« (S. 83). Hier scheint die »Bombenpraline« (S. 211) zu stecken; denn Grete Horn expliziert den gleichen Gedanken, indem sie erklärt, »welche Chance sich in der Möglichkeit verberge«, diesem Fall Publicity zu verschaffen. »›Stell dir vor‹, sagte sie ruhig, ›alle Soldaten kämen auf die Idee, ihre Autos und Flugzeuge in Brand zu stecken!‹« (S. 89). Agnes Hall kommt sogar auf die Idee periodischer Happenings und will sie auch realisieren, indem sie Gruhl Geld zur Verfügung stellt, um das zu tun, »was man mit Militärautos tun sollte: sie in Brand stecken [...] ein Auto, noch eins: sollte er sie alle in Brand stecken« (S. 97).

[16] S.20, ebenso S. 29.
[17] Ebenso S. 52.

So könnte Kunst politische Handlung sein und weitere gesellschaftliche Aktionen auslösen. Dabei bleibt der Text aber nicht: Agnes Hall macht selbst den ersten Schritt zur Domestizierung der Aktionskunst, indem sie Gruhl zum Erben einsetzt mit der Auflage, jährlich das Happening als »Feuermesse für die heilige Agnes, Schutzpatronin der Verlobten« zu wiederholen (S. 98 f.). Das aber ist ein Akt bloßen Gedenkens mit Wirkung nur für Liebende. Den Schritt zur engültigen Verharmlosung vollziehen die Gruhls selber: Gruhl jun. stellt sich in seinem Schlußwort zwar auf die von Böll in *Die Freiheit der Kunst* formulierte Position und spricht Kunstwerken den Kunstcharakter ab, zu denen »man staatliche oder behördliche Genehmigung einhole, wie es bisher bei allen Happenings der Fall gewesen sei« (S. 186): »Die Beschaffung des Materials und die Auffindung des Ortes sei das Risiko, das jeder Künstler auf sich nehme«. Dann aber folgt ein Widerruf geradezu Galileischen Charakters; denn er gesteht zu, daß »in der Aneignung so kostspieligen Materials eine Rechts- oder Gesetzesverletzung liege« und kündigt zugleich an, daß nicht nur das »Material ersetzt werde«, sondern daß er »in Zukunft nur Kunstwerke erstellen [wolle], zu denen er selbst das Material stellen, besorgen und bezahlen werde« (S. 187). Da hilft denn auch nicht die Erklärung des Verteidigers, der mit Bölls bekannten Worten[18] unterstreicht, daß Kunst immer Sachbeschädigung sei, »da sie Material verändere, verwandle und sogar direkt zerstören könne« (S. 190) – das »Gift« ist dieser »Praline« endgültig entzogen. Der Gerichtsvorsitzende besiegelt dies schließlich noch mit seinem Urteil; denn die möglichen »verheerenden Folgen« solcher »Kunstwerke oder kunstgeschwängerte[n] Augenblicke« reduzieren sich für ihn auf die wahrscheinliche Erstarrung »zum Kitsch« oder »Kunstgewerbe« (S. 197).

Die Kunstform des Happenings erweist sich als perfektes, aber leeres »Versteck«: Es scheint sich in »Birglar«[19] nichts zu verber-

[18] Vgl. z.B. *Frankfurter Vorlesungen*, in: SR-3, S. 50.

[19] Reid 1991, S. 203: »Birglar, ein wahrhaft altmodisches Stilmittel, um anzudeuten, worum es geht: ›Birg‹ kommt von ›bergen‹, verbergen.«

gen. Das Happening ist so wirkungslos wie die Sabotageversuche der Frau Stollfuss, die Gerichtsakten ihres Mannes verschwinden läßt (S. 100f.). Sie tarnt das perfekt als Vergeßlichkeit und »Kroserei«; doch sie erreicht auch nichts damit – der Prozeß findet statt.

Form und »Verpackung«

Es ist denkbar, daß die von Böll in der *Einführung* angedeutete Verbindung unterschiedlicher Motive dazu geführt hat, daß die ursprüngliche Absicht der »Entlarvung von Zwangsmechanismen der Gesellschaft plötzlich mit einer ganz anderen satirischen Absicht gekoppelt« wurde[20] –, unwahrscheinlich ist es jedoch, daß Böll bei einem relativ kurzen und überschaubaren Text auch noch in der sechsten Überarbeitungsstufe diese Widersprüchlichkeit nicht bemerkt haben sollte. Auch in diesem Fall ist die Inhaltsanalyse offenbar nicht das produktivste Verfahren. Auf die Form wurde in diesem Fall allerdings (angestoßen durch den ausdrücklichen Hinweis in der *Einführung*) schon früh ungewöhnlich intensiv geachtet – mit unterschiedlichen Ergebnissen zwischen »formvollendet«[21] und »Sackgasse«[22].

Böll greift hier auf von ihm zuvor nicht genutzte und dennoch nachgerade »altmodische« Erzählweisen[23] zurück, die »an Heinrich von Kleist [erinnern], den Böll sehr bewunderte«[24].

Doch hat Böll nicht nur Bewunderung zur Stiladaption bewogen. Das »analytische« Verfahren eines alles überschauenden Erzählers ist »die neue Form [Bölls] für sein verändertes Kon-

20 Durzak ^{3}1979, S. 131f.
21 Rudolf Walter Leonhardt ^{7}1980, S. 306.
22 Schwarz ^{3}1973, S. 41 – zu dieser Spannweite vgl. Durzak ^{3}1979, S.125.
23 Reid 1991, S. 206.
24 Reid 1991, S. 203: »Die Art, wie die Geschichte mit einer knappen Darstellung der wichtigsten Ereignisse beginnt und so das Interesse des Lesers an mehr Informationen weckt, ist ein [...] Merkmal Kleistscher Erzählungen«.

zept«[25]. Auslöser dafür ist offenbar der »Wandel in der politischen Öffentlichkeit« der Bundesrepublik in den siebziger Jahren gewesen, das heißt: die Beobachtung ihres weitgehenden Versagens. Schon der erste Satz thematisiert dies, und der ironische Schluß mit den ihn selbst entlarvenden Äußerungen Hollwegs über die Funktion der Presse für »Freiheit und Demokratie« (S. 208) bestätigt es.

So gelesen erweist sich die Erzählung als Ort wie auch als Organ einer Gegenöffentlichkeit: Wo »die Presse versagt, tritt Bölls Roman [...] ein und stellt, geschützt durch die Freiheit des Kunstwerks, eine Gegenöffentlichkeit zur manipulierten institutionalisierten Öffentlichkeit her«[26]. Volker Neuhaus kann sich für diese Sichtweise auf Äußerungen Bölls aus dieser Zeit stützen, etwa in einem Prozeß gegen Günter Wallraff wegen dessen Methoden, Gegenöffentlichkeit herzustellen. Sie belegen, daß Böll es als Aufgabe »auch eines Fiktionsschreibers« ansah, »das zu schreiben und darzustellen, was nicht offiziell dargestellt wird«[27]. Freilich ist dies eine Aufgabe, über die Böll »nicht glücklich« war, gegen die er sich ein gutes Jahrzehnt zuvor ausdrücklich verwahrt hatte[28]. Damals hatte er allerdings auch die kategorialen Unterschiede zwischen Literatur und Journalismus hervorgehoben, hatte darauf insistiert, daß man »an einen Roman oder an einen Leitartikel der *Bild-Zeitung* mit verschiedenen Kriterien heranzugehen« habe[29]. *Entfernung* legt tatsächlich die Techniken des Verschweigens, der Absprachen hinter den Kulissen ebenso bloß, wie Leerlauf, Verschwendung, Langeweile und sinnlose Aktivität in Institutionen wie dem Militär – insofern betreibt die Erzählung Aufklärungsjournalismus. Allerdings tut sie das als Erzählung; es ist fiktiver Journalismus. Dennoch will der Text Modell und gar

[25] Neuhaus 1982, S. 46.
[26] Neuhaus 1982, S. 45.
[27] In: I, S. 679.
[28] In den *Frankfurter Vorlesungen*, deren entsprechende Passagen über die »Verantwortung [...], der [die Literatur] nicht gewachsen ist«, Neuhaus zitiert (S. 47), die Zitate sind aus SR-3, S.35.
[29] In: SR-3, S. 33.

Anweisung sein für politisches Handeln, unmittelbar Wirkung erzielen. Das hat er (zu Bölls Enttäuschung) nicht erreicht. Der Grund liegt möglicherweise gerade darin, daß Böll hier selbst die »verschiedenen Kriterien« vermengt hat: Die politische Wirkung eines Kunstwerks ist mittelbar; direkte »Anweisung« oder unverschleierte »Abbildung« widersprechen Bölls eigenem Kunstverständnis. Entscheidend war für ihn immer, was an Wirklichkeit »aus einem Kunstwerk herauskommt« – und gerade hier zeigt sich das Problem: Böll konzentrierte sich in *Entfernung* nicht so sehr darauf, ein Kunstwerk zu schaffen, das eventuell eine bestimmte Wirkung entfalten könnte, als darauf zu *beschreiben*, wie ein Kunstwerk beschaffen sein muß, das eine solche Wirkung hat. Die Kunst des *Clowns* zum Beispiel stellt der Roman nicht dar; sie wird gerade einmal in einer Metapher charakterisiert – hier jedoch wird das Happening bis in die Details der verpuffenden Malzbonbons *beschrieben* – die Beschreibung eines Kunstwerks ist jedoch nicht notwendig selbst ein Kunstwerk. Die »Veröffentlichung des Geheimgehaltenen, Verschwiegenen, Unterdrückten«[30] ist eine wichtige Funktion auch der Literatur. Es wäre im Fall des Gelingens ein Teil derjenigen Wirklichkeit, die aus einem Text »herauskommt«[31]. Auch die Literatur als »Versteck« bleibt im Rahmen des Böllschen Literaturkonzepts. Ein Text, der den Kunstcharakter nur vorspiegelnd behauptete, würde dieses verlassen.

Nun enthält die zitierte Wuppertaler Rede unter Berufung auf Prometheus, den Titanensohn, ein ausdrückliches Plädoyer für die »List«: »[er] hat ja nicht das Feuer vom Himmel geholt, nur damit die Wurstbratereien ihr Geschäft machen können [...]; wenn die Tabudurchbrechung in den Händen der Wurstlbratereien schicke und dolle Sache geworden ist, [...] muß die Literatur zurückgehen [...], listig wie alle Vorausdenkenden, muß sie selbst einen Weg suchen und finden«[32]. Das »Zurückgehen« bezieht

[30] Neuhaus 1982, S. 47.
[31] *Frankfurter Vorlesungen* (1964), in: SR-3, S. 50.
[32] SR-3, S. 228.

sich hier auf Inhalte, nicht auf die Form. Mit dem allwissenden Erzähler geht Böll jedoch formal »zurück«, zur »Welt des Erzählens im 19. Jahrhundert«[33]. Ob dieses Zurück wirklich »einen Schritt nach vorn«[34] bedeutet, ist die Frage.

Böll hat sich selbst zwar in mehrfacher Gestalt, aber immer als Künstler in den Text hineingenommen: In den Steuerproblemen von Gruhl sen., die aus den zu geringen »Unkosten« entstehen, erkennt man die Situation des Autors ebenso wieder, wie in den Sujets selbst noch des Malers Tervel (»Frühstück zu zweien«, »Das Sakrament der Ehe«, S. 93). Das konstituiert aber noch keinen besonderen Kunstcharakter des Textes. Und eine Generalapologie, wonach die »Welt des Gerichtssaales [...] jedem Stoff Form« gebe[35], hilft da auch nicht weiter. Es mag ja sein, daß ein »gut geführter Prozeß [allein schon] ein Kunstwerk«[36] ist; aber auf die Darstellung eines *gut* geführten Prozesses kam es Böll hier doch offenbar gar nicht an.

Da die satirischen Elemente des Textes sich nicht auf einen Fokus hin konzentrieren[37], ein symbolisches Zentrum ebensowenig zu erkennen ist wie eine mythische Thematik, bleibt letztlich nur der besondere Stil als Garant des Kunstcharakters. Der freilich nähert sich zu sehr dem, für den der Literat Böll doch nur mit Unwillen als Ersatz einzuspringen bereit war: Dem Stil des Journalismus – hier im behäbigen Ton eines scheinbaren Provinzjournalisten. Eine Kritik etwa, die auf den »verkrampft-parodistischen Kanzleistil« abhebt[38], hat dieses Problem im Blick, und selbst das Lob, das von »einer dem Gegenstand angemessenen Sprache« spricht, »die die Nähe zum Monotonen, vielfache Wiederholungen nicht scheut«, weist noch auf das Problem hin. Wie-

[33] Bernhard ²1973, S. 106.
[34] Bernhard ²1973, S. 106.
[35] Rudolf Walter Leonhardt ⁷1980, S. 305.
[36] Rudolf Walter Leonhardt ⁷1980, S. 305.
[37] Sie beziehen z.B. auch noch den Kunstbetrieb, der doch legitimes »Versteck« für gesellschaftsverändernde Aktion sein soll, in Gestalt des Gutachters als satirisches Objekt mit ein.
[38] Schwarz ³1973, S. 41.

derholungen haben bis zu *Billard* für eine rhythmische Gliederung der Sprache gesorgt. Hier war, wie der Hinweis auf das bekannte Verfahren einer Farbskizze in der *Einführung* (S. 210) belegt, ähnliches intendiert, ohne daß dies im Text spürbar würde: Allein für das *beschriebene* Kunstwerk spielen das rhythmische »Aneinanderschlagen der Pfeifen«, der »Rhythmus des Ora pro nobis« (S. 36), bzw. der »Rumba-Rhythmus« der explodierenden Malzbonbons (S. 41f.) eine wichtige Rolle, konstituieren das Happening als »*gemachte* Sache« (S. 42) im Sinne der Poetik Bölls[39]. Das Happening jedoch ist nicht die Erzählung!

Böll hat die mangelnde Wirkung des Konzepts beklagt – aber auch die Konsequenzen gezogen, indem er in den folgenden drei Romanen das *literarische* Genre *fiktiver* Berichterstattung zu künstlerischer Vollendung brachte.

Der Fortschreibungsprozeß

Die Bedeutung des Textes liegt denn auch eher in seiner Rolle als einer gewissen »Gelenkstelle« im Fortschreibungsprozeß. Zahlreiche Rückverweisungen auf Gegenstände, Themen, auch Formulierungen des früheren Werks sind nicht zu übersehen. Sprachspiele wie die Steigerung »geständig«, »geständiger« ,«die geständigsten« (S. 13), »Mahlzeit« und »Wahrheit« (S. 159) oder die Replik »Das würden sie doch nicht verstehen« ausgerechnet auf die Frage nach der Bedeutung von »*selbstverständlich*« demonstrieren auch hier die Bedeutung des »Wortes«, ebenso das wiederum häufige »nett« in allen möglichen Bedeutungsschattierungen. Der Pfarrer Kolb ist geradezu der positive Superlativ der vielen nicht angepaßten Geistlichen im Werk Bölls, die zur kritisierten Amtskirche das Gegengewicht bilden, den »anachronisti-

[39] Vgl. die zweite der *Frankfurter Vorlesungen*, in denen Böll die Etymologie des Wortes »Poetik« ausbreitet und den unterschiedlichen Aspekten des »Machens« nachgeht, in SR-3, S. 45f.

schen Hofnarren« (S. 139) kennen wir schon als Hans Schnier, und so weiter.

Von besonderem Interesse sind die nach vorn weisenden Elemente, die den sich über Jahre hinziehenden Arbeitsprozeß Bölls an einzelnen Texten ein wenig transparenter machen: Auf die »Entwicklungslinie [...], die die Romane seit ›Ende einer Dienstfahrt‹ (1966) miteinander verbindet und sie – mit Ausnahme von ›Gruppenbild mit Dame‹ – prägend gestaltet« ist verwiesen worden: »Der Wandel in der politischen Öffentlichkeit wird zu einem beherrschenden Thema«[40]. *Katharina Blum* und *Belagerung* thematisieren vor allem die Presse, aber auch der »Verf.« in *Gruppenbild* wird als Journalist zumindest verdächtigt.

Gerade zu *Gruppenbild* sind die Verbindungen aber sehr viel enger: Schon der ihm selbst problematische Name des Gerichtsvorsitzenden, »Alois«, stellt die Verbindung her zu Alois Pfeiffer und der Problematisierung seines Namens durch den »Verf.« (s. u. S. 320). Die Blütenwunder des Wermelskirchenschen Gartens (S. 82), ihre Verbindung mit dem »keltische[n] Madonnenkult (S. 83); die »törichte Maria«, die »Nonne, die an den Menschensohn glaubte«, sind geradezu Vorstudien zum Personal des Romans; ebenso der Gerichtsvollzieher, der »kein Unmensch« (S. 142) ist, oder Frau Schroer, die »dermatologische Dispositionen« gerade so »auf einen Blick« zu erkennen vermag (S. 179) wie später die Nonne Rahel.

Ein Moment weist sogar noch weiter voraus: Agnes Hall will am Schluß das »nächste Happening [...] schon jetzt besprechen« (S. 199): »Sie habe gelesen, alte Klaviere seien begehrte Instrumente bei solchen Veranstaltungen, und ob man nicht ein *neues* Auto und ein *altes* Klavier, sie habe davon zwei im Keller stehen« – an dieser Stelle wird sie unterbrochen. Knapp zwanzig Jahre später, in *Flußlandschaft,* wird dieser Plan erst verwirklicht; dann freilich nicht als Happening (denn diese Kunstform hatte sich da längst überlebt) und nicht als Modell für

[40] Neuhaus 1982, S. 43.

Aktionen, sondern als ein rätselhaft-symbolischer Akt, der dort zu den Elementen gehört, die den Roman zum Kunstwerk machen.

XVIII. Hausfriedensbruch. Hörspiel
Aussatz. Schauspiel

1. Publikationsformen

Das Hörspiel *Hausfriedensbruch* wurde am 24. 2. 1969 vom NDR gesendet.
Druckfassung: *Hausfriedensbruch*. Hörspiel. *Aussatz*. Schauspiel, Köln/Berlin 1969
Aussatz existiert in drei Fassungen:
Die Hörspielversion wurde 1969 zusammen mit *Hausfriedensbruch* abgedruckt. Die Rundfunksendung erfolgte im WDR am 6. 5. 1970.

Die erste Schauspielfassung wurde zuerst als Bühnenmanuskript gedruckt (Köln 1969), dann in ›Theater 1969‹, hg. v. Erhard Friedrich u.a., im Herbst 1969 veröffentlicht. Die Uraufführung dieser Fassung erfolgte am 7. 10. 1970 am Stadttheater Aachen.

Die zweite Schauspielfassung führte das Stadttheater Bamberg am 23. 4. 1971 auf; Druckfassung in: Spectaculum Bd. 15, Frankfurt 1971.

Die erste Fassung ist länger, in »fünf Teile« statt in acht Szenen gegliedert. Sie zielte mit umfänglichen Bühnenbildbeschreibungen auf eine eher naturalistische Aufführung ab. Die stärkste Veränderung erfuhr der Schluß, der in der ersten Version noch die Möglichkeit einer Flucht Kumperts und den Ausbruch der in Quarantäne Genommenen offenläßt.

»Die Probleme des innerdeutschen Katholizismus interessieren mich nicht mehr«[1], hatte Böll im August 1967 in einem Gespräch mit Marcel Reich-Ranicki geäußert. Tatsächlich war Bölls publizistische Aktivität in dieser Zeit weitaus stärker von der politischen Aktualität in Anspruch genommen: Der Vietnam-Krieg, Verfolgung von Kritikern der Sowjetunion in deren Machtbereich (Sinjawski und Daniel), die Studentenbewegung dominieren seine Artikel, Erklärungen, Interviews in diesen Jahren. Dabei weigert er sich, Ästhetik und Politik zu trennen, wie er in seiner Rede zur Verleihung des Büchnerpreises (1967) betont[2].

Mit der vehementen Kritik an der katholischen Amtskirche in dem vieldiskutierten *Brief an einen jungen Nichtkatholiken*[3] und dem anderen offenen Brief dieses Jahres[4] meinte Böll, zum »innerdeutschen Katholizismus« tatsächlich alles Nötige gesagt zu haben, was sich in einem buchstäblichen »countdown« ausdrückte:

»Ein vorletztes Mal schreibe ich etwas zu [diesem] Themenkreis«[5], kündigte er 1967 in seinem Nachwort zu H. Stümpers Buch ›Ärger mit der christlichen Freiheit‹ an, um kurz darauf in einer ›Spiegel‹-Rezension über Carl Amerys ›Fragen an Welt und Kirche‹ festzuhalten: »Ein letztes Mal ›greif ich zur Feder‹, um mich über Probleme des innerdeutschen Katholizismus zu äußern«[6]. Die Verhältnisse jedoch waren nicht so: Die päpstliche »Pillen-Enzyklika« ›Humanae Vitae‹ (das Lehrschreiben zu Fragen der Empfängnisverhütung) provozierte ihn schon im Folge-

1 *»Kein Schreihals vom Dienst sein«* (1967), in: I, S. 68.
2 SR-3, S. 276.
3 1966 an Günter Wallraff gerichtet, in: SR-3, S. 212ff.
4 *An einen Bischof, einen General und einen Minister des Jahrgangs 1917* (1966), in: SR-3, S. 229.
5 *Die armen r.k.s* (1967) in: SR-3, S. 245.
6 *Warum so zartfühlend* (1967), in: SR-3, S. 259.
7 *Taceat Ecclesia* (1968), in: SR-3. S. 295.

jahr zu »Kritischen Anmerkungen« zu einem gesamtkatholischen Problem[7], und ein Jahr später sorgte der »Fall Defregger« dafür, daß Böll wieder mit dem innerdeutschen Aspekt katholischer Probleme zu tun bekam: Seine Kritik am Münchener Weihbischof wegen dessen Rolle bei sogenannten Geiselerschießungen im Zweiten Weltkrieg und die Aufforderung an den deutschen Klerus, sich von den »himmelschreiend dummen« Äußerungen Defreggers zu distanzieren[8], löste eine wochenlange öffentliche Debatte aus, die nach einem Briefwechsel Bölls mit dem Kölner Pfarrer Kurscheid vor allem in den Leserbriefspalten der ›Kölnischen Rundschau‹ ausgetragen wurde. Die päpstliche Enzyklika hat Böll aber stärker beschäftigt als der politisch-moralische Streit[9]: Die Einmischung der Kirche in Angelegenheiten, bei denen sie seiner Ansicht nach schweigen sollte (»taceat«) – und auch die Sprache, in der das geschah – betraf »sein einziges Thema« im Kern. Dazu kam, daß das Verhalten der katholischen Kirche bei sogenannten »Mischehen«, das Böll bereits, wenn auch nur am Rande, im *Clown* behandelt hatte, sich noch immer nicht geändert hatte – Gründe genug, trotz des »countdown« das Thema doch wieder aufzugreifen. Daß dies in den dialogischen Formen von Hör- und Schauspiel geschah, ist trotz Bölls schlechter Erfahrungen mit den Reaktionen auf sein erstes Schauspiel *Ein Schluck Erde* (1961) nicht verwunderlich, suchte er doch die dialogische Form, wenn er den Kern eines Konflikts auch in der Fiktion verdeutlichen wollte.

3. Wort- und Sacherklärungen

17 *Was Gott verbunden hat, das soll der Mensch nicht trennen*: wörtlich heißt es (Matth. 19,6 und Markus 10,9:) »Was denn Gott zusammengefügt hat, soll der Mensch nicht scheiden«

[8] In einem ›Panorama‹-Interview am 11. 8. 1969, in: I, S. 78.
[9] Immerhin ist es wohl kein Zufall, daß die treibende Kraft hinter dem kirchlichen Handeln in *Aussatz* auch ein Weihbischhof ist.

25 *Es ist nicht gut, daß der Mensch allein sei*: 1. Mos. 2, 18
30 *Ich bin in euch und ihr seid in mir*: Joh. 14,20, »daß ich in meinem Vater bin, und ihr in mir, und ich in euch«.
33 *Laisierungsanträge*: Anträge von Priestern auf Rückversetzung in den Laienstand
34 *Sodomie*: Unzucht mit Tieren
49 *gnostische Mystifizierung*: Gnosis = Gotteserkenntnis; Merkens entzieht durch Verweis auf den Sakramentcharakter der Ehe diese praktisch der kirchlichen Verfügung
63 *Minorist*: Geistlicher der niederen Weihegrade
65 *Konvikt*: Wohnheim katholischer Theologiestudenten
69 *Wo drei oder vier von euch versammelt sind …*: Matth. 18, 20, wörtl. heißt es: »wo zwei oder drei versammelt sind in meinem Namen, da bin ich mitten unter ihnen«
76 *Ich habe dich bei deinem Namen gerufen…*: Jes. 43, 1
84 *Maria Laach*: romanisches Kloster am Laacher See in der Eifel – *Biafra:* Provinz der ehemaligen Kolonie Belgisch Kongo, die sich nach der Unabhängigkeit vom Gesamtstaat lossagte, was 1960 zum »Kongokrieg« führte – *teach in*: Protestform der Studentenbewegung von 1968 (vom offiziellen Lehrbetrieb losgelöste Lehr- und Diskussionsveranstaltung)
88 *APO*: Außerparlamentarische Oppositon
104 *Chlochard*: eigentlich Clochard, umgangsspr. frz. Bezeichnung für einen Landstreicher
105 *Bonifatius*: (ca. 675 – 738), »Apostel Deutschlands«, der die Christianisierung der Hessen, Thüringer und Friesen herbeiführte, heiliggesprochen

Recht und Sakrament – *Hausfriedensbruch*

Der Konflikt des Hörspiels ist dem *Clown* entnommen und in theologischer Argumentation bis zur letzten Konsequenz durchdiskutiert: »Eigentlich war Brunhild doch Siegfrieds Frau [...] Aber verheiratet war er mit Krimhild«[10], heißt es im Roman; im Hörspiel wird die Formel »Ich bin verheiratet, aber nicht mit meiner Frau« leitmotivisch eingesetzt[11], um den Kern des Problems beim Hörer präsent zu halten. Es geht[12] um den Charakter der Ehe als Sakrament und als Institution und Rechtsbegriff zugleich. Durch die Verdoppelung des Falles – es sind zwei Paare, die zugleich verbunden und betroffen sind – und durch die pointierte Konstruktion, daß zweimal die Selbstmorddrohung der Väter die »richtige Ehe« verhindert hat, spitzt Böll den Konflikt bis aufs äußerste zu. Den Widerspruch durch den zweifachen Charakter der Ehe als »sakramentale« (S. 33) und als Rechtsgemeinschaft (»es muß, es muß, Anna, ein Recht geben«, S. 30) löst auch das Hörspiel nicht völlig zugunsten einer Seite auf. Böll macht es sich hier ganz und gar nicht einfach, trotz der Wiederholung der Polemik gegen »abstrakte Ordnungsprinzipien« (*Clown*). Die zynische Argumentation des Kirchenrechtlers Prof. Perz etwa wendet sich natürlich vor allem gegen ihn selbst: »Die Aussage und die schriftliche Erklärung seines ehmaligen Pfarrers sind *Opfer*, die dieser dem Recht gebracht hat. Der Fall durfte auch nicht andeutungsweise den Anschein der Berechtigung bekommen [...]. Merkens muß im Unrecht bleiben« (S. 51). Böll nimmt jedoch diese Selbstverurteilung sofort – wenigstens teilweise – zurück, da es Perz ist, der Schlohr an weiteren Verfolgungsmaß-

[10] *Clown*, S. 47.
[11] S. 15, S. 17, auch in Abwandlungen: die, »mit der ich verheiratet bin« S. 11, »meine Frau, mit der ich nicht verheiratet bin«, S. 21.
[12] Wie bereits beim *Clown* ausgeführt (s.o. S. 262)

nahmen gegen Merkens hindert. Und Merkens Urteil unterstreicht das: »Nach seiner Rechtsauffassung und nach dem Recht, das er immer noch lehrt, ist er längst schon außerhalb des Rechts« (S. 54). Der Konflikt ist auf der Ebene der Prinzipien nicht lösbar. Merkens will »durchkommen«, aber es geht ihm gar nicht um den Sieg in der Sache (»Für uns beide brauche ich nicht zu kämpfen«, S. 55), es geht ihm vielmehr um den Kampf gegen die inhumane Selbstherrlichkeit der kirchlichen Institutionen, die auch »die Treuen verraten würden [...] wenn es ihnen nützlich erscheint, die nicht einmal die Widersinnigkeit darin erkennen, wenn in einer Frage des Sakraments Gott [...] manchmal Rechtspartner ist, manchmal Rechtsgegner« (S. 24). Es steht hier keineswegs Liebe gegen »Ordnung«: »Ich will ja Ordnung«, betont Merkens immer wieder[13], und Maria will ebenfalls »Ordnung und Recht« (S. 38). Doch ist dies nicht die Ordnung, die Schlohr im Blick hat, wenn er sich dagegen verwahrt, »daß Ordnung Dreck sein sollte« (S. 51) – vor allem ist es keine Ordnung, die auf solche Weise gesetzt, eben »verordnet« wird.

Dem heutigen Leser mag die Position von Merkens eigentümlich vorkommen, die er im Blick auf einen anderen Aspekt des Kirchenrechts einnimmt, zumal so ohne weiteres gar nicht erkennbar ist, was dieser Aspekt – die Haltung der Kirche zum Nüchternheitsgebot bei der Kommunion – mit dem zentralen Thema des Hörspiels zu tun hat. Es ist sozusagen ein Parallelfall und er hat Präzedenzcharakter – nicht im rechtlichen, aber im moralischen Sinne: Als Schüler des Pfarrers hat Merkens mit »Leidenschaft, Logik und Überzeugungskraft [...] das Gebot der Nüchternheit verteidigt« (S. 16), das so dogmatisch galt, daß seine unbeabsichtigte Verletzung den Mitschüler Alois Kochler zum Selbstmord trieb (S. 19 u. 25). Merkens Anklage in diesem Punkt trifft nun aber gar nicht so sehr das Gebot, sondern – und darin liegt das Irritierende – dessen Aufhebung: »Begreifen Sie nicht, daß Nichts entsteht, wenn zu Nichts wird, was einer so eifrig verteidigt?« (S. 21)

[13] S. 19, 23.

Die Erinnerung an die Großmutter, die auch im Winter zur Messe lief, »bis dreieinhalb Stunden, ehe sie kommunizieren konnte, und noch einmal zwanzig Minuten, bis die Messe zu Ende war, und dann erst durfte sie ein Stück Brot essen und einen Schluck Milch trinken« (S. 20), ist ein autobiographisches Detail, auf das Böll 1976 wieder zurückgekommen ist: »Generationen hat man [mit dem Nüchternheitsgebot] terrorisiert – dann hat man dieses Gebot mit Recht fallengelassen, ohne zu begründen, warum man es jahrhundertelang aufrechterhalten hat. Einfach weg damit – das nenne ich Schnödigkeit – Schnödigkeit bleibt das Mittel der Beherrschung«[14]. Das macht die Tendenz der Diskussion dieser Frage im Hörspiel deutlicher und bietet Lesehilfe für das folgende Zitat: »Diese Angst beim Zähneputzen vor der Kommunion wegen des strikten Nüchternheitsgebots, und plötzlich: nichts. Die blassen Mädchen und die sensiblen Jungen, die plötzlich ohnmächtig wurden, dieser leicht erotische, mit Hysterie gemischte Hauch von Askese, und plötzlich mit einem Federstrich, ohne jegliche Begründung, werden die Leiden und Freuden, wird der asketische Heroismus von Generationen ausgelöscht, für nichtig erklärt? Begreifen Sie wirklich nicht, daß der Alltag, was bedeutet: das Leben, aus dem Sekundären besteht« (S. 21f.).

Da äußert sich natürlich nicht die Sehnsucht nach dem verlorenen »asketischen Heroismus«, sondern ex post stellt sich der Starrsinn kirchlicher Rechtsvorstellung als doppelt unangemessen heraus.

Und noch ein anderes Stichwort fällt hier und wird in einen für Böll eminent wichtigen Kontext gestellt: Das »Sekundäre« als Element des »Alltags«, d.h. des »Lebens«. Auch diese Formel ist zunächst verwirrend, ist doch sonst für Böll das »Alltägliche« das »Elementare«, nach allgemeinem Verständnis also eher das »Primäre«. Das Hörspiel jedoch hat eine eigene Sprachregelung, indem es den offiziellen Jargon verwendet, um ihn – und mit ihm

[14] *Eine deutsche Erinnerung* (1976), in: I, S. 541.

seine inhumane Position – zu bekämpfen: Es ist der Pfarrer, der ehemalige Streitpunkte der konfessionellen Debatten wie die »Mischehenfrage« (S. 15) zum »Sekundären« erklärt, das nunmehr »als solches erkannt, als solches behandelt wird« (S. 16). Merkens Antwort verdeutlicht die Konfliktlinie: »Das Sekundäre war also immer sekundär, auch damals, als es für das Primäre gehalten und von Ihnen wie das Primäre verkündet wurde? Das Sekundäre hat jahrhundertelang den Alltag und das Leben derer bestimmt, die sich von einer Konfession bestimmen ließen« (S. 16), und er zieht die Konsequenz, die einem Urteil gleicht: »Ich betrachte Sie als einen Funktionär, der sich jeweils der Dialektik der Geschichte anpaßt, der aus *jeder*, aus der jeweiligen Situation seinen Optimismus nährt« (S. 16).

In der Vermeidung der »Fehlerdiskussion« sind alle Ideologen gleich: »Nach vorn diskutieren, Genosse«, hieß das im Jargon der DDR. Im Besitz der »wahren« Erkenntnis des Ziels, auf das jegliche Geschichtsdialektik hinausläuft – wenn es auch einmal eschatologisch als Gottestaat, das andere Mal sozialistisch als kommunistische Gesellschaft definiert ist –, wird der jeweilige »Funktionär« von Skrupeln selten belästigt.

Für das Verständnis der religiösen Grundlagen von Bölls erzählerischem Werk seit Ende der sechziger Jahre ist dieses Hörspiel von großer Bedeutung. Auch auf bestimmte Aspekte der früheren Werke, z.B. den Sakrament-Begriff in *Billard*, wirft es ein erhellendes Licht. Ebenso ist es Dokument der stetigen Bemühungen Bölls um das »Wort«, um »Liebe« (»Ich mag das Wort nicht«, S. 28), »nett« (S. 29, 42), »frei« (S. 28, 30), u.s.w.

Selbst Bölls wichtigstes Verfahren, »eine Liebe zwischen Mann und Frau [...] in eine möglichst schwierige [...] Situation« zu stellen[15], findet sich hier, resümiert doch der Pfarrer, daß es sich für Merkens und Anna um »extrem ungünstige Umstände« (S. 22) gehandelt habe. Das Attribut »extrem« verweist aber auch auf die

[15] I, S. 126.

Problematik des ganzen: Den Konflikt auf die Spitze zu treiben, kommt der Deutlichkeit zugute; da es sich hier aber nicht um eine Satire handelt, bleibt es literarisch unbefriedigend, zumal es Böll nicht gelungen ist, eine dramatische Spannung aufzubauen. Das Stück hört auf, ohne einen rechten Schluß zu haben. Und die Thesen, als deren Sprachrohr die Personen agieren, werden gegen Ende auch noch relativiert, was ein Moment sympathischer Mäßigung ist, jedoch zur Entdramatisierung des ganzen beiträgt.

Glauben und Treue als »*Aussatz*«

Bölls zweites Schauspiel greift thematisch weiter aus als das Hörspiel, indem es nicht nur nach dem Verhältnis von Recht und Sakrament im Blick auf ein christliches Verständnis der Ehe fragt, sondern nach dem problematischen Verhältnis von Glaube und Kirche. Das schließt das Eheproblem mit ein[16].

Den für solch thematische Breite nötigen Abstand hatte Böll in seinem ersten Schauspiel, *Ein Schluck Erde*, durch das verfremdende Verfahren einer Endzeitvision gewonnen. *Aussatz* ist scheinbar gegenwärtig, jedenfalls ›realistischer‹. Doch auch hier bietet die Perspektive des Fremden Abstand, allerdings nicht so konsequent wie in *Ein Schluck Erde*: »neugierig bin ich auch. Ich wollte nur sehen, wie es so unter Christen zugeht« (S. 82), sagt Schneider, ein als Spitzel in den Westen geschickter »Funktionär beim Staatssicherheitsdienst« (S. 71), der seinerseits vom Verfassungsschutz beobachtet wird. Schneider ist selbst aber stark in die Handlung involviert, ist in der Gegenwart des Stückes längst nicht mehr externer Beobachter.

Der Selbstmord eines jungen Priesters – als Findelkind auf den ›sprechenden‹ Namen »Bonifatius Christ« getauft – wird von den Kirchenbehörden mit allen Mitteln vertuscht, weil sie mit dem Selbstmord auch das Motiv bekanntgeben müßten.

[16] Z.B. S. 91 – »Die Ehe löst die sexuellen Probleme nicht.«

In den ersten Fassungen des Stücks wird dieses Motiv noch eindeutig benannt:

»Tobser: Sie haben uns immer noch nicht gesagt, warum ers getan hat.

Anna: Nein?

Tobser: Nicht ganz genau [...]

Anna (trocken): Weil er seinen Glauben, seine Treue nicht loswerden konnte. Verstehen Sie das?

Tobser: Nein. Ich nicht«[17].

In der überarbeiteten Version ist es Kumpert, der den Wunsch des Selbstmörders nach dem Verlust von Glauben und Treue als »Hypothese« (S. 88) äußert und damit die Deutlichkeit vermindert.

Für die Kirche ist ein solches Motiv, schon eine entsprechende Vermutung, unverständlicher und gefährlicher als etwa der Bruch einzelner Kirchengesetze. Die Verletzung des Keuschheitsgelübdes durch einen Priester, sogar »Orgien« (S. 90), sind ihren Repräsentanten einsichtig und in jedem Fall leichter zu verzeihen; die Treue jedoch ist ansteckend[18]. So ist es geradezu konsequent, wenn man eine Aussatz-Infektion vorschiebt, um schließlich alle Mitwisser »in Quarantäne« zu stecken.

Äußerer Anlaß für die Glaubenskrise des Bonifatius Christ war offenbar die Anweisung durch den Weihbischof, Schneider zu taufen – aus »taktischen Gründen«, weil der sich entschlossen hatte, in die CDU einzutreten und dafür Angehöriger einer christlichen Religion sein mußte. Schneider hatte die Entscheidung zwischen katholischer und evangelischer Kirche ausgewürfelt.

Anders als im Fall des Ehesakraments, dem »einzige[n] Sakrament, dessen Spendung die Kirche nicht in der Hand hat« (S. 46), ist die Kirche »im Besitz« des Taufsakraments, und das hat sie in diesem Fall verschleudert und entheiligt – auch wenn Herkens dies mit dem Argument »die Gnade geht manchmal seltsame We-

[17] Zitiert nach dem Bühnenmanuskript S. 30f., vgl. dazu die Druckfassung S. 79.
[18] S. 98: »Seine Treue hat sie angesteckt«.

ge« zu bestreiten versucht. Zwar hatte Schneider »Takt genug, sich der übrigen Sakramente nicht zu bedienen« (S. 95); doch für den Priester blieb nur der Tod als Konfliktlösung, »weil er eben doch ein Mensch, was bedeutet: Christ, war« (S. 89). Ironisch regt Kumpert an, »eine Heiligsprechung in die Wege [zu] leiten« (S. 96) und bietet sich, Anna und Schneider als Zeugen an. Für die Amtskirche erscheint es jedoch eher opportun, »ihn spur- und namenlos wieder weggehen zu lassen, wie er gekommen ist«.

»Die Heiligen begehen Selbstmord« (S. 96), schlägt Kumpert als »Slogan« vor. Sie begehen Selbstmord, »weil so viel gesät und so wenig geerntet wird. So nichtig. Nichts. Und die Heiligen sind die, die ihre Treue nicht loswerden können« (S. 96). Dabei bedeutet dieser Selbstmord aber nicht eine Flucht ins Nichts. Er setzt Zeichen: Für den jungen Geistlichen, der nicht mehr »ein Pfaffe« sein möchte, sondern »Solidarität« sucht (S. 97), obwohl auch das »nur ein Wort« ist; für Anna und den Polizisten Tobser, die in gewisser Weise solche Solidarität üben. Auch Schneider gehört dazu – ein »atheistischer, kommunistischer, proletarischer Gentleman« (S. 95), und Greta Buhr, von der er in der ersten Fassung noch sagt »du bist meine Frau und mit einem anderen verheiratet«[19]. Doch diese Solidargemeinschaft erhält keine Chance; ihre Mitglieder werden aus dem Verkehr gezogen, in Quarantäne genommen. Die »Gummizelle«, die Böll in der »Nettigkeit der Gesellschaft«, angesiedelt hatte[20], ist hier in verschlimmerter Form Wirklichkeit geworden: Weniger in gesteigerter Brutalität – man hat ja alles, »das Fressen. Und Blumen. Zigarren und Spiele. Bald werden sie die Frauen zu uns lassen« (S. 117) –, als in vollendeter Ausweglosigkeit – die in der Erstfassung noch deutlicher ist[21].

[19] Bühnenms. S. 86 – auch das weist zurück auf den *Clown*.

[20] *Einführung in »Dienstfahrt«* (1967) in: SR-3, S. 249.

[21] Bühnenms. S. 113: »Schneider (leise): Vor zwei Stunden habe ich mich noch für unverletzlich gehalten. – Während Schneider und Tobser weiter Domino spielen, Kumpert erregt auf und ab geht, werden durch die offene Tür bunt geschmackvoll verpackte große und kleine Pakete ins Zimmer geschoben, die den Boden des Zimmers bis zum Tisch hin bedecken, auch Blumenbuketts, Spiele etc. Der Vorhang fällt.«

Sichtbarer ist dort auch ein anderer Aspekt, der in der letzten Fassung nur in einigen seltsamen Formulierungen durchscheint:

»Er ist fremd hier, und ich liebe ihn. Fremd und einsam und weiß nicht, daß er über Wasser geht« (S. 71) – »Da er in der Wirklichkeit so wenig von dem fand, was er war« (S. 92) – »warum wir ihn verleugnen« (S. 90).

In der ersten Version sagt Anna: »Ich wollte mein Haar ganz lang wachsen lassen, um ihm die Füße damit abzutrocknen«[22] und nimmt damit für sich die Magdalenenrolle in Anspruch. Der Priester heißt also nicht nur Christ, er verkörpert auch in gewisser Weise die Person Christi. Das erklärt, warum statt der Pest eine »biblische« Krankheit gewählt wurde und rückt auch die »Legende« vom Priester als »mystischer Wanderer« (S. 105) in den angemessenen Kontext ebenso wie die Vorstellung, daß »eines Tages […] die Nachricht von ihn kommen [wird], Spuren seiner Tätigkeit, Spuren seiner Verehrung, die er genoß, vielleicht sein Grab«.

Was sich hier, zusammen mit dem Motiv der Heiligsprechung, abzeichnet, ist der Ansatz zu einer typologischen Konstruktion, die Böll in *Gruppenbild* erst wirklich nutzen wird[23].

Hier wird dieses Verfahren jedoch nicht nur durch die Überarbeitung weitgehend zugedeckt: Es verliert seine Wirkung zwischen den übrigen eher blind bleibenden Motiven wie die kolportagehafte Stasi-Geschichte oder die Ehebruchsfälle.

In der Verdichtung und Zuspitzung wichtiger Aspekte und Themen Bölls, in der Kenntlichmachung des Fortschreibungsprozesses, liegt die eigentliche Bedeutung des Stücks. Als Dramatiker weist es Böll nicht aus. Er selbst hat das – in einem Gespräch mit dem Theaterwissenschaftler Henning Rischbieter – anders eingeschätzt:

»Der Stoff hat mich sehr lange beschäftigt. Ich habe verschiedene Anläufe gemacht, mich in Prosa darüber auszudrücken und

[22] Bühnenms. S. 26.

[23] Auch der Heiligsprechungsprozeß, der für *Gruppenbild* das Strukturmodell abgibt, spielt hier schon eine Rolle (s.u. S. 334ff.).

bin dann darauf gekommen, daß es eigentlich ein Stück sein sollte. Dieses Thema, das ja sehr heikel ist und kompliziert, würde mir in der Prosa wahrscheinlich zu kolportagehaft geraten«[24].

Er hat an gleicher Stelle aber auch von einem »Modellstück« gesprochen, das einen Grundkonflikt gestaltet, der sich auch auf »irgendein anderes, geschlossenes, durch Loyalität geschütztes Milieu« übertragen ließe (»ein Funkhaus, ein Verlag, eine große Versicherungsgesellschaft, eine Partei«). Auch das zeigt die grundsätzliche Funktion der szenischen Form in Bölls Œuvre als Experimentierfeld für die Gegenüberstellung zugespitzter Thesen.

[24] Rischbieter 1984, S. 54

XIX. Gruppenbild mit Dame. Roman

1. Publikationsformen

Buchausgabe: Köln 1971 (Juni)
Zeitungsabdruck: Frankfurter Allgemeine Zeitung vom 29. 7. bis 30. 11. 1971
dtv: (959): 1. Auflage 1974
Neusatz: dtv (12248) 1996 – nach dieser Ausgabe wird zitiert.
Verfilmung: *Gruppenbild mit Dame*, Mai 1977; Drehbuch und Regie: Aleksander Petrovic

2. Entstehung und Kontext

Nachdem Böll sechs Jahre lang keinen größeren Erzähltext[1] publiziert hatte, stieß der Roman auf ein besonderes Interesse, das durch geschickte Marktstrategie noch gesteigert wurde: Das Buch war mit einer Startauflage von 50 000 Exemplaren als Bestseller geplant; ein zugkräftiger Klappentext stellte die Stichworte bereit, die dann in den meisten Rezensionen auftauchten – »nicht nur Bölls umfangreichstes, sondern auch sein umfassendstes Werk. Man kann es als eine Summe seines bisherigen Schaffens bezeichnen«. Es waren dies Formulierungen Dieter Wellershoffs aus einem Tonbandinterview mit Böll, das seit dem Erstdruck im August 1971[2] den Roman als Interpretationshilfe ständig begleitete. Wellershoff war zu jener

[1] Es waren auch nur wenige Erzählungen erschienen: *Die Kirche im Dorf*, 1966, *Warum ich kurze Prosa wie Jakob Maria Hermes und Heinrich Knecht schreibe*, 1966, *Veränderungen in Staech*, 1969, *Er kam als Bierfahrer*, 1969, *Epilog zu Stifters »Nachsommer«*, 1971.
[2] Zuerst abgedruckt in ›Akzente‹ 18, August 1971.

Zeit Bölls Lektor; der einprägsame, wenn auch nicht ganz passende Titel (s. u. Anm. 36) für den Roman war sein Vorschlag[3].

Lesererfolg und Medienecho waren gewaltig. Allgemein wird der Nobelpreis für Böll im Dezember des folgenden Jahres auf dieses Werk zurückgeführt.

Die Jahre seit *Dienstfahrt* waren gekennzeichnet durch erhebliche politische Veränderungen in der Bundesrepublik – Notstandsgesetzgebung, Studentenbewegung, Wechsel von den jahrelangen CDU-Regierungen zunächst zur »Großen«, dann zur sozialliberalen Koalition – und weltpolitische Ereignisse wie der Vietnamkrieg, die Unterdrückung des »Prager Frühlings«. Für Böll dominierten in jenen Jahren die politischen, publizistischen und Verbandsaktivitäten: Er engagierte sich gegen die Notstandsgesetzgebung[4], gegen den Einmarsch der Truppen aus dem Warschauer Pakt in Prag[5] und begleitete zustimmend und kritisch die Aktionen der studentischen Opposition[6]. Er schloß sich 1969 der von Günter Grass gegründeten sozialdemokratischen Wählerinitiative an und erregte mit einer Rede zur Woche der Brüderlichkeit[7] Aufsehen, als er vorschlug, Vertreter von Minderheiten wie »die Gammler, die Langhaarigen, die Schmutzfinken, die Obdachlosen, die Asozialen« einzuladen. Böll war 1969 die treibende Kraft hinter der Gründung des Verbandes deutscher Schriftsteller, auf dessen Gründungsversammlung er das *Ende der Bescheidenheit* proklamierte[8], um im Jahr darauf für *Einigkeit der Einzelgänger* zu plädieren[9]. Er wurde 1970 Präsident des westdeutschen PEN-Zentrums, 1971 des Internationalen PEN-Clubs. Eine »epische Summe« entsprach den Erwartungen, die diese Jahre aufgebaut hatten.

[3] So Böll 1975 in *Drei Tage im März*, in: I, S. 384.
[4] Vgl. *Notstandsnotizen* (1968), in: SR-3, S. 289f.
[5] Vgl. *Ein Brief aus Prag* und *Der Panzer zielte auf Kafka* (1968), in: SR-3, S. 299ff.
[6] Vgl. u.a. *Die Studenten haben den längeren Atem* (1969), in: SR-4, S. 34ff.
[7] Vgl. *Schwierigkeiten mit der Brüderlichkeit* (1970), in: SR-4, S. 144ff.
[8] S. SR-4, S. 54ff.
[9] S. SR-4, 162ff.

5 *Für Leni, Lev und Boris*: Böll widmet den Roman den Hauptfiguren, das ist Teil der Fiktion eines dokumentarischen Textes

16 *Monique Haas*: (1909 – 1987), frz. Pianistin

21 *Hochland*: kath. Kulturzeitschrift – *William Butler Yeats*: (1865 – 1939), ir. Lyriker – *Brecht*: Bertolt B. (1898 – 1956), dt. Schriftsteller – *Hölderlin*: Johann Christian Friedrich H. (1770 – 1843), dt. Schriftsteller - *Trakl*: Georg T. (1887 – 1914), österr. Lyriker – *Kafka:* Franz K. (1883 – 1924), deutschspr. Schriftseller in Prag – *Kleist:* Heinrich v. K. (1777 – 1811), dt. Schriftsteller – *Tolstoi*: Lev Nikolaevic T. (1828 – 1910), russ. Schriftsteller – *»Auferstehung«* (1899) und *»Anna Karenina«* (1879): Romane Tolstois

22 *Beckett*: Samuel B. (1906 – 1989), ir. Dramatiker

26 *Bamberger Reiter*: Skulptur eines unbek. Künstlers im Dom von Bamberg, zur Bedeutung im Text s. a. S. 90

30 *interpoliert*: eigentlich unberechtigte Veränderung eines Textes, hier verwendet im Sinne von »geschönt«

31 *haptisch*: den Tastsinn betreffend

35 *»Die Marquise von O...«*: Novelle Kleists

37 *Gerontophilie*: erotische Fixierung auf alte Menschen

41 *Mystikerin*: Mystik ist eine religiöse Richtung, die den Menschen durch Versenkung ins eigene Sein mit Gott verbinden will

42 *Haruspica*: weibl. Form des *Haruspex*, aus den Eingeweiden des Opfertieres Wahrsagender im antiken Rom

47 *Bagno*: frz. Kerker

49 *Vermeer*: Johannes V. (1632-1675), niederl. Maler

51 *Trachom*: eigentlich eine auf Nordafrika beschränkte Augenkrankheit

53 *Silbern schaut ihr Bild im Spiegel...*: Zitat aus Georg Trakls (1887 – 1914) Gedicht ›An eine junge Magd‹ – *Unkeuschheit und Armut...*: Zitat aus Bertolt Brechts (1898 – 1956) ›Über

die Anstrengung‹ aus der ›Hauspostille‹ (1926/27) – *Die Stimme wars des edelsten der Ströme...*: Montage von Zeilen aus dem Gedicht ›Der Rhein‹ von Johann Christian Friedrich Hölderlin (1770 – 1843)

54 *Und als der Krieg...:* aus Brechts ›Legende vom toten Soldaten‹ (›Hauspostille‹) – *Doch kannt ich dich besser...*: aus Hölderlins Gedicht ›Die Jugend‹ – *Die Stimme des freigeborenen Rhein*: Zitat aus Hölderlins Gedicht ›Der Rhein‹ – *Und lieben lernt ich unter Blumen*: Zitat aus Hölderlins ›Die Jugend‹ – *Brechet das Joch der Tyrannen*: Zitat aus Leonid P. Radins ›Brüder zur Sonne‹ – *Unkeuschheit...*: Brecht, s. Erläuterung zu S. 53. – *Als Mädchen hatte ich... Männerliebe*: Variationen von Brechts ›Drittem Psalm‹ der ›Hauspostille‹ – *Der Ahnen Marmor ist ergraut*: Zitat aus Trakls ›Musik im Mirabell‹ – *Bis ausgesprochen ist, wie ich es meine, meiner Seele Geheimnis*: Zitat aus Hölderlins ›Der Mutter Erde‹

61 *Befreite Hände*: Film von Hans Schweikart (1939) – *Rasputin, der Dämon der Frauen*: Film von Adolf Trotz (1932) – *Der Choral von Leuthen*: Film von Carl Froelich (1932) – *Heißes Blut*: Film von Georg Jacoby (1936) – *Das Mädchen von Fanö*: Film von Hans Schweikart (1940) – *Goethe*: Johann Wolfgang v. G. (1749 – 1832), dt. Schriftsteller – *Novalis*: (1772 – 1801), dt. Schriftsteller (eigentlich: Georg Philipp Friedrich von Hardenberg) – *Winckelmann*: Johann Joachim (1717 – 1768), dt. Archäologe und Kunstgelehrter

64 *ikonolatrisch*: Bilder verehrend

67f. Bei den »Briefen« Heinrich Gruytens handelt es sich um Zitate aus Reibert, Der Dienstunterricht im Heer, Neubearbeitung von Dr. Allmendinger, Berlin 1939

70 *Konkrete Poesie*: internationale Stilrichtung in der Lyrik seit etwa 1950; Versuche, mit dem »konkreten« Sprachmaterial ohne Beachtung der Bedeutung Gedichte zu schreiben

74 *Brüning*: Heinrich B. (1885 – 1970), dt. Reichskanzler (1930 – 1932)

76 *Hieronymus Bosch*: (1450 – 1516), niederl. Maler

77 *Schumann*: Robert S. (1810 – 1856), dt. Komponist – *Chopin*: Frédéric Ch. (1810 – 1849), poln. Komponist – *Zola*: Emile Z. (1840 – 1902), frz. Schriftsteller – *Proust*: Marcel P. (1871 – 1922), frz. Schriftsteller – *Joyce*: James J. (1882 – 1941), ir. Schriftsteller – *Handel-Mazetti*: Enrica H. (1871 – 1955), österr. Schriftstellerin – *Marie von Ebner-Eschenbach*: (1830 – 1916), dt. Schriftstellerin

81 *Langemarck*: Schauplatz erbitterter Kämpfe im Ersten Weltkrieg – *Westwall*: Befestigungslinie an der deutschen Westgrenze vor Beginn des Zweiten Weltkrieges – *Maginot[linie]*: frz. Befestigungen an der dt. Grenze vor Beginn des Zweiten Weltkrieges

85 *Cervantes*: Miguel de C. (1547 – 1616), span. Schriftsteller – *Reibert*: s. Anm. zu S. 67ff.

89 *chymische Rose*: Restbestand bei der chem. Trennung von Metallen; Symbol aus der Alchimie

94 *Brüder, zur Sonne zur Freiheit*: Lied der Gewerkschaftsbewegung von Leonid P. Radin – *Weib des Urias*: Bath-Seba, die David heiratete, nachdem er Urias in ein für ihn tödliches Gefecht geschickt hatte (2. Samuelis 11)

97 *»Bismarck«-Film*: von Wolfgang Liebeneiner (1940)

107 *Das siebenbändige Lexikon*: das Bertelsmann-Lexikon von 1966/67

108 *Christoph Willibald Gluck*: (1714 – 1787), dt. Komponist

112 *Andy Warhol*: (1928 – 1987), amerik. Pop-Art-Maler

114 *Ata, Imi*: Scheuerpulver

129 *Der Löwe von Flandern*: eigentl. Roman von Hendrik Conscience (1812 – 1883), niederl. Schriftsteller, Dramatisierung von F. Meire – *gedruckte Prosa*: es handelt sich bei den Passagen bis S. 110 um wörtl. Zitate, hg. v. Generalstab des Heeres, Berlin 1941

137 *Der verpflichtende Vorname*: »Alois« = althochdt. ganz, weise – es ist zudem der Name von Bölls Onkel

144 *Grodno*: weißruss. Stadt – *Jungens*: dt. Film von Robert Stemmle (1941) – *Reitet für Deutschland*: dt. Film von Ar-

thur Maria Rabenalt (1941) – *Über alles in der Welt*: dt. Film von Karl Ritter (1941) – *Ohm Krüger*: dt. Film von Hans Steinhoff (1941) – *Himmelhunde*: dt. Film von Roger Norman (1942)

146 *Kardinal Frings*: Joseph F. (1887 – 1978), beliebter Kölner Kardinal u. Wortführer des Katholizismus nach 1945 – *Nannen*: Henri N. (1913 – 1996), Herausgeber des Magazins ›Stern‹ – *Weidemann*: Hans W., 1970/71 freier Mitarbeiter des ›Stern‹

156 *Der große König*: dt. Film von Veit Harlan (1942)

162 *Raskolnikow, Svidrigailov, Rasumichin*: Figuren aus Dostojewskis Roman ›Schuld und Sühne‹ (1865/6) – *Tchitchikow, Ssobakevic*: Figuren aus Gogols Roman ›Tote Seelen‹ (1842) – *Gorbatchov*: eigentl. Gorbatov, Boris (1908 – 1954), russ. Schriftsteller – *Puschkin*: Aleksandr P. (1799 – 1837), russ. Schriftsteller – *Gogol*: Nikolaj G. (1809 – 1852), russ. Schriftsteller, – *Lermontov*: Michail L. (1814 – 1841), russ. Schriftsteller

162 *Tchechov*: Anton Tch. (1860 – 1904), russ. Schriftsteller – *Turgenjew*: Ivan T. (1818 – 1883), russ. Schriftsteller

163 *Achmadulina:* Bella A. (geb. 1937), russ. Lyrikerin

171 *Zigarre*: Widerspruch zu S. 194 (»wer sich P. zigarrerauchend … vorstellt, irrt«), deshalb seit der Werkausgabe von 1977 »Zigarette«

172 *Weißer Sonntag*: Sonntag nach Ostern, tradit. für Erstkommunion – *Buntmetall*: Messing, Kupfer, Bronze, beliebtes Diebesgut der Nachkriegsjahre

178 *kurz nach Stalingrad*: St. wurde im Januar 1943 von der sowjetischen Armee zurückerobert

194 *De profundis*: lat. »aus der Tiefe«, Titel eines Trakl-Gedichts

195 *McCarthyismus*: Diskriminierung und Verfolgung von linken Intellektuellen und Künstlern in den USA (1950 – 1954) auf Betreiben des Senators Joseph Raymond McCarthy (1909 – 1957)

197 *Witebsk*: weißruss. Stadt

200 *»Anna Karenina«*: amerik. Spielfilm (1935) nach dem Roman von Tolstoj – *»Krieg und Frieden«*: amerik. Spielfilm (1956) von King Vidor nach dem Roman von Tolstoj – *»Doktor Schiwago«*: amerik. Spielfilm (1965) von David Lean nach dem Roman von Boris Pasternak – *Mtislav Rostropovic*: eigentl. Mstislav R. (geb. 1927), russ. Cellist

201 *»Eugen Onegin«*: Versroman (1833) von Aleksandr Puschkin – *Picasso*: Pablo P. (1881 – 1973), span. Maler – *Chagall*: Marc Ch. (1887 – 1985), frz. Maler – *Rauschenberg*: Robert (geb. 1925), amerik. Maler – *Waldmüller*: Ferdinand Georg W. (1793 – 1865), österr. Maler – *Pechstein*: Max P. (1881 – 1955), dt. Maler und Bildhauer – *Purrmann*: Hans Marsilius P. (1880 – 1966), dt. Maler

202 *Ein Landarzt:* Erzählung (1919) von Franz Kafka

205 *Ryans Daughter*: engl. Spielfilm (1969/70) von David Lean

226 *Strauß*: Franz Joseph St. (1915 – 1988), dt. Politiker

234 *Nietzsche*: Friedrich N. (1844 – 1900), dt. Philosoph – *Die Arbeitsmänner*: Lied von Johannes Most (1846 – 1906), Grundsch singt die ersten zwei Strophen – *Bromberg*: poln. Stadt

253 *Kriwoi Rog:* Stadt in der Ukraine – *Kamenez Podolsk*: Stadt in der Ukraine – *Avranches St Lô*: Stadt in der Normandie (Frankreich) – *Caën*: Stadt in der Normandie – *Ardennenoffensive:* letzte deutsche Gegenoffensive an der Westfront (1944) – *Hürtgenwald*: Waldgebiet östlich von Aachen, Schauplatz langanhaltender Kämpfe in der letzten Phase des Zweiten Weltkrieges

255 *Der Ahnen Marmor ist ergraut*: zweite Strophe von Trakls ›Musik im Mirabell‹

256 *Sonja Henie*: (1912 – 1969), im Deutschland der zwanziger und dreißiger Jahre sehr beliebte norweg. Eiskunstläuferin (»Häseken«) – *»Der Postmeister«*: dt. Spielfilm von Gustav Ucicky (1940)

258 *Lili Marleen*: Gedicht von Hans Leip, in der Vertonung durch Norbert Schulze *der* Schlager des Zweiten Weltkrieges

260 *Auf nach Mahagonny*: Song von Bertolt Brecht und Kurt Weill

265 *Luftmarschall Harris*: Arthur H. (1892 – 1984), Befehlshaber des engl. Luftkrieges gegen Deutschland

279 *»Die Kommandanten…«*: Die Zitate bis S. 225 sind entnommen aus ›Der Prozeß gegen die Hauptkriegsverbrecher vor dem Internationalen Militärgerichtshof. Nürnberg‹, Nürnberg 1947 – 1949

282 *weder Hände noch Leinwand sauber*: die »Aktion saubere Leinwand« als Maßnahme im Zuge der »Entjudung« des dt. Films unter Propagandaminister Goebbels

285 *Kettenhunde*: Spitzname für Angehörige der Militärpolizei der Wehrmacht

292 *Schneidemühl:* heute poln. Stadt (Pita)

299 *Manzoni:* Alessandro M. (1785 – 1873), ital. Schriftsteller

302 *Wir sitzen heute so herum…* : Zitat aus Brechts ›Weihnachtslegende‹

303 *Da ich ein Knabe war…*: die zwei ersten Strophen und die erste Zeile der dritten Strophe des Gedichts von Hölderlin

311 *Spruchkammer*: entschied über die Einstufung von Belasteten im »Entnazifizierungs«verfahren

313 *Stalin-Hitler-Pakt*: Nichtangriffspakt zwischen Deutschland und der Sowjetunion vom 23. 8. 1939

331 *Das Mädchen mit den sieben Paar eisernen Schuhen*: Märchen über das Tragen von eisernen Schuhen als Strafe/Verwünschung, um ein Versprechen einzulösen oder eine lange Reise zu bestehen: versch. Versionen von Henne am Rhyn, Pedro de Espinosa, Basile Pentamerone u. a.

232 *Kirowograd*: Stadt in der Ukraine, benannt nach Sergej Mironowitsch *Kirow*: sowjet. Politiker, dessen Ermordung 1934 der Opposition gegen Stalin zugeschrieben wurde – *Tarnowka*: fiktiver Ortsname – *Uman*: ukrainische Stadt – *Gaisin*: eigentl. Gaissin, ukrainische Stadt – *Winniza*: ukrainische Stadt – *Schmerinka:* ukrainische Stadt

339 *Ich habe gesündigt, o Vater…*: aus dem Gleichnis vom verlorenen Sohn, Luk. 15, 11ff.

340 Die Zitate bis S. 346 sind den Akten der Nürnberger Prozesse entnommen (s. Anm. zu S. 279f.) – *Rosenberg*: Alfred R. (1893 – 1946), Reichsleiter des außenpolit. Amtes der NSDAP und Reichsminister f. d. besetzten Ostgebiete – *Sauckel*: Fritz S. (1894 – 1946), Generalbevollmächtigter für den Einsatz der »Ostarbeiter«

340 *Speer*: Albert S. (1905 – 1981), Architekt und Rüstungsminister – *Dr. Flächsner*: Hans F., Verteidiger des Angeklagten Albert Speer

343 Alle Zitate aus dem *Nachlaß* H. Gruytens entstammen der ›Wehrmachtsverwaltungsvorschrift‹, 2. Entwurf Teil III vom 1. 10. 1937, Verlag Mittler und Sohn, Berlin

344 *St.O.Verw*: Standortverwaltung – *O.K.H.*: Oberkommando des Heeres – *O.K.M.*: Oberkommando der Marine – *H.Dv.*: Heeresdienstvorschrift

347 *Kommunistisches Manifest*: ›Manifest der Kommunistischen Partei‹ von Karl Marx und Friedrich Engels, im Februar 1848 veröffentlicht – *Krokett-Paraphernalia*: ironisch »feiner« Neologismus für Crocket-Zubehör

357 *Nazarenerstil*: Stil der dt.-österr. Künstlervereinigung der Nazarener auf religiöser Grundlage – *Konchen*: muschelförmige Nischen

359 *Kolping*: Adolf K. (1813 – 1865), kath. Theologe

364 *Barzel*: Rainer B. (geb. 1924), CDU-Politiker – *Kiesinger*: Kurt-Georg K. (1904 – 1988), Bundeskanzler der »Großen Koalition« (1966 – 1969)

368 *Thälmann*: Ernst (»Teddy«) Th. (1886 – 1944), Chef der KPD – *Delacroix*: Eugène D. (1798 – 1863), frz. Maler

369 *Köppler*: Heinrich (geb. 1925), CDU-Politiker

373 *Boxkampf Clay – Frazier*: Kampf um die Weltmeisterschaft im Schwergewicht am 8. 3. 1971

374 *Joseph Beuys*: (1921 – 1986), dt. Künstler

377 *Xanten und Kevelaer*: da es eine solche Zugverbindung nicht gab, hat Böll 1977 »und Kevelaer« gestrichen

378 *Morris*: William M. (1834 – 1896), brit. Kunsthandwerker –

Benn Gottfried: (1886 – 1956), dt. Lyriker – *Heißenbüttel*: Helmut H. (1921 – 1996), dt. Schriftsteller

387 *UPI, dpa, Novosti, CTK, AFP*: amerikanische, bundesdeutsche, russische, tschechoslowakische, französische Nachrichtenagenturen

414 *Smolny*: Kloster und Institut S. in St. Petersburg; zeitweise Wohnsitz Lenins

416 *Einen Umhang...*: Prosaübersetzung Bölls von William Butler Yeats' (1865 – 1939) Gedicht ›A Coat‹

422 *Wie dein Leib so schön geschwellt*: zweite Strophe von Trakls ›Frauensegen‹

429 *rien ne va plus*: (frz.) »Nichts geht mehr«, Ansage beim Roulette, daß nicht mehr gesetzt werden darf

435 *mit irdischem Wagen, unirdischen Pferden*: Zeile aus dem Schlußabsatz von Kafkas Erzählung ›Ein Landarzt‹

443 *Blok*: Aleksandr B. (1880 – 1921), russ. Lyriker und Dramatiker

444 *anankastisch*: unter Zwangsvorstellungen leidend

453 *HWG*: Person mit »häufig wechselnden Geschlechtspartnern«

463 *Rotfrontkämpferabzeichen*: Abz. des »Rotfrontkämpferbundes«, der Kampfgruppen der KPD

4. Aspekte des Textes

Inhaltsabriß

Aus den »Zeugenaussagen« von »einundfünfzig Auskunftspersonen«[10], aus Protokollen, Briefen und »Dokumenten«, die von einem recherchierenden Erzähler (»Verf.«) zusammengetragen werden, entsteht ein biographisch-historisches Panorama, in dessen Mittelpunkt Leni Gruyten steht, »die die ganze Last der Ge-

[10] Diese Zahl hat der Krikiker Helmut Braem ermittelt, Stuttgarter Zeitung, 21. 8. 1971.

schichte zwischen 1922 und 1970 mit und auf sich genommen hat«[11]: 1922 als Tochter eines Bauunternehmers geboren, wird sie in einer Klosterschule von der jüdischen Nonne Rahel Ginzburg im wesentlichen geprägt, erlebt aber als sinnlich reagierende Person die religiöse Erziehung durch die übrigen Nonnen als Enttäuschung. Blond und blauäugig wird sie Mitglied im BDM, »deutschestes Mädchen des Dorfes« und zu Kriegsbeginn Frau des Unteroffiziers Alois Pfeiffer, der kurz darauf an der Ostfront stirbt. Das Unternehmen des Vaters blüht im Krieg auf; er wird aber wegen eines Schwindelgeschäfts verhaftet, und Leni muß als Kranzbinderin in der Kölner Friedhofsgärtnerei Walter Pelzers arbeiten. Dort verliebt sie sich in den russischen Kriegsgefangenen Boris Lvovic Koltowski, überlebt mit ihm und dem gemeinsamen Kind Chaos und Zerstörung der letzten Kriegstage in den ausgebauten Grabkammern des Friedhofs, von einer Auskunftsperson ironisch als »Sowjetparadies in den Grüften« beschrieben. Mit gefälschtem deutschen Soldbuch wird Boris von alliierten Soldaten verhaftet und kommt in französischer Gefangenschaft bei einem Bergwerksunglück um. Seither wird Leni »zur Statue«, arbeitet weiter als Gärtnerin, lehnt jede Hilfe ab, erzieht ihren Sohn zur »Leistungsverweigerung« und ist am Ende in Gefahr, durch ihre eigenen Verwandten exmittiert zu werden. Ein »Helft-Leni-Komittee« aus Freunden und Unterstützern, zu denen sich auch der »Verf.« gesellt, kann dies verhindern.

Die »epische Summe«

Im Kontext von *Gruppenbild* hat Böll den Begriff »Fortschreibung« geprägt und den Roman »mit dieser Frau im Vordergrund oder Hintergrund oder Mittelgrund« als »eine Zusammenfassung und Weiterentwicklung früherer«[12] bezeichnet, wobei er selbst auf

[11] Wellershoff-Interview, in: I, S. 120.
[12] Wellershoff-Interview, in: I, S.124.

Adam, *Wort*, *Haus*, *Billard* und *Clown* hinwies. *Gruppenbild* ist darüber hinaus geradezu eine Fundgrube für bekannte Motive, Personen, aber auch Techniken Bölls[13]. Zwar räumte er Wellershoff gegenüber höchstens »eine mögliche Anspielung« in Einzelfällen ein[14], doch stellen sich für den geübten Böll-Leser Zweifel an der Zufälligkeit der vielen Verweise ein: Zu sehr deutet der Lektürekatalog von Lenis Mutter (S. 77) und ihre »Vorliebe für Irland« (S. 78) auf das *Irische Tagebuch*, Levs zahlreiche »Onkel« (S. 440f.) auf *Haus*. Die Biographie des »Herrn Hochgestellt« erinnert an die Anmerkungen zu Berthold Beitz in *Briefe aus dem Rheinland*[15] ebenso wie die Bemerkungen zu Lohengrin (S. 373) auf das dort gewählte Pseudonym verweisen – und gleichzeitig auf die Erzählung *Als der Krieg zuende war*[16], aus der der Zusammenhang von mythischer Gestalt und Margarinemarke ebenso zitiert erscheint wie die Stationen der Reise, die sowohl der Gefangenentransport in der Erzählung wie der »Verf.« im Roman berühren. Einen »Spieler«, der »verwundbar« war (S. 96) gab es schon in *Billard*, wo auch »Schußfeld« (S. 218) eine wichtige Rolle spielte, und daß sich die Unmenschlichkeit von Gesellschaften und Zuständen unter anderem daran zeigt, daß Menschen andere »in der Hand haben« (S. 312), die von ihrer »Gnade« abhängen (S. 244), war schon im *Clown* ein wichtiges Motiv[17]. »Bildungseskaladierwand« (S. 87) weist zurück auf die erste Publikation des jungen Böll, *Aus der »Vorzeit«*, deren ursprünglicher Titel ›Vor der Eskaladierwand‹ lautete, und in ähnlicher Weise »zitiert« Böll mehrfach eigene Titel: Die Direktorin aus Rahels Kloster verschwindet bei Kriegsende »irgendwo *zwischen Lemberg und Czernowitz*«[18]; was Heinrich und Erhard tun ist, »wohlwollend interpretiert, *Entfernung von der Truppe*, scharf interpretiert, Fahnenflucht« (S. 92).

[13] Vgl. auch Reid 1973, S. 69: »*Gruppenbild mit Dame* includes all the old themes of Böll's works.«
[14] In: I, S. 124.
[15] 1962, in: SR-2, S. 194.
[16] In: *Entfernung*, S. 40ff.
[17] Ebenso das Problem »Mischehe«, S. 456.
[18] S. 46, meine Hervorhebung markiert den ursprünglichen Titel von *Der Zug*.

Überhaupt sind die »Fortschreibungsmomente«, die auf *Entfernung* verweisen, am auffälligsten: Da wird Boris durch Leni »zum Menschen gemacht« (S. 218), Leni selbst erlebt eine »Wiedergeburt« (S. 219) und macht zwei »Truppenbesichtigungen« (S. 271). Auf die von den Rezensenten des Romans zumeist mit Irritation aufgenommenen »skatologischen Elemente« hatten schon die »fäkalischen Gefilde«[19] in der Erzählung vorbereitet, und selbst die fiktive Firma Heinrich Gruytens ist in *Entfernung* vorgeprägt[20], und daß jeder »einen Kaffee angeboten« bekommt (S. 220) ist bei den Gruytens ebenso üblich wie bei den Bechtolds – die Liste ließe sich ein gutes Stück verlängern. Sie läßt aber bis hierhin schon erkennen, daß Böll hier wirklich »fortgeschrieben« und nicht einfach nur sich selbst zitiert hat. Vor allem an der gewandelten Bedeutung der »Truppe« ist dies deutlich: »Daß Menschwerdung dann beginnt, wenn jemand sich von der jeweiligen Truppe entfernt«, war das Programm der Erzählung; »Truppenbesichtigung« nennt Leni dagegen ihre Versuche, »Verbündete« zu finden, »um ihre Schlacht« um Boris zu gewinnen. Die militärische Metaphorik wird in beiden Texten ironisch eingesetzt – jedoch mit entgegengesetzter Wertung[21]: Was sich in *Aussatz* als vorsichtige Suche nach Solidarität andeutete[22], setzt sich hier fort in Modellen gemeinschaftlichen Handelns mit dem »Müll-Happening« als Schlußpunkt. Die gleiche Umwertung erfährt ein anderes Motiv aus dem Umfeld metaphorischer Militaria – »Schußfeld« ist hier nicht die fixe Idee eines Endsiegstrategen wie in *Billard*, sondern Grundtschs »militärische« Ausdrucksweise für »reine naive Menschlichkeit« (S. 218).

Umgewertet erscheinen auch andere Negativa früherer Jahre: »Zwischen Lemberg und Czernowitz« starben Andreas und Oli-

[19] *Entfernung*, S. 105 u. 115.
[20] *Entfernung*, S. 145.
[21] Das betrifft freilich nicht die »Entfernung« von der eigentlichen »Truppe«: zur Desertion wird auch in *Gruppenbild* mehrfach geraten (Heinrich Gruyten, der Sohn von Frau Kremer, auch Boris z.B.).
[22] *Hausfriedensbruch*, S. 97.

na in *Der Zug*. Dort liegt auch der Todesort der Direktorin; dennoch ist gerade diese Region im Roman positiv besetzt: Boris hat sich dort in einem galizischen Dorf aufgehalten (S. 209) und sein Vatersname Lvovic kennzeichnet ihn als »Sohn Lembergs«[23] – daß Georg Trakl in Lemberg verstarb, ist in diesem Zusammenhang ebenfalls von nicht gerade untergeordneter Bedeutung.

»Inniga von Zaster-Pehnunz« hatte Böll die Geliebte Machorka-Muffs in *Hauptstädtisches Journal* genannt und abgestempelt; Leni dagegen nimmt ein Trakl-Bändchen »mit Innigkeit« in Empfang (S. 255) oder verbringt die Zeit mit Boris »in solcher Innigkeit« (S. 266). Von »Menschwerdung« und »Wiedergeburt« war zuvor stets nur sarkastisch oder ironisch die Rede; in *Gruppenbild* werden auch diese Begriffe »rein naiv« verwendet. Verlust von Ironie also[24] oder die Tendenz »zum romantischen Märchenmuster«[25]? Die Kritik griff noch weiter aus: »Die Liebesgeschichte von Leni und Boris« stelle sich dar »als Inkarnation von sich selbst verwirklichender reiner, heiler Menschlichkeit in einer chaotischen Zeit«[26], der »gesellschaftliche Kontext« sei für Böll offensichtlich nur Staffage«, der »Funktionszusammenhang gesellschaftlicher Wirklichkeit« werde nicht kenntlich[27]. Beide Thesen sind fragwürdig: Jeder einzelne ist auch für Böll in einen gesellschaftlichen Zusammenhang eingebettet, und gerade das macht er episch anschaulich – allerdings nicht in der Weise, wie sie viele Kritiker als die einzig mögliche angesehen haben.

[23] Lvov ist der russische Name Lembergs.
[24] Durzak ^{3}1979, S. 141f.
[25] Durzak ^{3}1979, S. 152.
[26] Durzak ^{3}1979, S. 152.
[27] Durzak ^{3}1979, S. 149.

In der Dritten Wuppertaler Rede über *Die Freiheit der Kunst*[28] hatte Böll zum zweitenmal[29] die notwendige Einzelgängerschaft des Künstlers betont; im *Clown* hatte er sie auch literarisch ins Bild gesetzt. Seine Aktivitäten für den Schriftstellerverband und seinem Plädoyer für *Die Einigkeit der Einzelgänger* hatten eine Wandlung im Selbstverständnis dokumentiert, die sich in den literarischen Texten bestätigt – schon in *Aussatz*, deutlicher noch in *Gruppenbild*. Das entspricht dem Selbstverständnis, das Schreiben als »ständige Variation« seines »Themas« im Prozeß der »Fortschreibung« versteht und die Annäherung »an unsere Aktualität«[30] im Blick hat.

Ganz anders als der einsame *Clown* und geradezu im Gegensatz zur programmatischen *Entfernung von der Truppe* gestaltet *Gruppenbild* gleich mehrfach Modelle gemeinschaftlichen Handelns. Lenis »Truppenbesichtigungen« sind die schon sprachlich auffälligste Gegenposition zu *Entfernung*. Leni sucht – und findet – die buchstäblich lebensnotwendige Unterstützung, um ihr Zusammensein mit Boris unter Kriegsbedingungen zu organisieren, und sie erhält durch ihre »zweite Truppenbesichtigung« (wenn auch fragwürdige) finanzielle Hilfe. Levs »*Solidaritätskomplex*« (S. 446), wie das der psychologische Gutachter nennt, entspricht dem gleichen Modell: Aktiv herbeigeführte Gemeinschaftlichkeit im Handeln. Das ist mehr als »Solidarität« – den Unterschied machen die Müllfahrer Pinto und Tunc deutlich: »Sollten sie [...] etwa in bourgeoisen Verbalitäten (sie drückten es anders aus: ›Worte, Worte, nichts als Worte von die Bürger‹) Solidarität bekunden« (S. 418) – vor allem für den perspektivischen Schluß des Romans wird das bedeutsam. Für den Verlauf der Handlung ist ein anderes Modell wichtiger, und auch dies reali-

[28] Am 24. 9. 1966, Text in: SR-3, S. 224ff.
[29] Zum erstenmal in den *Frankfurter Vorlesungen* (1964) in: SR-3, S. 30: »Gebunden also an Zeit und Zeitgenossenschaft, doch ohne Verbündete«.
[30] *Drei Tage im März* (1975), in: I, S. 397.

siert sich zweifach: Im »Koordinierungsrat« (S. 210) für Boris und im »Helft-Leni-Komitee« (S. 389). Beides sind Modelle einer Handlungsform, die außerhalb jeglicher Organisation und Institutionalisierung Kooperation ermöglichen, also »Anarchie« und »Ordnung« verbinden. Gemeinsam ist beiden Fällen aber auch, daß ihre Zentralfiguren passiv sind. Leni »ist ja eigentlich eine stumme Person, statisch, die nur die Bedeutung hat, Menschen um sich zu versammeln«[31], und Boris weiß nicht einmal davon, daß ihm ein »Herr Hochgestellt« mit seinen vielen Verbindungen das Überleben als Kriegsgefangener ermöglicht. Diese Passivität ist in erster Linie ein Moment des Verfahrens zur epischen Veranschaulichung gesellschaftlicher Wirklichkeit, weniger ein Charakterisierungsmerkmal der Personen.

Während der »Koordinierungsrat« hinter den vielen ironischen Diskretionsbeschwörungen des »Verf.s« nahezu unkenntlich bleibt, ist das »Helft-Leni-Komitee« hinlänglich definierbar, und seine Zusammensetzung ist zumindest bemerkenswert. Der für Böll so zentrale Begriff der »Abfälligkeit«[32], den er auch für *Gruppenbild* als »eines der Schlüsselwörter«[33] bezeichnet hat, erweitert sich durch sie nicht unerheblich. Die Müllmänner, die türkischen und portugiesischen Gastarbeiter, Lotte Hoyser, die sich »ständig am Rande der Asozialität, wenn nicht der Prostitution bewegt«, Margret, die diese Grenze nach bürgerlichem Verständnis längst überschritten hat und natürlich der russische ›Untermensch‹ Boris sowie Leni selbst, die unter »Vergasungsdrohung« (S. 365) steht – sie alle sind »von der Gesellschaft zum Abfall, als abfällig erklärt«[34], und Böll erfüllt ihnen gegenüber die selbst definierte Aufgabe des Literaten, sie in ihrer »Erhabenheit« darzustellen[35]. Eine Reihe anderer Personen jedoch läßt sich hierunter nicht so ohne weiteres subsumieren, zumal sie teilweise Charak-

[31] *Drei Tage im März* (1975), in: I, S. 385.
[32] S. z.B. *Frankfurter Vorlesungen* in: SR-3, S.67.
[33] *Eine deutsche Erinnerung* (1976), in: I, S. 662.
[34] *Frankfurter Vorlesungen* (1964), in: SR-3, S. 67.
[35] *Frankfurter Vorlesungen* (1964), in: SR-3, S. 84.

tertypen repräsentieren, die aus dem früheren Werk Bölls als ausgesprochen negativ bekannt sind: Marja van Doorns Vitalität und Handfestigkeit sowie Nationalismus und eher konservative Anschauung stellen sie geradezu in eine Reihe mit Frau Franke (*Wort*) oder Hans Schniers Mutter (*Clown*); Frau Hölthohne, die eigentliche *Dame*[36], »nüchtern«, »gepflegt«, Besitzerin einer florierenden Blumenladenkette paßt mit »ihrer altmodischen Moral« (S. 272) trotz ihres rheinischen Separatismus eher in diese als in die Gesellschaft von »Abfälligkeit«. Für Schirtenstein, den Initiator des Komitees mit seiner luxuriösen Wohnung (S. 415) und Scholsdorf, der in seiner philologischen Monomanie, seiner Korrektheit und Beamtenmentalität ganze Generationen unsympathischer »Ahnen« im früheren Werk Bölls besitzt, gilt das gleiche. Vor allem aber stellt Walter Pelzer ein Problem dar, weil er »durchaus das Kaliber hätte, Boris aus der Rolle des männlichen Haupthandlungsträgers zu verdrängen« (S. 211f.), also viel zu wichtig ist, um ihn als Randproblem zu betrachten. Pelzer, der den Grundstock seines Vermögens durch Leichenfledderei im Ersten Weltkrieg erwarb, Goldzähne stahl, wie der Posten in *In der Finsternis*[37], opportunistisch erst zur KPD, dann zur NSDAP ging, und kurz vor Kriegsende den Absprung auch dort schaffte. Er übertrifft dabei noch Nettlingers (*Billard*) Wandlung zum »Demokraten aus Überzeugung«. Der Katalog negativer Züge läßt sich leicht erweitern, und dennoch bleibt neben Margret er allein bei »Lenis erster Truppenbesichtigung als möglicher Verbündeter übrig« (S. 273). Er füllt diese Rolle auch aus, macht »das Sowjetparadies in den Grüften« möglich, und ausgerechnet er wird von Boris gebeten, »mit diesen Händen [...] unbedingt seinen kleinen Jungen [zu] taufen« (S. 329). Der Dualismus von Lämmern und Büffeln, von den »Reinen« und den »Bösen«, wenn er je von Böll vertreten worden sein sollte: In *Gruppenbild* und durch Pelzer hat er ihn spätestens ad acta gelegt. Das löste,

[36] S. 188 u. 190 – diese Kennzeichnung macht den Wellershoffschen Titelvorschlag irreführend.
[37] In: *Wanderer*, S. 135ff.

vor allem in der »linken« Rezeption des Romans, Unbehagen aus. Man sah »die Solidarität der ›kleinen Leute‹ entwertet«[38], da »die Solidaritätsaktion nur deshalb [gelang], weil sich reiche Geldgeber wie Pelzer daran beteiligten«[39]. Daß zwar möglicherweise die »Reinheit« litt, aber die Effektivität und damit die Plausibilität gewannen, wurde weniger beachtet. Dazu wurde 1971 gerade am scheinbar »märchenhaften« oder »utopischen« Charakter des »Müll-Happenings« ziemlich heftig Kritik geübt – Bürgerinitiativen, Aktionen des zivilen Ungehorsams waren auch noch ungewohnt: Wellershoff sprach von einer »fiktiven Situation«, einer »grotesken Form von Widerstand«, die »nicht als praktischer Vorschlag ernst genommen werden kann«[40]. Böll hielt dagegen, fand es nicht »grotesk«, sah einen »Vorschlag oder eine Utopie, entwickelt an praktizierbaren Möglichkeiten«, einen »praktikablen« Vorschlag. Anders als das erste »Happening« (in *Dienstfahrt*), das gesellschaftlichen Widerstand im künstlerischen Akt versteckte, ist das »Müll-Happening« eine gesellschaftliche Aktion, die zum Erfolg führte – in der Fiktion des Romans und seither hundertfach in der Wirklichkeit. Sie ist erfolgreich, weil der soziale Kontext seiner Fiktion durchaus nicht »Staffage« war, sondern weil Böll diesen zutreffend analysiert hatte. »Man muß schon ganz genau wissen, in welcher Welt man lebt, wenn man sich von ihr abschirmen will«[41]. Das von Lev praktizierte Prinzip der »Leistungsverweigerung« ist die über den momentanen Widerstandsakt hinausgehende Zukunftsperspektive. Lange vor der weltweiten Debatte um die »Grenzen des Wachstums« hatte Böll im Kontext von *Gruppenbild* die Befürchtung geäußert, »daß wir möglicherweise an Leistung kaputtgehen«[42]. Die *Anekdote zur Senkung der Arbeitsmoral*[43] hatte zum erstenmal die Alternative skizziert; das Prinzip »lvw« expliziert es. Im parodierten Fachjar-

[38] W. Colden in: Unsere Zeit, 28. 8. 1971.
[39] H. Rath, in: Deutsche Volkszeitung, 14. 10. 1971
[40] In: I, S. 128.
[41] *Gespräch mit Heinz-Ludwig Arnold* (1971), in: I, S. 171.
[42] Die Zeit, 6. 8. 1971.
[43] *Entfernung*, S. 86ff.

gon, aber in der Sache durchaus präzis, formuliert der »Gutachter« im Roman, daß Lev »dort, wo Leistung etwas ›einbringen‹ könnte, in der Schule, Lvw., gleichzeitig aber dort, wo Leistung nichts ›einbringen‹ kann, außerhalb der Schule, Lstg. praktiziert« (S. 443). Die Kritik gilt also nicht der Leistung, sondern dem Profit. Lev organisiert die Arbeit seiner Kolonne, aber nicht, um den Akkordlohn zu steigern, sondern um die Freizeit zu verlängern.

Die typologische Konstruktion

Die Kritik richtete sich auch gegen die Form: »Hatte Böll noch in ›Billard um halb zehn‹ […] ein formal differenziertes episches Gesamtbild zu schaffen versucht, so läßt sein neuer Roman all diese formalen Ambitionen fahren und erhebt statt dessen die Irrfahrt des auf gut Glück recherchierenden ›Verf.s‹ durch die Vergangenheit der Leni Gruyten zum organisierenden Prinzip der Romanform«[44]. Dies Urteil steht nicht allein[45]. Trotzdem ist weniger Böll »epische Leistungsverweigerung«[46] anzukreiden, als der Kritik mangelnde Aufmerksamkeit. Obwohl Reich-Ranicki schon 1971 die Erkenntnis eines Kompositionsprinzips in *Gruppenbild* für alle Zeiten ausschloß[47], hat es doch eine Reihe entsprechender Vorschläge gegeben: Von der »Struktur jener *alltäglichen Geschichtserzählung* […], die zumindest der älteren und mittleren Lesergeneration aus der Kriegs- und Nachkriegszeit vertraut sind«[48], über das Modell des »Gerichtsverfahrens«[49], das

[44] Durzak ³1979, S. 152.

[45] Reinhard Baumgart etwa urteilte: »Rundherum um eine unordentlich, fast liederlich lebende Hauptperson hat Böll nämlich einen Roman geschrieben, für den ›zuchtlos‹ oder ›ungeschliffen‹ keine schlimmen Worte wären«, Der Spiegel, 2. 8. 1971. Reid 1973, S. 72: »A much more rambling novel than anything Böll had written previously«. Weitere ähnliche Stimmen in: Durzak ³1979.

[46] Joachim Kaiser, in: Süddeutsche Zeitung, 31. 7. 1971.

[47] In: Die Zeit, 10, 8. 1971.

[48] Vogt ²1987, S. 109.

[49] Bernhard 1975, S. 64.

»Idiom des Märchens«[50], bis zur Feststellung, das Gesamtwerk sei ein »Legendenkranz«[51], in den nun auch *Gruppenbild* sich einfüge. Das »alltägliche Geschichtenerzählen« ist zu deutlich dem Realistenklischee Bölls verbunden. »Legende« scheint fragwürdig, fehlen doch Legendenton und vor allem epischer Zusammenhalt. Dennoch weist Amerys Vorschlag die Richtung: Auch Durzak spricht von der »katholischen Aura«, und vor ihm haben schon Wolfram Schütte – »Häretische Marienlegende«[52] – und Wellershoff – »rheinische Madonna«[53] – ähnliches formuliert. Es war ja nicht zu übersehen, daß »das Liebespaar Leni – Boris die Funktion von Maria und Joseph« erhält[54]: Die Geburt Levs auf einem Lager aus »alten Decken und Strohmatten« (S. 320) spielt die biblische Krippenszene nach, und Lotte Hoyser bringt es auch für den Begriffsstutzigsten auf den Punkt: »sie hätten sehen sollen, wie die beiden da mit ihrem Söhnchen hausten: wie die Heilige Familie« (S. 300). Mehrfach wird Leni mit Maria in Beziehung gebracht[55], bis sich schließlich sogar herausstellt, daß die Madonna, die ihr im Fernsehen erscheint »sie selbst« ist (S. 467). Boris sieht nicht nur »fast wien Engelchen aus« (S. 216), sondern er erlebt geradezu eine »Himmelfahrt« (S. 222) und so weiter.
Daß dies mehr ist als bloße »katholische Aura«, ist spätestens seit 1975 bekannt: Victor Lange sah den »Verf.« in einem »säkularisierten Beatifikationsprozeß die Doppelrolle von Postulator und Promotor Fidei« spielen[56]. Das katholische Verfahren der »Seligsprechung« wird »durch einen ordentlichen Prozeß vorbereitet, wodurch festgestellt wird, ob der ›Selige‹ drei Forderungen erfüllt: den Ruf der Heiligkeit; bei Nichtmärtyrern einen heroischen Grad der Kardinaltugenden; und zwei bezeugte Wunder.

[50] Lange 1975, S. 121.
[51] Amery [7]1980, S. 122.
[52] Wolfram Schütte, in: Frankfurter Rundschau, 7. 8. 1971.
[53] I, S. 133.
[54] Bernáth 1975, S. 45.
[55] Vor allem in der an die biblische Verkündigung erinnernden »Heidekraut«-Szene (S. 33), vgl. dazu auch Ziolkowski 1975, S. 126.
[56] Lange 1975, S. 107f.

Der Prozeß wird von einem sogenannten ›Postulator‹ betrieben, der an Ort und Stelle Zeugen verhört, Dokumente registriert und ein vollständiges Dossier aufstellt für das Gutachten der Ritenkongregation«[57]. Zu Recht konnte Langes Kollege aus Princeton, Theodore Ziolkowski, darauf hinweisen, daß aus der Sicht dieses Modells die verschiedensten als problematisch angesehenen Elemente des Romans sofort plausibel werden: Vorgehensweise und Ziel des »Verf.s« verlieren die ihnen nachgesagte »Diffusität«[58], bestimmte Elemente der Handlung und ihre spezifische sprachliche Darstellung ihre Befremdlichkeit: Die »Stunde der Tasse Kaffee« (S. 219) mit ihrem »heiligen Kelch« (S. 215), die »Handauflegung« (S. 222), der ungeklärte und unerklärliche Zeitpunkt von Lenis Empfängnis[59], oder die Lexikondefinition von *»Seligkeit«* (S. 109) und natürlich auch die fast schon überpointierte Magdalenen-Rolle Margrets.

Daß Böll die Prozeduren des Seligsprechungsprozesses kannte, steht außer Zweifel. In *Aussatz*[60] weist er auf solche Verfahren hin, ebenso in *Entfernung*[61]. Daß er seit dem *Clown* »literarische« und mythische Strukturschemata für seine Texte zu nutzen verstand, sollte nunmehr feststehen. In der Erzählung *Er kam als Bierfahrer* (1969) hatte er in durchaus vergleichbarer Weise den Mythos von der Vermählung des Zeus mit Europa zu einer Liebesgeschichte genutzt[62], im *Epilog zu Stifters »Nachsommer«* (1971) den Roman eines anderen »fortgeschrieben«[63]. Böll bleibt mit *Gruppenbild* bei solcher Form mythologischen Erzählens, die Ziolkowski als »typologisch« erkannt hat.

»Typologie« war ursprünglich eine Form der Bibelauslegung, die zwischen dem Alten und Neuen Testament Beziehungen her-

57 Ziolkowski 1975, S. 134.
58 Durzak ³1979, S. 139.
59 Das Kind ist »nach Adam Riese um den 2. Juni gezeugt – da kann Leni aber – kein Tagesangriff, keine Nachtschicht« (S. 320), nicht mit Boris zusammengewesen sein.
60 *Hausfriedensbruch*, S. 96.
61 *Entfernung*, S. 115.
62 *Erzählungen*, S. 886ff.
63 *Erzählungen*, S. 893ff.

stellt – etwa zwischen Adam (als »Typus«) und Jesus (als »Antitypus«). Dies Auslegung unterstellte einen mystischen Zusammenhang zwischen Typ und Antityp, die gleichwohl als konkrete selbständige Gestalten gesehen wurden. Im Zuge der Säkularisation im 19. Jahrhundert sah man in solchen »antitypischen« Elementen literarische Konventionen, die damit über die Bibel hinaus nutzbar wurden: »Als direktes Resultat der öffentlichen Erregung über diese bibelkritische Diskussion entstand um die Jahrhundertwende eine Reihe von Romanen, deren moderne Handlung in bewußter Anlehnung an die Evangelien typologisch konstruiert wurden. [...] Das Beispiel dieser Werke führte andere Schriftsteller bald dazu, die Methode der typologischen Parallel-Konstruktion auf säkulare Stoffe anzuwenden: etwa Joyces *Ulysses* (1922) oder Thomas Manns *Doktor Faustus* (1947)«[64]. Typologisch in diesem Sinne könnte also nicht nur *Gruppenbild* und in gewisser Hinsicht auch *Aussatz* genannt werden, sondern auch der *Clown*, oder *Er kam als Bierfahrer*. Wegen der besseren Unterscheidung bleibe ich bei der Parallel-Konstruktion in »Anlehnung« an Mythen weiterhin bei dem Begriff »mythologisches Erzählen« .

Trotz des wissenschaftlichen Ansehens von Lange und Ziolkowski wurde ihre Erkenntnis zumeist übergangen – zu wenig stimmte sie überein mit dem vorherrschenden Bild Bölls als ›realistischem‹ Erzähler. Dabei macht gerade dieses Verfahren die sogenannte Wirklichkeit deutlicher erkennbar:

Leni ist nach Boris Tod »so statisch wie statuarisch« (S. 277), »es gibt sie, und doch gibt es sie nicht« (S. 435), wie Klementina formuliert. Sie ist zusammengesetzt aus literarischen Zitaten[65] und biblischen Motiven und doch in aller Sinnlichkeit[66] vorhanden. Die Recherchen des »Verf.s« gelten ihr, fördern aber vor allem ein detailreiches »Gruppenbild« zutage, einen Querschnitt durch Gesellschaft und Geschichte zwischen den zwanziger und

[64] Ziolkowski 1975, S. 125.
[65] Vgl. die Zitatmontagen auf S. 53f.
[66] Vgl. Balzer 1975.

den siebziger Jahren. Doch ohne dieses »statische« Zentrum ergäbe sich kein Bild; denn das eigentliche Wesen der anderen Figuren, wie der gesellschaftlichen und geschichtlichen Ereignisse definiert sich durch dieses Zentrum. Es ist Leni, »in der die Wirklichkeit als erinnerte, als ›mythische‹ gegenwärtig wird«[67]. Trotz Lenis »Materialismus«, ihrer »Sinnlichkeit« und ihrem »Konkretismus«, die sie zu einer ausgesprochen irdischen Madonna machen, hat Böll gerade das »mystische« Moment bei seiner typologischen Konstruktion nicht aufgegeben: Leni hätte »eine große Mystikerin« sein können (S. 41) und Mystik, gar »fäkalistische Mystik« (S. 46), kennzeichnet ihr Vorbild und Pendant Rahel: So wie Böll auf die »Moral« der Sprache oder die Unausschöpflichkeit des Symbols insistierte, so setzt er auch bei der mythologischen oder typologischen Konstruktion auf einen mystisch-irrationalen – eben nicht völlig säkularisierten – »Rest«. Daß es Nonnen und das kirchliche Establishment sind, die das Rosenwunder auf die Formel bringen, »nichts lasse die Vermutung zu, es sei Übernatürliches im Spiel« (S. 388), macht die dargestellte ›reale‹ Welt zur verkehrten und die sinnliche Madonna zur Hoffnung, die nicht nur »alle diese Männer trösten« wird (S. 436). Wenn Böll in seiner Nobelpreis-Vorlesung den Topos des sich selbst nicht vollständig verstehenden Dichters bekräftigt – »Ich [...] wünschte doch, ich könnte es, um wenigstens die Literatur, die ich selber mache, zu einem weniger mystischen Vorgang zu machen«[68] –, dann siedelt er die »Vernunft der Poesie« ausdrücklich in diesem mystischen Zwischenraum an.

Aus der »einfachen Form«[69] des Seligsprechungsprozesses allein läßt sich die Struktur des Textes nicht vollständig ableiten, zumal es sich bei *Gruppenbild* um »ein abgeschlossenes Fragment« handelt[70]: Zweimal ist von einer »Ersten Abteilung« des

[67] Lange 1975, S. 111.
[68] *Versuch über die Vernunft der Poesie* (1973), in: SR-5, S. 32f.
[69] Wie Ziolkowski 1975, S. 135 dies in Anlehnung an einen Begriff André Jolles nennt.
[70] Bernáth 1975, S. 55.

Romans die Rede (S. 77 u. 192), obwohl eine zweite oder weitere nicht genannt werden[71]. Der Schluß scheint auch eher künstlich gesetzt, und während für die Nachzeichnung des Lenischen Lebenslaufes dessen Chronologie den Verlauf bestimmt, sind die Zeugenaussagen der Romangegenwart scheinbar beliebig geordnet. An solchen Beobachtungen setzte auch zumeist die negative Kritik und der Vorwurf »epischer Leistungsverweigerung« an. Daher war es für viele um so überraschender, daß Helmuth Heißenbüttel und Wolfgang Hildesheimer, »also zwei Formalisten und Experimentatoren, die weit von Böll entfernt scheinen, sich sehr positiv«[72] äußerten.

Daß die behauptete Beliebigkeit der formalen Gestaltung gegen Bölls Hinweis steht, wonach »die einzelnen Personen in einem bestimmten Rhythmus im Buch auftauchen«, teilt Durzak in einer Anmerkung mit[73], eingeschränkt durch die Bemerkung, dies sei Böll erst »während des Schaffensprozesses klar geworden«. Der Rhythmus läßt sich sehr wohl erkennen an dem »Grundriß eines Romans«[74], einer graphischen Darstellung, wie sie hier für *Haus* und *Billard* schon herangezogen wurde. Victor Lange hatte eine Rückkehr zu rhythmischen Gestaltungsmitteln schon ohne Kenntnis dieses Grundrisses im sprachlichen Bereich gesehen und erkannte ein »Filigran und eine dramatische Folge von sprachlichen Gemeinplätzen«: »Immer wiederkehrende Handlungen und Reaktionen [...] gewinnen eine mythische, nahezu liturgische Funktion, sie schaffen in ihrer Wiederholung ein litaneihaftes Responsorium zwischen dem Erzähler und dem ins Erinnern einbezogenen Leser«[75]. Das weist erkennbar zurück auf die Artistik von *Billard*.

[71] Das sind Spuren des Entstehungsprozesses: ursprünglich war unter dem Titel *Günstlinge des Schicksals* ein Roman in vier Teilen geplant (*Absage, Abfall, Abflug, Absturz*) »Die Arbeit am Kapitel ›Abfall‹ nahm an Umfang immer mehr zu [...]. Schließlich entfielen die drei weiteren Kapitel« (Heinrich Böll, Leben und Werk, hg. v. d. Heinrich-Böll-Stiftung, Köln 1995, Plakat 20/40).

[72] Nägele 1976, S. 152.

[73] Durzak ^{3}1979, S. 489, Anm. 30.

[74] Abgebildet auf dem Umschlag von Hoffmann 1977.

[75] Lange 1975, S. 118f.

Den zahlreichen Sprachreflexionen, die Böll auch in diesem Roman unternimmt, kann hier nicht im einzelnen nachgegangen werden – es gibt wieder grammatische Debatten[76], es werden Worte »geprüft« und verworfen[77]; bei anderen das Gebrauchsspektrum ausgeschritten[78].

Auch ein sprachlicher »Einstieg« ist unschwer auszumachen: Die öffentliche Aufregung um Bölls Kraftwort »Scheißdreck«[79] war mit Sicherheit Anlaß für Böll, das in *Entfernung* verwendete fäkalische Thema aufzugreifen und – positiv gewendet zum »Elementarischen« – nun geradezu zum Ausweis der Heiligkeit zu machen.

Unter dem Aspekt, daß es sich auch hier wieder um »einen Liebesroman« handelt, und vor dem Hintergrund der ständigen Bemühungen Bölls um eine dafür adäquate Sprache, ist vor allem darauf die Aufmerksamkeit zu richten.

Stichworte wie »Strip- oder Partnertauschparties« (S. 22), »gewalttätiges Pornoangebot« (S. 465) »Pornoimperialismus« (S. 366) reflektieren den mit der »Sexwelle« (S. 406) nach 1968 gewandelten gesellschaftlichen Kontext. Formulierungen wie »Erotologen und sexotheologische Dogmatiker« (S. 13) oder »Pornotheologie« (S. 20) machen deutlich, daß Böll sehr früh am wirklich emanzipatorischen Charakter der angeblich sexuellen Befreiung zweifelte[80]. Die Suche nach einem Modell herrschaftsfreier Beziehung erschien ihm offensichtlich um so dringender, und sie zeigt sich im Sprachlichen. Er schreitet hier weit weniger

[76] Z.B. S. 64 u. 380.

[77] Z.B. »fallengelassen« statt »gefallen«, S. 93, oder das Wortspiel um »Erschießen – Erschossenwerder – Nicht-Erschießer« etc. S. 278.

[78] Das ist wiederum auffällig bei dem Wort »nett«, das mehr als zwanzigmal mit unterschiedlichen Bedeutungsschattierungen verwendet wird.

[79] *Antwort an Pfarrer Kurscheid* (1969), in: SR-4, S. 70

[80] Auch da hat er wieder einmal das richtige antizipiert, wie die kritischen Einsichten des Jahres 1996 zeigen – s. z.B. »Die Spätfolgen der Sex-Befreiung« in: Der Spiegel, 3. 6. 1996.

prüde als zuvor das gesamte zur Verfügung stehende Vokabular ab – vom wissenschaftlich-klinischen[81] bis zum theologischen[82] und unter intensiver Berücksichtigung der Umgangssprache[83] – und er probiert Neubildungen: »Schnellverfahrensliebesbrauch« (S. 149), »bedingungslos kühne Zärtlichkeiten« (S. 58), Umschreibungen[84] und Umdeutungen wie »Einkehrtage«. Dabei ist stets ein ironischer Gestus erkennbar – besonders deutlich im Bericht über die Praxis, das männliche Glied mit Personennamen zu bezeichnen, was schließlich zum Tod Margrets durch Erröten führt. Wenn aber sogar die Liebesbeziehung Lenis zu Boris als »Ringkampf« bezeichnet wird, zeigen sich die Grenzen in der Relativierungswirkung ironischer Distanz: Die Heiligkeit dieser »heiligen Familie« äußert sich doch gerade auch in ihrer Sinnlichkeit. Als Handlung und Bild ist das gestaltet: Das rechte »Wort« fehlte Böll noch immer.

81 Z.B. S. 29 oder 59 .
82 Z.B. S. 12f.: »Seinserfüllung«, S. 149 u.a. »beiwohnen«.
83 Z.B. S. 78: »Hormonstrotzer«, S. 228: »Ein Mäuschen fangen«, »eine Meise hören«, S. 246: »aufs Kreuz legen«, »Ringkampf«, etc.
84 »Das Zeug, das man Sexualität nennt« (S. 208).

XX. Die verlorene Ehre der Katharina Blum oder: Wie Gewalt entstehen und wohin sie führen kann. Erzählung

1. Publikationsformen

Buchausgabe: Köln 1974 (Juli)
Zeitungsabdruck: Der Spiegel vom 29. 7. bis 19. 8. 1974
dtv: (1150) 1. Auflage 1976 – überarbeitete Fassung, 1. Auflage Neusatz: 28. Auflage 1995 – nach dieser Ausgabe wird zitiert.
Verfilmung: *Die Verlorene Ehre der Katharina Blum*, Oktober 1975; Drehbuch: Margarete v. Trotta u. Volker Schlöndorff unter Mitarbeit H. Bölls, Regie: Volker Schlöndorff unter Mitarbeit von Margarethe v. Trotta
Bühnenbearbeitung: Mai 1976; Werkstattaufführung in Bonn; Textfassung: Margarethe v. Trotta. 1986; Aufführung dieser Fassung in Köln
April 1991 Uraufführung einer Opernversion von Tilo und Dorothea Medek in Bielefeld

2. Entstehung und Kontext

Die inzwischen erlangte Prominenz Bölls als Nobelpreisträger, PEN-Präsident und die politischen Umstände der Entstehung machten diese Erzählung zu seinem meistdiskutierten und auch erfolgreichsten Werk. Die »neue Erzählung ist wieder skandalös. Darum drucken wir sie«, kündigte der ›Spiegel‹ den Abdruck an und fand dabei nicht einmal die grellste Formulierung. Von Beginn an galt die Erzählung als »Rache« oder »Vergeltung«[1] an der

[1] Von den über 40 mir vorliegenden Rezensionen enthalten 20 die Worte »Rache«, »Abrechnung«, »Vergeltung«.

›Bild-Zeitung‹, und das kurze »Motto«, das Böll dem Text voranstellte, wurde als Bestätigung dieser Sicht begriffen.

Die ›Bild-Zeitung‹ hatte am 23. 12. 1971 den Bericht über einen Bankraub mit Todesopfer unter die Schlagzeile gestellt »Baader-Meinhof-Bande mordet weiter«, obwohl es keinen Hinweis auf die Täter gab[2]. Für Böll war dies Anlaß für den Artikel *Will Ulrike Gnade oder freies Geleit?* am 10. 1. 1972 im ›Spiegel‹. Er löste eine Flut von Zeitungsartikeln, öffentlichen Aufrufen und Resolutionen aus, zahllose Schmähungen und sehr viel weniger Unterstützung. Der wesentliche Teil dieser Kontroverse ist 1972 dokumentiert worden[3]. Der sogenannte »Radikalen-Erlaß« vom 28. 1. 1972 führte zu grotesken Übertreibungen der Gesinnungsschnüffelei in einzelnen Bundesländern. Auch bekannte Intellektuelle wie Peter Brückner, Luise Rinser u.a. wurden Opfer von Verdächtigungen. In den Verdacht des »Sympathisantentums« mit dem Terrorismus gerieten im Verlauf dieser Kampagne auch Böll und seine Familie. Dabei kam es zu einer Wohnungsdurchsuchung im Hause von Bölls Sohn Raimund, über die von einer Berliner Zeitung des Verlagshauses Axel Springer berichtet wurde, noch ehe sie stattfand.

Als *Katharina Blum* sehr rasch die Bestseller-Listen anführte, setzten die Springer-Zeitungen die Veröffentlichung solcher Listen aus.

3. *Wort- und Sacherklärungen*

9 *Weiberfastnacht*: letzter Donnerstag vor Aschermittwoch

14 *Amortisation*: hier Tilgung einer Schuldsumme – *Asservatenkammer*: polizeilicher oder gerichtlicher Aufbewahrungsort für Beweismittel

[2] Das Verbrechen hatte mit der terroristischen RAF auch überhaupt nichts zu tun, der Deutsche Presserat rügte die Bild-Zeitung wegen dieser Schlagzeile.

[3] Grützbach 1972.

20 *Napoleon*: N. Bonaparte (1769 – 1821), von 1804 – 1814/15 frz. Kaiser – *Christina*: (1626 – 1689), von 1632 – 1654 Königin von Schweden

44 *Traiteur*: Betreiber einer Stadtküche – *Restaurateur*: hier Restaurantbesitzer

72 *Scheichkostüme*: waren »aus naheliegenden Gründen beliebt«, da die »Ölkrise« von 1973 dieses Gewand aktuell machte

77 *Kreml-Tante*: östliche Attribute galten bis Anfang der achtziger Jahre als besonders disqualifizierend – *Stalin*: Josef St. (1879 – 1953), ab 1922 Lenins Nachfolger als Generalsekretär der KPDSU

98 *Königskinder*: dt. spätmittelalterliches Volkslied (›Es waren zwei Königskinder…‹)

99 *Palatschinken*: österr. für »Pfannkuchen«

4. Aspekte des Textes

Inhaltsabriß

Am »Mittwoch, dem 20. 2. 1974, am Vorabend vor Weiberfastnacht« geht »eine junge Frau von siebenundzwanzig Jahren«, die Hausangestellte Katharina Blum, zu einem »privaten Tanzvergnügen« (S. 9), lernt dort Ludwig Götten kennen, der wegen Desertion und Bankraub polizeilich gesucht wird. Sie verliebt sich in ihn, nimmt ihn in ihre Wohnung und ermöglicht ihm bei einem Polizeieinsatz die Flucht. Die »ZEITUNG« erfährt davon, macht in reißerischer Manier eine »story« daraus, die Katharina in die Nähe des Terrorismus rückt. Als sie von der Polizei entlassen wird, führt der Reporter Tötges die Kampagne gegen Katharina weiter. Weil die Polizei sie nicht gegen die ehrverletzenden Artikel schützen kann oder will, erschießt sie den Reporter.

Das in der Textausgabe abgedruckte Nachwort ist nur eines unter den für Böll ungewöhnlich zahlreichen Selbstäußerungen. Diese bezeichnen – wie schon das »Motto« – je höchst unterschiedliche Abstände zwischen Fiktion und »Wirklichkeit«: »frei erfunden« steht gegen »unvermeidlich[e]« Ähnlichkeit, das »uralte«, im Grunde »mythische Thema, die Ehre eines Menschen, der sich nicht wehren kann«[4], gegen das »erzählerisch verkleidete Pamphlet« (S. 140), »reiner Mythos »[5] gegen den Text »spielt in diesem Jahr, in dieser Zeit, in dieser bundesrepublikanischen Gegenwart«[6]. Mit wachsendem Abstand zum politischen Kontext wurden in der Erzählung auch immer mehr Momente entdeckt, die über den aktuellen Anlaß hinausreichen. Man hat zum Beispiel auf Bölls schon 1967 erklärte Absicht verwiesen, einen »deutschen Kriminalroman« zu schreiben mit dem Handlungskern: »Kath. Massenblatt denunziert Arzt oder Anwalt«[7]. Und es ist inzwischen Konsens, daß *Katharina Blum* zwar so etwas wie eine »literarische Antwort« auf die Hetzkampagnen der ›Bild-Zeitung‹ darstellt, daß sich die Erzählung aber »aufgrund der dichterischen Umformung weit über eine bloß schriftstellerische Replik« hinaushebt[8]. Bei solchen Analysen stand die Suche nach literarischen Vorbildern im Vordergrund: Schillers Erzählung ›Der Verbrecher aus verlorener Ehre‹ (1792) bot sich wegen der Ähnlichkeit des Titels an, doch Böll selbst kommentierte das mit den Worten »Vollkommen irrig«[9]. Den Hinweis auf Kleists Novelle ›Michael Kohlhaas‹ hat er dagegen gelten lassen[10] – nicht als thematisches Vorbild, sondern weil er Kleist als Autor schätzte.

[4] *Eine deutsche Erinnerung*, (1976) in: I, S. 568.
[5] *Ich tendiere nur zu dem scheinbar Unpolitischen.* Gespräch mit Manfred Durzak 1975, in: I, S. 335.
[6] *Ich tendiere nur zu dem scheinbar Unpolitischen*, (1975), in: I, S. 343.
[7] Kicherer [3]1989, S. 25.
[8] Sowinski 1993, S. 82.
[9] *Ich tendiere nur zu dem scheinbar Unpolitischen*, (1975), in: I, S.327.
[10] *Ich tendiere nur zu dem scheinbar Unpolitischen*, (1975), in: I, S. 329.

Gelegentlich sind auch andere ›mörderische‹ Frauengestalten aus dem Fundus antiker und biblischer Mythen benannt worden, wie Medea und Judith[11].

Wenn das *Thema* von Böll selbst auch immer wieder als »mythisch« gekennzeichnet wurde, so scheint hier kein typologisches Verfahren (s.o. S. 334f.) und auch kein »mythologischer Plot« wie für den *Clown* vorzuliegen. »Mythische Parallelen« zur »Königskinder-Situation« des bekannten Volksliedes sind zwar im Text angedeutet[12], sie tragen aber nicht die gesamte Struktur, denn schließlich sind Katharina und Götten wenigstens einmal »zusammengekommen«.

Die »Ähnlichkeit mit *Gruppenbild* liegt mehr in der Attitüde als in der Form«, vermerkte Böll denn auch und sprach von einer Struktur »wie eine mathematische Formel« oder nach einem musikalischen Prinzip: Das Buch habe eine »Sequenz, Titel, Untertitel, Motto«, dies sei »das Thema in drei Formen, in drei Ausdrücken variiert, und dann kommt die Ausführung des Themas und dann kommen gewisse Zwischenspiele«[13]. Im Text selbst treten solche musikalischen Assoziationen zurück[14], aber ein anderer Aspekt fällt auf, den ein Kritiker[15] als »sprachlich leider verunglückte Rechenschaft über die gewählte Erzählweise« bezeichnete: Es ist das Bild von den »Neben- und Hauptquellen«, das Böll im ersten Satz, einer der beiden prominentesten Stellen jedes Erzähltextes, entwirft und das er im zweiten Kapitel auf charakteristische Weise expliziert: »Wenn der Bericht – da hier so viel von Quellen geredet wird – hin und wieder als ›fließend‹ empfunden wird, so wird dafür um Verzeihung gebeten: es war unvermeidlich« (S. 8). Dieser Satz nimmt das »unvermeidlich« des Mottos wieder auf – mit Bedacht: Denn auch bei der Quellen-

[11] Z.B. in »Basler Bote«, 24. 10. 1974.
[12] S. 98, sie sind also nicht erst von Manfred Durzak ins Gespräch gebracht worden – *Ich tendiere nur zu dem scheinbar Unpolitischen*, (1975), in: I, S 336.
[13] Gespräch mit Manfred Durzak 1975, in: I, S. 345 f.
[14] Nur in der Mehrdeutigkeit des Begriffs »Komposition« (S. 8) ließe sich ein entsprechendes Moment vermuten.
[15] Walter Jens, Rezension der Erzählung in: Hessischer Rundfunk, 23. 7. 1974.

metapher handelt es sich um eine der unvermeidlichen Ähnlichkeiten von Fiktion und Wirklichkeit: »Hier springt eine klare Quelle«, lobte der damalige Bundespräsident Lübke, als er am 6. 10. 1966 zur Einweihung des Verlagshauses Axel Springer in Berlin öffentlich gratulierte[16]. Damals wurde dieser Satz, wie so viele verunglückte Bemerkungen dieses Präsidenten, ironisch als »Wort der Woche« zitiert. 1974 erinnerte sich außer Böll offenbar kaum jemand daran.

Die Bedeutung der Metapher für den Text reicht deutlich über den Anfang hinaus, denn Böll bezieht sich sprachlich-assoziativ auf weitere Aspekte des Wasserlaufs: Von den Quellen über »Fließen«, »Konduktion« als flüssige Variante der Komposition, zu »Pfützenwasser«, »Abflußrinne«, »Niveauunterschiede« und »unterirdische Strömungen« (S. 8). Sie unterbrechen den Text aber nicht, sondern sie strukturieren ihn, wobei das Bild vom Fließen immer wieder auf ein anderes Agens übertragen wird: »[...] wenn hier etwas fließen soll, dann nicht Blut. [...] jedermann weiß doch, was viel rotes Blut auf viel Weiß anrichten kann; da wird eine Pistole notwendigerweise fast zur Spritzpistole«[17].

Ignoriert man für einen Augenblick den ironischen Ton, so wird ein Selbstzitat kenntlich, das zu *Brot*, also zeitlich noch hinter das Lübke-Wort zurückreicht: »Du schüttest roten Farbstoff in eine Quelle, um herauszufinden, wie weit ihr Aderwerk reicht, aber es kann Jahre dauern, ehe du irgendwo, wo du es nicht vermutet hast, das rotgefärbte Wasser findest. Heute bluten die Bäche, erst heute weiß ich, wo meine rote Farbe geblieben ist«[18].

Auf die Vergleichbarkeit des Bildes kommt es an – *Brot* und auch der unmittelbare Kontext dieser Worte[19], sind mit Thema und Handlung von *Katharina Blum* nicht in Beziehung zu bringen. Hier geht es um die »Sequenz« von »Quelle« »Blut« und

[16] Der Tagesspiegel, Berlin, 7. 10. 1966.

[17] S. 10; Böll kommt auf die Quellenmetapher in den Kapiteln 7, 24, 25, 34, 37, 39, 42, 51, 52 zurück.

[18] *Brot*, S. 93.

[19] Fendrich versucht mit diesem Bild zu beschreiben, wie sich über Jahre hinweg der Zorn über sein Leben aufgestaut hatte.

»Gosse« – von »Ehre«, »Gewalt« und »Bild-Zeitung«: »Wer sich mit dieser Erzählung beschäftigt, sollte sich zunächst mit diesen drei vorgesetzten Elementen beschäftigen, sie sind schon fast eine Interpretation« (S. 144). So wie das Billardspiel die Metapher für das gestalterische Verfahren in *Billard* war, so setzen die Spielarten des Wasserlaufs die Handlung in Gang und zugleich ins Bild, bleiben dabei aber strikt auf die Rolle des Erzählers konzentriert. Böll knüpft mit der Konzeption eines »Berichterstatters« erklärtermaßen an die »*Gruppenbild*-Technik« an, hat diesen hier aber »vager«[20] gestaltet und ihn nicht, wie den »Verf.«, in die Handlung einbezogen, wenn er auch ganz und gar nicht »unparteilich« ist. Das ist als problematisch angesehen worden, weil man angesichts eines Pamphlets gegen den Boulevardjournalismus von einem Berichterstatter »Objektivität« erwartete oder gar einforderte[21]. Was dabei übersehen wurde, ist gerade das Grundproblem: Was ist die »Objektivität« eines literarischen Textes, wenn schon »die Wirklichkeit« nur als »sogenannte« existiert? Für Böll war das Problem »unlösbar«, weil es »nicht nur den Schriftsteller, sondern jeden Menschen, jeden, der irgendwas macht, malt, schreibt, um Wirklichkeit zu vermitteln, betrifft«[22]. Der Berichterstatter in *Katharina Blum* ist ein Versuch, der Lösung dieses Problems näherzukommen.

Liebe und Sprache

Auch für *Katharina Blum* bestand Böll auf »seinem« Thema: »Es ist ja nicht mehr als eine Liebesgeschichte mit dem ›Handlungskern‹ […] eines Groschenheftes« (S. 140). Wieder »ereignet« sich eine Liebesbeziehung blitzartig als Epiphanie – die »Liebe ist ja

[20] Sämtliche Zitate aus *Ich tendiere nur zu dem scheinbar Unpolitischen* (1975), in: I, S. 324.
[21] Vgl. *Ich tendiere nur zu dem scheinbar Unpolitischen* (1975), in: I, S. 323, oder das Gespräch mit Viktor Böll, *Zur Verfilmung der »Katharina Blum«* (1976), in: I, S. 667 .
[22] Gespräch mit Karin Struck, *Schreiben und Lesen* (1973), in: I, S. 267.

nun einmal eine verflucht merkwürdige Sache« (S. 142) – und wieder ist es eine Liebe unter »schwierigen Bedingungen«: Mit sich steigernder Ironie hat Böll das in seinem Nachwort zusammengefaßt und zugespitzt, wobei diese Steigerung sich vor allem in den Formulierungen »fürchterliche ›Unschuld‹«, »›unschuldige‹ Gemeinheit« (S. 143) und »bestialische(n) ›Unschuld‹« (S. 144) zeigt. »Unschuld« gehörte sonst – mit den beiden anderen im Nachwort herausgehobenen Begriffen »TREUE und STOLZ« (S. 142) – zu dem Kreis stets eindeutig positiv besetzter Begriffe[23]; die sarkastische Wertumkehr an dieser Stelle reflektiert auch im zeitlichen Abstand noch den entscheidenden Umschlagpunkt in der Handlung, den die Berichtsform des Textes ins letzte Kapitel plaziert: Der Schuß Katharinas und seine Motivation – »Er wollte doch bumsen, und ich habe gebumst« (S. 137). Das ist ein »Sprachspiel«, das unmittelbar Wort in Tat umsetzt. Das ist deutlich und daher häufig benannt, kaum aber befriedigend analysiert worden. Die verbreitete Kritik an diesem Schluß hat Rainer Nägele zusammengefaßt: Was das Wortspiel »symbolisch verdichtet, löst es im Kontext der Handlung auf, indem es die Motivation verwirrt und den Schuß zur Reaktion auf die sexuelle Attacke macht, womit die von der Recherche mühsam aufgebauten Motivationszusammenhänge gefährlich in Frage gestellt werden«[24].

Das Urteil weist die Liebesgeschichte fälschlich in die zweite Reihe, obwohl Nägele selbst im Gegensatz von »Gewalt und Liebe« eine »Grundkonstellation der Erzählung« ausgemacht hat[25]. Und auch dieser Gegensatz wird sprachlich ausgetragen: Durch die »Definitionskontroversen« (S. 29f.) um »zärtlich« oder »zudringlich«, um »intim« und »innig« (S. 54). Ihre Bedeutung ergibt sich nicht nur aus dem Kontext der Erzählung, sondern auch aus dem Fortschreibungscharakter dieser Debatte: In *Hausfriedensbruch*[26] schon steht »zärtlich« gegen »zudringlich«, in *Grup-*

[23] In *Aussatz* und *Gruppenbild*, um nur zwei Beispiele zu nennen.
[24] Nägele 1976, S. 162.
[25] Nägele 1976, S. 161.
[26] *Hausfriedensbruch*, S. 44.

penbild sind die Begriffe teils neben-, teils gegeneinander zu finden[27], hier dominiert das Sprachproblem den Text. Auf der einen Seite steht die Sprache der »Machtergreifung«[28] – »Sexklemmer«, Beizmennes »ominöse Frage« (S. 19), die »derben sexuellen Offerten« (S. 77) – auf der anderen Katharina und die Personen, die auch sprachlich auf ihrer Seite stehen und das »zärtlich«, »innig« etc. fast zu einem alternativsprachlichen System verbinden: Ludwig war »so lieb« (S. 57, Katharina), ein »liebenswürdige[r] junge[r] Gentleman, von dessen Zärtlichkeiten sie jetzt nur noch träumen darf« (S. 86, Trude Blorna), »liebesfähig, ernst« (S. 87, Trude). Dabei formuliert Böll keineswegs über Banalität und kitschigen Kontext dieses Vokabulars hinweg. Vielmehr bricht er es ironisch, indem der »zärtliche Ludwig« (S. 334) etwa auch zur sarkastischen Phrase Beizmennes wird, die anonymen Briefe ausgerechnet »Zärtlichkeiten« versprechen (S. 78) und selbst die ZEITUNG das Vokabular usurpiert und von »inniger Zärtlichkeit« schreibt (S. 41).

Wenn schließlich der Berichterstatter satirische Wortbildungen wie »Zärtlichkeitsempfinder« (S. 57) und »Zärtlichkeitsanbieter« (S. 98) verwendet, dann wird deutlich, daß Böll hier zwar sprachliche Kontrapunktik betreibt, aber ausdrücklich und noch weniger endgültig Partei ergreift im »Sprachenstreit«. Wieder einmal zeigt sich die Sprachnot, die anscheinend nur die Wahl zuläßt zwischen aggressivem und kitschigem Vokabular, »zwischen Karamelpudding und härtestem Porno« (S. 101): »intim« – »gefickt« – »innig« – dieser Text stellt zur Diskussion. Die »bewohnbare Sprache« für den »Sexualbereich« ist noch nicht gefunden – die Abweisung der »Porno«-Sprache durch das tödliche Sprachspiel scheint allerdings endgültig.

In einem anderen sprachlichen Aspekt gelangt Böll dagegen weiter: Wenn er in den *Frankfurter Vorlesungen* darüber klagte, wie viele Worte »weggeworfen« würden[29], so gibt er hier Beispie-

[27] *Gruppenbild*, S. 138.
[28] *Frankfurter Vorlesungen*, 1964, in: SR-3, S. 33.
[29] In: SR-3, S. 34.

le, daß Worte auch wieder verwendbar gemacht werden können: Katharina demonstriert das an dem Wort »nett«[30], das sie als Allerweltsvokabel (»nett zu mir«, S. 30) zurückweist, um es doch selber mit definierter Bedeutung zu verwenden – und das an dem zweiten prominenten Ort, den ein Erzähltext zu bieten hat, dem Schlußsatz: »[...] und bin zu diesem Moeding gefahren, der damals so nett zu mir war.«

Fünf Jahre später erinnerte sich die Kritik natürlich trotz der herausragenden Plazierung nicht mehr an diesen Schluß und nahm bei *Belagerung* erneut Anstoß.

Sprache und Gewalt

Über Liebe und »nett« hinaus stellen sich weitere Probleme und Konflikte als sprachliche dar. Das ist auch durch den Gegenstand der Kritik bedingt, die Presse »und damit deren hauptsächliches Mittel, die Sprache, die sie als Waffe, als Totschläger, als Aufputschmittel benutzt«[31]. Die Sprache dieser Art von Presse ist die »Gewalt«, von der der Untertitel spricht, nicht der tödliche Schuß auf Tötges, der erst die Folge der Gewalt ist, das, »wohin sie führen kann«. Dies macht Böll in der kalauernden Zweideutigkeit des »bumsen« gleichsam unmittelbar plausibel, sind hierin doch die beiden Themenbereiche vereinigt, die den Journalismus vom Schlage der ZEITUNG charakterisieren: »sex and crime«. Der Schuß Katharinas ist der Tat gewordene Begriff »Revolverjournalismus«, was das Bedeutungsspektrum des zentralen Sprachspiels noch ausweitet. Allerdings gehört »bumsen« einer Umgangssprache an, die Tötges in der »privaten« Situation verwendet. In der ZEITUNG hingegen dominiert weder diese[32], noch gar das »schlechte Deutsch«, das die Kritik der Erzählung

[30] Um das Böll sich schon seit *Brot* immer wieder bemühte, s.o. S. 205.

[31] Wolfram Schütte, Rezension von *Katharina Blum*, in: Frankfurter Rundschau, 10. 8. 1974.

[32] Zumindest entsprach das den sprachlichen Konventionen Mitte der siebziger Jahre.

häufig genug angekreidet hat[33]; im Gegenteil »wirkt die Sprache dieses Massenblattes an vielen Stellen fast poetisch, hochgestochen, sentimental«. Die verkitscht-sentimentalen Tiraden[34], zu denen die ZEITUNG die Aussagen Brettlohs verwandelt (S. 41f.), die »Artikulationshilfe« (S. 103), die der Reporter »einfachen Menschen« zu geben pflegt, demonstrieren das. Dazu kommen Verleumdungen und Verdrehungen, »Dehnung« von Wortbedeutungen bis zur Verzerrung: Aus »radikal hilfsbereit« macht die ZEITUNG »eine in jeder Beziehung radikale Person« (S. 42).

Das sind altbekannte Techniken agitatorischer Sprachverwendungen, die auch schon 1974 keinen besonderen Neuigkeits- und Erkenntniswert besaßen – und die ›Bild-Zeitung‹ war seit der Studentenbewegung schärfere Kritik gewohnt. Böll nutzt jedoch die Möglichkeit der fiktionalen Erzählung, um über die Feststellung latenter Gewalt in manipulierender Sprache hinaus ihr tatsächliches Wirksamwerden zu demonstrieren. Die Wirkung der Gossenpresse, von der jedermann spricht, ohne sie im einzelnen wirklich belegen zu können, wird in der Erzählung sichtbar gemacht und über den Illusionsraum der Fiktion hinaus plausibel, weil sich hier »Wirklichkeit« und »Fiktion« durchdringen. Der ›Spiegel‹-Herausgeber Rudolf Augstein fragte in der Vorbemerkung zum Abdruck in seinem Blatt, ob »Böll ›Bild‹ getroffen hat; ob ›Bild‹ nicht viel gelungener ist, als ein Gebildeter unter seinen Verächtern es je porträtieren könnte«[35]. Es hat sich jedoch erwiesen, daß dieses fiktionale Bild doch besser »getroffen« hat als selbst noch die realistischsten Reportagen[36], über die heute niemand mehr spricht.

Das von Böll zitierte Gerücht vom »Terroristen-*Roman*« (S. 139) belegt die Wirklichkeit der Fiktion: Weder Ludwig Götten

[33] Z.B. »hölzerne Sprache«, Deutsche Zeitung (Stuttgart), 9. 8. 1974; »schlampig geschrieben«, Süddeutsche Zeitung, 10. 8. 1974.

[34] Scheiffele 1979, S. 174.

[35] Der Spiegel, 28. 7. 1974.

[36] Z.B. Günter Wallraffs ›Der Aufmacher‹, Köln 1977 oder Bölls eigenes Buch *Bild. Bonn. Boenisch*, Bornheim-Merten, 1984, abgedruckt in: SR-9, S. 64ff.

noch die Handlung der Erzählung haben etwas mit Terrorismus oder auch nur mit politisch motivierten Aktionen zu tun – allein die ZEITUNG und ihre Pendants in der bundesdeutschen Wirklichkeit der siebziger Jahre konstruierten solchen Zusammenhang – in der Erzählung wurde das modellhaft vorweggenommen.

Die Freitags-ZEITUNG (S. 36f.) legt den Grundstein: Das »*RÄUBERLIEBCHEN*« der Schlagzeile verleumdet Katharina zwar, beläßt den Fall Götten jedoch im Bereich »gewöhnlicher« Kriminalität. Das gilt auch für »Mörder«, eine unzulässige, aber übliche Verletzung der im Rechtsstaat gebotenen Unschuldsvermutung. Das Wort »*Bandit*« jedoch gibt das Gelenkstück ab, um ein »terroristisches Umfeld« zu behaupten. Das fällt heute nicht mehr unmittelbar auf, doch damals war der Streit darum, ob man »Baader-Meinhof-Gruppe« sagen dürfe oder »Baader-Meinhof-*Bande*« zu sagen habe, entscheidend für die Trennung und Definition politischer Welten. Vom »*Banditen*« ist daher der Weg vorgezeichnet zu »*Verschwörung*« und zur politischen Denunziation Katharinas – »Der Vater war ein verkappter Kommunist« –, und damit ist das Verdächtigungsprofil vorgezeichnet, das die ZEITUNG im Text ausfüllt: »*Konspirationszentrum, ein Bandentreff, Waffenumschlagplatz*« (S. 37). Die Wirkung wird im Text rasch sichtbar – schneller noch als in der Realität denkbar, da Böll hier sein eigenes Zeitschema nicht sorgfältig genug beachtet hat: Am Donnerstagvormittag stürmt die Polizei Katharinas Wohnung (S. 18), ein ZEITUNGsbericht darüber am gleichen Tage (S. 79) ist unmöglich, für die Leserbriefe, die Katharina am Freitag liest (S. 77f.), allerdings unverzichtbar[37]. Diese Briefe könnten ohne weiteres dem Leserbriefteil bundesdeutscher Boulevard-Zeitungen zu Beginn der siebziger Jahre entnommen sein, und Böll war dieser Ton aus Leserbriefen im Zusammenhang mit dem Meinhof-Artikel[38] bestens vertraut. »Es ist […] unfaßbar, wenn man

[37] Diese Unstimmigkeit ließ sich deshalb auch nicht aus dem Text herausredigieren, wie das mit einem bösen Rechenfehler bei der Ermittlung von Katharinas Fahrleistungen (S. 47) in der Erstausgabe noch möglich war.

[38] Vgl. Grützbach 1972, S. 25.

hierzulande unter Gewalt nur noch die Gewalt von Bomben und Maschinenpistolen versteht«, hatte er schon 1972 geklagt[39]. »Übt eine *Bild*-Schlagzeile keine Gewalt aus? Welche?« Die Erzählung ist auch eine Antwort darauf, sie erschöpft sich freilich nicht darin.

Katharina – die »Reine«

Der humanistisch gebildeten Leserschaft ist die ursprüngliche griechische Bedeutung von Katharinas Namen nicht entgangen[40]. Da der Text noch weitere »sprechende Namen« aufweist – Tötges, Goetten –, schien hier nach Leni Gruyten eine zweite »Heilige« ein Identifikationsangebot zu liefern – die »Reine« schien gegen die »Schweine«[41] gestellt. Springers Journalisten nutzten dies sogleich zur Verunglimpfung: »Sein Buch schildert in der empfehlendsten Weise, wie ein ›Bild‹-Reporter ermordet wird«, schrieb die ›Welt‹[42], und die ›Berliner Morgenpost‹ führte sogar den Mord an dem Richter von Drenkmann auf Bölls Erzählung zurück[43]. Die falschen Gleichsetzungen gingen so weit, daß etwa der damalige Bundespräsident Carstens eine Katharina Blum als Pseudonym des Autors ansah[44].

Bölls nachträgliche Warnungen vor der immer fragwürdigen Gleichsetzung von Autor und Figur waren zahlreich. Seine Erwartung an die »Sensibilität« des Lesers, »sich kritisch dieser Katharina zu nähern«, wurden jedoch enttäuscht: »[…) ich finde sie gar nicht heldenhaft und heilig, wie viele Kritiker sie empfunden haben. Das hat mich überrascht. Und schauen Sie sich den Le-

[39] *Die Würde des Menschen ist unantastbar* (1972), in: SR-4, S. 257.
[40] Vgl. z.B. Süddeutsche Zeitung, 10. 8. 1974, die von der »Reinheit« der »heiligen Katharina« schreibt.
[41] Deutsche Zeitung (Stuttgart), 9. 8. 1974.
[42] Die Welt, 29. 5. 1978.
[43] »[…] deswegen wäre es nicht ganz abwegig zu fragen, ob es ohne Heinrich Bölls Buch ›Katharina Blum‹ überhaupt einen Mord in der Bayernallee gegeben hätte«, 24. 11. 1974.
[44] Rede auf einer CDU-Kundgebung in Duisburg am 12. 12. 1974.

benslauf an, analysieren Sie ihn exakt! Das ist eine reine Karrierefrau, die auf konventionelle Wirtschaftswunderweise ihre Chance erkennt und wahrnimmt«[45].

Katharina ist das Gegenstück zu Fendrich in *Brot*: Sie steigt auf, nicht aus, und sie ist im Unterschied zu Leni und Lev von einer Leistungsfähig- und willigkeit, die von einem *Plädoyer zur Senkung der Arbeitsmoral* überhaupt nicht erreichbar wäre. Böll hatte für seine Erzählung nach einer »belanglosen Zeitgenossin«[46] gesucht, die nicht, wie er selbst, »zurückschlagen«[47] konnte. Nur so war das pamphletistische Ziel realisierbar. Natürlich stellt die für Böll so typische Form des epiphanischen Liebeserlebnisses sie in dieser Beziehung durchaus in die Reihe anderer Frauenfiguren Bölls – doch ist das eben nur ein Aspekt dieser Gestalt. Katharina ist trotz Karl Carstens nicht Heinrich Böll[48].

[45] *Ich tendiere nur zu dem scheinbar Unpolitischen* (1975), in: I, S. 329, vgl. dazu auch das Nachwort *Zehn Jahre später,* S. 141.
[46] *Drei Tage im März* (1975) in: I, S. 390.
[47] *Drei Tage im März* (1975) in: I, S. 390.
[48] Vgl. zu diesem Kapitel auch Balzer ^{2}1994.

XXI. Du fährst zu oft nach Heidelberg und andere Erzählungen

1. Publikationsformen

Buchausgabe: Bornheim-Merten 1979
dtv (1725): 1. Auflage 1981
Neusatz: 8., neu durchgesehene Auflage, Februar 1997 – nach dieser Ausgabe wird zitiert.

Die Sammlung stellte Bölls Sohn René zusammen aus Erzählungen, die vor der ersten Gesamtausgabe (1977) nicht in früheren Sammelbänden enthalten und anderen, die nach dem Erscheinen der Werkausgabe geschrieben und einzeln veröffentlicht worden waren. Buchumfang erreichte die Sammlung durch Aufnahme eines autobiographisch-essayistischen Textes (*Der Husten meines Vaters*) und zweier ironisch-glossenhafter »Zukunftsvisionen« (*Deutsche Utopien I* und *II*), die in die Neuausgabe der Erzählungen[1] auch nicht mehr aufgenommen wurden.

Die Zusammenstellung sollte der Reihenfolge der Veröffentlichungs- bzw. Entstehungsdaten folgen, die 1979 in zwei Fällen noch falsch waren: Inzwischen ist bekannt, daß *Der Geschmack des Brotes* bereits 1951 publiziert worden ist und (wie auch *Besichtigung*) aus dem Roman *Der Engel* stammt. Von *Die Kunde von Bethlehem* war 1979 nur der Erst*druck* bekannt, der Text ist aber bereits am 27. Dezember 1952 vom NWDR Köln unter dem Titel *Die Kinder von Bethlehem* gesendet worden.

Die Ersterscheinungsdaten der übrigen Texte sind in der Ausgabe (S. 119 f.) genannt.

[1] Vgl. Erz.

2. *Entstehung und Kontext*

Aus der vorwiegend verlagsrechtlichen Gegebenheiten geschuldeten Zusammenstellung ergibt sich eine Zweiteilung der Sammlung mit einer »Lücke« von 22 Jahren. Dennoch läßt sich der »Fortschreibungsprozeß« des Böllschen Werkes auch hier modellhaft nachvollziehen – thematisch und durch das Gattungsspektrum kurzer Prosa – von der Kurzgeschichte über die Satire, Glosse, autobiographischen Skizze bis zur Novelle.

3. *Wort- und Sacherklärungen*

7 *Genius loci*: (lat.) Geist des Ortes

30 *Conchen*: muschelförmige Nischen – *Mensa*: hier Altartisch – *Tabernakel*: Behältnis für das Allerheiligste

35 *Vitzliputzli*: Verballhornung des Atztekengottes Huitzilopochtli

38 *Anthropophagie*: Menschenfresserei

50 *Louis--*: Kunststil, entweder Louis-quatorze (Barock) oder Louis-quinze (Rokoko) – *Salomon, der das Schwert...*: das salomonische Urteil nach 1. Könige 3, 16 – 23

66 *Nitrit*: Salz der salpetrigen Säure

74 *Klaus Staeck*: (geb. 1938), dt. Graphiker

80 *Eddy Merckx*: (geb. 1945), belg. Radsportler – *Idi Amin*: (geb. 1924/5), ehemaliger ugandischer Diktator

89 *Gospodin*: (russ.) Herr

92 *Kierkegaard*: Sören K. (1813 – 1855), dän. Philosoph

101 *Devotionalien*: religiöse Artikel

102 *Memento, quia pulvis es et...*: (lat.) Bedenke, daß du Staub bist und zu Staub zurückkehren wirst

105 *Nachkonziliär*: auf dem 2. Vatikanischen Konzil (1962 – 1965), wurden u.a. die katholischen Riten vereinfacht – *Lefèbvre*: Erzbischof Marcel François L. (1905 – 1991), stellte sich in den siebziger Jahren gegen die konziliaren Erneuerungen

106 *Benedikt XV.* (1851 – 1922), Papst ab 1914 – *die beiden Piusse*: Pius XI. (1857 - 1939), Papst ab 1922 und Pius XII. (1876 – 1958), Papst ab 1939 – *Paul VI.*: (1897 – 1978), Papst ab 1963 – *Johannes XXIII.*: (1881 – 1963), Papst ab 1958

107 *Proust*: Marcel P. (1871 - 1921), frz. Schriftsteller - *Henry James*: (1843 -1916), amerik. Schriftsteller

110 *Helmut Gollwitzer*: (1908 - 1994), dt. Theologe - *Günter Grass*: (geb.1927), dt. Schriftsteller – *Rudi Dutschke*: (1949 – 1979), einer der Wortführer der Studentenbewegung von 1968 - *Tandler*: Gerold T. (geb. 1936), CSU-Politiker – *Kiesl*: Erich K. (geb. 1930), CSU-Politiker – *Spranger*: Carl Dieter Sp. (geb.1939), CSU-Politiker – *Lattmann*: Dieter L. (geb. 1926), dt. Schriftsteller u. SPD-Politiker

111 *Heteropterokratie*: Neologismus (Herrschaft des heterosexuellen Flügels) - *Kardinal Höffner*: Joseph H. (1906 - 1987), 1976 - 1987 Vorsitzender der Deutschen Bischofskonferenz – *Dorothee Sölle*: (geb. 1929), dt. Theologin

114 *Grieshaber*: HAP G.(1909 - 1981), dt. Künstler - *Horst Mahler*: (geb. 1936), Rechtsanwalt, zeitweise Angehöriger der RAF – *Coppik*: Manfred C. (geb. 1943), SPD-Politiker – *Rau*: Johannes R. (geb. 1931), SPD-Politiker

115 *Wörner*: Manfred W. (1934 – 1994), CDU-Politiker, 1982 – 1987 Verteidigungsminister – *Barzel*: Rainer B. (geb. 1924), CDU-Politiker

116 *Schmidt*: Helmuth Sch. (geb. 1918), SPD-Politiker und Bundeskanzler von 1974 - 1982 - *Dregger*: Alfred D. (geb. 1920), CDU-Politiker

117 *Beuys*: Joseph B. (1921 – 1986), dt. Künstler

Der Prozeß der Fortschreibung

Aus der »Vorzeit« ist die erste Publikation Bölls gewesen. Obwohl dies ein Zufall ist, da Böll sich seit Oktober 1946 für zahlreiche weitere Texte um Veröffentlichung bemühte, kommt diesem Text in zweifacher Hinsicht eine besondere Bedeutung zu. Zum einen ist er das extremste Zeugnis für die Rolle, die Lektoren bei der Herausbildung der Schreibweise Bölls spielten (s. o. S. 57f.). Aber auch durch das literarische Verfahren spielt gerade dieser Text eine wichtige Rolle: Böll beschreibt mit der Person des Soldaten Renatus (»der Wiedergeborene«) sozusagen eine pervertierte Form der »Menschwerdung« in einer Zwangsgemeinschaft. Was 1964 in *Entfernung* satirisch als Menschwerdung in »fäkalischen Gefilden« ad absurdum geführt wurde, ist hier schon Thema – allerdings in unverstellt zornigem statt satirischem Gestus. Beide Erzählungen verbindet ein sprachlicher »Einstieg«: Die Standardformulierung von Ausbildern deutscher Armeen, »jetzt werden wir erstmal Menschen aus euch machen«. Die Formel wird »beim Wort« genommen und am Ergebnis »überprüft« und dieses heißt: »Puppen« statt Menschen, »Tempel des Stumpfsinns« (S. 8), alles ist »tot« (S. 7), »aus der starren, leeren Form« gibt es keinen Ausweg« (S. 9). Von dieser zur Kurzgeschichte zusammengestrichenen Erzählung lassen sich die Linien fast durch das gesamte Werk Bölls ziehen[2].

Die andere Kriegserzählung des Bandes, *Der Angriff*, zeigt keine Lektoreneingriffe und beweist zugleich erneut, daß Böll von Beginn an auch den unsentimentalen und unpathetischen Ton beherrschte. Die Szene mit dem »elementaren Genuß des Trinkens« (S. 11) taucht in *Adam*[3] wieder auf. Ebenso weist *Der Geschmack*

2 »Menschwerdung« z.B. spielt auch in *Gruppenbild* (s.o. S. 328) eine wichtige Rolle.

3 *Adam*, S. 12.

des Brotes voraus auf *Das Brot.* Die Annahme (auch Bölls) von 1977[4], daß der Text in diesem Zusammenhang entstanden sein müsse, beruhte auf der erstaunlich engen motivlichen Verwandtschaft. Mit der Entdeckung des Irrtums wird sozusagen die Entstehungsgeschichte für die zugleich sinnliche (»trockene Zärtlichkeit«, S. 47) und sakramentale Funktion des Brotes im Kurzroman aus den Hungerjahren vor 1950 deutlicher sichtbar.

Ähnliche Motivverwandtschaften als Indikatoren für den »Fortschreibungsprozeß« zeigen sich zwischen *Aschermittwoch* und *Wort*: Im Motiv der »Langeweile unendlicher Sonntagnachmittage« (S. 21) und in der Bedeutung des Geldes (S. 23).

Das typologische Verfahren einer »Modernisierung« der Geschichte von Christi Geburt (*Die Kunde von Bethlehem*) weist voraus auf die sechziger (*Clown*) und siebziger Jahre (*Gruppenbild*), wenn auch die Geschichte durch das Sujet in den Zusammenhang von *Krippenfeier* (1952) und *Nicht nur zur Weihnachtszeit* eingebettet wird.

Ungewöhnlich für Bölls Prosa aus den fünfziger Jahren ist die Perspektive von *Wiedersehen mit dem Dorf*; denn den Kontrast von Kriegszeit und Nachkriegszeit hat er sonst nicht anhand der ehemaligen Kampfplätze, also gleichsam topographisch, sondern immer an den Menschen gezeigt[5].

Husten im Konzert und *Meines Bruders Beine* komplettieren die Berufssatiren der fünziger Jahre[6] (und mit *Geständnis eines Flugzeugentführers* und dem Devotionalienhändler in *Rendezvous mit Margret* kehrt er zu diesem Genre zurück[7]), wobei in *Husten* die Zumutung an die Toleranz des Lesers am größten ist[8].

Auch bei den Texten aus der Spätphase des Böllschen Werks sind Rückverweise auf frühere Arbeiten zu erkennen. Diese »wei-

[4] Bei der Projektierung der Werkausgabe.

[5] Z. B. *Als der Krieg anfing* und *Als der Krieg zuende war*, in: *Entfernung*, S. 19 – 60.

[6] Vgl. *Weihnachtszeit*.

[7] Das Böll 1975 mit der umfangreichen Satire *Berichte zur Gesinnungslage der Nation* bereits wieder für sich fruchtbar gemacht hatte.

[8] Vgl. dazu Balzer 1992.

che, gerührte und rührende Seligkeit« des Mannes (*Bis daß der Tod euch scheidet*, S. 58) ist die des Bäckers in *Haus*; »*Desertion*« (S. 70) und Langeweile des Militärdienstes (S. 72) werden in *Höflichkeit...* unter gleicher Perspektive zum Thema wie in *Dienstfahrt* oder *Entfernung*. In dieser Erzählung kehrt Böll zur Praxis typographischer Hervorhebung einzelner Wörter aus den fünfziger Jahren zurück, die auch diesen Text rhythmisch gliedern – freilich zeigt das zentrale Thema der »Höflichkeit« den Abstand zur Position etwa von *Billard*: Was dort geradezu ein Zeichen des Rückzugs aus dem Leben ist, wird hier – zwar in ironischer Brechung aber dennoch unverkennbar positiv – als Voraussetzung des Zusammenlebens gestaltet. Das steht, bei »strafwürdigen Vergehen« (S. 69f.) natürlich erst einmal unter Satireverdacht; denn »Entfernung von jedweder Truppe« ist für Böll ein Akt der »Menschwerdung«, und Bankraub – »wenn er gewaltlos und ohne körperliche Schäden verläuft« (S. 69), ist in durchaus Brechtschem Verständnis[9] ein geringeres Vergehen als die »Gründung einer Bank«: Schon während des Wahlkampfes von 1972 sprach Böll über *Gewalten, die auf der Bank liegen*[10]. Gleichwohl: Daß Böll hier auch mit den früheren Formulierungen des eigenen Standortes ironisch spielt – »In dieser Überlegung *treffen* sich, wie der geneigte Leser sofort feststellt – Ästhetik, Moral und Taktik in einmaliger Weise«[11] –, hält auch diesen Aspekt ironisch in der Schwebe.

Das literarische Gewicht der Sammlung wird bestimmt von *Du fährst zu oft nach Heidelberg* und *Bis daß der Tod euch scheidet*, die trotz der ganz unterschiedlich scheinenden Thematik eng zusammengehören. Daß René Böll bei der Zusammenstellung des Bändchens den zweiten Text zur Titelerzählung machte, ist vor dem zeitgeschichtlichen Hintergrund (1979, im Jahr nach dem »Deutschen Herbst«) verständlich; der zeitliche Abstand rückt die Maßstäbe zurecht. Wie ein sozialer Aufstieg (vom Elektriker

[9] Vgl. ›Happy End‹ von Elisabeth Hauptmann, Songtexte von Brecht.
[10] SR-4, S. 285ff.
[11] S. 66, vgl. dazu *Frankfurter Vorlesungen* 1964, in: SR-3, S. 81.

zum akademischen Mitarbeiter in einer staatlichen Kulturbehörde) scheitert an der durch den »Radikalenerlaß« ausgelösten Beschnüffelungs- und Verdächtigungswelle, ist hier mit nüchterner Genauigkeit und darstellerischem Understatement geschildert. Daß die Schäbigkeit eines »Studentenautos« und eine lateinamerikanische Bekanntschaft einen kaum faßbaren Prozeß aus »Bericht« – »Anweisungen« – »Richtlinien«, Ratschläge[n] (S. 82) in Gang setzen konnte, ist in der Tat *»von Anfang bis Ende erfunden«* und dennoch völlig zutreffend für die »Gesinnungslage der Nation«[12] Ende der siebziger Jahre. Daß in der Erzählung jemand sozusagen zum »Sicherheitsgeschädigten«[13] wird, der Ehrgeiz und Leistungswillen hat, Erfolg sucht und »wirklich« kein Kommunist ist (S. 81), verschärft den kritischen Impuls, macht das ganze aber zum Sonderfall.

Liebe und »Porno«

Bis daß der Tod euch scheidet ist sehr viel reicher an Aspekten. Zum einen weist auch diese Geschichte zurück auf den *Clown* und *Aussatz*. Der Aspekt des Ehesakraments ist jedoch auf originelle (und radikalisierte) Weise ex negativo gestaltet aus der Sicht der Scheidung und mit der Überlegung, daß die biblische Formel »nicht den physischen Tod« meine, sondern »den Eintritt eines völlig Fremden ins eheliche Schlafzimmer« (S. 52). Der »Tod«, »der sie geschieden hatte« (S. 55), besteht in der charakterlichen Verwandlung des Ehepartners beim sozialen Aufstieg (ebenfalls vom Elektriker zum Akademiker, diesmal allerdings in der Wirtschaft). Liebe und ihr Ende sind wie in den großen Romanen Bölls ein Test auf die gesellschaftlichen Bedingungen, unter denen sie stattfindet. Gerade mit der Verunmöglichung der Liebe stellt sich die soziale Ordnung stärker in Frage als durch Repressions-

[12] S. Anm. 7.
[13] Den Begriff prägt Böll im Zusammenhang mit *Belagerung*.

maßnahmen wie dem »Radikalenerlaß«. Die Verbindung von beiden Momenten ist wenig später das konstitutive Moment für den Roman *Belagerung*[14].

»Es war wohl die Zeit gekommen, in der die Ehemänner auf eine brutale Weise obszön wurden und die Liebhaber auf eine altmodische, fast rosa Weise zärtlich und selig« (S. 59) – so resümiert die Protagonistin der Erzählung ihr Verhältnis zu den beiden männlichen Partnern dieser kurzen »Dreiecksgeschichte« und zielt damit auf die generellen Zustände der »Zeit«.

Schon bei der Eheschließung hatte der Bräutigam »wegen des Erfolgserlebnisses« gestrahlt und den gleichen Stolz gezeigt »wegen des zweiten Erfolgserlebnisses an diesem Tag« (S. 49): Eroberung des Parkplatzes oder Eroberung einer Frau sind gleichrangig, sind es zu Recht, wenn es eben nur um Eroberung, um »Erfolgserlebnisse«, geht. Parallel zum gesellschaftlichen Erfolg – »es war ihnen alles gelungen: Aufstieg und Hausbau« (S. 52) – verkümmert die Beziehung, und die Konstruktion einer gesellschaftlichen Fassade (»Meine Frau kommt vom Textil her«, S. 56) ist ihr endgültiger Tod. Nicht Besitzgier im materiellen Sinne ist entscheidend: Fürsorglich[15] versucht der Geschiedene, der Frau sogar eine Abfindung aufzudrängen (S. 54). Er hängt vielmehr am Fetisch Erfolg. In der Geschlechterbeziehung spiegelt sich das unmittelbar wider: Der Mann selbst setzt die erotische Attraktivität der Frau als »Erfolgsrezept« für seine Karriere ein – »ich möchte, daß du mit meinem Chef tanzt und ihm alles zeigst, was du hast« (S. 57). Nach ihrem Ehebruch gilt die »Wut« weniger diesem als der Tatsache, daß sie ihrem Chef »gezeigt« habe, was sie seinem »Chef nicht zeigen wollte [...]«.

Nach den langen Bemühungen Bölls um eine brauchbare Sprache für alle Aspekte der Liebe sieht er sich mit einer neuen Vokabel als Produkt der »Sexwelle« der siebziger Jahre konfrontiert,

[14] Und auch dort ist entgegen der landläufigen Meinung der Aspekt der Liebesbeziehung von größerem Gewicht als das Terrorismusthema.

[15] Der Begriff fällt hier nicht, nur in der Formulierung »diese ekelhafte Tüftelei mit dem Sorgerecht« (S. 51) deutet er sich schon an.

die nahezu alles, was sich ihm hier als durchaus unbrauchbar erwiesen hatte, überbietet: Mit »Pornokram und der Peitsche« war der Mann ins Schlafzimmer gekommen, um die »geschlechtlichen Erfolgserlebnisse« zu reklamieren, »die sie ihm verweiger[t]e, die er aber dringend brauch[t]e« (S. 57), weil sie seinen »beruflichen Erfolgserlebnissen« zu entsprechen hatten. Von solchen Vorstellungen wurde die Formel von der »ehelichen Pflicht«, gegen die Böll bislang angeschrieben hatte, weit in den Schatten gestellt. Gegenüber solcher brutalen Obszönität ist die »rosa Weise« des Liebhabers, der altmodische Kitsch, geradezu eine erstrebenswerte Alternative. Das gleiche gilt für die Sprache, deren konventionellste Höflichkeitsform sich gegenüber dem Erfolgsjargon (»Wertausgleich«, »teilen«, S. 50, »ganz gut, nicht fein und schon gar nicht vornehm«, S. 53) als Zuflucht erweist: »Würde der nette Anwalt jetzt wirklich sagen, was er sagen mußte? [..] Er sagte es: ›Nehmen Sie's nicht so schwer.‹ Sagte es, obwohl er wußte, daß sie's gar nicht so schwer nahm, und doch mußte er es sagen, sagte es nett, und es war nett, daß er es nett sagte«.
Die gesellschaftliche Alternative läßt Böll in *Deutsche Utopien I...* die »Familie [Franz Joseph] Strauß« und Rudi Dutschke gemeinsam formulieren: »›Der Sozialismus hat gesiegt.‹ Dutschke korrigiert: ›Nicht *der*, sondern *ein* Sozialismus hat gesiegt‹« (S. 110). Das aber war fast schon der Satz, der ein halbes Jahr später die »linken« wie die »rechten« Kritiker von *Belagerung* am meisten verärgern sollte.

XXII. Fürsorgliche Belagerung. Roman

1. Publikationsformen

Buchausgabe: Köln 1979 (August)
Teilvorabdruck: L 76, H. 12, 1979 und Stern vom 19. 7. – 27. 12. 1979
dtv (10001): 1. Auflage 1982

2. Entstehung und Kontext

Eine kürzlich erschienene Dissertation[1] hat in Kenntnis aller Nachlaßmaterialien die Entstehungsgeschichte nachzeichnen können. Danach hat Böll »vier Jahre lang an dem Roman gearbeitet, aber *geschrieben anderthalb, vielleicht zwei Jahre*«[2]. Aus der Zeit der Planung (Januar 1976) existiert das Fragment eines Romankonzepts, in dessen Mittelpunkt ein arrivierter Mann steht, engagiert in einem »Interessenverband der Besitzenden«[3], der eine Mordtat aus den letzten Kriegstagen auf dem Gewissen hat. Es gibt darüber hinaus noch weitere motivliche Ähnlichkeiten mit *Belagerung*, es fehlt aber »dieser Vorstufe völlig die den endgültigen Roman prägende und dominierende angstbesetzte Stimmung, ausgelöst von der Über- und Bewachungssituation[4]. Die verschiedenen Fassungen[5] dokumentieren die Böllsche Technik des Experimentierens und »Versetzens« von Motiven: Die Schuldproblematik wird in der endgültigen Fassung auf den

[1] Schnepp 1997, S. 72ff.
[2] Schnepp 1997, S. 73. Als ich im Mai 1977 die erste Werkausgabe mit Böll besprach, erzählte er mir, daß er an einem neuen Roman schreibe – das bestätigt in etwa Schnepps Angabe.
[3] Schnepp 1997, S. 79.
[4] Schnepp 1997, S. 77.
[5] Neben dem Entwurfsfragment sind das acht Typoskriptfassungen.

»Erzkapitalisten« Bleibl[6] transponiert. Es treten völlig andere Handlungsstränge hinzu, Tolm hat in den frühen Fassungen eine Geliebte, Käthes Biographie wechselt mehrfach.

»Vogelflug« heißt der erste Arbeitstitel für den Roman, der in seiner zweiten Niederschrift bereits zahlreiche Details der Endfassung aufweist, darunter vor allem die Gespaltenheit der gesellschaftlichen Rolle Tolms und den größten Teil des Personals, es fehlt aber die polyperspektivische Erzählweise.

Dem letztendlich festgelegten Kapitelaufbau gehen einige Experimente voraus, die der Ehebruchsthematik den zentralen Rang zuschreiben[7].

Der Arbeitstitel »Vogelflug« wurde unterdes verändert in »Vertreibungen«, auf Dieter Wellershoffs Anregung jedoch ersetzt: Seine vierzehn Titelvorschläge enthielten sechsmal das Wort »Belagerung«, »fürsorglich« war Bölls Vorschlag.

Satz, Korrekturen und letzte Überarbeitungen vollzogen sich zwischen April und Ende Mai 1979 unter immensem Zeitdruck, die der Druckfassung mit zahlreichen Fehlern und Unstimmigkeiten anzusehen war; erst die dtv-Ausgabe präsentierte 1982 einen Text, der die von vielen Lesern und von Böll selbst monierten Fehler weitgehend korrigierte[8].

Der politische und gesellschaftliche Kontext der vierjährigen Entstehungszeit – vom Tod Holger Meins (9. 11. 1974) bis zum

[6] Laut Schnepp 1997, S. 80, hatte Böll Zeitungsausschnitte gesammelt unter dem Stichwort »Erzkapitalisten«, darunter »Franz Joseph Strauß, Rudolf Augstein [!], Friedrich Flick […]«.

[7] Schnepp 1997, S. 113 über die 6. Fassung, in der eine Neustrukturierung geplant war; sie »hätte dazu geführt, daß die in nicht weniger als sechs Kapiteln im Vordergrund stehende Ehebruch-Problematik zum dominierenden Thema des gesamten Romans geworden wäre auf Kosten der ursprünglich zentralen, durch Fritz Tolm und seinen Sohn Rolf repräsentierten gesamtgesellschaftlichen Problematik.

[8] Nicht jeder »Fehler« ist allerdings Lektor und Setzer anzulasten: Böll hat »dem verbreiteten Kritikerklischee von meiner Schludrigkeit und Schlampigkeit« »Futter« gegeben mit absichtlichen »Schludrigkeiten« (vgl. Materialien 1981, S. 20). Zu solchen absichtlichen »Knochen«, die er »den Kritikern hinwarf«, gehört auch, daß eine Milchkanne mit »zwei Liter« Inhalt »vier Kilo« wiegt (S. 44); für die Absicht dieser »Schluderei« spricht die enge Nachbarschaft beider Angaben – und die Bedeutung, die gerade dem Rechnen im Roman zukommt.

»Deutschen Herbst 1977 ist (versetzt, verwandelt, aber deutlich erkennbar) Teil des Romaninhalts und mit diesem zu behandeln; Bölls Beitrag zum Film ›Deutschland im Herbst‹ (1978)[9] gehört zum Kontext innerhalb der »Fortschreibung«.

3. Wort- und Sacherklärungen

7 *Menzel*: Adolf v. M. (1815 – 1905), dt. Maler – *van Gogh*: Vincent v. G. (1853 – 1890), niederl. Maler

12 *Petits fours*: feines Gebäck

16 *Stalinorgel*: Wehrmachtsjargon für ein sowjet. Salvengeschütz

24 *debauché*: (frz.) Schlemmer

25 *Ostpolitik*: Vertragspolitik der sozialliberalen Regierung Brandt/Scheel mit den sozialistischen Staaten nach 1969

26 *Chagall*: Marc Ch. (1887 – 1985), frz. Maler – *Warhol*: Andy W. (1928 – 1987), amerik. Pop-Art-Maler

27 *Roosevelt*: Franklin D. R. (1882 – 1945), Präsident der USA 1933 – 1945 – *New Deal*: seine Wirtschaftspolitik in den dreißiger Jahren – *»Panzerkreuzer Potemkin«*: sowjet. Film (1925), Regie: Sergej Eisenstein

28 *Joseph bei Potiphars Weib*: 1. Mos 39,7ff: die Frau Potiphars, Kämmerer des Pharaos, versucht Joseph zu verführen, der sich aber losreißt und entkommt

31 *November 74*: Am 9. 11. 1974 starb Holger Meins an den Folgen seines Hungerstreiks, tags darauf wurde der Berliner Kammergerichtspräsident Günther von Drenkmann (geb. 1910) ermordet

32 *Hütten und Paläste*: Anspielung auf das Motto von Georg Büchners ›Der Hessische Landbote‹ (1834) »Friede den Hütten, Krieg den Palästen«

34 *verwandtschaftliche Beziehungen erhöhten die Gefährdung*:

[9] Der Text des Drehbuchs, das Böll zu der von Volker Schlöndorff gestalteten Episode *Die verschobene Antigone* schrieb, ist abgedruckt in: T, S. 609ff.

Günther von Drenkmann wurde unter Beihilfe seiner Nichte ermordet – *er ist mein geliebter Sohn...*: Matth. 3,17 (u. a.), richtiger Wortlaut: »dies ist mein lieber Sohn, an dem ich Wohlgefallen habe«

42 *Dalí*: Salvador D. (1904 – 1989), span. Maler – *Bosch*: Hieronymus B. (1450 – 1516), niederl. Maler

56 *Dnjepopetrowsk*: russ. Stadt am Dnjepr

72 *»Maria Maienkönigin«*: Lied (um 1845) des dt. Architekten und Schriftstellers Guido Görres (1807 – 1852)

78 *Rosenkranzmonat*: Oktober, in Anlehnung an das Rosenkranzfest am 7.10. zur Erinnerung an die Seeschlacht von Lepanto (1571), in der Spanier und Venezianer die Türken besiegten

79 *Jutsch*: rhein. »Schuß« – *Gainsborough*: Thomas (1727 – 1788), engl. Maler – *Constable*: John (1776 – 1837), engl. Maler

81 *Holger Danske*: sagenhafter dänischer König und Nationalheld – *Ministerpräsident*: Holger Börner (geb. 1931), SPD-Politiker, 1976 – 1987 hessischer Ministerpräsident

82 *Renoir*: Auguste R. (1841 – 1919), frz. Maler – *Rubens*: Peter Paul R. (1577 – 1640), flämischer Maler

91 *Die Geduld der Armen*: Zitat aus Leon Bloys (1846 – 1917) Buch ›Das Blut des Armen‹ (1909)

94 *Banzer*: Hugo Suárez B. (geb. 1926), 1971 – 1978 Präsident Boliviens, danach Exil in Argentinien und Miami

96 *k.v.*: kriegsverwendungsfähig

98 *Defregger*: Franz v. D. (1835 – 1921), dt. Maler – *Katharina v. Bora* (1499 – 1552), Frau Martin Luthers

100 *Münzenberg*: Willi M. (1889 – 1940), KPD-Politiker und Publizist

107 *Weller*: Böll entnahm diesen Namen den ›Pickwick-Papers‹ (1837) von Charles Dickens

111 *Kit – weniger freundliche Bedeutung*: »kit« heißt u.a. engl. »Ausrüstung«, auch militärische

136 *Der Haifisch, der Zähne im Gesicht hat*: aus dem Mackie-

Messer-Song in Bertolt Brechts ›Dreigroschenoper‹ (1928)

160 Zeile 2: *die er Bewerloh, dem Drachen entreißen wollte:* sinnentstellende Zeichensetzung, muß heißen: »die er, Bewerloh, dem Drachen entreißen wollte« – *diese Reise*: Anspielung auf Bernward Vespers (1938 – 1971) Roman ›Die Reise‹ (postum 1977)

164 *Thomas Morus*: (1438 – 1535), engl. Humanist und Staatsmann – *Thomas Aquinas*: drei Theologen aus dem 17. Jh.; ein dt. Carmeliter, ein dt. Dominikaner und ein Italiener aus Neapel – *Thomas Mann*: (1875 – 1955), dt. Schriftsteller

165 *Raffaelmadonna*: Bildnis des ital. Malers R. (1483 – 1520)

167 *Linsengericht:* Abrahams Sohn Esau verkauft sein Erstgeburtsrecht an seinen Bruder Jakob für ein L. (1. Mos. 25,34)

168 *Venceremos*: (span.) »wir werden siegen«, Kampfruf der republikanischen Kämpfer im span. Bürgerkrieg

170 *Rochett(e)*: talarähnliches Übergewand von Bischöfen und Prälaten

198 *eros paidikos*: (gr.) Knabenliebe

201 *»Sehet wen? den Bräutigam…«*: Eingangszeilen aus Johann Sebastian Bachs (1685 – 1750) ›Matthäuspassion‹, gesungen durch den 1. Chor als Tochter Zions Klage

223 *Wie das Gesetz es befahl*: Schillers Übersetzung der von Herodot berichteten Grabinschrift für den Spartanischen König Leonidas am Paß von Thermopylae (»Wanderer, kommst du nach Sparta, so berichte dorten, du habest uns liegen gesehen, *wie das Gesetz es befahl*«)

226 *Drambuie*: englischer Honiglikör – *Giotto*: (1266 – 1337), ital. Maler und Architekt – *Mantegna*: Andrea M. (1431 – 1506), ital. Maler – *Piazza Navona*: Platz in Rom

227 *Modigliani*: Amedeo M. (1884 – 1920), ital. Maler, Bildhauer und Architekt

230 *»Durch die Wälder, durch die Auen«*: Arie des Max in Karl Maria v. Webers (1786 – 1826) Oper ›Der Freischütz‹ (1821)

234 *chiliastisch*: auf die Vorstellung vom Weltende bezogen

250 *Eskenderum*: türk. Stadt Iskanderum (arab. Umformung von griech. Alexander)

259 *comme il faut*: (frz.) musterhaft

284 *»Castros Weg«*: gemeint ist wahrscheinlich das Buch ›Kubas Weg‹ von Antonio Nunez Jiménez, das 1964 in Deutschland erschien

4. Aspekte des Textes

Inhaltsabriß

Fritz Tolm, seit Kriegsende Besitzer einer Regionalzeitung, ist im Zuge der Pressekonzentration zum Großverleger aufgestiegen und gerade zum Präsidenten des Unternehmerverbandes gewählt worden. Er steht, wie alle Repräsentanten des »Systems«, unter striktem Personenschutz. Aus wechselnder Perspektive der wichtigsten beteiligten Personen (Familienmitglieder, Bekannte, Bewacher) wird die dreitägige Romangegenwart (von der Wahl Tolms zum Präsidenten bis zur Beerdigung des Terroristen Bewerloh und Rückkehr seiner Frau Veronika, die sich der Polizei stellt) und die Vergangenheit bis in das letzte Kriegsjahr hinein zumeist in erlebter Rede erzählt. Dem Thema Terrorismus und Sicherheit steht gleichgewichtig ein zweiter Komplex gegenüber, der in der Liebesbeziehung von Sabine, der Tochter Tolms, zu dem Sicherheitsbeamten Hubert Hendler und einigen parallelen Zweier- und Dreiecksbeziehungen besteht sowie einem ganzen Panorama unterschiedlicher, als »Porno« charakterisierter Verhältnisse. Der offene Schluß kulminiert in der Beendigung einer ganzen Reihe von Idyllen, der Ungewißheit, wie sich die Beziehung von Sabine, Hubert und seiner Frau Helga entwickelt, der vagen Hoffnung Tolms, daß »ein Sozialismus kommen muß, siegen muß« und einem alles relativierenden Lachen Tolms.

»Deutlich ist Bölls Anspruch, noch einmal ein episches Panorama der westdeutschen Gesellschaft zu geben wie in ›Billard um halbzehn‹ und ›Gruppenbild mit Dame‹«, schrieb Jochen Vogt[10] – und konstatierte zugleich das Scheitern des Romans »jener jüngsten Zeit«. Das faßt die unmittelbare Reaktion auf den Roman[11] zusammen und bestätigt zugleich das immer noch wirksame Stereotyp vom ›Realisten‹ Böll[12].

Natürlich enthält der Roman eine Fülle zeitgeschichtlicher Themen, Personen und Ereignisse: Auf Adenauer, den Schah von Persien, den »November 1974« , etc. wird unverschlüsselt Bezug genommen. Und selbstverständlich gäbe es ohne den Mord an Schleyer keinen *Verbandspräsidenten* Tolm, ohne den »Fall Traube« keine »Lauschangriffe«. Ohne den »Radikalenerlaß« wären Rolf und seine Freunde nicht arbeitslos[13], und ohne die Baader-Meinhof-Gruppe gäbe es die ganze Terrorismusthematik nicht. Die inzwischen doch sehr zahlreiche Literatur zu *Belagerung* hat darüber hinaus weitere Details, Personen und Motive des Romans auf reale Anlässe zurückführen können. So taucht Bölls Bericht über das Erlebnis einer südamerikanischen Studentin in einem Bus[14] fast wörtlich als Erlebnis Heinrich Schmergens im Roman auf (S. 284f.)[15].

Die Figur Amplangers, sein eiskalter Karrierismus und vor allem sein maskenhaftes Lächeln sind, wie eine Randnotiz Bölls im dritten Textentwurf deutlich macht[16], dem ehemaligen nieder-

[10] Vogt ²1989, S. 134, Vogt nahm damit eine Formulierung aus Wolfram Schüttes Rezension auf.

[11] Z.B. Wolfram Schüttes Rezension in der ›Frankfurter Rundschau‹ vom 4. 8. 1979.

[12] Vgl. Balzer 1981, S. 37 ff.

[13] Dieses Thema ist wohl die einzige »Realie«, die der Roman sozusagen im »Klartext« anspricht: Rolfs Dialog mit Holzpuke, seine Anklage über die »Geisterarmee« der vom »Radikalenerlaß« Betroffenen (S. 214) ist ein unverschlüsseltes politisches Plädoyer.

[14] *Lieber Dieter Fringeli* (1977), in: SR-6, S. 181f.

[15] Eine doppelte Versetzung übrigens, denn es handelt sich um ein Erlebnis einer Freundin von Bölls Schwiegertochter, vgl. Schnepp 1997, S. 225.

[16] »Lächeln noch stärker! Albrecht«, vgl. Schnepp 1997, S. 195.

sächsischen Ministerpräsidenten Ernst Albrecht nachgebildet. Bewerloh trägt Züge des Terroristen Clemens Wagner[17]. Weitere Beispiele dokumentiert Schnepp mit einem interessanten Resümee: »An diesen Beispielen wird deutlich, daß gerade diejenigen Partien der Romanhandlung, die aufgesetzt oder maßlos übertrieben wirken, sich oftmals als [...] tatsächliche Ereignisse entpuppen«[18]. Das gilt sogar für die scheinbar groteske Idee eines Fahrrad-Katapults.

Hier ist – über den engeren Sachverhalt hinaus – ein generelles Phänomen des Böllschen Umgangs mit der Realität miterfaßt: Es bestätigt Bölls Bemerkungen über »Transposition« und »Komposition« und sein Insistieren auf »geschaffener Wirklichkeit und geschaffener Lebensnähe«[19]. Daß Böll im Bewußtsein dieser Überzeugung schrieb, zeigen Veronikas Behauptung, »daß künstliche Vögel ›natürlicher‹ flögen als natürliche, so wie aufgedrehte Spielzeugvögel ›natürlicher laufen als wirkliche...‹« (S. 87) oder Tolms Vermutung, daß »eine Ton- oder Flimmerbandaufnahme viel spontaner wirken [könnte] als eine live gegebene« (S. 203). Und dennoch überwog die Enttäuschung in der Kritik wie in der Literaturwissenschaft: »die realen Konflikte [...] werden verschleiert«, ist deren Tenor[20].

Unter den ersten Besprechungen des Romans ist eine, die wegen spezifischer Sachkompetenz besondere Aufmerksamkeit verdient: Der Hauptgeschäftsführer des Gesamtverbandes der metallindustriellen Arbeitgeberverbände, Dieter Kirchner, schrieb im ›Manager Magazin‹ (12/1979): »Fritz Tolm ist ganz und gar nicht Hanns Martin Schleyer [...] Nein! Dieses Gruppenbild mit Präsident enthält wirklich wenig Bezüge zu den Realitäten der Verbandswelt [...], es ist auch eine Chance ungenutzt geblieben, bei aller romanhafter Verfremdung die schmerzliche Vergangenheit

[17] Schnepp 1997, S. 198.
[18] Schnepp 1997, S. 225.
[19] *Frankfurter Vorlesungen* (1964), in SR-3, S. 50.
[20] Vogt ^{2}1989, S. 136 gibt tatsächlich die dominierende Ansicht der Literaturwissenschaft wieder, wie Schnepp in ihrem Forschungsbericht zeigt, vgl. Schnepp 1997, S. 48ff.

und Gegenwart gefährdeter Verbandspräsidenten wirklichkeitsnäher zu behandeln«.

War also die »salvatorische Klausel«, die Böll zum zweiten Mal nach *Katharina Blum* einem Roman als Motto voranstellte, überflüssig, gab es gar keine annähernde Übereinstimmung »mit der sogenannten Wirklichkeit«, an der der Autor »– wie immer – unschuldig« war (S. 5)?

Wie so häufig hat der Kritikerstreit allein die Realien im Blick gehabt und nach der angemessenen Abbildung gefragt, die Literarizität aber dabei weitgehend ignoriert: Das Wort vom »epischen Panorama« ist ja durchaus zutreffend – wenn der Akzent auf dem »epischen«, der Form, liegt. Diese hat man polemisch als »Rückschreibung«, als »anachronistisch«, als bloße »Familienaufnahme«[21] bezeichnet, obwohl die abweichende Ansicht anderer *Schriftsteller* zumindest hätte nachdenklich machen müssen.

Die mythische Struktur

Helmut Heißenbüttel sah in Bölls »Erzählweise« ein Verfahren »ähnlich den Abkürzungen und Vereinfachungen auf Ansichtspostkarten«[22], was er nicht als Kritik, sondern als den Versuch bildhaften Erfassens von der Kompositionsweise verstand.

Silvio Blatter hob Bölls »dichte, erzählerische Seiten« hervor, in denen Atmosphäre erzeugt wird«[23], und Erich Fried konstatierte »Behutsamkeit und [...] Reinheit« der Sprache[24]. Hier äußerte sich das schriftstellerische Gespür für literarische Verfahren, ohne freilich schon zu einem analytisch fundierten Ergebnis zu gelangen.

Ich habe mich 1981 umfassend mit *Belagerung* auseinandergesetzt und dabei die These formuliert, daß nicht so sehr Fritz Tolm

[21] Wieder stellvertretend nach Vogt ^{2}1989, S.136.
[22] Heißenbüttel 1980.
[23] Basler Zeitung vom 29. 9. 1979.
[24] ›das da‹ 1, 1979.

im Mittelpunkt der Handlung steht, sondern vielmehr die Beziehung von Sabine–Hubert–Helga[25]. Es kam mir darauf an zu zeigen, daß auch in diesem Roman die für Böll archetypische Thematik der »Liebe unter schwierigen Bedingungen« der eigentliche Ort literarisierter Gesellschaftskritik ist und nicht so sehr die Oberfläche »aktueller« Gegenstände[26]. Die Dokumentation des Entstehungsprozesses bestärkt mich in dieser Auffassung: Daß die Figur Sabines erst im dritten Textentwurf ihre spätere Rolle erkennen läßt, macht diesen Handlungsstrang nicht sekundär [27].

Der sechste Textentwurf beginnt sogar mit dem (späteren 2.) Sabine-Kapitel, was die Endfassung revidiert. Dort bleibt dennoch das inzwischen entstandene quantitative Übergewicht der Liebes- und Ehebruchsgeschichte(n) erhalten[28]. Natürlich hat das erste Kapitel ein besonderes Gewicht; fast am Beginn des schließlich solcherart herausgehobenen Tolm-Kapitels stehen jedoch Gedanken Tolms an seine Tochter und die »Nachricht« von deren Schwangerschaft, die gleiche »Nachricht«, zu dem die Schlußsätze des Romans zurückkehren. Dennoch ist eine Debatte darüber nur dann nötig, wenn man die Liebes- und Ehebruchsthematik als einen in sich geschlossenen separaten Komplex betrachtet und die unterschiedlichen Entwürfe als Versuche der Hinzufügung »eines für [Böll] wichtigen und literarisch nahezu unentbehrlichen Themas«[29]. Tatsächlich ist das keineswegs die bloße Addition eines Standardthemas, sondern die Liebesthematik fundiert überhaupt erst den Komplex von »Sicherheit«, »Sicherheitsschä-

[25] Vgl. Balzer 1981, S. 71ff.

[26] Daneben war das natürlich auch ein »provokativ gesetzter Kontrapunkt zu der in der Literaturkritik vorherrschenden, stereotypen Ablehnung dieses Erzählstranges«, wie Schnepp 1997, S. 143 vermutet.

[27] Man müßte sonst mit gleichem Recht das »Erfurt-Kapitel« im *Clown* zum Zentrum des Romans erklären, nur weil es in der Entstehungschronologie vornan steht (S.o. S. 49).

[28] Die ergibt sich nicht nur daraus, daß die Sabine, Hubert, Helga, Frau Breuer und eines der Holzpuke (das 7.: Holzpuke reflektiert über Sabines Schwangerschaft) zugeordneten Kapitel zahlreicher sind als die auf Tolm, Rolf und Veronika bezogenen, sondern auch dadurch, daß auch in der Tolm-Handlung Sabines Schwangerschaft ständig thematisiert ist

[29] Schnepp 1997, S. 163.

digung«, »Belagerung« und »Fürsorge«, den Böll als »nicht nur ein politisches« oder »physisches«, sondern als »ein metaphysisches Problem« verstanden wissen wollte[30]. Nur in dieser Verallgemeinerung wird das Thema auf Böllsche Weise literarisch darstellbar. Die Erkenntnis Fritz Tolms, »daß es [keine] Sicherheit gibt, innere oder äußere, auch keine Sicherheit in meinem Inneren« (S. 114), entspricht nicht nur der Formulierung Sabines (»eine Lücke in meiner inneren Sicherheit *wars*«, S. 217), sie wäre ohne die motivliche Ausweitung des Gegenstandes und seine grundlegende Verallgemeinerung in der Sabine–Hubert–Helga-Handlung nicht formulierbar.

Natürlich erwächst hier »die Problematik der Liebesbeziehung nicht mehr ausschließlich aus dem Konflikt mit dem historischen und gesellschaftlichen Kontext, sondern auch [aus] der Personenkonstellation«; über die ist jedoch mehr zu sagen als daß aus dieser »›Dreiecksgeschichte‹, in der keiner den in Bölls Werken sonst üblichen Part des ›falschen‹ und unsympathischen Lebenspartners spielt, [...] keine befriedigende Lösung praktikabel« erscheint[31].

Böll hat in seinem ›Bücherjournal‹-Interview zum Roman die Beobachtung herausgestellt, »daß man so einen Vorgang wie Ehebruch permanent bagatellisiert«. Er habe daher »ganz bewußt diese Figur erfunden, für die das noch ein sehr schmerzlicher Prozeß ist«[32]. Die Problematik des *Clown* und von *Hausfriedensbruch* ist also fortgeschrieben. Die Dreieckssituation wird hier wiederaufgenommen und noch in den Nebenfiguren (Erna Breuer – ihr Mann – Peter Schubler; Veronika – Rolf – Katharina, etc.) vielfach gespiegelt. Und wieder ist diese Konstellation geradezu typologisch auf einen Mythos bezogen, der – wie im *Clown* – nicht direkt benannt, auf den nur sprachspielerisch verwiesen wird: »zu dritt, zu sechst oder sieben – das würde nicht gehen, würde es nie geben« (S. 147) überlegt Herbert; die weniger pro-

30 Gespräch mit Robert Stauffer am 7. 11. 1979, in: Materialien 1981, S. 27.
31 Schnepp 1997, Anm. 251.
32 In: Materialien 1981, S.19.

blematische Natur Erna Breuers hält »irgend etwas ›zu dritt‹« (S. 290) immerhin nicht für völlig unmöglich. Als »Pornoversion« wird diese Konstellation im Roman realisiert von ehemaligen Mitarbeitern Bleibls: Die lassen sich »auf modisch gewordene Perversitäten ein, zu dritt, viert oder zum Dutzend« (S. 230), und das ist – siehe: »modisch« – gesellschaftlich Ende der siebziger Jahre durchaus akzeptiert gewesen. Die »gemeinsame Zukunft« jedoch existiert nur als mythische Perspektive. In den literarischen Gestaltungen des mythischen Grafen von Gleichen[33] läßt sich der Konflikt zwischen Wunschbild und sozialer Konvention ablesen, an dem sich auch Böll hier abarbeitet. »An ihrem Halse rief das treue Weib, in tausend Thränen rief sie: ›Nimm die Hälfte deß, der ganz dein gehört! – Nimm ihn ganz! Laß ihn mir ganz: Jede soll ihn haben, ohne der Andren was zu rauben‹« (›Stella‹, 5. Akt, 3. Szene). Sabines Überlegungen muten fast wie ein Echo auf diese Zeilen Goethes an: »Vielleicht würde Helga ein Einsehen haben, ihn ihr manchmal lassen ... sie würde ihn manchmal liebhaben dürfen« (S. 66). Und wenn umgekehrt Helga ihrem Mann »Erfüllung von einer anderen wünscht(e) – und diese andere eben eine Prinzessin war« (S. 136), erscheint das geradezu als direkter Hinweis auf die literarische Tradition. Böll hat jedoch, wie er mir zunächst schrieb, »die von Gleichen-›story‹« nicht gekannt[34], etwas später jedoch den Zusammenhang auf eine Weise akzeptiert, die sein Literaturverständnis charakterisiert: »[...] nicht nur – glaube ich – ruhen die mythischen ›plots‹ tief in uns, sondern auch – ein ›Geständnis‹!: die wenigen Monate, die ich als Germanistik-Student ›verbracht‹ habe, [...] habe ich bei dem Märchen-von der Leyen in Köln gehockt [...] <u>und</u> – hätte ich zuende studiert – ich hätte bestimmt über Märchen, Mythen und deren Verflechtung miteinander, deren ›nationale‹ Differenzen – wie etwa ein Motiv im französischen Märchen unter wahrscheinlich keltischem Einfluß sich wandelt etc. – gearbeitet. Märchen

[33] Von Bodmers ›Gräfin von Gleichen‹ über Goethes ›Stella‹ bis zu Hauptmanns ›Der Schuß im Park‹.
[34] Brief vom 14. 9. 1980. Copyright beim Verlag Kiepenheuer & Witsch.

und Mythen waren jedenfalls – u.a. – versteht sich – meine Lieblinglektüre, schon als Schüler – und so ist das von Gleichen-Motiv ganz gewiß ›in mir‹ gewesen«[35].

Die Vorstellung vom »mystischen« Vorgang des Schreibens, vom intuitiven, nicht rational gesteuerten »Rest«, in dem sich die »Vernunft der Poesie« durchsetzt, scheint als Hintergrund dieser Formulierungen durch. Das ist kein Zufall oder nur freundliches Eingehen auf meinen Aufsatz, wird doch gerade dieses irrationale Moment im Text (von Hubert) thematisiert: »Auch mit seinem Bruder Heinz konnte er nicht sprechen, der immer [...] wissenschaftlich argumentierte [...]; da blieb kein Fünkchen, kein Fetzchen unerklärt, wo doch so vieles unerklärlich war« (S. 149).

Konsequenterweise bleibt denn auch der Ausgang offen, obwohl – anders als zu Zeiten früherer Bearbeitungen des Gleichen-Stoffes – der Druck der sozialen Konventionen nahezu verschwunden war. Doch die »Porno«version verbot sich für Böll ebenso wie das »Kommune-Modell« der »sexuellen[n] Freiheit« (S. 158) sich dem sozialen Milieu der Beteiligten in *Belagerung* verschloß.

Unter dem Aspekt der »nationalen Differenzen« sind Bölls Briefäußerungen ebenfalls von Bedeutung: Mehrfach hat er den »Deutschen Mythos« der Nibelungen mit dem keltischen Artusstoff (Lohengrin) in Verbindung gebracht[36]. Im Roman versucht Rolf, sich über die Motive Bewerlohs klarzuwerden und kommt allein »auf diese mörderische mythische Logik«, der man »mit Nibelungen-Überlegungen« näher käme als »mit irgendeiner Neid- oder Haßphilosophie«: »Es war nicht Neid, eben nicht, so wenig wie der heilige Georg oder Siegfried aus Neid den Drachen getötet hatten« (S. 159). Durch seine Begegnung mit dem »internationalen Kontinent Geld« ist Bewerloh in »einen Rausch« geraten, in dem er »diese wuchernde, wachsende Unermeßlichkeit,

[35] Brief vom 8. 10. 1980. Copyright beim Verlag Kiepenheuer & Witsch.

[36] Z. B. in *Gruppenbild* – und auch hier war zunächst eine solche Verbindung vorgesehen: Gerlind sollte zunächst »Herzlaya« heißen in deutlicher Anspielung auf die Herzeloide der Artus-Epik; vgl. Schnepp 1997, Anm. 58.

die niemand gebrauchen konnte, zu niemandes Nutzen war, sich nur selbst heckte und deckte und beheckte in obszöner Unzucht, diese Hydra mit vielen Köpfen« umzubringen versuchte – und dies auch und vor allem für Sabine, »die Jungfrau, die er, Bewerloh, dem Drachen entreißen wollte«[37]. Hier werden antiker Mythos (Hydra) mit dem christlichen (St. Georg, der die Prinzessin Aja rettet) und dem germanischen zu einem Motivkomplex verbunden und damit zugleich sämtliche zentralen Themen des Romans zusammengehalten: Liebes- und Ehebruchsgeschichte, Kapitalismus- und »System«kritik, Terrorismus. Daß in einem Frühstadium Fritz Tolm den Namen Georg tragen sollte[38], unterstreicht die konstitutive Funktion des Mythischen ebenso wie der Name Bewerloh[39], der mit seinem auf das Feuer (-loh = Lohe) verweisenden Bestandteil an die Wagnersche Nibelungenrezeption erinnert[40].

Das verbindende Moment dieser Mythen ist der Drache, für Böll der Versuch, das, was »mit dem Wort Kapitalismus nicht mehr gedeckt«, »mehr, mythisch« war (S. 159), sich der rationalen Analyse also entzog, im mythischen Bild zu fassen. Dabei beschränkt er sich nicht nur auf den Vergleich in Rolfs Überlegungen, sondern materialisiert das kapitalistische Ungeheuer sowohl in den Braunkohlebaggern, die »Schaufeltiere, die gutmütig-erbarmungslos-harmlos-unerbittlich den Wald« wegfraßen (S. 65f.), im »Wachstumsfraß, diese[m] fürchterlichsten Krebs« (S. 120) wie auch im »Blättchen«, diesem »mampfenden, stampfenden Dinosaurier« (S. 100) mit »den Fangarmen dieser Lobby, den Saugnäpfen des Materialismus« (S. 119). Sogar noch »das Mahlen, das Dröhnen, die Hölle« des Verkehrs auf den Straßen, die »›diese verfluchten Schweine‹ – wer? – [...] mitten in die Stadt reingeführt« hatten (S. 190f.), beziehen sich auf diesen Bildkomplex.

[37] S. 160, hier mit der korrekten Interpunktion zitiert.
[38] Schnepp 1997, S. 90.
[39] Laut Schnepp 1997, S. 198, sollte Bewerloh zunächst »Bentloh« heißen.
[40] Dort muß der Held die »Waberlohe« durchbrechen – bis auf einen Buchstaben ergibt das durch Umstellung »Be(a)werloh«

Mythen haben über die Strukturierungsaufgabe hinaus Erklärungsfunktion für den Bereich, vor dem die Ratio versagt: Für das Bewegungsprinzip des »Geldes« und mit Blick auf die »Satellitenkinder« (S. 35) des Terrorismus, die nur die »Umkehrung« des »Systems« darstellen: Bewerloh, der »rechnet und rechnet und rechnet« (S. 85 u. 106), der »sozusagen ›an sich‹« rechnet« (S. 237), denkt nur die Logik des »Systems« zu Ende. Auch Fritz Tolm »lockte« zunächst »das Geld« (S. 27). Es überrascht daher nicht, daß Bewerloh »lächelt, wie Amplanger lächelt« (S. 106). Das ersetzt an dieser Stelle eine Analyse, die Böll damit nicht etwa abweist. Rolfs und Katharinas »Systemanalyse« (S. 55) trifft fast immer zu. Allerdings sind auch sie von einer »überirdische[n] Fremdheit« und in der Nähe der »kalten« Rechnerei Bewerlohs.

»Ein Sozialismus« – die Alternative?

Sehr kritisch wurde auch von Böll gewogenen Kritikern der (allerdings so gar nicht realisierte) Schluß des Romans gesehen, wenn »Tolm und die Seinen […] sich aus ihrer öffentlich exponierten Stellung zurückziehen, nach bestem Böllschen Muster in einer ländlichen Idylle, einem verlassenen Pfarrhaus, Zuflucht finden«[41] – solche Sicht hat den Roman aus dem Fokus verloren: In kaum einem anderen Werk Bölls werden so viele Menschen so oft aus so vielen scheinbaren Idyllen vertrieben, was den zweiten Arbeitstitel »Vertreibungen« einsichtig macht: Die Tolms vom Eickelhof und aus Tolmshoven; Erna Breuer aus der Nobelvilla, aber auch aus dem Studentenbudenidyll mit Peter Schubler; Sabine, Monika, Hubert – sie alle werden zu Vertriebenen. Der »hochummauerte Pfarrgarten« in Hubreichen, Rolfs und Katharinas »alternative« Existenz, diese »reinste, allerreinste Idylle«, hinter dieser »idyllischen Front […] mit geweißtem Haus, grünen Läden und roten Geranien« (S. 37) enthält schon geradezu pene-

[41] Vogt ^{2}1989, S. 134 f.

trante Verweise auf eine Zuflucht à la Bietenhahn (in *Haus*). Und, als wäre dieses deutliche (Selbst-)Ironiesignal nicht ausreichend, findet Rolf sogar die »Ritualisierung ihres Lebens beunruhigend« (S. 152). Käthe Tolm schließlich führt die Vorstellung einer idyllischen Zuflucht vor der Welt endgültig ad absurdum in ihrer Vision von Tolmshoven als einer »Insel in einer riesigen Grube – Hubschrauberverkehr zum Festland – Laufbänder, Lärm, Pumpen und Bagger um uns herum [...] und deine Enkelkinder werden per Luftbrücke eingeflogen, um die letzten Enten zu füttern« (S. 108).

Im Pfarrhaus in Hubreichen sieht Tolm zwar »Platz für uns alle«, auch »Bäume«, »Eulen im Kirchturm – Käuzchen in den hohen Scheunendächern«, aber Käthe weiß, »auch in Hubreichen wirds mich schuddern« (S. 259). Es gibt keine Ausflucht in die Idylle – aber: vielleicht eine utopische Hoffnung[42]?

Der tatsächliche Schluß des Romans wurde 1979 ebenso heftig diskutiert, gar als »ungeheuere Zumutung«[43] empfunden: »Daß ein Sozialismus kommen muß, siegen muß...« (S. 288), und das in der Ansicht eines doch gar nicht so sozialistischen Kapitalisten, war ein kapitaler Stein des Anstoßes. Daß Tolm *ein* Sozialismus sagt, ist anfangs nur dem Kritiker der DKP-Zeitung ›Die Linkskurve‹ aufgefallen, der auch eilfertig korrigierte, daß natürlich »*der* Sozialismus kommen und siegen« werde[44]. Im Roman hatte noch Verena Kortschede vor ihrem Selbstmord »der Sozialismus wird doch siegen« an den Spiegel geschrieben. Rolf nimmt sich für seinen Spießrutenlauf durch die versammelte Journaille vor, zu rufen »Der Sozialismus wird siegen« (S. 265). Fritz Tolm hat am Ende die selbstmörderische Gewißheit, die das »der« voraussetzt, nicht mehr, wie sie auch dem Leser systematisch entzogen wird.

»Sozialismus« ist Gegenstand des Textes von der »sozialistischen Energie« van Goghs auf der ersten Seite (S. 7) bis zum

[42] Vgl. dazu Herlyn 1996, S. 210ff.
[43] Materialien 1981, S. 21.
[44] Die Linkskurve, Nr. 3, 1979, S. 43.

Schlußdialog. *Der* Sozialismus bzw. die vielen existierenden Sozialismen werden abgewogen und – für zu leicht befunden: Die Sowjetunion ist das System »dort«(S. 121), das dem »System hier« in seiner Unmenschlichkeit mindestens entspricht. Katharina, die zu den Kommunisten »gerechnet« wird, rechnet selbst mit vielen Spielarten »des« Sozialismus ab, indem sie sich »auf freundliche und energische Weise« dagegen wehrt: Sie sieht keine Gemeinschaft mit »den Ks«, die Fritz Tolm gekannt hat, auch nicht mit dem »K-Onkel Hans«, dem Münzenberg-Kommunisten, den »Kommunisten« umgebracht haben (S. 166). »Castros Weg« läßt Heinrich Schmergen liegen, als er zu seiner Flucht mit ungewissem Ziel aufbricht – Cuba ist es nicht, »aber vielleicht Spanien« (S. 285). Die Liste ist lang: Auch die »Modelinken« (S. 268), Spontis und Alternative, soweit sie sich irgendwie sozialistisch verstehen, bieten keine Perspektive, kommen zumindest für »Katharinas empfindsames Kommunistenherz« (S. 158) ebenso wenig in Frage, wie die »Pseudolinken« (S. 281). Das zeigt aber, daß auch sie und Rolf zu einer positiven Bestimmung »des« Sozialismus nicht imstande sind – »was waren sie? Kommunisten doch gewiß, wenn nicht gar ›mutmaßlich‹ alles mögliche« (S. 151). Für sie bleibt als Ausweg aus der Formulierungsnot die Abkürzung »K«. Mit Fritz Tolm bietet Böll den *Lesern* den Ausweg des unbestimmten Artikels, den sprachlichen Gegensatz zur Selbstgewißheit und Konsequenz der Bestimmtheit von Sozialismus und zugleich doch nicht seine Ablösung. Es bleibt die Hoffnung auf »einen« Sozialismus, wobei die Elemente, die diesem Begriff Sinn geben, aus dem gesamten Œuvre Bölls in diesem Roman zusammenfließen: Die Reflexionen über den Unterschied zwischen dem »internationalen Kontinent Geld« und dem, »das du möglicherweise in der Tasche hast« (S. 68); die Polemik gegen die »Saugnäpfe des Materialismus«, das »Prinzip des Wegwerfens und des Weggeworfenen« (S. 116), aber auch die Kritik an der »Humorlosigkeit« der linken Freunde Herberts (S. 120) summieren sich zu den für Böll charakteristischen Mosaiksteinen eines Gesellschaftsbildes, das in der Tat »*ein* Sozialismus« genannt werden muß und den Gegensatz verkörpert zum »System« der Gesellschaft, das im Roman leitmotivisch durch »Chaos, Verfall und Auflösung« gekennzeichnet wird.

Der Roman ist tatsächlich ein »episches Panorama der Gesellschaft«, aber er entwirft es nicht als »politischer Roman über die siebziger Jahre der Bundesrepublik«[45], sondern er stellt es her in literarischer Gestaltung archetypischer (mythischer) Entwürfe mit dem Zielpunkt einer utopischen Hoffnung.

Die »Moral der Sprache«

Entrüstung über die »fade, ausgelaugte, konturlose Sprache« äußerten die meisten Rezensenten, wobei man vor allem auf den »inflationären Gebrauch von Vokabeln wie nett« oder »süß« abhob und auf das »katholische Traktatsdeutsch«[46], das die »leicht verklebte Variante des Klischees von der Gesellschaftsziege, die mit dem Chauffeur schläft«[47] zu kennzeichnen scheint: Gerade hier sah man »Bölls diszpliniert faxenlose, ganz rhythmisch erzählende Sprache« ausrutschen[48]. Selbst der wohlwollende Interviewer des ›Büchermagazins‹ nannte das »ganz altmodisch, fast altertümelnd« und schließlich: »ich muß es offen gestehen – kitschig«[49]. Allerdings erkannte er zugleich an, daß die vehemente Sprachkritik »eigentlich, so schmerzhaft das sein mag, auch die Wiederentdeckung des Schriftstellers Böll« hinter dem »guten Menschen aus Köln«[50] war. Tatsächlich war man selbst in der höhnischen Karikatur auf die Sprache des Romans dem *Schriftsteller* nähergerückt als mit den zahlreichen respektvollen Verbeugungen vor seiner Gesinnung.

Zum Stolperstein fast aller Rezensenten, dem häufigen »nett«,

[45] Fritz J. Raddatz, in: Die Zeit, 3. 8. 1979.
[46] Wolfram Schütte, in: Frankfurter Rundschau, 4. 8. 1979.
[47] Fritz J. Raddatz, in: Die Zeit, 3. 8. 1979.
[48] Fritz J. Raddatz, in: Die Zeit, 3. 8. 1979.
[49] Materialien 1981, S. 19.
[50] Materialien 1981, S. 13.

machte Böll selbst in seiner sarkastischen Rede *Nett ist rosa* darauf aufmerksam, »daß man wissen muß, was ein Wort möglicherweise für Ausdrucksvarianten hat. Und sich überlegen muß, daß etwas so Nichtssagendes wie ›nett‹ möglicherweise vielsagend wird«[51]. Es nutzte ebensowenig wie die zahlreichen Passagen des Textes, die unterschiedliche »Ausdrucksvarianten« des Wortes durchspielten[52]. Natürlich wurde schon gar nicht realisiert, daß Böll in einer ganzen Reihe vorausgehender Werke[53] daran gearbeitet hatte, das nichtssagende »nett« wieder »vielsagend« und damit auch literarisch gebrauchsfähig zu machen, zu »retten«, wie es im Jargon der *Frankfurter Vorlesungen* hieß[54].

Wieder war ein *Autor*, Silvio Blatter[55], einer der ersten, der aus der eigenen Sprachsensibilität heraus das wesentliche erkannte: »Gerade, wenn er einer Romanperson ein ›nett‹ beistellt, läßt er ihr die Möglichkeit, sich zu entziehen, schillernd zu sein, nicht ganz benannt oder festgelegt zu werden. Das ›nett‹ zeigt auch an, daß man als Schreiber nie ganz herauskommt, daß immer ein Rest bleibt«. Es ist gerade dieser »Rest«, der die »Vernunft der Poesie« mit ausmacht.

Um »Ausdrucksvarianten« ging es auch bei der Suche nach dem Titel, wobei Böll bemüht war, »den kriegerischen Begriff der Belagerung zu befreien von dem rein Drohenden«: »[...] gerade dieses Adjektiv ›fürsorglich‹ war das schwierigste, um dem schweren Wort Belagerung eine – sagen wir – fast ironische Distanz zu geben«[56]. Dabei steht auch dieser scheinbar positive Begriff auf dem »Prüfstand« des Romans. »Fürsorglich« ist der Manager Bleibl Tolm gegenüber – »dem mußte man natürlich auch die Lasten der Präsidentschaft abnehmen« (S. 218); Fürsorge ist es aber auch, wenn Tolm seine Frau »einfach unter Kuratel stellen«

[51] In: SR-7, S. 103.
[52] »Die Begriffe nett und Nettigkeit sagten nichts«(S. 35); »Es ist die Zeit der netten Ungeheuer« (S. 105); Pfarrer Roickler war »echt nett und menschlich« (S. 36).
[53] S.o. S. 205, 351, 364.
[54] *Frankfurter Vorlesungen* (1964), in: SR-3, S. 34
[55] In: Basler Zeitung, 29. 9. 1979.
[56] Materialien 1981, S. 26.

will (S. 8); »fürsorglich« steckt hinter dem »Sorgerecht«, das Fischer reklamiert (u.a. S. 235). Fürsorge ist auch Entmündigung – »Überlassen Sie das nur uns« (S. 41) –, sie bedeutet Machtergreifung, ohne »Sicherheit« zu gewähren. Und auch »Sicherheit« beschränkt sich nicht auf den Komplex »Bewachung« und »Überwachung«, auf den Schutz vor Terroranschlägen: Es ist »ein metaphysisches Problem [...], Sicherheit auf allen Ebenen«[57]. »Fürsorge« ist das untaugliche Mittel, Sicherheit zu erzwingen, und deshalb gibt es auch ganz unterschiedliche Formen der »Sicherheitsschädigung«.

An der sprachlichen Differenz von »Sorge« und »Angst« läßt sich die Problematik der Fürsorglichkeit ebenfalls erkennen: Es ist bezeichnend, daß sich Tolms »Angst« gerade in dem Moment in »Sorge« wandelt, in dem er – bislang stets Objekt unterschiedlichster »Fürsorge« – seinerseits »fürsorglich« zu werden beginnt: »Sorge statt Angst. Er hatte Grund, besorgt um das Kind zu sein [...] Die Sorge war verdrängt worden; nun nicht mehr Angst vor etwas, die Angst um – um Sabine, auch um Herbert« (S. 8). Auch Hubert hat »nicht Angst vor Fischer [...] nur Angst um Helga« (S. 150). Die Unterscheidung zwischen dem elementar menschlichen Gefühl der Angst (der »Angst um«) und der verdinglichenden »Sorge« wird im Text überall sorgfältig beachtet.

Und dies ist auch dem so umstrittenen Vokabular der Liebesgeschichte eingeschrieben. Seit *Haus* hatte Böll an einem tragfähigen Vokabular für sämtliche Aspekte der Liebesbeziehung gearbeitet – hier nun laufen alle diese Überlegungen zusammen und orientieren sich in einem wesentlichen Punkt, am Sprachproblem von »Fürsorge«.

Auffällig – so auffällig, daß ein Kritiker »eine Art Ekelfaszination« zu erkennen meinte[58] –, ist die Verwendung eines Gegenbegriffs zu Liebe: »Porno«. »Porno« bedeutet hier in erster Linie die Verdinglichung des Partners in der Beziehung, seine Erniedri-

[57] Materialien 1981, S. 27.
[58] Wolfram Schütte in: Frankfurter Rundschau, 4. 8. 1979.

gung zum Objekt, das man besitzt, über das man Macht ausübt – »Porno« ist die Steigerung von »Fürsorge«. Es ist wie »Zudringlichkeit eine einseitige Handlung«[59]. Für die sprachliche Opposition dazu probiert Böll noch einmal das gesamte zur Verfügung stehende Vokabular im Roman durch[60], von den »wissenschaftlichen Wörtern« (S. 129) bis zur Vulgärsprache (S. 48). Holzpuke führt einen vergleichbaren »Test« im Roman vor, wenn er nach einem Begriff für den Geliebten Sabines sucht – »Schwängerer«, »Lover«, »Liebhaber« (S. 178ff.) Die Alternativen, zu denen Böll schließlich findet – »sie gab sich ihm hin, fiel ihm aber nicht anheim« (S. 71) ; »sie [war] von ihm erfüllt worden, hatte ihm Erfüllung gegeben« (S. 130); »Sie ist doch in dir, und du bist in ihr« (S. 275) – akzentuieren sämtlich die Gegenseitigkeit als Kennzeichen fehlenden Machtanspruchs. Das revidiert sogar eine lange Zeit gültige Vorstellung Bölls von der barmherzigen Rolle der Magdalenenfiguren, die »es« nur aus »Erbarmen mit der männlichen Natur tut«: Hier heißt die gewandelte Formel: »Erbarmen wir uns unser« (S. 18f.).

Dies ist im übrigen ein Beispiel für den Charakter des Böllschen Fortschreibungsprozesses, für das der Roman eine so außergewöhnliche Fülle bietet, daß Schnepp auch *Belagerung* eine »Summe seines bisherigen Schaffens« nennt[61]. Sie hat eine ganze Reihe vor allem »sprachlich vorgebildeter Erzählpartikel« identifiziert, die der kundige Leser bei aufmerksamer Lektüre des Textes unschwer selbst entdeckt: Von »Höflichkeit« über »Treue und Stolz« zu den »litaneihaften« Wirkungen von Alltagsritualen sind Themen und Formulierungen aus früheren Werken aufgenommen – und auf charakteristische Art verändert.

[59] *Katharina Blum*, S. 30.
[60] Vgl. dazu Balzer 1981, S. 54ff.
[61] Schnepp 1997, S. 265 ff.

XXIII. Frauen vor Flußlandschaft. Roman in Dialogen und Selbstgesprächen

1. Publikationsformen

Buchausgabe: Köln 1985 (August)
Teilvorabdruck: Der Spiegel, 29. 7. 1985
dtv (11169): 1. Auflage 1990
Hörspielfassung: 17. Juni 1986, WDR; Buch: Christian Linder, Regie: Hans Gerd Krogmann
Bühnenbearbeitung: 24. Januar 1988, Münchener Kammerspiele. Buch: Volker Schlöndorff und Florian Hopf, Regie: Volker Schlöndorff

2. Entstehung und Kontext

Im Februar 1985 ging der Text des Romans in Satz, Anfang Juni besorgte Böll noch die Fahnenkorrektur. Ende Juni mußte er zum wiederholten Mal zu einer Gefäßoperation am Bein in die Klinik. Am 15. Juli ließ er sich entlassen, um bei einem Besuch eines Sohnes zu Hause zu sein – am Morgen des 16. Juli verstarb er.

Der Roman erschien postum und hatte damit zwangsläufig die Last der Mythen zu tragen, die »letzten Worten« oder »Vermächtnissen« aufgeladen werden: Böll habe »sein Werk in einem bitteren Sinne buchstäblich zu Ende geschrieben«[1] – das faßt die entsprechenden Nekrologe in ihrer Kernaussage zusammen, die sich freilich, wie noch stets, in ihren Wertungen entschieden widersprechen.

Der Zeitabstand zum Roman davor ist mit sechs Jahren ungewöhnlich lang – Bölls labiler Gesundheitszustand erklärt ihn zum

[1] Linder 1986, S. 211.

Teil. Die Zeit ab etwa 1981 ist aber auch angefüllt mit anderen literarischen, politischen und publizistischen Aktivitäten: Sein autobiographischer Bericht über die Schulzeit *Was soll aus dem Jungen bloß werden?* wurde im April 1981 in der ›Frankfurter Allgemeinen Zeitung‹[2] veröffentlicht. Böll engagierte sich in der Friedensbewegung, hielt Reden zur Friedensdemonstration am 10. 10. 1981 im Bonner Hofgarten, in Wien (4. 5. 1982) und wieder in Bonn (22. 10. 1983)[3], beteiligte sich an der Sitzblockade in Mutlangen gegen die dort stationierten Mittelstreckenraketen, schrieb Nachworte und offene Briefe. Ein Anzeichen für die Wirkung seiner Aktivitäten waren Querelen im Rat der Stadt Köln, der Böll am 29. 4. 1983 die Ehrenbürgerschaft verlieh: Die Vertreter der CDU wollten nur den »meisterhaften Erzähler und Schriftsteller von Rang« ehren, nicht jedoch den »Kritiker und engagierten Beobachter gesellschaftlicher Fehlentwicklung«[4].

Daß die Schriften und Reden zwischen 1981 und 1985 zwei voluminöse Bände füllen[5], ist ein Indiz für den Primat publizistischer Aktivitäten in Bölls letzten Jahren. Dazu kam 1984 noch die Auseinandersetzung mit den Mitteln und der Wirkung der ›Bild-Zeitung‹, *Bild – Bonn – Boenisch*[6]. Im gängigen Verständnis »literarisch« war in dieser Zeit nur das Drehbuch zu drei Episoden des Films ›Krieg und Frieden‹ (1982)[7], das Böll gleichwohl in den Sammelband der Essays, *Ein- und Zusprüche*, aufnahm. Es handelt sich um Endzeitvisionen nach einem Atomkrieg, geschrieben zu einem Zeitpunkt, als Böll mit der Arbeit an *Flußlandschaft* beschäftigt war – der »Endspiel«-Mythos des letzten Romans scheint dadurch bestätigt.

[2] Mit von Böll nicht autorisierten Kürzungen, der vollständige Text erschien in: Die Zeit, 28. 8. 1981, Buchausgabe: Bornheim-Merten 1981.

[3] *Feindbild und Frieden* (1982), in: SR-8, S. 25ff., *Rede auf der Bonner Friedensdemonstration*, (1983), in: SR-8, S. 143ff.

[4] Zitiert nach: G. Hoffmann 1986, S. 261.

[5] *Ein- und Zusprüche. Schriften, Reden und Prosa.* Köln 1984; *Die Fähigkeit zu trauern. Schriften und Reden 1983-1985*, Bornheim-Merten 1986, enthalten in SR-8 und SR-9.

[6] Bornheim-Merten 1984, abgedruckt in: SR-9, S. 64ff.

[7] Volker Schlöndorff, Alexander Kluge u.a.

5 *Wanderers Gemütsruhe*: Böll hat die dritte Strophe des Gedichts aus Goethes ›West-östlichem Divan‹ (1819/27) weggelassen: »Wandrer! Gegen solche Not/ Wolltest du dich sträuben?/ Wirbelwind und trocknen Kot,/ Laß sie drehn und stäuben.«

15 *Hitlers Selbstmord*: 30. 4. 1945

26 *Beau*: Schönling

32 *Allerheiligenlitanei*: Wechselgebet zwischen Vorbeter und Gemeinde bei Taufe und anderen Weihen – *Hochamt*: feierliche Form der katholischen Messe, die Ausgangspunkt der Erneuerung der kath. Messe nach dem 2. Vatikanischen Konzil war

39 *Tauet, Himmel,...*: österr. Adventslied aus dem 18. Jh.

41 *Wo immer die Welt am schönsten war...*: Zitat aus der 1. Strophe von Theodor Fontanes (1819 – 1898) Ballade ›Archibald Douglas‹ – *Watergate*: Sitz der Büroräume der oppositionellen Demokratischen Partei in Washington, die 1973 illegal durchsucht wurden, was u. a. 1974 zum Sturz des Präsidenten Richard Nixon führte

50 *Wagner*: Richard W. (1813 – 1883), *Brahms*: Johannes B. (1833 – 1897), *Bach*: Johann Sebastian B. (1685 – 1750), dt. Komponisten

54 *Offenbach*: Jacques O. (1819 – 1880), dt.-frz. Komponist

58 *Schlacht bei Worringen*: 5. 6. 1288, führte im Limburgischen Erbfolgestreit zur Niederlage des Kölner Erzbischofs (verbündet mit Luxemburg und Flandern) gegen die Brabanter (verbündet mit der Stadt Köln und der Mark)

65 *ad majorem patriae gloriam*: (lat.) »zum höheren Ruhm des Vaterlandes«

69 *Dufflecoat*: dreiviertellanger Sportmantel

73 *ihr sieben Zwerge hinter den sieben Bergen*: Anspielung auf das Märchen ›Schneewittchen‹ und zugleich auf das rheinische Siebengebirge – *das Wasser ist viel zu kalt, viel zu tief*:

verändertes Zitat des Volksliedes »Es waren zwei Königskinder,/ die hatten einander so lieb./ Sie konnten zusammen nicht kommen,/ das Wasser war viel zu tief.«

75 *Brecht*: Bertolt B. (1898 – 1956), dt. Schriftsteller – *Seghers*: Anna S. (1900 – 1983), dt. Schriftstellerin

79 *der in den Sand schrieb*: Hinweis auf die Begegnung Jesu mit der Ehebrecherin (Joh. 8, 6-8), in der es vor den Worten, »Wer unter euch ohne Sünde ist, der werfe den ersten Stein auf sie«, heißt: »Jesus bückte sich nieder, und schrieb mit dem Finger auf die Erde«

80 *Poe*: Edgar Allen P. (1809 – 1849), amerik. Schriftsteller

85 *Che Guevara*: Ernesto »Che« G. (1928 – 1967), kubanischer Revolutionär und Leitfigur der Linken in Europa und Lateinamerika

87 *Exorzismus*: Teufelsaustreibung

98 *von Ketteler*: Clemens v. K. (1853 – 1900), dt. Diplomat

99 *atavistisch*: rückwärts gewandt

102 *Laokoon*: Gestalt der griech. Mythologie, in einer berühmten antiken Marmorgruppe dargestellt. L. wird mit seinen Söhnen von zwei Schlangen erwürgt

104 *Mario del Monaco*: (1915 -1982), ital. Tenor

107 *georgian oder edwardian*: aus der Zeit der brit. Könige George VI. (1896 – 1952) und Edward VII. (1841 – 1910) – *Marcos*: Ferdinand M. (1917 – 1989), philippin. Diktator – *Pinochet*: Augusto P. (geb. 1915), chilen. Diktator – *Breschnew*: Leonid B. (1906 – 1982), von 1960 – 1964 Staatsoberhaupt der Sowjetunion und von 1972 – 1982 Partei- und Regierungschef

108 *Fidel*: Fidel Castro (geb. 1927), kubanischer Staatschef – *Che*: Ernesto »Che« Guevara: s. Erläuterung zu S. 85

110 *Kropotkin*: Pjotr A. K. (1842 – 1921), russ. Anarchist

111 *Adorno*: Theodor W. A. (1903 – 1969), dt. Philosoph – *Hegel*: Georg Wilhelm Friedrich H. (1770 – 1831), dt. Philosoph – *Hölderlin*: Friedrich H. (1770 – 1843), dt. Lyriker

114 *Klee*: Paul K. (1879 – 1940), Schweizer Maler – *Chagall*:

Marc Ch. (1887 – 1985), frz. Maler – *Hundertwasser*: Friedensreich H. (geb. 1928), österr. Maler und Architekt

121 *Stevenson*: Robert Louis St. (1850 – 1894), schott. Schriftsteller

126 *Flowery Orange Pekoe*: höchste Teequalität (Knospe und 1. Blatt) – *Konko*: eigentlich Kongo, niedrigste Teequalität

129 *Modigliani*: Amedeo M. (1884 – 1920), ital. Maler, Bildhauer und Architekt – *Proust*: Marcel P. (1871 – 1922), frz. Schriftsteller – *Kafka*: Franz K. (1883 – 1924), deutschspr. Schriftsteller in Prag – *anankastisch*: unter Zwangsvorstellungen leidend

130 *Wohl den Frauen*: Luk. 23, 29, das korrekte Zitat lautet: »Selig sind die Unfruchtbaren und die Leiber, die nicht geboren haben, und die Brüste, die nicht gesäuget haben.«

149 *die Manns*: Heinrich M. (1871 – 1950), Thomas M. (1875 – 1955), Klaus M. (1906 – 1949), dt. Schriftsteller – *Hofmannsthal*: Hugo v. H. (1874 – 1929), österr. Schriftsteller

151 *Sartre*: Jean Paul S. (1905 – 1980), frz. existentialistischer Schriftsteller und Philosoph – *Faulkner*: William F. (1897 – 1962), amerik. Schriftsteller – *Gorki*: Maxim G. (1868 – 1936), russ. Schriftsteller – *Beckett*: Samuel B. (1906 – 1989), ir. Schriftsteller

163 *Avranches*: frz. Stadt in der Normandie, Schlacht von A. am 30./31. 7. 1944 – *Fürchtet euch nicht, ich bin es*: Matth. 14, 27 (»Ich bin's; fürchtet euch nicht!«)

182 *Ikonostase*: die Bilderwand zwischen Altar und Gemeinderaum in der orthodoxen Kirche

187 *Es ist sicherer, eine Bank zu kaufen als sie auszurauben*: abgewandeltes Zitat aus Elisabeth Hauptmanns Theaterstück ›Happy End‹ von 1928/29 (Songtexte von B. Brecht): »Was ist ein Dietrich gegen eine Aktie, was ist ein Einbruch gegen die Gründung einer Bank«

190 *Das Gleichnis vom reichen Jüngling*: Math. 19, 16 – 24

191 *bleiernes Dasein*: Anspielung auf den Film ›Die bleierne Zeit‹ (1981) von Margarethe von Trotta (geb. 1942)

Inhaltsabriß

Wie ein Theaterstück stellt der Text die handelnden Personen, ihr Alter, Aussehen, ihre Garderobe in einer Vorbemerkung vor. Handlung und Vorgeschichten ergeben sich aus zehn Dialogen und zwei Monologen, die von Szenenanweisungen unterbrochen werden. Fiktive Führungspersönlichkeiten des bundesdeutschen Establishments (Politiker, Bankiers) sind verwoben in einem Netz von zum Teil gemeinsamer fragwürdiger Vergangenheit und gegenwärtiger Intrigen. Ihre Frauen – einige Nutznießerinnen, andere Opfer, alle aber Beobachterinnen ihrer Entwicklung – stehen unter der Gefahr, abgeschoben zu werden in ein psychiatrisches Sanatorium, einzelne begehen auch Selbstmord. Die Aufdeckung der Kriegsvergangenheit des Ministers Plukanski führt zu einer Zuspitzung und (gewissen) Klärung: Einige Minister stürzen, Ernst Grobsch, der innerparteiliche Oppositionelle in der Regierung will weiterwirken in dieser Funktion; aber die »Herren, die uns nicht regieren, sondern beherrschen« (S. 92) werden unangetastet bleiben. Eine Gruppe von Aussteigern um den aus dem diplomatischen Dienst hinausgeworfenen Karl von Kreyl und seine Lebensgefährtin Katharina Richter will »arbeiten und studieren« (S. 179). Im Schlußwort spricht der Bankier Krengel von seinem »bleiernen Dasein«.

Der Schlußpunkt der »Fortschreibung«

Bölls Verständnis seines Gesamtwerkes als eines »Fortschreibungsprozesses« bestätigt sich nicht zuletzt dadurch, daß immer wieder der jeweils jüngste Roman als »epische Summe« bezeichnet wurde. Und das galt nach *Billard*, *Gruppenbild* und *Belage-*

rung auch für *Flußlandschaft*[8]. Sah man schon *Belagerung* als »geradezu gespickt mit Selbstzitaten« an[9], so steigert sich das Urteil noch für *Flußlandschaft*: »Wenn dies Buch ein Formprinzip hat, so ist es die Mobilisierung des Selbstzitats«[10].

Dabei reichen die Verbindungen weit zurück: Schließlich heißt Bölls erste »Frau vor Flußlandschaft« Marie Derkum, und Ähnlichkeiten zum *Clown* , »ebenfalls ein Roman in Dialogen und Selbstgesprächen«[11], sind zahlreich – im Detail, wie der Kopfschmerz heilenden Wirkung von Litaneien[12], im Personal (die kunstsinnigen Bankiers!) und zentralen Motiven (Rheinmythen). Anderes (etwa die erhängten Plotzekkinder) verweist auf *Billard*, und natürlich sind die »elementaren Dinge«, vom »Frühstücksei«, mit dem der erste Dialog von *Flußlandschaft* beginnt, bis zu Rauchgewohnheiten und epiphanischen Liebeserlebnissen auch hier wieder zu finden.

Eine besondere Nähe besteht zu *Belagerung*: »Blaukrämers Zweite« scheint der Zwilling von »Bleibels Vierter« zu sein; Chundt »strotzt« vor Vitalität wie Bleibl; der »metaphysische Schüttelfrost« Grobschs (S. 138) erinnert an das häufige »Schuddern« Käthe Tolms. Katharina Richter ist ebenso »sicherheitsüberprüft« (S. 16) wie Rolf Tolms Katharina, und Blaukrämers Lachen (S. 16), wie das von Plietsch (»wie zwei Dutzend Messer«, S. 18) ähnelt Amplangers. Diese Beziehungen sind nach den jüngsten Forschungen zu *Belagerung*[13] in einem besonderen Licht zu sehen. Notizen und Entwürfe Bölls seit 1975 enthalten den Plan zu einem Roman, der auch in verschiedenen Interviews eine Rolle spielt. So berichtete Böll Christian Linder von einem Romanprojekt, in dessen Mittelpunkt »ein Politiker« stehen sollte, »eine öf-

[8] Bernhard 1995, S. 105: Eine »poetische Summa«. Noch im abschätzigen Urteil des ›Spiegel‹, »Reprisenwerk« (Der Spiegel, 2. 9. 1985) schlägt sich diese Einschätzung nieder.

[9] Schnepp 1997, S. 251.

[10] Vogt ²1987, S. 154, er paraphrasierte dabei einen Satz aus Wolfram Schüttes Rezension des Romans, in: Frankfurter Rundschau, 28. 9. 1985.

[11] Vogt ²1987, S. 152.

[12] Im *Clown* ist es die Lauretanische, hier (S. 86) die Allerheiligenlitanei.

[13] Schnepp 1997, S. 73.

fentlich bekannte Person«, deren »politische, soziale, menschliche, religiöse, psychologische Entwicklung« er fiktiv gestalten wollte: »die wird dann umgeben mit Personal, Mitarbeitern, Frauen«[14]. Die »ungeheuren Karrieren, die mit der Entwicklung der Bundesrepublik zu tun haben« faszinierten ihn, »jene ›Aufsteiger‹ wie Rudolf Augstein, Franz Joseph Strauß oder VW-Chef Schmücker, die nicht aus einem geistigen oder materiellen Besitzstand heraus ihre Bedeutung erlangt haben, sondern praktisch aus dem Nichts gekommen sind!«[15].

Diese Bemerkungen »retrospektiv mit *Fürsorgliche Belagerung* in Verbindung«[16] zu bringen, ist keinesweg zwingend; schließlich gab es immer wieder auch liegengebliebene Romanprojekte, die dann später wieder aufgenommen wurden. In *Einführung in ›Dienstfahrt‹* berichtet Böll von einem entsprechenden Fall[17]. Gerade dieser Kontext ist interessant, macht in *Dienstfahrt* doch Agnes Hall den Gruhls den Vorschlag zu einem neuen Happening, bei dem »ein *neues* Auto und ein *altes* Klavier« zerstört werden könnten[18]. Die Nähe zum Motiv des Flügel-Zerhackens ist zumindest bemerkenswert. Bölls Interview-Äußerungen passen zu den Figuren in *Flußlandschaft* eher als zu Tolm oder Bleibl. Das bleibt notwendig Spekulation, aber der Text des Romans läßt doch einen weit längeren Entstehungsprozeß erkennen als die häufig genannten drei Jahre[19]. Offensichtlich ist der Text nicht eigentlich fertiggeworden und wurde nicht sorgfältig genug lektoriert. Die Kritik monierte »Kunstfehler in [dem] Buch, die nachzählen mag, wer will«[20]. Zu diesen gehören Widersprüche in

[14] *Drei Tage im März* (1975), in: I, S. 352.

[15] tz, 29. 3. 1978, zitiert nach Schnepp 1997, S. 75; laut Schnepp finden sich fast wortgleiche Äußerungen in einem Gespräch Bölls mit Hans-Peter Riese im Jahr 1977.

[16] Schnepp 1997, S. 73.

[17] *Dienstfahrt* S. 209: »Drei Monate später, im Herbst, fing ich an einem neuen Roman an, und nach zwei Monaten kam ich an eine bestimmte Stelle, die bis heute blockiert ist.«

[18] *Dienstfahrt*, S. 199.

[19] Z.B. G. Hoffmann 1986, S. 282.

[20] Reinhard Baumgart, in: Der Spiegel, 2. 9. 1985.

den Zeitangaben: Die Zeitspanne seit dem Kriegsende zum Beispiel wird (S. 25) einmal mit »siebenunddreißig Jahre«, dann wieder mit »an die vierzig Jahre« (S. 172) angegeben; die Altersangaben für Erika Blaukrämer schwanken zwischen »55« (S. 8) und »vierundfünfzig« (S. 123). Dies sind nicht nur Lässigkeiten, die eine Schlußrevision des Textes hätte ausräumen können; denn die Zeitangaben differieren teilweise um vier und mehr Jahre. Ich habe in einer 1995 veröffentlichten Untersuchung[21] belegt, daß es sich hier um »Zeitschichten« handelt, die unterschiedliche Arbeitsphasen an dem Roman erkennen lassen, deren älteste etwa um 1976 liegen dürfte. Aus der umfangreichen Analyse greife ich hier nur ein Beispiel heraus: Plukanski, den Minister mit der »finsteren« Vergangenheit als Transportoffizier »aus dem Polenkrieg« (S. 22). Selbst wenn man »Polenkrieg« nicht wörtlich nimmt und Kampfhandlungen in der letzten Phase des Rückzugs an der Ostfront (1944) annimmt, muß der Transportoffizier dort mindestens Mitte Zwanzig gewesen sein. 1984 (die Schreibgegenwart des Romans) wäre er dann etwa 65. Tatsächlich geht er aber »auf die fünfundfünfzig« zu (S. 96), wäre dann Jahrgang 1929 und hätte seine Offizierskarriere (!) als 16jähriger Knabe beendet. Da auch seine Freundin Lore nur Mitte der siebziger Jahre zwanzig Jahre alt gewesen sein kann und das Verhältnis Plukanskis zu Grobsch und zu Karl v. Kreyl nur für diesen Zeitpunkt rechnerisch möglich ist, wird deutlich, daß mit der Konstellation Plukanski, Grobsch, Lore schon 1976 ein Handlungskern bestanden haben muß, der etwa 1980 um die Wublers, 1982 um das übrige wichtige Personal ergänzt wurde.

Bölls Andeutung (1977), daß der Rhein »vielleicht […] noch in meiner Arbeit auftauchen« wird[22], paßt in diesen Kontext – und scheinbare Kleinigkeiten stützen die These: Ein »Dufflecoat« (S. 69) ist in den achtziger Jahren wohl kaum noch getragen worden, und da galten »Frauen, die auf der Straße rauchen«, längst

[21] Balzer 1995, S. 78ff.
[22] Im Gespräch mit Heinrich Vormweg, in: Neues Rheinland, Dezember 1977.

nicht mehr als »halbe Huren« (S. 72). Mario del Monaco eignet sich Jahre nach Beendigung seiner Karriere (und drei Jahre nach seinem Tod) nur schlecht als Vergleich für Plukanskis Stimme, da gab es aktuellere Sänger.

Kein anderes Werk Bölls läßt den Prozeß der »Fortschreibung« so gut erkennen wie *Flußlandschaft* durch solche ›Arbeitsspuren‹, wobei zudem ein spezifischer Effekt durchschaubar wird:

Die übermalte Wirklichkeit

»Seine Figuren sind überzeichnet, aber so, daß sie im Unkenntlichen als Modelle der Bonner Szene erkennbar werden«, formulierte der kluge Klappentext der Erstausgabe[23]. Viele Rezensionen bestätigen – auch noch im Verriß! – diesen Eindruck: »Die scheinbar schemenhaften Figuren hallen mit ihren anfangs für leer gehaltenen Sätzen nach«[24]; »als wärs ein Gemälde von C. D. Friedrich«[25]; »Wallender Nebel über Bonn«[26]; »ein Bonn-Spiegel, der an vielen Stellen leider blind ist«[27]. Dieser bildlich-statische Eindruck, der noch dazu »Unschärfe« vermittelt, entstand dadurch, daß Böll nicht Geschichte erzählt, sondern ein Bild entwirft. Dieses Bild ist aber keine »Momentaufnahme«, die Zeit und Bewegung in erstarrter Schärfe reproduziert. Seine Aufnahme enthält vielmehr die Bewegung, was sich bei einem Foto als Unschärfe, als »Verreißen« darstellt – ein technischer Fehler dort, hier ein erzählerisches Mittel, das Böll auch schon zuvor verwendet hat, das hier, wegen der fehlenden Schlußrevision, nur deutlicher sichtbar ist. Auch beim *Clown*, bei *Billard*, bei *Belagerung* wurden 50 oder 15 Jahre auf einen oder zwei Tage projiziert. Die

[23] In der dtv-Ausgabe auf S. 1 abgedruckt.
[24] Fritz J. Raddatz, in: Die Zeit, 11. 10. 1985.
[25] Bündener Zeitung, 29. 11. 1985.
[26] Dieter Lattmann, in: Vorwärts, 31. 8. 1985.
[27] Kölnische Rundschau, 27. 8. 1985.

in den jeweiligen Endfassungen perfektionierte Fiktion der Rückerinnerung vom Erzählzeitpunkt aus erweckte den Eindruck traditionellen Erzählens, durch dessen Oberfläche nur geschärfter interpretatorischer Verstand drang. In *Flußlandschaft* ist das »Versetzungsspiel« Bölls für jedermann sichtbar: Tatsächliche Beobachtungen unterschiedlicher Zeitpunkte sind hier gleichsam ›übereinanderkopiert‹ – Bonn ist im »Tableau«[28] von 1985 zugleich im Zustand von 1975, 1980, 1984 enthalten – eine »beispielhafte Imagination eines Ganzen mit seiner Geschichte«[29]. Die Verhältnisse und Wurzeln der Bundesrepublik erscheinen in diesem Bild fiktiv und zugleich »wirklicher« als die »sogenannte Wirklichkeit«, von der sich Böll diesmal nicht mehr durch eine salvatorische Klausel abgrenzte. Zum erstenmal wirkte auch das Stereotyp vom ›Realisten‹ nicht mehr: Wolfram Schütte, Marcel Reich-Ranicki, Joachim Kaiser[30], sonst stets auf der Suche nach dem »Chronisten« Böll, schlossen Realismus hier von vornherein aus, und die Literaturwissenschaft sekundierte: »*Frauen vor Flußlandschaft* ist ein gewiß unrealistisches, aber gerade so Realität aufreißendes und anprangerndes Schattenspiel nach einem ruinierten Traum von gesellschaftlicher Ordnung«[31]. Heinrich Vormweg bringt den Text daher als »literarisches Dokument« in Gegensatz zu einem »literarischen Meisterwerk«[32]. Das sollte der Kritik, die den Roman zum Teil tatsächlich »in Grund und Boden« rezensierte[33], die Spitze nehmen. Der Frage nach dem Kunstcharakter läßt sich jedoch nicht ausweichen.

[28] Orientierung (Zürich), 31. 10. 1985.
[29] Vormweg 1995, S. 85.
[30] Reich-Ranicki in: Frankfurter Allgemeine Zeitung, 8. 10. 1985, Schütte in: Frankfurter Rundschau, 28. 9. 1985, Kaiser in: Süddeutsche Zeitung Nr. 218, Oktober 1985.
[31] Vormweg 1995, S. 26.
[32] Vormweg 1995, S. 25.
[33] Vormweg 1995, S. 15.

Der Mut zum »Risiko einer neuen Form«[34], wurde durchaus erkannt, aber nur selten anerkannt; allein Joachim Kaiser sah ein »kühnes Glanzstück absurder Literatur [...] zwischen Panoptikum und Pandämonium«[35] und wurde prompt dafür gescholten[36].

Der stoßseufzende Wunsch Reinhard Baumgarts, »Wäre er noch lebendig, würde ich ihn doch gern befragen [...], wie es zu diesem Mischwerk gekommen ist«[37], läßt sich partiell wenigstens erfüllen, wenn man die Frage an den Text richtet. Denn auch diesmal hat Böll sein Gestaltungsprinzip im Roman genannt: »Ein [...] kostbares Klavier, auf dem mit an Sicherheit grenzender Wahrscheinlichkeit Bach gespielt hat – das auseinanderzunehmen *Echt bewegt* – ich sehe darin einen Akt höchster Spiritualität, eine Art himmlischen Protest gegen die Täuschungen der Musik, den Luxus, den Hunger, den Durst, gegen Krieg und jegliches Elend und jegliche Form von Materialismus« (S. 143). Die Übertreibung der Kunst zum Allheilmittel macht das satirische Moment kenntlich; daß hier kein Künstler, sondern ein Bankier spricht, steigert die Satire. Dabei ist das Selbstironie, fast schon ein Widerruf; denn mit dem motivlichen Material aus *Dienstfahrt* dementiert Böll hier seine Hoffnung auf die mittelbar verändernde Wirkung der Kunst als »Dynamit« oder »Zeitzünderbombe«. Und wenn Karl von Kreyl zustimmt, »es könnte als metaphysisches Signal verstanden werden, als antimaterialistisches Zeichen: Abschied von den Materialien der Musik, diese in himmlische Abstraktheit hinausheben, sozusagen vom Ohr befreit« (S. 145), verstärkt das noch den Widerrufscharakter. Denn Kreyl ist ausdrücklich kein Künstler, sondern Jurist. Nach Joseph Beuys ist zwar jeder Mensch ein Künstler, aber gerade den Beuysschen Kunstbegriff

[34] Deutsches Allgemeines Sonntagsblatt, 8. 9. 1985.
[35] Süddeutsche Zeitung Nr. 218, Oktober 1985.
[36] Von Marcel Reich-Ranicki, in: Frankfurter Allgemeine Zeitung, 8. 10. 1985.
[37] Der Spiegel, 2. 9. 1985.

verabschiedet Böll am Ende: Karl von Kreyl will »Krengels Angebot annehmen. Damit ist alles zum Kunstwerk erklärt, und die Kunst ist frei« (S. 185) – das war die Position der Gruhls in *Dienstfahrt* (s. o. S. 95) und Bölls eigenes Konzept seit der dritten Wuppertaler Rede: »Die Kunst ist frei, wenn sie sich frei oder durch Mäzene ihr Material beschafft. Dein Material war kostbar und nicht freiwillig gegeben« (S. 185), erklärt Karls Vater lachend, damit ist solche Kunst endgültig domestiziert – was sich schon am Ende von *Dienstfahrt* angekündigt hatte. Damit ist aber auch ein anderes wesentliches Moment dieser (und Bölls eigener) Kunstvorstellung verabschiedet, und wiederum erkennt das der Bankier Krengel als einziger: »das spirituelle Element [...], das Rituelle – fast Liturgische« (S. 142). Ritus, also Form und spirituelles Moment – wie oft hatte Böll gerade damit die Schnittmenge von Religion und Kunst bezeichnet! Auch dies ist nun den Bankiers überantwortet, die »überhaupt die Kultiviertesten« sind (S. 151). Wenn Katharina über den Literaturwissenschaftler Tucheler meint, er »solle besser vor versammelten Bankiers über Beckett sprechen: Die hören zu, die sind wirklich interessiert« (S. 152), so wiederholt (und steigert) das Schniers Erlebnis mit den »Kapitalistenversammlungen« seines Großvaters (im *Clown*). Damals signalisierte das die Absage an die Satire; hier ist es der Abschied vom Happening. Aber das ist nicht die Verabschiedung der Kunst überhaupt oder die Absage an die Literatur, obwohl es so scheint.

Dieser Anschein ist im Hinblick auf die Religion vielleicht noch stärker und ist auch da irreführend: »Die Kirche ist leer«, berichtet Heinrich von Kreyl nach seinem letzten Kirchgang. Der Grund ist nicht nur die »Sicherheitsmesse« (S. 173); denn selbst dann, wenn einer der »Dreiminus-Priester« (*Wort*) vor einer geradezu urchristlichen Gemeinde steht, bessert sich nichts: »Ich dachte, du findest es wieder, wo fünf, sechs, höchstens acht da beieinander hocken, ein überarbeiteter, müder Priester still eine Messe feiert. Ich hab's auch dort nicht wiedergefunden« (S. 175). Nicht zuletzt dies hat zum verbreiteten Eindruck der Zerstörung aller Utopien[38] beigetragen. Aber auch hier lohnt sich die genaue Lektüre: »Schließlich gibt's ihn, der da in den Sand geschrieben hat« (S. 162), sagt Erika Wubler zu ihrem Mann. Dies ist die Umschreibung des verzeihenden Christus. Der fehlt in der Kirche, weil er nicht mehr gebraucht wird: »sie lassen sich bestechen, sie jubeln die Raketen herbei, sie beten den Tod an – alles nicht neu. Das Neue ist: sie fühlen keine Schuld und schon gar keine Sünde [...], da ist für uns kein Platz, lieber Graf, weder drinnen noch draußen« (S. 174). Das »uns« Erika Wublers korrespondiert mit den »Meinen« der Widmung des Romans – der Rest von Hoffnung *scheint* in der Tat gering. Die Suche nach einer »bewohnbaren Sprache« motiviert auch diesen Roman: »die Sprache, der Erzählprozeß, das Erzählbewußtsein, das diese Figuren aufbaut«[39], hat diese utopischen Qualitäten. Der »*schreibende Jesus* ist [...] in gewissem Sinne der Erzähler des Romans und seiner Figuren, er ist der Beweger des Spiels, der *spiritus rector*«[40]. Das erscheint wie die Umkehrung des Bildes vom »lesenden Klosterschüler« in Alfred Anderschs Roman ›Sansibar oder der letzte Grund‹ (1957) und hätte die gleiche utopische Funktion. Auch wenn man den versteckten Hinweis nicht als so zentral ansehen will, widerlegt er die These vom Ende der Religion – und vom Ende der Literatur und Kunst. Wirklich »zu Ende« ist »diese makellose Schönheit« des religiösen Rituals, das zu »kirchlicher Dekoration« verkommen ist (S. 160). Der »in den Sand schreibende« Christus ist davon nicht tangiert. Ebenso betrifft die »Kultiviertheit der Bankiers« nur einen Aspekt der Kunst, der sich veräußerlicht hat. Es trifft die Bankiers, nicht die Kunst!

Was Böll erreichen und was er ausschließen wollte, ist im achten Kapitel des Romans verdeutlicht. Der Lernprozeß Eva Plints appelliert an den Leser: »Was ich gelernt habe: [...]: Geschmack bedeutet nichts, nichts – es kommt ja auch von Schmecken. [...] Beethoven schmeckt euch, Ernst nicht – er weint, wenn er ihn

[38] Vgl. z.B. Linder 1986, S. 215f.
[39] Jeziorkowski 1995, S. 36.
[40] Jeziorkowski 1995, S. 36.

hört« (S. 141). Das richtet sich nicht gegen Beethoven, noch weniger gegen die Kunst; es soll gerade nicht »Abschied genommen« werden von den »Materialien der Musik« (S. 145); denn Karl von Kreyl ist hier nicht das Sprachrohr des Autors. In dieser Frage ist es vielmehr Ernst Grobsch: »Beethoven gehört denen nicht. Soll ihnen denn alles, alles gehören – auch noch Beethoven?« (S. 87). Grobsch hat »keinen Geschmack« (S. 111), hat auch »keine Ahnung von Musik«, aber er »kennt« Beethoven (S. 113). *Dies* sind die Alternativen: Kunstgeschmack – »Diese Menschen da, so sensibel, so fein, bescheiden, geschmackvoll, gebildet, wirklich edel – alles *echt*« (S. 88) – und das direkte, ungeschulte, unverstellte, nicht ästhetisch raffinierte Kunsterlebnis; Adelheid Kapspeter auf der einen Seite, Grobsch auf der anderen.

Das Problem, wie die Kunst sich gegen die Vereinnahmung durch die Geschmackvollen behaupten kann, hat Böll schon zuvor häufiger beschäftigt[41], zuletzt in seiner Rede zur Verleihung der Kölner Ehrenbürgerwürde. Dort ist der Stellenwert formuliert, den das Thema schließlich im Roman hat: Bei der Bewertung von Kunst spiele etwas eine Rolle, das nicht »objektivierbar ist, nämlich der Geschmack«. Jedermann kenne Menschen, »deren Geschmack, was ihre Bilder, Möbel, Bücher betrifft, er haarsträubend findet, und doch schätzt er ihren Charakter«. Auch das Umgekehrte träfe zu. Dies sei »ein Bildungsproblem und ein quälendes Problem«[42].

Im Roman wird dieses tatsächlich nicht »objektivierbare« »Etwas« im Grobsch-Monolog des sechsten Kapitels radikal subjektiviert: »Plukanskis Mutter hat Geschmack, er selbst, Eva und Krengel und Kapspeter. Wo kann man das lernen? [...] seitdem ist eins unserer quälenden Lieblingsthemen Geschmack und Charakter und wie es kommt, daß mehr Leute mit gutem Geschmack einen schlechten Charakter haben und mehr Leute mit schlechtem Geschmack einen guten« (S. 112).

[41] Z. B. in der *Zweiten Wuppertaler Rede* (1960), in SR-2, S. 24ff., wo er über die Differenz zwischen »Künstler und Kulturträger« reflektiert hat.
[42] *Ich han dem Mädche nix jedonn, ich han et bloß ens kräje* (1983) in: SR-8, S. 94.

Aus der abwägenden Überlegung ist ein durchaus parteiliches Argument geworden – zugleich ist das ein illustrativer Beleg für die These, die Böll im Zusammenhang der gleichen Rede formulierte: Daß nämlich die Literatur, auch die »unumstrittene[n] Bücherschrankklassiker« wie Goethe, Kleist, Stifter, Hebel, »gefährlicher und ärgerlicher« seien als politische Agitation und philosophische Essayistik[43].

Das Monopol der Kunstbetrachtung durch die »Kulturträger«[44], die »Geschmackvollen«, versuchte Böll in seiner Rede durch eine Gegeninterpretation außer Kraft zu setzen. Der Roman *Flußlandschaft* in seiner schließlichen – wenn auch sicher letztlich nicht vollendeten – Form ist ein Versuch, diesem Monopol zu entgehen in der Hoffnung auf den Leser, der ohne einen »Literaturfatzke Tucheler« (S. 133) angesprochen werden soll[45]. Das macht natürlich auch eine Arbeit wie diese fragwürdig[46] – wenn auch wohl nicht unnütz.

Rheinmythen und Reigenstruktur

Literarische Bildung ist zumindest nützlich für die Erkenntnis.

Böll knüpft unmittelbar an die »mythologische Problematik« von *Belagerung* an: Auf den Graf-von Gleichen-Mythos, für Böll inzwischen aktiviertes Spielmaterial[47], wird verwiesen, und er wird als Möglichkeit verabschiedet: »Ach Lore, zwei Frauen kann man nicht haben, das ist ein bürgerlicher Traum, das ständig gesuchte Dreieck, das schwerer zu finden ist als die Quadratur

[43] *Ich han dem Mädche nix jedonn, ich han et bloß ens kräje* (1983) in: SR-8, S. 92.
[44] *Zweite Wuppertaler Rede* (1960), in: SR-2, S. 24.
[45] Auch das nimmt ein Motiv aus einem früheren Werk auf, vgl. *Entfernung*, S. 103.
[46] Damit muß der Literaturwissenschaftler jedoch seit längerer Zeit leben: Vom *Silvester-Artikel* (1964), in: SR-3, S. 106ff., über die Karikaturen Bur-Malottke u. a. bis zu den sarkastischen Bemerkungen zum »Haruspex« in *Entfernung* zieht sich die Kritik an der Literaturwissenschaft durch das gesamte Werk Bölls.
[47] Vgl. die oben (S. 376) zitierte Briefpassage.

des Kreises« (S. 113)[48]. Die Probleme des Miteinander bestimmen hier nicht die Struktur, die durch ein Nacheinander gekennzeichnet ist. Der Aufbau des achten Kapitels ist das Strukturmodell des Romans und der Verweis zugleich auf die literarische Tradition, in der dies steht. »*Polonaiseartig*« bewegen sich »*etwa zehn, fünfzehn*« Paare »*rund um den Rasen*« (S. 131) – Arrangement statt Handlung; Schnitzlers ›Reigen‹ oder auch die »Struktur des *Jedermann*, des Totentanzes und Reigens«[49] haben so unverkennbar Pate gestanden, daß auch die Kritik dies zum Schlagwort machte: »Totentanz auf Bonner Szene«[50]. Diese Struktur bestimmt den »Rhythmus«, in dem die Personen zusammentreffen, wobei das ganze keineswegs auf eine Konfrontation von »Büffeln und Lämmern«[51], von »Schmutzigen« und »Reinen«, wie es in der Diktion Paul Chundts heißt, hinausläuft. Im Gegenteil gibt Böll hier »jeder Romangestalt, auch den Schuften und Dummköpfen, die Chance, um Verständnis beim Leser zu werben«, wie sich der Rezensent der Wiener Zeitschrift ›Profil‹[52] beklagte. Es gibt keine Identifikationsfigur im Text; auch die scheinbaren Sympathieträger erscheinen zweifelhaft: Der »unschuldige« Wubler (S. 25) ist zugleich der »unentbehrliche Schreibtischtäter« (S. 165), Heinrich von Kreyl ist »schuldig, ohne Schuld zu haben« (S. 176), und Grobsch erweist sich als Opportunist, der alles tut, nur um schneller »aufzusteigen« (S. 111). Politik ist »ein schmutziges Geschäft« (S. 14) – »Was nicht bedeutet, daß Schmutz schon Politik ist«. Doch über der Politik stehen »die Herren, die uns nicht regieren, sondern beherrschen«, das »Gottesgnadentum des Geldes« (S. 92), der »Schwamm« als »Großfürst« oder »Großinquisitor« des Geldes (S. 59) und über allem die Aktien, die den

[48] Das gilt aber auch für die »bürgerliche« Variante: auch Wubler resigniert im Blick auf Eva Plint – »Nein, zwei liebt sie und hängt immer noch an Karl« (S. 31), vgl. auch Eva Plints Überlegungen S. 71.

[49] Jeziorkowski 1995, S. 36.

[50] Die Weltwoche, 5. 9., 1985, auch die Neue Zürcher Zeitung, 12. 9. 1985 erkannte »eine Art Reigen mit den Lieblingsfiguren des Autors«.

[51] Hier widerspreche ich Arpád Bernáths entsprechender These ausdrücklich, vgl. Bernáth 1995, S. 142.

[52] 23. 9. 1985.

sarkastisch »sprechenden« Namen »Heaven Hint« tragen: Hinweis des Himmels.

Über die aus dem Böllschen Werk bekannte Unterscheidung von »konkretem« und »abstraktem Geld« hinaus wird Geld mit mythischen Attributen versehen – und als mythische Macht um so heftiger verdammt. Zu dem Nachruf auf die Frau Krengels – »sie konnte kein Geld sehen, dachte dann immer an das Zahngold der Ermordeten... und wo, wo konnte sie hingehen, ohne Geld zu sehen?« (S. 144) gibt es noch eine Steigerung: »Kapspeter badete täglich in Drachenblut, und kein Lindenblättchen fiel auf seinen zarten, weißhäutigen Greisenkörper. Wo waren sie denn geblieben, das Geld und die Haare und das Gold vom allerletzten herausgebrochenen Goldzahn, wo war's geblieben?« (S. 108).

In den Roman spielen nicht nur »die alten Sagen hinein – die Nibelungen und Lohengrin und die Rheintöchter, als lebe das alles in seiner ganzen Unbestimmtheit immer noch fort«[53]: Der Rhein ist vielmehr »das übergreifende Symbol dieses Romans«[54]. Der pervertierte Siegfried des Bankiers Kapspeter ist ein radikalisiertes Selbstzitat. In seinem zweiten Rheinessay[55] stellte Böll Siegfried, dessen »Arglosigkeit er nie für Dummheit« genommen habe – »und daß er verwundbar [...] gewesen war, machte ihn groß« –, gegen das andere »Blutbad«: »In Sklaven-, Soldaten- und Drachenblut gestählt (und nicht einmal eine Erbsenblüte fiel vom Himmel deutscher Geschichte, um eine verletzliche Stelle zu schaffen [...]) – ist ja nur die Industrie. [...] Das Drachenblut ist im Safe, auf der Bank«[56].

Die Sklavenhaltergeschichte des Kapitalismus ist im Roman noch um das Kapitel Auschwitz ergänzt[57].

Der *Hort*[58] war schon unmittelbar nach der Währungsreform

[53] Vormweg 1995, S. 19.
[54] Friedrichsmeyer 1995, S. 45.
[55] *Der Rhein* (1966), in: SR-3, S. 209ff.
[56] *Der Rhein* (1966), in: SR-3, S. 211.
[57] S. auch Krengels Bericht über den Tod seiner Frau und ihre Furcht vor den Duschen, die an die Gaskammern erinnern, S. 188.
[58] Vgl. *Aus dem Hort der Nibelungen* (etwa 1949), in: Der Spiegel, 3. 8. 1992.

die Chiffre für den Besitz gewesen: »Das brave, biedere, starke Geschlecht der Nibelungen lebt noch, sie haben [...] nun ihren blutigen Hort geöffnet und auf den Markt geworfen, auf den guten, braven deutschen Markt«. Was in *Die Waage der Baleks* verschlüsselte Anspielung war (s.o. S. 118), wird hier zum Zentrum: Der Rheingold-Mythos schafft die Verbindung zwischen den Heaven-Hint-Aktien, den Millionen, die geboten werden für den Blick auf den Rhein von dem verwilderten »Denkmal der Schande« (S. 81) aus und dem »Goldgeschäft«, in dem Kapspeter spekulieren wird (S. 188). Das »Zahngold« der Ermordeten ist eingeschlossen. Diese mythische Verbindung macht auch den »merkwürdige[n] Bann« (S. 67) plausibel, der über den gegenwärtigen Hütern des Geldes lastet – Ausdruck der Götterdämmerung, die wohl entscheidend war für die Endspiel-Metapher in der Rezeption des Romans. Die ist im übrigen wesentlich gespeist durch die richtige Erkenntnis, daß Böll mit seinem letzten Werk noch einmal Wolfgang Koeppens Roman ›Das Treibhaus‹ verpflichtet ist[59]. Während aber Koeppen auf die Endzeitperspektive zuschreibt – »vorbei. Die Ewigkeit hat schon begonnen«[60], der Abgeordnete Keetenheuve läuft an der Leuchtschrift »Rheinlust« vorbei zur Brücke und springt in den Fluß –, reflektiert Böll dies als Bewußtseinsstand der Vergangenheit: Karls Mutter »ging in den Rhein« (S. 73), weil sie der Rhein mehr lockte »als Erftler-Blums Nachkriegsdeutschland« (S. 74). Zum anderen ist das eine weitere Metapher für das Verfahren des Romans: »›In den Rhein gehen‹ – ein schöner Ausdruck – eines Tages tu ich's vielleicht auch, [...] es muß schön da unten sein, im grünen Schlamm durch die Geschichte zu wandern, über den Meeresboden, um die britischen Inseln herum und in der Bretagne wieder heraus« (S. 74). Man kann den Text durchaus lesen als eine solche »mythische« Wanderung durch die Geschichte von »Alberich« (S. 73) bis zur »Vertreibung« Gottes (S. 174). Dabei ist die Perspektive gar nicht

[59] Zu den Verbindungen im einzelnen vgl. Balzer 1995, S. 94ff.
[60] Zitiert nach W. K., Tauben im Gras, Das Treibhaus, Tod in Rom, Frankfurt a. M. 1986, S. 256.

resignativ: Eva Plints Absage an den Selbstmord, die schließlich auch Heinrich von Kreyl wiederholt und mit dem Satz »leben ist besser als sterben« (S. 189) bekräftigt wird, steht dafür und die Geographie der gedachten Reise, die den deutschen Rheinmythos verbindet mit den Zentren des Keltischen, das für Böll noch immer die humane Alternative zum Germanenkult der deutschen Geschichte war. In solcher Sicht bleibt die *Flußlandschaft* Heimat[61] und »bewohnbar« – nicht zu vergessen dabei, daß Böll auch immer wieder – eine natürlich völlig unheldische – Siegfriedrolle für sich selber visualisierte – im *Clown*, oder im Gedicht *Meine Muse* (1965):

»Meine Muse ist eine Deutsche
sie gibt keinen Schutz
nur wenn ich in Drachenblut bade
legt sie die Hand mir aufs Herz
so bleib ich verwundbar«[62]

Resignation oder Utopie?

Damit ist eigentlich schon der Eindruck vieler Leser des Jahres 1985 korrigiert, wonach »ein resignierender, müde gewordener Mahner«[63] »sein Werk in einem bitteren Sinne buchstäblich zu Ende geschrieben«[64] habe. Die Bemerkung in der Kölner Dankesrede über Hemingways Spiel »mit dem Nihil, dem Nada und dem Nichts [...] mir könnte sie gefährlicher werden als manches politische Pamphlet«[65] illustriert, daß es Böll ähnlich ergangen ist wie knapp vierzig Jahre früher Wolfgang Borchert, dessen Vorspruch zu ›Draußen vor der Tür‹, »Eine Injektion Nihilismus bewirkt oft, daß man aus lauter Angst wieder Mut zum Leben be-

[61] S. 183, vgl. dazu auch Friedrichsmeyer 1995, S. 49f.
[62] In: T., S. 20.
[63] Luzerner Neueste Nachrichten, 14. 11. 1985.
[64] Linder 1986, S. 211.
[65] *Ich han dem Mädche nix jedonn, ich han et bloß ens kräje* (1983) in: SR-8, S. 92.

kommt«, übersehen wurde, weshalb man sein Stück als Dokument des Nihilismus mißverstand. Es ist ja richtig, das Böll hier »all das, was er in vierzig Jahren in seinem Werk an Utopie aufgebaut hatte, für sich selber zur Disposition« stellt[66] – doch das war auch schon in *Belagerung* der Fall. Das »bleierne Dasein« Krengels ist Warnung, keine Zustandsbeschreibung. Dennoch stellt sich die Frage, »was bleibt?«

»Vielleicht hätten Sie Ihrer Frau die Zuversicht geben sollen, die ich von Ihnen erwarte, daß die Herren nicht ewig unsere Herren bleiben« (S. 180) – das ist die Perspektive Grobschs, und der geht sogar noch weiter: »ich will einen Staat machen, in dem diese Lore hier einsehen könnte, daß es schön ist, ja schön, Gesetze einzuhalten« (S. 180). Diesen Optimismus dämpfen Karl und Katharina – doch auch sie entscheiden, »ihr Kuba ist hier und auch ihr Nicaragua«. Das steht, wie in *Belagerung* für »einen« Sozialismus« – eine Hoffnung nur, »eine Hoffnung auf ein anderes, ein neues Leben hier« (S. 156), aber Hoffnung ist das Gegenteil von Resignation. Hoffnung ist die Voraussetzung für das offenbar dringlichste Ziel, das Böll mit dem Roman verband: Erinnerungen wachzuhalten in einer Gesellschaft, »die Erinnerungen korrigiert« (S. 17) und planmäßiges Vergessen betreibt. Das »Denkmal der Schande«, das der Besitzer »nie verkaufen« (S. 81) will, weist als symbolischer und zugleich realer Widerstand gegen das »Gottesgnadentum des Geldes« in eine Zukunft und eine »ungebrochene Hoffnung auf eine bessere Zeit«[67].

Böll hatte sich bei Abschluß des Manuskripts schon ein neues Projekt vorgenommen, es sollte ein Buch für Kinder werden mit dem Titel »Mein Vater der Dieb«.

[66] Linder 1986, S. 216.
[67] Friedrichsmeyer 1995, S. 49.

Biographische Stichworte

1917	21.12. geboren als sechstes Kind des Tischlermeisters und Bildschnitzers Viktor Böll und seiner zweiten Frau Maria	
1924–1928	Katholische Volksschule Köln-Raderthal	
1928	Humanistisches Kaiser-Wilhelm-Gymnasium in Köln	
1937	Abitur Buchhandelslehre in Bonn	Erste Schreibversuche: *Die Brennenden, Die Unscheinbare*
1938	Einberufung zum Reichsarbeitsdienst	
1939	Immatrikulation an der Universität Köln mit den Fächern Germanistik und Altphilologie Einberufung zur Wehrmacht, Einsatz in Frankreich und im Osten, mehrfache Verwundung, zeitweise Desertion	
1942	6. 3. Eheschließung mit der Lehrerin Annemarie Cech in Köln	
1945	9. 4. amerikanische, englische, dann belgische Kriegsgefangenschaft 15. 9. Entlassung	

1946	Formelle Wiederaufnahme des Studiums. Intensive schriftstellerische Arbeit	
1947	Geburt des Sohnes Raimund	Erste Publikation: *Aus der Vorzeit*
1948	Geburt des Sohnes René	Zahlreiche Kurzgeschichten MS von *Das Vermächtnis*
1949		Erste Buchveröffentlichung: *Der Zug war pünktlich*
1950	Aushilfstätigkeit beim Statistischen Amt der Stadt Köln. Geburt des Sohnes Vincent	*Wanderer, kommst du nach Spa...*
1951	Lesung vor der »Gruppe 47« in Bad Dürkheim Preis der Gruppe	*Wo warst du, Adam?* *Die schwarzen Schafe*
1952	René-Schickele-Preis, Wechsel zum Verlag Kiepenheuer & Witsch	*Nicht nur zur Weihnachtszeit*
1953	Deutscher Kritikerpreis, Mitglied der Deutschen Akademie f. Sprache u. Dichtung	*Und sagte kein einziges Wort*
1954	Erster Irlandaufenthalt	*Haus ohne Hüter*
1955	Preis der frz. Verleger f. d. besten ausl. Roman	*Das Brot der frühen Jahre* *Unberechenbare Gäste*
1957		*Irisches Tagebuch* *Im Tal der donnernden Hufe*
1958	Kauf eines Cottages in Irland	*Dr. Murkes gesammeltes Schweigen*
1959	Eduard v.-d.-Heydt-Preis der Stadt Wuppertal	*Billard um halb zehn*

1960	Charles-Veillon-Preis	*Klopfzeichen*
1961	Literaturpreis der Stadt Köln	*Ein Schluck Erde, Sprechanlage*
1962		*Keine Träne um Schmeck*
1963	Längerer Irlandaufenthalt	*Ansichten eines Clowns*
1964	Poetikdozentur an der Universität Frankfurt a. M.	*Entfernung von der Truppe*
1965	Premio d'isola d'Elba	
1966	Premio Calabria, Dritte Wuppertaler Rede	*Ende einer Dienstfahrt*
1967	Georg-Büchner-Preis	
1968	Rede gegen die Notstandsgesetze	
1969	Initiative zur Gründung des Verbandes deutscher Schriftsteller	*Hausfriedensbruch*
1970	Präsident des bundesdt. PEN-Zentrums	
1971	Präsident des Internationalen PEN (bis 1972)	*Gruppenbild mit Dame*
1972	›Spiegel‹-Artikel *Will Ulrike Meinhof Gnade oder freies Geleit?* 10. 12. Nobelpreis für Literatur	
1973	Nobelpreisvorlesung in Stockholm	
1974	Carl-v.-Ossietzky-Medaille	*Die verlorene Ehre der Katharina Blum*
1975		*Berichte zur Gesinnungslage der Nation*
1976	Austritt aus der katholischen Kirche	*Bis daß der Tod euch scheidet*

1977	Öffentliche Kampagne gegen Böll wegen »Sympathisantentums mit der RAF«	*Du fährst zu oft nach Heidelberg*
1978		*Die verschobene Antigone*
1979	schwere Erkrankung	*Fürsorgliche Belagerung*
1981	Engagement in der Friedensbewegung	Druck von *Das Vermächtnis*
1982	Umzug nach Bornheim-Merten	
1983	Ernennung zum Professor, Ehrenbürgerschaft der Stadt Köln	*Die Verwundung und andere frühe Erzählungen*
1984		*Bild. Bonn. Boenisch*
1985	Längere Krankheit, Operation. 15. 7. Entlassung aus dem Krankenhaus 16. 7. verstorben in Langenbroich 19. 7. Beisetzung in Bornheim-Merten	*Frauen vor Flußlandschaft*

Literaturverzeichnis

Die umfassendste Bibliographie der Sekundärliteratur bis 1993 ist in Sowinski 1993 enthalten. Die folgende Bibliographie enthält die seither erschienene Literatur sowie die hier zitierten Titel zum Werk Heinrich Bölls.

Amery, Carl: Eine christliche Position. In: Reich-Ranicki, M. (Hg.): In Sachen Böll. München ⁷1980, S. 119ff.

Balzer, Bernd: Einigkeit der Einzelgänger. In: Matthaei, R. (Hg.): Die subversive Madonna. Köln 1975, S. 11-30

Balzer, Bernd: Heinrich Bölls Werke, Anarchie und Zärtlichkeit. In: Balzer, B. (Hg.): Heinrich Böll, Werke, Romane und Erzählungen I, 1947 - 1952. Bornheim-Merten und Köln 1987, S. [11]-[188], zuerst in: Heinrich Böll, Werke. Romane und Erzählungen I, Köln 1977

Balzer, Bernd: Ausfall in die Sprachlosigkeit? In: Materialien zur Interpretation von Heinrich Bölls »Fürsorgliche Belagerung«. Köln 1981, S. 37ff.

Balzer, Bernd: Die verlorene Ehre der Katharina Blum. Frankfurt a. M. 1990, ²1994

Balzer, Bernd (Hg.): Heinrich Böll 1917 – 1985. Bern 1992

Balzer, Bernd: Heinrich Böll in China. In: Hsia, A. und Hoefert, S. (Hg.): Fernöstliche Brückenschläge. Bern 1992, S.123-136

Balzer, Bernd: Zeit für neue Ansichten. Zum gegenwärtigen Stand der Böll-Forschung. In: Balzer, B. u. Honsza, N. (Hg.): Heinrich Böll – Dissident der Wohlstandsgesellschaft. Wrocław 1995, S. 55-72

Balzer, Bernd u. Honsza, Norbert (Hg.): Heinrich Böll – Dissident der Wohlstandsgesellschaft. Wrocław 1995

Balzer, Bernd: Lektüre nach »Barschel«. In: Bernáth, A. (Hg.): Geschichte und Melancholie. Köln 1995, S. 71-102

Beck, Evelyn T.: Ein Kommentar aus feministischer Sicht zu Bölls »Ansichten eines Clowns« (1976). In: Dell'Agli, A. M. (Hg.): Zu Heinrich Böll. Stuttgart 1984

Bellmann, Werner (Hg.): Das Werk Heinrich Bölls. Bibliographie mit Studien zum Frühwerk. Opladen 1995

Bellmann, Werner: Das literarische Schaffen Heinrich Bölls in den ersten Nachkriegsjahren. In: Euphorion 8 (1994) S. 243-261

Bernáth, Arpád: Zur Stellung des Romans »Gruppenbild mit Dame« in Bölls Werk. In: Matthaei, R. (Hg.): Die subversive Madonna. Köln 1975, S. 34-57

Bernáth, Arpád: Heinrich Böll als Hörspiel- und Dramenautor. In: Balzer, B. (Hg.): Heinrich Böll 1917 – 1985. Bern 1992, S. 61-88

Bernáth, Arpád (Hg.): Geschichte und Melancholie. Über Heinrich Bölls Roman »Frauen vor Flußlandschaft«. Köln 1995

Bernáth, Arpád: Der Schwamm und der Rhein. Die Botschaft von »Frauen vor Flußlandschaft«. In: Bernáth, A. (Hg.): Geschichte und Melancholie. Köln 1995, S. 127-172

Bernhard, Hans Joachim: Die Romane Heinrich Bölls. Gesellschaftskritik und Gemeinschaftsutopie. Berlin [2]1973

Bernhard, Hans Joachim: Heinrich Bölls »Frauen vor Flußlandschaft« als poetische Summa. In: Bernáth, A. (Hg.): Geschichte und Melancholie. Köln 1995, S. 103-126

Bernhard, Hans Joachim: Böll als Leser. In: Balzer, B. (Hg.): Heinrich Böll 1917 – 1985. Bern 1992, S. 267-286

Bernsmeier, Helmut: Heinrich Böll. Stuttgart 1997

Blamberger, Günter: Heinrich Bölls Poetik des Romans und die »Ansichten eines Clowns« oder Literatur zwischen Verzweiflung und Verantwortung. In: Blamberger, G.: Versuch über den deutschen Gegenwartsroman. Krisenbewußtsein u. Neubegründung im Zeichen der Melancholie. Stuttgart 1985, S. 104-108 u. S. 127-134

Böll, Viktor u. Schäfer, Markus: Fortschreibung. Bibliographie zum Werk Heinrich Bölls. Köln 1997

Böll in Reutlingen. Eine demoskopische Untersuchung zur Verbreitung eines erfolgreichen Autors. In: Literatur und Leser. Theorien und Modelle zur Rezeption literarischer Werke. Hg. v. Gunter Grimm. Stuttgart 1975, S. 240-271

Borghese, Lucia: Das Spätwerk. In: Balzer, B. (Hg.): Heinrich Böll 1917 – 1985. Bern 1992, S. 231-244

Busse, Karl Heiner: Zu wahr, um schön zu sein. Frühe Publikationen. In: Balzer, B. (Hg.): Heinrich Böll 1917 – 1985. Bern 1992, S. 25-42

Butler, Michael: The narrative fiction of Heinrich Böll. Social conscience and literary achievement. Cambridge 1994

Cases, Caesare: Dreimal gelesen: Heinrich Böll, Die Waage der Baleks. In: Reich-Ranicki, M. (Hg.): In Sachen Böll. München [7]1980, S. 224-232

Conard, Robert C.: Bölls »Frauen vor Flußlandschaft«: Eine Kritik

der bürgerlichen Demokratie. In: Bernáth, A. (Hg): Geschichte und Melancholie. Köln 1995, S. 53-70
Dell'Agli, Anna Maria (Hg.): Zu Heinrich Böll. Stuttgart 1984
Durzak, Manfred: Die deutsche Kurzgeschichte der Gegenwart. Autorenporträts, Werkstattgespräche, Interpretationen. Stuttgart ²1983
Durzak, Manfred: »Der unterschätzte Böll«, in: »Lesen und Schreiben«. Festschrift für Manfred Jurgensen. Tübingen 1995, S. 31-42
Emrich, Wilhelm: Selbstkritisches Erzählen: Heinrich Bölls »Entfernung von der Truppe«. In: Reich-Ranicki, M. (Hg.): In Sachen Böll. München ⁷1980, S. 290-297
Finlay, Francis J.: Aspekte und Tendenzen der Böll-Forschung seit 1976. In: Balzer, B. (Hg.): Heinrich Böll 1917 – 1985. Bern 1992, S. 315-338
Friedrichsmeyer, Erhard: Die satirischen Kurzprosa Heinrich Bölls. Chapel Hill 1981
Friedrichsmeyer, Erhard: Das weiche und das feste Herz. Sentimentalität und Satire bei Böll. In: Balzer, B. (Hg.): Heinrich Böll 1917-1985. Bern 1992, S.179-194
Friedrichsmeyer, Erhard: Heimat, Utopie und Sprachsuche in Bölls »Frauen vor Flußlandschaft«. In: Bernáth, A. (Hg.): Geschichte und Melancholie. Köln 1995, S. 39-52
Geerth, Klaus: Beiträge zum literarischen Unterricht in der Realschule, 7./8. Klasse. Hannover 1969
Gerber, Harald: Erläuterungen zu Heinrich Böll: Kurzgeschichten, Erzählungen und Romane. Teil I: Krieg und Nachkrieg. Hollfeld 1987. Teil II: Restauration und Wohlstandsgesellschaft. Hollfeld 1988
Grützbach, Frank (Hg.): Heinrich Böll: Freies Geleit für Ulrike Meinhof. Ein Artikel und seine Folgen. Köln 1972
Guntermann, Georg: »Das Verharren des Verf. auf seiner alten Jacke«. Böll als Autor des verweigerten Einverständnisses. In: Balzer, B. (Hg.): Heinrich Böll 1917 – 1985. Bern 1992, S. 195–230
Haase, Horst: Charakter und Funktion der zentralen Symbolik in Heinrich Bölls Roman »Billard um halbzehn«. In: Weimarer Beiträge 10 (1964), S. 219-226
Heißenbüttel, Helmut: Erzählung von einem sentimentalen Wirrkopf und Trottel? Heinrich Bölls »Fürsorgliche Belagerung«. In: Freibeuter 4 (1980), S. 157-161
Helmers, Hermann: Moderne Dichtung im Deutschunterricht. Braunschweig ²1972

Hengst, Heinz: Die Frage nach der »Diagonale zw. Gesetz u. Barmherzigkeit«. Zur Frage des Katholizismus im Erzählwerk Bölls. In: Arnold, H.L. (Hg.): Heinrich Böll. München ³1982 (Text und Kritik 33), S. 99ff.

Herlyn, Heinrich: Abfälligkeit – Kritik und Utopie. In: Balzer, B. (Hg.): Heinrich Böll 1917 – 1985. Bern 1992, S. 117-134

Herlyn, Heinrich: Heinrich Böll als utopischer Schriftsteller. Bern 1996

Hoffmann, Christine Gabriele: Heinrich Böll. Hamburg 1977

Hoffmann, Christine Gabriele: Heinrich Böll. Bornheim-Merten 1986

Hohoff, Curt: Die roten Fliesen »Im Tal der donnernden Hufe«. In: Reich-Ranicki, M. (Hg.): In Sachen Böll. München ⁷1980, S. 251-258.

Horst, Karl A.: Überwindung der Zeit. Neue Zürcher Zeitung v. 1.11.1959; wiederabgedr. bei Lengning, W. (Hg.): Der Schriftsteller Heinrich Böll. München ⁵1977, S. 77-81

Hoven, Herbert: Ein bißchen Spiel war auch dabei. Zur Funktion Bölls für die Medien am Beispiel des Deutschen Herbstes 1977. In: Balzer, B. (Hg.): Heinrich Böll 1917 – 1985. Bern 1992, S. 287-304

Jeziorkowski, Klaus: Rhythmus und Figur. Zur Technik der epischen Konstruktion in Heinrich Bölls »Der Wegwerfer« und »Billard um halbzehn«. Bad Homburg 1968

Jeziorkowski, Klaus: Die Schrift im Sand. In: Balzer, B. (Hg.): Heinrich Böll 1917 – 1985. Bern 1992, S. 135-162

Jeziorkowski, Klaus: Das Entschwinden der Realität nach innen. Zu Heinrich Bölls letztem Roman »Frauen vor Flußlandschaft«. In: Bernáth, A. (Hg.): Geschichte und Melancholie. Köln 1995, S. 29-38

Jurgensen, Manfred: »Die Poesie des Augenblicks«. Die Kurzgeschichten. In: Balzer, B. (Hg.): Heinrich Böll 1917 – 1985. Bern 1992, S. 43-60

Kicherer, Friedhelm: Heinrich Böll, Die verlorene Ehre der Katharina Blum oder Wie Gewalt entstehen und wohin sie führen kann. Hollfeld ³1989

Kreter, Karl-Heinz: »Die Waage der Baleks«. In: Bachmann, Fritz (Hg.): Interpretationen zu Erzählungen der Gegenwart. Frankfurt a.M. ²1975

Kuschel, Karl Joseph: Liebe – Ehe – Sakrament. Die theologische Provokation Heinrich Bölls. In: Balzer, B. (Hg.): Heinrich Böll 1917 – 1985. Bern 1992, S. 163-178

Lange, Victor: Erzählen als moralisches Geschäft. In: Matthaei, R. (Hg.): Die subversive Madonna. Köln 1975, S. 100-122
Leiser, Peter: Heinrich Böll. Das Brot der frühen Jahre. Ansichten eines Clowns. Hollfeld 1975
Leonhardt, Rudolf Walter: Kongruenz im Inkongruenten: »Entfernung von der Truppe« und »Ende einer Dienstfahrt«. In: Reich-Ranicki, M. (Hg.): In Sachen Böll. München ^{7}1980, S. 228-237
Linder, Christian: Heinrich Böll. Lesen und Schreiben 1917-1985. Köln 1986
Martini, Fritz: Heinrich Böll: »Billard um halbzehn«. In: Dell'Agli, A.M. (Hg.): Zu Heinrich Böll. Stuttgart 1984, S. 49-58
Materialien zur Interpretation v. Heinrich Bölls »Fürsorgliche Belagerung«. Mit Beiträgen von Heinrich Böll, Bernd Balzer, Robert Stauffer, Dieter Zilligen. Köln 1981
Moling, Heinrich: Heinrich Böll – eine »christliche Position« Diss. Zürich 1974
Neuhaus, Volker: Strukturwandel der Öffentlichkeit in Bölls Romanen der sechziger und siebziger Jahre. In: Arnold, H. L. (Hg.): Heinrich Böll. München ^{3}1982 (Text und Kritik 33), S. 38-58
Ni Cheng'en: Böll aus der Ferne. Über Rezeption und Interpretation Bölls in China. In: Balzer, B. (Hg.): Heinrich Böll 1917 – 1985. Bern 1992, S. 305-314
Pascal, Roy: Sozialkritik und Erinnerungstechnik. In: Reich-Ranicki, M. (Hg.): In Sachen Böll. München ^{7}1980, S. 63-69
Rasch, Wolfdietrich: Zum Stil des »Irischen Tagebuchs«. In: Reich-Ranicki, M. (Hg.): In Sachen Böll. München ^{7}1980, S. 198-205
Reid, J. H.: Böll's Names. In: Modern Language Review 69 (1974), S. 575-583
Reid, J. H.: Heinrich Böll. A German for his time. Oxford/New York/Hamburg 1988; dtsch.: Heinrich Böll. Ein Zeuge seiner Zeit. München 1991 (dtv 4533)
Reid, J. H.: Aspekte des literarischen Erbes bei Böll. In: Balzer, B. (Hg.): Heinrich Böll 1917 – 1985. Bern 1992, S. 245-266
Rischbieter, Henning: Gespräch mit Heinrich Böll über sein Stück »Aussatz«. In: Materialien zu Spectaculum 1-25. Zus.gest. v. Manfred Ortmann. Frankfurt a. M. 1984, 53-58
Scheiffele, Eberhard: Kritische Sprachanalyse in Heinrich Bölls »Die verlorene Ehre der Katharina Blum«. In: Basis 9 (1979), S. 169-187
Schnepp, Beate: Vogelflug. Vertreibungen. Fürsorgliche Belagerung.

Studien zu Heinrich Bölls Roman »Fürsorgliche Belagerung«. Trier 1997
Schütt, Peter: Ich habe eine Hoffnung, eine hartnäckige Hoffnung. Anmerkungen zur politischen Publizistik Heinrich Bölls. In: Beth, H. (Hg.): Heinrich Böll. Königstein/Ts. ²1980, S. 171-185
Schwab-Felisch, Hans: Der Böll der frühen Jahre. In: Reich-Ranicki, M. (Hg.): In Sachen Böll. München ⁷1980, S. 163-171
Schwarz, Wilhelm Johannes: Der Erzähler Heinrich Böll. Seine Werke und Gestalten. Bern 1967; ³1973
Stone, Margaret: Heinrich Böll, »Das Brot der frühen Jahre«. Interpretation. München 1974
Thiemermann, Franz Josef: Kurzgeschichten im Deutschunterricht. Bochum 1967; ¹³1980
Vogt, Jochen: Vom armen H.B., der unter die Literaturpädagogen gefallen ist. Eine Stichprobe. In: Arnold, H. L. (Hg.): Heinrich Böll. München ²1974 (Text und Kritik 33), wiederabgedr. in: Beth, H. (Hg.): Heinrich Böll. Königstein/Ts. ²1980, S. 129-148
Vogt, Jochen: Heinrich Böll. München 1978, ²1987
Vormweg, Heinrich: Böll vor 1945. In: Balzer, B. (Hg.): Heinrich Böll 1917 – 1985. Bern 1992, S. 15-24
Vormweg, Heinrich: Die Unschärfe, das verwischte Bild. Zu »Frauen vor Flußlandschaft«. In: Bernáth, A. (Hg.): Geschichte und Melancholie. Köln 1995, S. 15-28
Wirth, Günter: Heinrich Böll. Essayistische Studie über religiöse und gesellschaftliche Motive im Prosawerk des Dichters. Berlin 1967; ³1974
Zimmer, Dieter E.: Doktor Murkes gesammeltes Schweigen. In: Reich-Ranicki, M. (Hg.): In Sachen Böll. München ⁷1980, S. 268ff.
Ziolkowski, Theodore: Typologie und ›Einfache Form‹ in »Gruppenbild mit Dame«. In: Matthaei, R. (Hg.): Die subversive Madonna. Köln 1975, S. 123-138